中西交汇中的近代中国 都市和乡村

The Urban and
Rural Society
in the Context of
Sino-Western's Interacting

赵晓阳
周东华
刘忠明
…… 主编

社会科学文献出版社
SOCIAL SCIENCES ACADEMIC PRESS (CHINA)

本书出版受浙江省民国浙江史研究中心、香港中文大学崇基学院宗教与中国社会研究中心和杭州师范大学人文振兴计划"公共史学特色学科建设与研究"（RWZXPT1309）资助

城与乡的界线及"城市化"问题的思考
（代前言）

——以香港和上海为例

梁元生[*]

一 引言

城与乡的概念在历史的进化中变得模糊。虽然我们很清楚地知道城市是什么，乡村是什么，但这两者的分界越来越模糊。我们的心目中有个乡村，但并不是生活在这乡村里面；我们虽然想到城市应有的模样，但很多时候我们的行为和价值系统仍然植根在传统里面，或者是乡村的文化里面。这些都不是可以从表面上看出来的，尤其是在现代都市如香港和上海等大城市里，乡村越来越难见得到。整个中国也是一样，中国有 600 多个城市，那么如何对城市下一个定义呢？有人用人口来界定，这是最简单的方法，因为是客观的数字，例如达到 100 万人是第几等城市，到 500 万人是中等城市等。如果以此标准来判断，相对内地的城市来说，香港只是一个中等的城市。内地已经有很多个超过 1000 万人的城市了，香港只有 700 多万的人口，但已经非常挤迫了。所以从人口数目来说，香港并不算是一线的大城市，比不上上海、广州和北京。但如果以城市的气魄、配套设施、行政效率、生产总值或其他的经济指标来衡量，香港则仍然是中国的一等城市。香港的公共设施、金融系统、管理方法、法律等仍可作为模范。因此，我们不会单纯用人口或

———————————
[*] 香港中文大学历史学讲座教授暨文学院院长。

国民生产总值等数字来衡量香港作为一个城市的重要性。反观上海，无论从经济、文化及设施各个方面来看，都是中国一个极为重要的城市。估计在21世纪，甚至在将来的几个世纪里，这两个城市还会在中国的政治、经济及文化版图上，占据前列的重要位置。

在这次的研讨会中，我想与大家重新探索一下香港和上海在走向城市化的道路上所碰到的困难和一些值得思考的城乡问题。这次研讨会的主题，也是我近年所思考及研究的方向。而在我的城市研究中，又一直以上海、香港和新加坡这几个"海滨城市"和"移民城市"为重点。

为了重新思考上海和香港两地"城市化"的经验，我在最近的研究计划中提出了下列一些问题，包括：

城与乡：人口、生活与界线

江和海：运输、商贸和经济

中与西：文化、社会与生活

山和水：地形、景观和心态

新与旧：传统、现代与共融

本和外：本地、移民和域外

双城之联系与比较

在这次研讨会中，我只拟讨论第一个议题，即城市和乡村的关系及其变化，就如何从城乡的界线去看中心与边沿的关系，以及界线的模糊和变动对城市发展的影响等几个方面，提出一些个人的想法。

二 城市的界定

以香港而言，我们城市的地理分区，大家都习惯想到地图上三个大区：香港、九龙和新界。香港是最早开始发展成为城市的地区，1842 年《南京条约》签订后开始被英国人管治；九龙半岛界限街以南是第二个发展区，1860 年之后与香港岛同属英治的范围，很多的规划都是由同一个殖民政府统筹，因此起步早很多。除了发展得较早，最重要的是殖民政府的规划。中环之所以成为香港城市的中心，乃由于它集中了政府官员、商人及教会办事的地方，而政、商、教的势力，也就是推动西方城市发展的主要动力。反之，上环和筲箕湾等，却因为华人的聚居，带来房屋密集和人口密集的结果，使其具有城市的规模和样式，使香港早期的城镇分别有西方和中国两种不同的推动力及文化氛围。在 19 世纪中叶的上海，这种中西分明，既对立又同时的发展，就更加明显了。旧城或南市，是传统中国式的城市，而租界（包括英美租界和法租界）代表着西方主导和西方色彩浓厚的城市；但两者共存，并且互相依赖，其吊诡要比香港更加明显。

至于乡村或乡郊，在香港，人们会以新界来代表。新界以前属于乡村区域，因为山岭连绵，每个地区人口的分布都是村的分布。现在我们说的城市是指人口聚集的地方，但是围村的人口也不少，相比港岛的一些地区，中半山以上的人口也稀少，因为是殖民地官员和富商居住的地方；中环人口也不算多，因为主要是大洋行所在的地方。太平山的两边，一边是东华医院、上环、西环一带，人口较稠密、不太卫生的地方。华人在这里开设店铺和居住，因此在 1880 年代之前这里就是 China Town。另一边是中环、半山的西人区，延伸至跑马地及湾仔。这里有西人的坟场，以前属于乡郊，但现在已成为我们市区的中心了。根据我们现在的概念，港岛是人口稠密的繁华城市，但在最初建城的时候，并不是以整个港岛作为城市的范围的。黄竹坑、扫杆埔等当时是乡村的地方，而建城的地方是维多利亚城和坚尼地城，是一撮一撮的商业地区。其实所有城市的历史也是这样的，商业、贸易的地区作为城市的中心，是做生意的地方，与居住的地方是分开的。新界的城市最初叫作墟，例如大埔墟，以前汀角村、林村、粉岭等地的人将村里的农作物、工艺品或药材挑到大埔墟卖，叫作趁墟，散墟之后便回到村里去。大埔墟、石湖墟、联和墟皆如是。赶不同的墟期做生意的其实可能是同一批人。所以墟是做生意的地方，不是住的地方，但后来便变成新界的新城了。住宅区就在商贸区的外围。这个设计在中国和西方的城市史里也有相类的布局。

在今日极其热闹繁华的港岛也曾经出现过不少乡村。施其乐（Carl Smith）是最早从事地方考察的人，在他的"城市探索"的研究中，记录了有关这方面的城市考察，为的是在城市区域内找回原来乡村的起源。他的研究发现湾仔原来是人烟比较少的村落，在 19 世纪中期开始发展，区内有寺庙及风水坟。外面来的人喜欢它近海的方便，日本人、犹太人、西方人开始聚集，有水手，也有旅客，慢慢变成了人口稠密的地区，这是城市的乡村背景。他从很多旧地图中发觉现在的城市原有很多地方都有乡村的背景，如九龙的深水埗原本也是一个村，村内有大王庙和关帝庙，村中聚居的人有些与新界的邓氏有关系。最早来到的居民到19世纪末开始与西方传教士及其他做生意的人来往，形成了这样的一个小区。从人口、建筑等来说这小区已不能称为村了。他有四个有关这类城市化之后的区域的案例，显示现在很繁华的都市背后可能有一条慢慢发展的线索，起源是一个乡村。城与乡之间的一条线是移动的，有的很短时间内就变成了有规模的城镇，例如天水围，很快就从一个渔农之乡转变成一个城市；有的需要相当长时间之后才成为新界的卫星城市。这里面的线索要像施其乐一样进入小区的历史才能找得到。

再来看看上海在同时期的历史。明显可见的是早期上海有一个城市的核心，即城墙包围的部分（现叫作"老城厢"），作为上海城的中心地带。城墙以外，都属于乡郊地区，又各以乡镇为聚点。19世纪中叶的内乱和外患给上海城市带来很大的变动，最明显的是老城厢外围两个新市镇的兴起：一个是英美租界，另一个是法租界。大量移民迁入，新的房子林立，聚集的人口加起来比老城厢的人口还要多。到20世纪初，老城厢的围墙拆掉了，三个部分逐渐融合成为一个整体，形成现代上海都市的格局。到今日更慢慢地吸纳外围的乡镇，成了当前的大上海都会。

有几个指标可显示城市发展的路线图。人口是其中一个指标。这是我们最容易从人口普查记录中得到的数据。我们可以看到深水埗是什么时候变成一个区域的，这区域大概有多少人口。如果一个地方的人口到50万就可以成区了，现在沙田区人口已到差不多80万了。但以人口作为指标并不能显示这个城市的地位有多高，有多富有，或者有多少不同的职业，但这些资料足以证明一个大城市中会有不同的社区，而这些社区因应其人口背景如学历、阶级、收入和职业的不同，会有明显不同的社区特色。香港的18个区也有这个现象，造成城市文化的多元性。当然，各个社区也有共性。

另一个指标是房屋，在地图上可看到房屋特别是工厂的分布。研究城市历史的人对房屋的分布是比较关心的，尤其是人们工作的地方与居住的地方的距离。工厂对城市发展很重要，香港到战后50年代在狮子山下的地方如新蒲岗、黄大仙等才看到工厂的重要。工厂林立的地方显示有大批人日间到这里，然后晚上四散回家。在公共交通不太发达的年代，工人上班主要靠步行，所以在地图上可以很清楚地看到工厂区的周围有很多贫民区，大约相隔不到半小时步行的路程。所以在城市发展中工厂区与贫民区应一并考虑，而两者之间的交通网络、市肺（公园）的位置、卫生设备等都应在政府的考虑之内。但在香港的城市发展中，这些城市生态未被认真考虑，发展大都是经济主导，工厂就建在便宜的、容易兴建的地方，周围出现很多贫民区，中间也没有什么卫生设备、娱乐场所、公园等调剂身心的地方。从旧地图的变迁可看到政府或区内有多少人关心这种集体生活或社会福利。以前在没有政府主导的情况下，主要是街坊福利会关注。这方面的资料现时很缺乏，因为以前做的历史是有关精英、政府官员、士绅阶级的历史。现在有些新左派希望多做一些贫苦大众、工人阶级的历史。但对于街坊会、洁净局等这一班为小区做事的人，资料实在不多，希望以后能多一些这方面的线索。

当然，与房屋相邻或把房屋分隔的是街道和马路。在城市结构中，街道的规划和马路的建设是个重要的指标。城市中街道多的区域，往往是人口密集和商业繁荣的中心地区。

最近我在搜集卫生史的资料，例如有关洁具的资料，追溯什么时候开始有排水的水厕，然后整个香港的公共卫生发生重大的改变。以前英国人总觉得华人社会能自己照顾自己，不需要公共卫生系统。1894 年大瘟疫之后，公共卫生系统成为大家关心的问题。后来有人发觉原来这是可以赚钱的，于是出现了几间专门出售浴缸、水厕的公司。大概从 1910 年代开始，清洁卫生用具成为广告中大众关心的事物。我最近在搜寻一间叫李耀记的公司的资料，从它的广告可以看到洁具的普遍化。在商业运作方面，香港很多大型的洋行及商业机构如利舞台、半岛酒店等都用它的洁具重新开始，使香港人的公共卫生翻到新的一页，生意也发展到广州及其他地方，代表了公共卫生的处理由香港发展到其他华人的城市。这是旧地图、旧照片、旧广告所揭示的香港史的新资料。

其他城市发展的标记有习俗、寺庙和地标。多翻旧地图与旧照片，可找到与历史教科书不同的关注点，至少从中可看到小区发展的多元性。

三　地图上的五度空间

归纳近年研究城市历史的经验，我在几年前提出重新处理城市空间的问题，以历史地图为基础把城市空间分成下列五个范畴来做更深入的探究。

1. 物理空间：山势、河流、经纬度、房屋等，这是地图上最容易见得到的。

2. 生活空间：从地图可看到住宅区、工厂区及公路网的分布，从而找出人居住的地方与工作的地方的距离。

3. 社会空间：如戏院、娱乐设施等，在富裕的有闲阶级居住的地方较多，工厂区及贫民区比较少。

4. 神圣空间：以前乡村的神圣空间在深山，要求神问卜、找到精神的慰藉需要远赴深山。在城市，特别在西方文化里，神圣的空间即是教堂，通常深藏在市中心区。这是为配合政府官员、商人及领袖人物的精神需要，同时他们也能捐助教会及带领政策的决定。另一方面，文武庙也是在市中心区，这是早期华人社会领袖聚集之所，也是民众精神生活的中心。这与西人的教堂很不同。文武庙不单是精神和宗教中心，也是社会及法律仲裁的中心。殖民政府不管华人之间的纷争，有事时都交由文武庙的董事集议解决，因此精神领袖同时也是世间百般事务的领袖。

5. 文化空间：显示这个区有没有书局或出版社。在上海的旧地图中可找到书局群的位置，可清楚看到文化空间有多大，文化的生命力有多强。以前的旧书局也印书，所以从这种文化地图可看到人的创造意欲，以及内在对文化的追求。不过这种地图在香港未能找到。

四　城乡的界线：以香港为例

从这些地图的经验去看城乡界线，发觉无法清楚界定城市与乡村。如果说港岛是城市，但港岛也有很多乡村。九龙更难分辨，南约与北约的界线不断在移动。1926 年成立的乡议局可以作为新界乡村群的代表。这是新界的农民与营商的人集合在一起成立的组织，参与许多区市的筹划及农作物的买卖。新界现有 27 个区。这个网络在 1920 年代出现，然后经过不断重组，1937 年、1959 年、1982 年都将界线重划一次。新界人以乡议局代表的身份进入立法会，他们是乡事的代表，但实际上这批人一半以上的办公室是在市区，例如刘皇发的办公室在中环。他们之中有律师或商人，主要的生活及工作的地区完全不能用城乡这条界线来界定。这条界线只是权力的界线。新界现在仍有百多条村落，但没有多少能代表新界开始租借时的生活情况。虽然每一条村仍强调他们是沿着大清律例发展出来的，宣称一个村有一套族例，根据这口号继续自己的权益，但实质上村里没有多少个建筑物或习俗仍可追溯到清代，除了祠堂和打醮一直留存下来，很多时候人们只是为了告诉别人他们有这风俗传统，以维持其合法的继承权。打醮有的 60 年一次，有的 15 年一次，这类族例很多有政治的目的或商业的目的。例如抢包山，为的是争取更多旅客和生意。乡议局刚建了新大楼，其实它以前不在新界，现在为加强其政治符号才搬回去。新界的乡村在 20 世纪后期边界已经模糊了，但他们为什么要力守这边界，强调城乡的分别呢？因为这是权力的来源，大清律例、风俗法例、地方习惯是他们施行权力最重要的根据。

新界（乡村）围村的五大宗族

五大族是新界围村最重要的人，他们希望继续守着传统，靠着宗祠、过节的习俗和礼仪、凝神、打醮等，将乡人团结在他们的领导下。围村的五大族现在仍在乡议局内发言很多，代表了新界乡村最重要的势力，包括元朗邓氏（屏山、厦村、新田、十八乡等），锦田文氏（锦田、八乡），粉岭上水侯氏、廖氏（上水、粉岭、沙头角、打鼓岭、大埔）和沙田大埔彭氏（沙田、大埔、粉岭、荃湾）。根据香港中文大学科大卫教授的研究，香港现存的族谱明清之后的可信性较高，宋朝之前的真确性存疑。其实宗族族谱的意义在于告诉别人他们有一个几千年的历史，因此有权力的基础和根据。相信 21 世纪时五大族的势力仍然存在，现在仍是透过不同的方式将这族例体现出来。每年在祠堂男丁聚集，太公分猪肉，虽然形式可能改变了，但背后的意义仍在。氏族在乡村传统里代表着公产，祠堂就像一间公司，每个人就像持股人。

五大族是对传统乡村习俗保持得最多的，但中间也有点变化。粉岭的龙跃头，里面住着彭氏和徐氏的族人，按照族例过着相当保守传统的生活，他们保存了祠堂，保存了乡间的民风和习俗。但村里却有一座西人的教堂——崇谦堂，彭氏和徐氏都有份，最后这教堂交了给徐氏的族人。香港大学的罗香林教授就是崇谦堂的会友，他是客家人，是研究香港史的先驱。崇谦堂已有百多年的历史，最早是德国籍的教士很喜欢到客家村传教，可能早期在一些自然灾难中，他对客家人的爱护和关心使村里一些重要人物信奉基督教。因传统的关系，一些重要的长老可带动整个村的人信奉基督教。于是在粉岭五大氏族之下出现了这样一个比较奇怪的现象。这批客家人信奉了基督教，但保存着中国传统的生活，例如衣着方面完全是客家人的打扮，在祠堂学生学的还是中国传统的三字经和古籍。所以罗香林在这里非常适应，成为一个读古书出身的基督徒。这是中西结合的一个很奇怪的现象，也引来不少人类学学者去研究。有一个西方的人类学学者 Nicole Constable 花了五年时间到崇谦堂研究，完成了她的博士论文，现在在美国人类学界也颇有名气。她做人类学和客家人的研究，最初在西雅图华盛顿大学教人类学，现在在匹兹堡大学任教，继承了杨庆堃的衣钵。她的丈夫也是人类学家，专门研究印度。

我们研究香港的乡村史时，都强调乡村生活和乡村传统。几百年甚至上千年的传统建筑，很多已改建，无复当年的形态，如锦田的吉庆围，粉岭的老围、观龙围等；还有很多祠堂学校、旧式私塾改建的学校到今天在粉岭上水仍然存在，但也无复当年的面貌。这些书院以前也栽培过一些中科举的人，但人数很少，最重要的是香港大学中文系的创办人赖济熙，他是个进士。这些人过去在香港竭力保存传统是基于一种文化的观念，但他们本身已完全在城市生活，穿西装，饮西茶。今天的祠堂仍可见到当初课室的摆设。围村遗留下来的代表是曾大屋，属于客家人的围村。围村是一个村的人都在围墙里生活，以前里面的人都有亲戚关系，互有来往，所以天井很重要，十多家人一起工作，共同生活。土楼也是这样。

香港城市中的望族

港岛的寿臣山道原本是一个村，是周寿臣出生的村落。他是留美幼童之一，后来被召回，1886 年回来后在李鸿章手下做事，曾经到过朝鲜，去过天津，50 多岁退休，回港后成为华人领袖。因他有香港背景及英语能力，有外国经验，又有中国官场服务的经历，在香港很受华人社会尊重，也受殖民政府尊重，因此成为政府重要的合作伙伴。他的后人如周埈年、周锡年也很出名，周家到现在仍是望族。这是一个乡村出身，然后成为城市重要人物的华人家族。

我们熟悉的香港城市中的华人家庭很多，他们与商人、买办的关系密切。很多大行来到香港后，其活动范围一定在城市，主要是中环、上环、半山区一带，后来才到湾仔和筲箕湾。商人家族与买办家族是互为一体的。商人是自立的，有自己的资本，但开始的时候也要依附外国的洋行。香港的望族不少都是买办出身，最早的买办如唐景星家族，有四代人在洋行打工，其中也有成为中国政府官员的，如唐景星（唐廷枢）曾到上海帮李鸿章做招商局轮船。另一个买办徐润在香港时是琼记的买办，然后到上海做政府官员，帮中国买轮船、枪械和机器。

香港城中的望族多是买办商人出身，另外也有中国的官绅，做完官后来到香港，他们与内地的关系成为致富的途径，很多中国的大官最后成为永久移民。另外城市中有代表性的领袖主要来自东华三院和保良局。城市中最早的华人社团是一些同乡会和同业公会，但比较小，跨公会及地方团体的就是东华三院。东华三院在1871年成立，有港督的祝福，很快成为华人社会的代表，不单有医疗作用，也作为文武庙的董事，负责仲裁华人之间的纷争，所以是城中最重要的华人代表。从那时开始，东华三院的总理或主席基本上是城里华人的领袖，不过现在越来越年轻了。

最后是教会的领袖。教会出身的家庭能成为社会的望族是香港独特的现象，主要原因是从1840年开始已有这些教会的领袖帮助政府工作，尤其是中英文的传译工作。香港有几个这样的望族，一个是何启，从19世纪末到20世纪前期是香港炙手可热的人物。他是受英国教育的医生和律师。他的背景是何福堂（何进善），一个基督教的家族。何福堂是第一代华人教会领袖。另一位是理雅各布，英华书院的创办人。他在马六甲读书，在印度受神学的训练，所以英文很好，后来在香港成为合一堂的代表。这一批人在国外生活，受英语训练，下一代都是入教会学校读书，或出国留学，回来后做政府法庭的通译或律师、法官，如伍廷芳。这批香港人都有教会背景，也有外国留学的经验，因此成为香港最早的华人领袖。除了何福堂家族，还有黄胜。他也是基督徒，从澳门来港，跟随 Mr. Brown 到国外，后来回港。另一个留在英国学医的人是黄欢。黄胜回港后进入法庭做通事，然后做买办，再到上海做华洋法庭的传译，最后在香港入立法局做华人非官守议员。他的家族在香港不算太出名，但他留下来的物业和生意也很多，至今已传到第五六代了。此外，还有个更显赫的人物也是基督教背景的，就是王煜初。他是王宠惠、王宠益的父亲。王煜初及其弟都是基督教的牧师，曾上书李鸿章提出改革，他的子女有的读皇仁，有的读南洋公学，最后做了中国的外交部长或大法官，都是重要的人物，不过在香港很多时候被忽略了，因为他在香港只出了一个香港大学医学院教授，但他的第三代都是很出名的专业人士。望族通常令人联想到财富，但政府信任的华人领袖实际上依靠的是他们的背景和能力。这批人已转行为专业人士了，在香港的法律界、医学界成为领导人物。这些城市里的华人代表与乡村的华人代表有很不同的性格。

五　城与乡的交叠和互动

乡下人与城市人

城市人的成长与背景当然与乡下人很不同，但到 20 世纪中叶之后，两个群体互为伙伴，来往很多。乡下人或乡事派实质上也不在乡下生活，他们的工作及生活范围很多都在城市。城市人也到新界不同的地方做生意或巡视业务。两个群体的互动七八十年前就已开始。外表已分不出来，到重要的场合乡事派会穿着传统的衣服，但传统的衣服也开始改变，中山装也是改良了的。市区的代表人物如邓肇坚家族也是穿着中国传统服装。但大部分人都是西式服装。这两个社群的混合已完全不能从外表判断，可判别的可能是他们说话的态度，即背后思维及价值观，但其实某些乡事派的表达方式也不局限于乡事派。所以乡与城产生出来的代表在各方面都是混杂的，无法分辨。最能够表达的是他们所执着的传统带来的权力。我们在新界寻找乡村时最后只能找到很多新城，即在乡村背景下产生的城市，像香港仔、黄竹坑等已变作港岛的城市，无法再找到乡村。现在到新界经过隧道，最后仍是进入了沙田、大埔等城市。马鞍山以前没有屋，今天是高楼大厦。新界已不再有村庄了。乡村里的城市生活是主流社会，能够代表乡村人的只剩下他们的思维方式了。但如果说乡事派动不动就讲传统、强调祖先留下来的族例，这就是乡村的思维，这思维又不一定是乡事派的，在城市居住的许多人也有这种土地的、乡村背景的想法。

城市中的乡村：思想和习惯

在香港史里仍未有人研究城市人的乡村心态，在上海已经有人做这种研究了。在上海，城市里的乡村人很多，包括民工、新移民，很多仍带着农村的心态，他们的下一代仍与原来一直在上海长大的人的价值观及思维差异很大。有人认为相同的研究应该在中国的其他大城市进行。我以前做过深圳的研究。深圳是很明显的一个移民城市，大部分人来自农村，有很清楚的照顾家庭的观念，也有些尝试建立独立的家庭、独立的人格。香港没有人做这种研究。我想做新移民研究比较容易一点，因为他们带着原来地方的思维方式和价值观到来，但做乡村居民在城市化之后的思维改变研究比较困难，因为这是一个城市化的过程，这批人就在这城市化的系统中生活，其思维亦已受这城市化的系统所束缚。

以前在围村出生和长大的人，今天进入城市的生活圈里，人们多数认为这就是乡事派了。他们强调男丁的重要性，有丁屋的权利。其实这是从权利方面考虑，而不是从文化的意义去考虑。从“城市中的乡村”这个议题中我发觉我们身边这些已习惯了城市生活的人仍有很多有迹可循。

城市人的乡心与乡情

传统中国社会的主流是乡村，大部分人到城市做生意、学习、工作或旅行，乡村是永恒的家。城市是可让你发展、增加学问和财富的地方，但无论在外面经历多久，最后的家是乡村，始终要回去。如果在城市里找到乡情和乡心，这就是你永恒的家。这就是一个乡村人最重要的价值观念，根在乡村，那里有祖坟、祖屋、祠堂。现在的乡下不再提供这些了，但如果心在这里、根在这里、家族在这里，有对祖先的观念，仍觉得自己是家族的一部分，有对家族的关怀，须与家族有个维系的网络，这就是乡村文化。甚至如果你觉得在百年归老后，仍会与祖先维系在一起，这是非常乡村的观念。如果城市里仍存有这种观念，即是城乡的界线仍然存在，虽然这不是一条实质的界线。如何在城市文化里孕育及保存这些乡村的价值是当前比较重要的议题。

六　余论：20 世纪的“造城运动”

在我们的周围有很多造城运动，即城市化运动。以前我读城市史的时候认为造城运动最突出的时代是 19 世纪下半叶的美国。因铁路网的出现及工业化的发展，在 20 ~ 30 年间工业城市一个个冒起，多数是在石油区和煤炭区，把人从不同的农村吸引到工业城市，例如匹兹堡、克里夫兰、辛辛那提、芝加哥等。19 世纪下半叶至 20 世纪初，差不多 1/4 的美国人口由农村向城市移动。一个很大的影响是国民身份的形成。人们在离开家乡之后才有了国民的意识，之前小区就是家，归属感也是属于村落或偏僻的小区。造城运动令人也国有化，不再是属于乡村而是属于国家，这是美国史最重要的一页。我最近看中国城市史，觉得中国的造城运动可能是当代全世界城市化最重要的一次运动，超越了19世纪美国的城市化。在改革开放开始的时候，90%是农村，之后的十几年出现乡镇企业，农村发展小型工厂。从20世纪80年代末到2000年是城市化时期，以乡镇企业为基础，农村累积的资本投入城市生产。大城市继续发展，中小型城市也发展成庞大的城市体系。现在中国有超过600个大型城市，还未计算乡镇城市。城市化的规模与影响是世界历史上未见过的。现在还未有人能估计造城运动带来的对人的价值、经济体系甚至社会关系的影响。造城运动仍在继续，虽然有些地方已经叫停，但在中国香港式的大城市已经很多了。

以深圳为例，1992年我开始做深圳的研究。当时深圳只有60万人，是分散的，所谓深圳的城市只是罗湖对出的几条街，有点像香港新界的新城。1997年，我决定不再做深圳的研究了，一方面是规模太大，另一方面是新人口太多，已经膨胀到400万人，而且还有外围的一层一层，加上深圳的人口有1700万人。在短短几十年间，这城市发展迅速，人口增长和财富累积速度都很惊人。我最大的感触是这是一个没有了灵魂的城市。深圳发展的主要是娱乐事业和餐饮事业，主要是消费文化，对真正的文化没有很大的规划。深圳没有办法让文化生根。造城比较容易，造城市的文化比较困难。深圳的大部分文化是乡村思维，湖南的民工、江西的女工，到深圳都是为了谋生的。有工厂时做工人，没有工厂的工作时，男的做司机，女的很多做娼妓。作为一个外来的观察者，我觉得这个城市的文化生态是令人难以忍受的。深圳是一个有900年历史的城市，有考古的记录，有过往文化辉煌的一面，为什么不能成为一个文化之城呢？

在香港，我们没有这么精彩的一面，有的只是商业的发展、金钱、地产。乡下传统里保留的良好价值能否在城市生活中孕育和滋长，是我们现在比较关心的地方。城中有乡，这乡是什么？是保存着过往对家族、教育的传统，对亲人的照顾，甚至是对永恒观念的看法，这就是乡情和乡心。在乡下拥护造城运动是好事，但能否在造城运动中照顾到这些价值呢？以前过了狮子山隧道就进入了乡下情怀的地方，但现在这自然的、地理的界线已不存在了，城乡之分已不再是一个漆黑的山洞，而是我们心灵的视野。

目 录

传统与现代的主辅合力：从冀中定县看近代中国家庭手工业之存续

李金铮

人的记忆习性总是更多地关注历史变化，而非历史延续。对于近代以来变化日益剧烈的中国，就更是如此了。变化最大的城市自不待言，即便是变化缓慢的农村，人们也是更多着眼于它的变化。其中，最彰明较著者当推农村手工业。自19世纪中期以来直至20世纪80年代以前，绝大多数学者都认为手工业的显著变化，就是它趋向于不断的瓦解和崩溃。这一看法的理论依据，也是各个渊源有自，影响最大的一种是基于民族主义和革命史观，认为外国商品的倾销导致中国农村手工业处于崩解之中，并引发了中国农村经济和农民生活的巨大危机。这种观点，不仅在革命时期具有重要影响，在新中国成立后也长期居于统治地位。① 另外一种理论资源，主要是在20世纪

① 从新中国成立以后至1980年代以前来看，其理论渊源主要是对马克思、毛泽东经典论述的注解。马克思在论述关于英国在印度的殖民统治和中国革命时指出："不列颠侵略者打碎了印度的手织机，毁掉了它的手纺车。……不列颠的蒸汽和不列颠的科学在印度斯坦全境把农业和手工业的结合彻底摧毁了。""外国工业品的输入，对中国工业也发生了类似过去对小亚细亚、波斯和印度所发生的那种影响。中国的纺织业在外国的这种竞争之下受到很大的损害。"（马克思：《不列颠在印度的统治》《中国革命和欧洲革命》，《马克思恩格斯选集》第1卷，人民出版社，2012，第852、780页）。毛泽东在论述中国半殖民地半封建社会与中国革命时指出，外国资本主义的侵入"破坏了中国自给自足的自然经济基础，破坏了城市的手工业和农民的家庭手工业"。（毛泽东：《中国革命和中国共产党》，《毛泽东选集》第2卷，人民出版社，1991，第626页）。需要注意的是，马克思的这两篇文章发表于1853年，他没有预料到，到19世纪末期，印度手工织布业又重新恢复和发展起来。（樊亢主编《外国经济史》第2册，人民出版社，1982，第297～298页）揆诸中国近代经济史，中国手工业的历史与印度存在某种相似之处。

二三十年代提出的，影响不及上一种大。这种意见主要是基于资本主义市场理论，从现代化进程的角度，认为现代机器工业的冲击必然导致家庭手工业的解体，建立和发展大机器工业才是中国经济的唯一出路。[①] 不过，就在手工业崩溃论弥漫之时，也不是千篇一律，无论是二三十年代还是新中国成立后的五六十年代，都有少数学者注意到它的保存和延续性。[②] 改革开放以来，学术界冲破意识形态和经典理论的束缚，转而重视家庭手工业解体的多元性、家庭手工业与机器工业的互补性，认为手工业并未完全破产，而是一直处于生存、延续和发展之中。应当说，这些认识不自觉地接续了20世纪二三十年代和五六十年代有的学者的看法，但解释显然比以前更加明确，更加符合历史实际了。迄今，除了个别陈旧的教科书以外，中国近代家庭手工业的延续已基本成为学界的共识。当然，也有学者仍将手工业的延续和发展说成是自己的"新"观点，而将手工业的衰落断言为中国近代经济史学界的主流看法，并加以批驳。其实，这一批判的靶子已经基本上不存在了。为天造的，亦可哂耳。在我看来，现在关于这一问题的研究，已无须再对手工业的衰落和延续进行争论，而是应该转换到如何揭示手工业延续和发展的动力上来。近些年已有学者对此有所涉猎，但仍需更多的实证研究予以支撑，从不同的视角和维度实现突破。本文主要是从传统与现代及其相互关系的角度进行分析。[③] 传统与现代既是理论又是历史存在，但迄今尚无公认精准的概念解释，一般说来，传统是指近代或现代以前世代传承的社会经验和社会认识，现代是指工业革命以来传统农业社会向现代工业社会的转变。具体到本文，传统是指历代传承的家庭手工业经营方式，现代是指机器工业的经营方

[①] 贺岳僧：《解决中国经济问题应走的路》（1934年12月），罗荣渠主编《从"西化"到现代化——五四以来有关中国文化趋向和发展道路论争文选》，北京大学出版社，1990，第762页；严中平：《手工棉纺织业问题》，《中山文化教育馆季刊》第4卷第3期，1937年7月，第1053页。

[②] 参见吴知《工农立国下中国乡村工业的新评价》，《大公报》1935年7月24日，第11版；费孝通：《乡土重建》（1948年6月），《费孝通文集》第4卷，群言出版社，1999，第382~390、435页；严中平：《中国棉纺织史稿》，科学出版社，1955，第98、255页；黄逸平主编《中国近代经济史论文选》（上），上海人民出版社，1985，第369~370页。

[③] 近些年，史建云、彭南生、林刚、戴鞍钢、赵冈、陈惠雄、赵志龙、顾琳等学者对中国近代农村手工业进行了深入研究，且涉及本文所谓传统与现代的关系。与上述学者有所区别的是，本文专从传统与现代及其相互作用的角度，以1930年代初张世文主持并出版的定县农村工业调查资料为核心，对两种力量各自的呈现及其作用进行新的理解和分析。

式。近代中国社会一直处于传统与现代的相互交织、相互作用之中，在家庭手工业延续的过程中，应该弄清楚传统力量和现代因素的影响以及二者之间的相互作用。本文以论者经常引以为据的冀中定县（今河北定州）为个案，对这一问题做一系统的分析，[①]冀望为中国近代家庭手工业的研究提供实证和理论之贡献。

一　家庭手工业的延续和发展

尽管中国近代农村手工业的延续和发展，已是不争的事实，但各地仍有自己的演变轨迹和特点，因此有必要对定县的情况做一简要的梳理，当然更是为分析其存续之原因做一铺垫。

定县是河北省中部的一个县，经济处全国中等水平。这里的家庭手工业有着悠久的历史，早在汉代就生产平绢类的纺织品，隋唐时期为北方著名丝织业中心，织绢为民间最广泛的手工业，宋代缂丝是独树一帜的丝织手工艺品。[②]从事手工棉纺织业的家庭，至迟到明代已经比较普遍，地方志中宣传节烈的妇女传，有不少这方面的反映，如刘氏"奉姑纺绩，以给甘旨"，郝氏"织纴课子"，甄氏"贫甚，以纺绩资生"，等等。[③]20世纪30年代初，中华平民教育促进会社会调查部张世文主持定县工业调查时，发现东不落岗村织花布的历史，已有数百年之久。其他手工业也多是岁月绵长，如做高香、做木瓢有200余年的历史，选猪鬃更有500年之久，织席业始自清乾隆年间，编织粮食口袋、钱褡子、钱口袋、织腰带、散机带、腿带始自清嘉庆初年。[④]

近代以来，随着外国列强的入侵，中国城市工商业被强行纳入现代化进程，并对农村经济结构产生一定的影响。不过，环顾广大农村区域，传统经济形态并未发生大的变化。其中，家庭手工业的继续保持就是一个突出的表

①　区域研究不能完全代表全国，但要说明全国，必须以区域样本为基础，区域与全国相互印证。区域是具体的，问题意识、理论解释是共通的。

②　定州市地方志编纂委员会：《定州市志》，中国城市出版社，1998，第314页。

③　宝琳编《直隶定州志》卷十六（人物·节烈），道光二十九年（1850）刊本。

④　张世文：《定县农村工业调查》，四川民族出版社，1991，第183、201、413、435、443、451页。

征。定县的地理位置并不闭塞，与天津、保定等大中城市的距离不算远，但直到 20 世纪 30 年代初，全县 453 村无一不从事家庭手工业，且种类繁多，有纺织、编织、食品、木工、化学、铁工、杂项等 7 大类，约 120 种。在所有村庄中，以从事 2~4 种手工业的最多，有的村庄从事的种类多达 8 种。[①]从事手工业的家庭有 43150 家，涉及人数达 80800 人，而此时全县农村有 78657 户、439729 人，从事手工业的家庭占总户数的 54.9%，涉及人数占总人数的 18.4%。[②]史建云估计，在河北、山东、河南三省，从事手工业者占总户数的比例分别为 12.76%、4.27%、34.8%。[③]相比之下，定县手工业是比较发达的。

在这些从事手工业的家庭和人口之中，以纺线、织布者最为突出。单纯从事纺线者有 24600 家、30700 人；单纯从事织布者有 11000 家、31800 人；从事纺线兼织布者有 2000 家、6800 人；纺线兼其他手工业者 1500 家、2100 人，织布兼其他手工业者 150 家、500 人。如果将以上专、兼从事纺织业者一起计算，共占全县总户数的 49.9%，占从事家庭手工业总户数的 91.2%、总人数的 89.0%。即便只是计算单纯从事纺织业的家数和人数，也占到从事家庭手工业总户数的 82.5%、总人数的 77.4%。如将纺与织分别开来，单从事纺纱者占从事家庭工业总户数的 57.0%、总人数的 38.0%，单从事织布者占实际从事家庭工业总户数的 25.5%、总人数的 39.4%。从实际产值看，尤以织布业最为重要，占全部手工业总产值的 47.4%，手纺业也占到 11.3%。[④]

如果说以上静态的统计表明了定县家庭手工业的延续，那么在近代史上，其变化趋势如何呢？

以织布业为例，数据资料显示其处于发展之势。如织布户数，在东不落岗村，1882 年有 90 家，占全村总户数的 58.1%，此后逐年增加，到 1932 年，增至 154 家，占全村总户数的 85.5%，为 1882 年的 1.7 倍。[⑤]织布产

---

① 张世文：《定县农村工业调查》，第 47~48 页。
② 据张世文《定县农村工业调查》，第 49~50 页资料整理计算。
③ 史建云：《农村工业在近世中国乡村经济中的历史作用》，《中国经济史研究》1996 年第 1 期，第 66 页。
④ 据张世文《定县农村工业调查》，第 49~50、52~60 页资料整理计算。
⑤ 张世文：《定县农村工业调查》，第 421~422 页。

量也有较大增长，从销售数额就可以看到这一走向，1892年全县外销土布60万匹，此后逐年增长，1915年达到高峰，增至400万匹。1916尤其是1919年以后，产量开始下降，外销也随之减少，但直到1932年，最低的一年也有81万匹，大多仍在100万匹以上。①

另一个变化是，有的农民已将手工业作为正业经营，而不再是传统小农经济的副业形式了。1929年515家13岁以上农民的调查显示，男子从事正业者1282人，其中有12人选择织布、造酒、制水车、烧砖、编扒子等手工业为正业，而且主要是织布；女子从事正业的1176人中，有167人选择纺线织布为正业，比男子比例高许多。② 有的村子，专业性生产已极为明显，比如有的集中织布，有的集中纺线，有的集中织粮食口袋，有的集中织席，等等。③ 当然，就总体来看，以家庭手工业作为正业的情况并不多，主要还是家庭副业。

以上关于定县手工业的统计，为中国近代家庭手工业的演变提供了重要例证。也就是说，学术界所谓手工业"继续生存和发展"之说有充分的历史依据。

二　维持和提高农家生计

当中国步入近代化的行程之后，农村家庭手工业为什么仍能继续生存和发展呢？原因是复杂的、多方面的。其中最为根本的原因是，农民经营手工业的目的是为了补充农业生产之不足，维持农家生计，这就是社会学家费孝通先生所说的，"各种生产事业配合了维持这家的生存"。④ 不难看出，这应当是绝大多数贫困农民的情况，他们从事手工业主要是由于生存的压力导致的。除此以外，也有少数农家，其生存压力并不大，单靠农业生产就可以满足基本的温饱，但他们并不满足于此，而是希望通过经营手工业，进一步增加收入，提高生活水平，以往学术界对这一现象可能忽视了。可以肯定地

① 张世文：《定县农村工业调查》，第101页；李景汉：《定县经济调查一部分报告书》，中华平民教育促进会，1933，第135～140页。
② 李景汉：《定县社会概况调查》，中华平民教育促进会，1933，第162～167页。
③ 张世文：《定县农村工业调查》，第395～456页。
④ 费孝通：《乡土重建》，《费孝通文集》第4卷，第394页。

说，家庭手工业这种关乎农民生存和发展的经济机制，在中国历史上久已有之，古代是如此，到近代还是如此，只要小农经济存在，这就是必然"伴生"的现象。

在定县，多数农家从事手工业的原动力，正是如上所说的补农业生产之不足。我对近代定县的人地比例关系做过仔细的计算和分析，认为到 20 世纪二三十年代，人口对耕地的压力并不像以前学界所估计的那么严重，以当时人均现有耕地 3.3 亩进行农业生产，按照人均消费标准，大致可以满足人们最低限度的粮食需求。不过，农民毕竟不能只靠粮食而生存，他们还需要其他生活必需品，譬如衣服、燃料、祭祀用品、饲料、应酬等。如果将这些计入，现有的人均耕地就不够了，距离每人最低限度的总生活消费水准相差近半亩，也即人均 3.8 亩才能基本维持所有的生活消费。① 那么，如何解决人均耕地不足呢？农民可以寻求多种生存或自救方案，比如家庭养殖、做小买卖、小手艺、做临时工，甚至移居他乡等，而最重要的方式，则是家庭手工业。还需要注意的是，从人均耕地得出的结论，忽略了不同阶层之间的差别。事实上，土地占有情况是极不均衡的，全县有 10% 左右的农户没有土地，30% 左右的农户达不到平均数。② 那么，对于这些土地不足人均 3.8 亩乃至没有土地的农户而言，手工业就特别具有了维持农家最低限度的生活的重要意义。与此同时，对于那些人均占有 3.8 亩以上土地的农户，从事家庭手工业更可能是一种提高收入的手段。以大西涨村为例，全村 340 户，从事家庭手工业者 274 户。以平均每家人口 4.5 人计，按照以上人均 3.8 亩的标准，占有 17.1 亩以上土地的家庭，手工业具有锦上添花的功能。遗憾的是，现有数据只有占地 25 亩以下和以上农户的统计，其中占地 25 亩以上从事手工业者有 41 户。这表明，对于至少 15% 以上从事手工业的农户，家庭手工业具有提高收入和生活水平的意义。③

手工业究竟可以为农家贴补多大利益呢？1931 年张世文对全县手工业赚利有一个平均数的统计，且将之分为两种情况：一是按照从事家庭手工业

① 参见李金铮《也论近代人口压力：冀中定县人地比例关系考》，《近代史研究》2008 年第 4 期，第 148 ~ 149 页。
② 据李景汉《定县土地调查》（上），《社会科学》第 1 卷第 2 期，1936 年 1 月，第 452 ~ 453 页资料计算。
③ 据张世文《定县农村工业调查》，第 399 页资料计算。

的农户进行计算，平均每家赚利 21 元；二是按照所有农户进行计算，平均每家赚利 13.3 元。当时定县一个普通农家估计年收入为 200 元左右，那么从事家庭手工业的农家，赚利就占到总收入的 10.5%；按所有农家计算，平均每家手工业赚利占总收入的 6.7%。① 从这一统计来看，农家收入显然主要还是来自农业，而手工业的确只是起到了补充农业不足之用。

笔者根据各类数据资料，对这一时期的定县经济总产值做了一个统计（表 1），由此也可看出手工业在农家经济中的地位。

表 1　1933 年定县农村经济总值

单位：元，%

类　别	产值	占比
粮食作物	7161973	45.89
经济作物	2438591	15.62
蔬　菜	885677	5.67
果　品	527721	3.38
畜　牧	882963	5.66
手工业	3710704	23.77
总　计	15607629	100.00

资料来源：李景汉《定县经济调查一部分报告书》，第 3 ~ 8、9 ~ 12 页；张世文《定县猪种改良实验》，《民间》第 1 卷第 20 期，1935 年 2 月，第 10 页；《营养研究设计报告》1932 年 7 ~ 12 月半年工作报告，南京市中国第二历史档案馆藏，全宗号 236，卷号 115；《二十二年度河北省各县家畜家禽数量统计表》，《冀察调查统计丛刊》第 2 卷第 3 期，1937 年 4 月，第 52 页；李孝悌：《河北定县的乡村建设运动——四大教育》，（台北）《中央研究院近代史研究所集刊》第 11 辑，1982 年，第 180 页。

表 1 显示，手工业产值已接近全县经济总产值的 1/4，对农家经济具有重要的补充作用。这一比例与张氏的统计有些出入，究属何种原因，尚不得而知。但无论哪一统计，都能说明一个问题，即：如果没有手工业的补充，农家经济和农民生活必将艰难得多。

如果打破全县总的平均比例，则可发现，有些村子对手工业的依赖明显高于平均程度。以 1932 年为例，大西涨村 274 个从事手工业之家，平均每家总收入 178.3 元，手工业赚利 31.8 元，占总收入的 17.8%；东不落岗村

① 张世文：《定县农村工业调查》，第 16 页；李景汉：《华北农村人口之结构与问题》，《社会学界》第 8 卷，1934 年 6 月，第 7 页。

174 个从事织布家庭，平均每家总收入 262.9 元，织布赚利 75.3 元，占总收入的 28.6%；西坂村 250 个织席家庭，平均每家总收入 152.0 元，织席赚利 57.1 元，已达到总收入的 37.6%。几个村落恰恰都是人均耕地面积较低的，分别为 2.68 亩、2.48 亩、1.78 亩，而且人均耕地面积越低，手工业收入的比例越大。[①]

这一关系，在不同农户之间也有类似的反映。以大西涨村为例，从事家庭手工业人数占全村总人数的比例，在没有土地、25 亩以下的农户中占 74%、79%，在 75～99 亩、100 亩以上的农户中降至 36%、39%。[②] 也就是说，占有土地越少，对手工业的依赖程度越大。

与之相应，家庭收入越低，生活越贫困，对手工业的依赖程度也越大。仍以大西涨村为例，见表 2。

表 2　1932 年定县大西涨村从事家庭手工业与家庭收入之关系

全年收入组（元）	家数	平均每家全年收入（元）	从事工业者平均每家赚利（元）	赚利占收入比（%）
50 以下	4	41.25	10.38	25.15
50～99	53	73.57	16.52	22.45
100～149	65	118.00	28.81	24.41
150～199	61	166.21	36.23	21.81
200～249	22	215.95	32.65	15.12
250～299	35	264.86	49.29	18.61
300～349	11	300.91	59.70	19.84
350～399	11	353.64	43.70	12.36
400～449	5	400.00	16.33	4.35
450～499	3	450.00	8.51	1.89
500～549	2	500.00	2.72	0.54
550～599	—	—	—	—
600～649	1	600.00	6.56	1.09
650～699	—	—	—	—
700 及以上	1	800.00	3.60	0.45
总计	274	178.26	31.78	17.83

资料来源：据张世文《定县农村工业调查》第 407～410 页资料整理。

[①] 张世文：《定县农村工业调查》，第 395～424、451～455 页。

[②] 张世文：《定县农村工业调查》，第 399～400 页。

由表2可见，家庭收入50元以下者手工业赚利占总收入的25.15%，家庭收入700元以上者手工业赚利仅占总收入的0.45%。[1]

以上统计都验证了费孝通先生的观点："家庭工业的附加收入支持了没有足够土地的农民，使他们能生活下去。"[2]

佃户的收支状况，更为上一观点提供了有力佐证。据1934年陈伯庄对平汉沿线地区的调查，定县佃农平均每人耕种2.9亩，农业收入为22.0元，除去作物留用、工料支出、购买粮食、地租等，净亏2.78元，但由于有副业净收入2.39元，大体可以弥补种地之不足。清风店的佃农，因为有了手工业而产生了盈余，他们平均每人耕种0.8亩，农业净亏4.14元，但副业净收入为8.02元，除了弥补不足，尚可节余3.88元。[3] 可以想象，如果没有副业的支撑，佃农都将入不敷出，也许"单从土地利用上看是不值得租种，但是在农家经济上说，租了田地来种，多少可以得到一些收入，和其他收入合并了，足以维持生存。从整个乡土经济上说，那是手工业津贴了土地制度"。[4]

还要指出的是，表2所显示的收入在250元以上之家有69户，占从事手工业户数的25%。他们已经超过了普通农民的收入和消费水平，从事家庭手工业的收入与贫苦农民不完全是一个概念了，他们主要是为了提高收入，或许可以说手工业的副业性质已变成了"富业"。尽管其手工业收入在家庭总收入中的占比较低，但平均每个从事手工业者的产值却较高，就说明了这一问题。当家庭收入更高时，人均手工业产值又有下

---

[1]　据张世文《定县农村工业调查》，第407~410页资料整理。

[2]　费孝通：《中国绅士》，中国社会科学出版社，2006，第76~77页。

[3]　陈伯庄：《平汉沿线农村经济调查》，交通大学研究所，1936年，附表20B。陈振汉先生在1956年前后撰写的《地租剥削：1720~1820》一文中发现了这一问题：一个耕种水田10亩或旱地20亩的5口自耕农户，全年的农业收入，最多仅能勉维温饱，连简单再生产所需要的费用尚且不敷，也就是说这一农户的常年劳动全部都是必要劳动，剩余劳动量不仅没有，可能还是负数。在这样的情况下，假如这一农户是佃户，还要向地主缴纳占生产物总量50%的地租，这地租不也就是他的必要劳动的一半吗？这似乎是不可能的事。因为这意味着这一家庭的人口，每年要有一半忍饥挨饿或者流离转徙。然而，18世纪又是我国人口增长很快的时期。这里最重要的原因，是佃户家庭人口所从事的直接农业劳动以外的劳动在家庭经济中的重要性，这类劳动包括家内手工业劳动、农业雇佣劳动等。（陈振汉：《18~19世纪中国的地租、社会消费和积累》，氏著《社会经济史学论文集》，经济科学出版社，1999，第706~707页）

[4]　费孝通：《乡土重建》，《费孝通文集》第4卷，第435页。

降，因为"收入多的农家因他项收入能够维持生活，少用时间从事家庭工业"。①

总之，小农经济为家庭手工业生存的基础，绝大多数为了维持生计或少数为了提高收入是农民从事手工业的原动力，而家庭手工业反过来又稳定和维持了小农经济的延续。著名人类学者斯科特说，传统经济中包含许多可以称之为"退却方案"的东西，即辅助性的手工业生产和交易，可以在庄稼歉收时，弥补家庭收入的亏空。② 这一观念有一定道理，但中国家庭手工业的生存和发展，更多的恐怕不是庄稼歉收时的弥补，而是家庭生产的正常环节，并无所谓退却之意。又有学者认为，因人口压力而形成的传统农民经济的贫困化或日渐加深的贫困化压力，构成中国近代乡村手工业长期存在和发展的主要因素。③ 这一解释也不无道理，但也不周延。因为自古以来，家庭手工业就是农家经济的组成部分，人口压力不大的时候也是如此。近代以来，人口压力恐怕只是条件之一而已，贫困是家庭手工业存在的重要基础，但也不一定是日渐加深才构成手工业存在和发展的主要因素。

需要进一步思考的是，手工业除了有补充农业生产不足之用，还有哪些因素支撑着手工业的竞争力？或者说，如果维持家计是家庭手工业存在的原动力，但要实现这个原动力，还需要哪些农家自身条件和外部社会条件的支持？譬如，为什么农家的劳动力和时间可以不算成本，近代以来又为家庭手工业的生存和延续增加了哪些条件？

三　历史传承和"农闲"不闲

劳动力是手工业生产的重要因素。手工业生产的历史传承和大量的农闲时间，使劳动者从事手工业生产具有"人力密集"的优势。如同维持农家生计一样，这也是自古以来家庭手工业生存和延续的传统因素，它往往无须

---

① 张世文：《定县农村工业调查》，第16～17页。
② 〔美〕斯科特：《农民的道义经济学》，程立显等译，译林出版社，2001，第80页。
③ 彭南生：《中间经济：传统与现代之间的中国近代手工业》，高等教育出版社，2002，第81页；汪敬虞主编《中国近代经济史（1895～1927）》，下册，人民出版社，1998，第1858页。

农民费力寻找，似乎是与生俱来的。

　　美国经济学家熊彼特的一段话对分析这一问题有启发，他说："一切知识和习惯一旦获得以后，就牢固地植根于我们之中，就像一条铁路的路堤植根于地面一样。它不要求被继续不断地更新和自觉地再度生产，而是深深沉落在下意识的底层中。它通常通过遗传、教育、培养和环境压力，几乎是没有摩擦地传递下去。"① 中国家庭手工业就是如此，相关技艺和经营方式，农民代代手口相传，绵延不断。如前所述，在定县，棉纺织业早在明代就开始流行了，其他手工业也多有数百年或更长的历史。可以说，小孩一落地，就生活在这种生产的氛围之中，老人们为他准备了一套完整的人生经验，他无须知道什么理由，只要"学而时习之"足矣。乡村姑娘普遍在十二三岁甚至八九岁就开始学习纺线、织布。② 在大西涨村，1932 年 888 个家庭手工业者的调查显示，开始从事手工业的年龄以 10～14 岁为最多，有 468 人，占总人数的 52.7%。东不落岗村也是如此，在 588 个从事家庭工业者中，10～14 岁开始从事者有 339 人，占总人数的 57.6%。西市邑村的比例更高，468 个从事家庭工业者，10～14 岁开始从事者有 385 人，占总人数的82.3%。西坂村也很高，593 个从事织席者，10～14 岁开始从事者有 486人，占总人数的 82.0%。③ 于是在这个过程中，像其他传统生活礼仪一样，手工业技能和经验在传习中得以延续，甚至凝成了一种人生血液、地方文化。

　　家庭手工业生产常常是在"农闲"时间（仅指农业种植）完成的。每当农闲，时间比较充裕，为没有或少有其他就业机会的农民从事手工业提供了时间保证。

　　所谓农闲，与农业劳动力剩余基本上是一个概念，正是因为有了农闲，才产生了剩余劳动力。就农业耕种而言，以现有人口和劳动力的数量，劳动力剩余是非常明显的。近代中国农家平均人口在 5 人左右，劳动力一般是

---

① 〔美〕熊彼特：《经济发展理论》，何畏等译，商务印书馆，2005，第 93 页。
② 张世文：《定县农村工业调查》，第 65 页；2010 年 4 月采访资料，李金铮藏，采访人：葛希芝（Hill Gates）、李金铮等，采访对象：200 个老年妇女（80 岁左右，包括南支合、西市邑、南王吕、东岗、西坂等村），采访时间：2010 年 4 月 22～27 日，采访地点：定州。
③ 张世文：《定县农村工业调查》，第 398、414、444、452 页。

2 个。按此比例计算，20 世纪 30 年代初定县劳动力总量为 17.6 万个。[①] 当时华北农村一个劳力的耕种能力，有 30 亩、22 亩、20 亩、15 亩、12 亩、10 亩等说。[②] 但不清楚这些标准的理论和事实根据，姑且采用中等的估计，以 15 亩为标准，那么，定县耕地 147.1 万亩，可容纳劳动力 9.8 万个，结果就是剩余劳动力有 7.8 万个，占当年劳动力总数的 44%。1936 年 5 村 20 农家的调查，为此提供了实际的例证。在 20 个农家中，劳动量总计为 32171.4 人工单位，但劳动的实际使用量为 9083.1 人工单位，劳动利用度仅为 28.2%；平均每个成人男子一年的劳力使用量为 103.3 人工单位，相当于有 260 余日没有工作；平均每家劳动供给量为 1608.6 人工单位，而劳动需要量仅为 509.3 人工单位，也即劳动剩余量为 1099.3 单位，劳动剩余率高达 68.34%。[③]

农闲期间劳动力的剩余，并非意味着农民无事可做。恰恰是在此期间，农民要进行农业生产准备、日常家务料理，更为重要的是将重心转移到家庭副业、手工业上。所有这一切，都使得"农闲不闲"，正如费孝通所指出的，"这些劳工并不能离开农村，离开了，农忙期会缺工，可是农闲期怎么办呢？这里引入了乡土工业，乡土工业在劳力利用上和农业互相配合了来维持农工混合的经济"。[④] 李景汉对定县"农闲不闲"的情形描述道："自大雪前后（即阴历十月十五日前后）作物收获妥当，秋耕终了，农事完毕的时候起，一直到来年春分前后止（即阴历二月二十五日前后），在这四个月的期间内，可以说是男工的休闲时期。在这四个月里男工有几种代替的工作。有的转运土粪，或出外拾粪，以备来年做肥料用。有的出外拾柴。有的在家里做家庭工业如织布、编柳器、编席、打绳等。有的开木厂，锯树买木头，以备来春在庙会上出卖，这种工作

---

① 何清涟：《人口：中国的悬剑》，四川人民出版社，1988，第 78 页。
② 黄宗智：《华北的小农经济与社会变迁》，中华书局，1986，第 178 页；李文治、江太新：《中国地主制经济论》，中国社会科学出版社，2005，第 307 页；陈正谟：《各省农工雇佣习惯之调查研究》，《中山文化教育馆季刊》创刊号，1934 年 9 月，第 365 页；张稼夫：《山西中部一般的农家生活》（1935 年 7 月），陈翰笙主编《解放前的中国农村》第 3 辑，中国展望出版社，1989，第 86 页；〔日〕长野郎：《中国土地制度的研究》，强我译，神州国光社，1930，第 354 页。
③ 杜修昌：《农家经济分析：1936 年我国四个地区 177 农家记帐研究报告》，国家统计局，1985，第 75、77 页。
④ 费孝通：《乡土重建》，《费孝通文集》第 4 卷，第 368 页。

大半由多人合办。也有在家练习算盘，读书写字的。也有的自己修理房屋农具的。也有在家管杂务的如卖房卖地、买房买地之类。有的因为无事可作，到外边庙会上卖杂货做小生意的。……女工除了正月休息半个月，平常的工作不在男工以下。妇女不但在家做饭，料理家务，并且帮助男工在农场工作，如打辘轳、割谷、拔麦等。有时从事织布、打绳、纺线等工作。童工的闲暇时间与男工相同，所作的工作也相差不多。闲暇时就帮助家中织布、络线、推碾、推磨、香房黏签，有时出去捡柴拾粪。"① 明己和张世文对农民纺线织布的忙碌景象，还专门做了生动的描述。女孩们"不在田间工作的时候，每天料理完家事，就是坐在织机上织布，或纺车旁纺线。因为这是帮助家用的唯一方法，机车摇动之后，衣食两项便有着落了。每天五更起来工作，直作到夜半收工，如果家里等钱用时，只得整夜纺织，听到鸡鸣之后，略为休息，天明以后，又立刻起来摇动纺车。屋里没有灯的人家，她们在黑暗中纺纱，因为技术熟练的缘故，不必用眼去注视就能纺得很好。六七十岁的老妇人，做到半夜之后，不知不觉就在纺车旁打盹，不久又吓醒了，赶快继续着做。因为精神的疲乏，这种打瞌睡的现象，一夜不知要发生几次。但是她们不肯到炕上躺去一会儿，因为那样一来，就会沉沉入睡，岂不耽误了工作？小女孩做到半夜之后，也支持不住了，母亲听不到她的纺车响声之后，走过去在她身上重重地击一拳，喝一声'快做'，小女孩立刻惊醒，两手乱摸着纺车，嘴里说着'就做啦'！于是若断若续的勉强纺着。姊妹两个人时，她们轮流纺纱，日夜相继，不使纺车有休息的时间。"② 冬季昼短夜长，织布经常是"一人专织白天，两人专织夜班，一人前半夜，一人后半夜，所谓'人闲机不闲'也"。③ 由此可见，农民从事手工业生产，大大填补了农闲的空白，甚至可以说挤占了农民本应该休息的时间，从而缓解了剩余劳动力的紧张。有意思的是，定县全县从事家庭手工业者达到 8 万余人，恰恰接近上面所估计的数字（7.8 万农村剩余劳动力）。就此意义而言，以往所谓农村劳动力大量剩余只是针对农业种植而言，

---

① 李景汉：《定县社会概况调查》，第 647～648 页。
② 明己：《定县农村妇女纺织业》，《大公报》1934 年 1 月 4 日，第 11 版。
③ 张世文：《定县农村工业调查》，第 73 页。

如果将农业和手工业结合起来考量，或者说将农村经济作为一个整体来考察，则劳动力大量剩余的说法很难成立，至少不像原来所认为的那样严重。①

还要补充的是，如果用资本主义企业的经济理论衡量，除去原料、劳动力成本和工具折旧，中国家庭手工业的利润率是很低甚至是负的。那么，它是靠什么来支撑自己的生存和延续，靠什么提高产品的竞争力呢？问题的秘密恰恰就在于，传统小农经济中的劳动力和时间是不算报酬或成本的，几乎除去原料成本之后的剩余农家所得，就是赚利。② 其原因"乃在于农民经济的贫困化，非如此就难以维持生存"。③ 尤其是利用农闲从事的手工业生产，"将以全时间支出，不让一瞬间轻轻过去"。④ "没有任何劳动成本的下限，只要生产的成品出售后能补偿原料费用及折旧费用之外略有剩余即可。"⑤这就使得家庭手工业的成本降低，产品的竞争力增加，"不管产品的售价低到何种程度，他们还是可以和国外生产的机制品进行面对面的竞争"。⑥ 以织布为例，1931 年定县全县 453 村生产总值为 2307019 元，除去原料1922531 元，剩余 384488 元就是赚利，销售利润率达到 16.7%。⑦ 而 20 世纪 30 年代初期，中国机器织布业的资本利润率多在 10% 左右，有的低至百分之四五。⑧ 两相比较表明，在与机器工业的争斗中，家庭手工业还是有一定的竞争力的。这也正是在相当长的一段时期内，手织业生产率虽低于机织业但又能与机织业并存的一个重要原因，资本主义企业的经济理论在此失灵。

---

① 关于农村劳动力剩余问题，笔者拟作专文《经济关系的整体性：中国近代农村劳动力大量剩余说质疑》进行详细讨论。

② 张世文在计算 1931 年定县家庭手工业的赚利时，使用的就是这个概念："此处所说的赚利系指除原料费用外，每单位家庭工业品的收入。"（张世文：《定县农村工业调查》，第 61页）

③ 彭南生：《中间经济：传统与现代之间的中国近代手工业（1840~1936）》，第 121 页。

④ 郭大力：《生产力建设论》，转引自彭泽益编《中国近代手工业史资料》第 3 卷，三联书店，1957，第 746 页。

⑤ 赵冈：《农业经济史论集》，中国农业出版社，2001，第 130 页。

⑥ 赵冈等：《中国棉纺织史》，中国农业出版社，1997，第 191 页。

⑦ 据张世文《定县农村工业调查》，第 57、62 页计算。

⑧ 汪敬虞：《近代中国资本主义的总体考察和个案辨析》，中国社会科学出版社，2004，第316 页。

四　原料供给的传统与现代结合

原料是手工业生产的另一要素。近代以来，手工业原料的来源范围和种类较以往扩大，既有来自本地的，也有来自外地的，既有传统原料，又有现代机器生产的原料，这种传统与现代原料的结合，成为家庭手工业延续和发展的又一重要条件。

首先，原料仍以来自定县本地和附近地区居多，且主要是传统原料。

张世文的调查显示，有的为自家田间生产的原料，如用自家棉花纺线织布，用自家豆子磨豆腐，用自家高粱秸、麦秸编蒲锅盖。有的是从邻家购买的原料，如做猪胰之家从屠户那里购买猪油，做干粉条者从邻家购买绿豆、甘薯与高粱，织席之家从种苇子的农家购买苇子。有的原料购自集市、庙会、店铺，如轧花店购买籽棉，油坊购买花生，磨坊购买小麦，油坊买棉籽，编柳罐、筐箩、簸箕之家买柳条。除此以外，有一些原料还购自县外，也多是传统原料，如做香之家从平山、获鹿县买香面，选猪鬃之家到绥远、察哈尔、山西、东北等地收买猪毛鬃，编织用的苇子购自曲阳、阜平，荆条购自完县。木器业所需松木原料购自天津，竹、藤、桐油购自南方，苇子、红土购自曲阳，麻来自山西，丝线、红蓝洋呢购自束鹿。食品业所需原料，山楂购自易县，江米、青丝、红丝等购自保定。但也有的手工业开始使用现代工业原料，如木器手工业所需要的洋钉，购自保定；化学手工业所需原料，有的购自天津，有的来自国外，如染坊所用的颜料就是如此。①

正是因为原料来源的范围和种类都有所扩大，定县手工业形成相互支撑、联系紧密的区域经济共同体。

如果说大多数手工业行业仍是靠山吃山、靠水吃水，利用传统原料进行生产，而规模最大的织布业，其原料来源则发生了前所未有的变化，即机制棉纱的供给越来越多，甚至超过了传统土纱的供给。从全国来看，1875、1919、1931年手织棉布分别使用棉纱7.45亿磅、7.46亿磅、7.30亿磅，其中机纱的使用比例呈明显增长之势，三个年度相继占棉纱消耗总量的

---

① 张世文：《定县农村工业调查》，第6~10、254页。

49％、55％、76％。① 具体到定县所属的河北省，也是如此，1929 年手织业共消费棉纱 529048 公担，其中机制品有 317412 公担，占棉纱消费总量的60％。② 像著名的河北高阳织布区、宝坻织布区和山东潍县织布区，都已100％ 依靠机纱了。定县虽也是重要的织布区域，但与上面几个织布区有所不同，由于仍有大量农民从事纺纱业，所以它兼用土纱和机纱。不过，使用机纱的比例也逐渐超过本地土纱。清末时，所用棉纱还主要是本地旧式纺车纺成的土纱（或称笨线），亦有少量购自无极、晋县一带的土纱。民国以来，除了土纱以外，开始大量使用机制棉纱，到 20 世纪 20 年代末，有全用机纱者，有经线用机纱、纬线用笨线者，也有经纬全笨线者，"不过用笨线较少耳"。③ 1930 年代初张世文的调查进一步证明，定县织布所用经线皆系洋纱，多购自天津纱厂；所用土线，则来自本县及临县。土纱的使用量，仅从 1931 到 1933 年的数据来看，就有明显减少。1931 年，本县出产的 96.2万斤（其中自用 6 万斤，其余 90 余万斤用于织布及织其他手工业品），临县输入 70 余万斤，合计 166 万余斤。④ 到 1933 年，定县自产土纱仍有 96.3万斤、值 433490 元，但临县土纱输入大幅度减少，仅 3220 码、值 580 元，二者合计 434070 元。但输入机纱比例迅增，仅国货机纱就有 3710 包，按每包 354 斤计算，合 1313340 斤、值 667770 元，另输入日美洋纱 5340 码、值950 元，总计输入机纱值 668720 元。⑤ 可见，1933 年机纱值已高于土纱，织布原料主要依赖机纱尤其是国产机纱了。

　　严中平先生在《中国棉纺织史稿》中曾估测道："1933 年全县出产土布1620400 匹，只输入机纱 3710 包，其余用纱全靠本县手纺业提供，估计前者只占全部消费量的三分之一，后者却占到三分之二。"⑥ 笔者认为，这一说法可能有误。首先，3710 包只是国产机纱，除此之外还输入洋纱 5340码。其次，从棉纱值来看，将定县所产土纱和县外输入土纱加在一起，为机纱的 2/3。所以，正确的说法应该是倒过来，土纱占 1/3，机纱占 2/3。尽

① 〔美〕容国石：《中国手工纺纱的衰落与演变》，蒋学桢译，张仲礼主编《中国近代经济史论著选译》，上海社会科学院出版社，1987，第 290 页。

② 严中平：《中国棉纺织史稿》，第 256 页。

③ 《定县的棉花与土布》，《中外经济周刊》第 192 号，1926 年 12 月，第 31 页。

④ 张世文：《定县农村工业调查》，第 60 页。

⑤ 李景汉：《定县经济调查一部分报告书》，第 9、45、67、70 页。

⑥ 严中平：《中国棉纺织史稿》，第 272 页。

管如此，严中平对机纱对手织布生产的作用仍有正确的估价，"在产量上，在棉纱品质上，手纺车一直成为手织业充分发挥效能的很大障碍。纱厂的建立，恰恰替手织业解除了这些障碍。它不独为手织业供应了充足的棉纱，使无原料缺乏之虞；并且也为手织业制造了高支的棉纱，从而扩大了手织业的活动领域。应该说，作为一行独立的产业部门而言，手织业是在纺业已经机械化了以后，才有充分的发展机会。……中国机器棉纺业的发展，恰恰也正是保持手织业继续存在的条件之一。"[1] 他还以 1915 年定县土布外销量高达400 万匹为例指出，这一数量"所需要的棉纱，如果全靠手纺业供应，那么就需要从事纺纱的农家 8 万户，这就超过全县农户总数达 14000 家。所以，没有机纱的供应，定县外销 400 万匹土布是不可想象的。在这里，我们看到了输入洋纱对于中国农村社会结构的作用，在一定条件下，并不是单纯地代替手纺纱，相反的，倒是补充手纺纱的不足而成为手织业进行商品生产的必要条件。"[2]

由上证明，曾经流行的传统与现代完全对立的"二元经济论"是不符合历史事实的，机器工业与手工业、现代与传统的关系不是彼此排斥，而是相互依存、相互促进的。不仅如此，它还说明农民并不像传统观念所认为的那样保守，农民对市场的反应并不迟钝，而是比较灵敏，具有一定的应变能力。

有学者从民族经济和地域经济的角度出发，认为应该发展本地纺线，抵制外来机纱，以保护地方农民利益。譬如，张世文在做完定县手工业的调查后就曾建议，农民织布所用的经线皆系外面纱厂输入，如能在本地设法研究，使本地所出的线能做经线，则本地农家可多得一倍的利益。[3] 这种建议的初衷不容否定，却不符合经济现实，也违背了经济分工和生产效率的原理。在市场经济下，经济结构各个方面的关系是相互支撑、相互作用的，机纱的输入虽然从表面上来看拿走了纺线农民的一部分利益，但同时极大促进了土布业的发展，农民获得了另外一部分可能是更大的利益。另外，如上所述，定县手工业原料有一些来自外地，如按张氏的逻辑，都要从本地解决，

---

[1] 严中平：《中国棉纺织史稿》，第 269 页。
[2] 严中平：《中国棉纺织史稿》，第 272 页。
[3] 张世文：《定县农村工业调查》，第 43 页。

替代外来产品，恐怕更是难以做到的。何况，本地是否有条件生产这些原料，是否从本地生产的原料就一定比外地原料更有利于发展当地手工业，也是大可疑问的。

五　传统工具与改良工具

与原料一样，生产工具也是手工业生产的必备条件。近代以来，定县手工业工具仍以传统为主。从 20 世纪 30 年代初张世文、李景汉对 16 种手工业工具的调查来看，有 11 种完全产自本地，有 3 种产自本地或保定，有 2 种产自保定、石家庄、曲阳。在本地或邻县制造者，大多为传统工具，价格低廉，如手摇一锭的旧式纺车，与明清乃至秦汉时期的纺车几无区别，仅五六角钱；在保定、石家庄制造者，多为工艺相对复杂的工具，如铁机、轧花机、弹花机等，价格较高，为 30 ~ 50 元。①

传统工具的流行，一方面说明它仍能适应当地手工业生产的需要；另一方面或者说更重要的是因为价格因素，贫困农民买得起。手纺车最为典型，农民不仅有能力购买，也不需要费力气就可以使用。所以，尽管机纱排挤乃至取代土纱的现象遍及全国各地，但用纺车纺纱远未灭绝，"从事手工纺纱之人不外是年幼的小女孩或老迈妇女，她们不能从事任何其他生产工作，因此她们的纺纱劳动没有任何机会成本可言。"② 中华平民教育促进会在定县进行实验时，将手工业的改进作为一项重要的内容，曾试图改良纺车，用铁机纺线，"此种纺机如能推广，实可增加农家之收入"。但因为这种纺车构造比较复杂，成本提高，农民用此纺线并不划算。所以，"现今能代表农村纺业的用具，仍然还是旧式纺车"，③ 手纺车继续保持着顽强的

① 李景汉：《定县社会概况调查》，第 679 ~ 682 页；张世文：《定县农村工业调查》，第 108、111、113、252、262、280 ~ 281 页。

② 赵冈等：《中国棉纺织史》，第 196 ~ 197 页；严中平：《手工棉纺织业问题》，《中山文化教育馆季刊》第 4 卷第 3 期，1937 年 7 月，第 1035 页。

③ 严中平：《手工棉纺织业问题》，《中山文化教育馆季刊》第 4 卷第 3 期，1937 年 7 月，第 1036 页；张世文：《定县农村工业调查》，第 43 页。除此以外，中华平民教育促进会在定县实验期间还曾介绍和试用新式 84 锭纺纱手摇车，较之旧式纺车效率大增，但未见推广。（秘书处编《中华平民教育促进会定县实验二十一年度工作概况》，第 16 页，南京市中国第二历史档案馆藏，全宗号 236，卷号 55）。

生命力。

当然，各类手工业并不都像纺车那样简单，有的行业也有所改进。如轧花业、弹花业，虽然大多数仍用旧式轧车轧花，每日每人只能轧籽棉20斤，用吊弓弹花，每日每人只能弹瓜子8斤，但也有的开始用轧花机轧花，用弹花机弹花，每日每人可轧籽棉100斤、弹瓜子130斤，分别比旧式工具增加了4倍、15倍。据1931年的调查，"近几年来又有改用发动机推动筛花机、轧花机及弹花机筛花、轧花、弹花者。用发动机推动筛花每日可筛花10000斤；用发动机推动轧花机每日可轧籽棉500斤；用发动机推动弹花机每日可弹出瓜子1000斤；用筛花机筛花，普通每人每日可筛花1500斤。由此可知，用机器筛花当用人力筛花之7倍。用机器轧花，当用人力轧车轧花之25倍，当用人力轧花机轧花之5倍。用机器弹花当用人力吊弓弹花之125倍，当用人力弹花机弹花之7倍强"。不过由于机器价格昂贵，6马力的机器需要500元，所以只有少数资本雄厚的轧花店、弹花店才有可能使用，大多仍用人力机。①

变化最大的，当属织布机的改良，对手工业的影响也最为显著。到20世纪30年代初，定县农民使用的织机主要有三种，即笨机、拉梭机和铁织机。1911年以前，农民都使用最为原始的木制笨机，俗称扔梭机，"简直可以说与古代的织布机没有什么分别"，一人每日仅能织30尺左右。1911年以后，开始使用由笨机改良而成的拉梭机，生产效率比笨机增加1倍，一人每日可织60~70尺。最先进的是铁轮机，约在1920年以后开始使用，"系由保定输入者，现在本地已能自造"。有的甚至是家庭手工业者制造。用这种机子织布，一人每日能织100~120尺，较笨机快4倍，较拉机快2倍，平均每家铁机织布赚利为木机的三四倍。使用织布机的类型，与织布用途与性别有关，织自用布者多用木机，织卖布者多用铁机，尤其是织庄布用铁机者更多。"用木机织布者多系女子，用铁机织布者则多系男子。因用铁机织布比较费力，妇女不胜其劳，并且铁机常容易犯毛病，一般妇女不懂铁机之构造，更不懂怎样修整，一遇机中发生问题，便得停止，不能继续工作。因此一般妇女多不愿用铁机而喜用木机。"② 这也说明，无论是新式工具还是

---

① 张世文：《定县农村工业调查》，第371~372页。
② 张世文：《定县农村工业调查》，第72、80~81、86~87、199页。

传统工具都各有其适用性。

就总体而言，使用笨机逐渐减少，拉机和铁机逐渐增多。1912～1932
年东不落岗村各类织机的数量变化（表3）显示了这一趋势。

表3　1912～1932年定县东不落岗村各类织布机数量的增减

年份	织布机总数	铁机		拉机		笨机	
		架数	占比（%）	架数	占比（%）	架数	占比（%）
1912	280	—	—	20	7.14	260	92.86
1917	270	—	—	45	16.67	225	83.33
1922	255	15	5.88	72	28.24	168	65.88
1927	246	36	14.63	84	34.15	126	51.22
1932	239	69	28.87	122	51.05	48	20.08

资料来源：据张世文《定县农村工业调查》第423页资料整理。

由表3可见，在织机总数中，笨机比例已由1912年的93%下降到1932
年的20%，拉机增长最快，由7%增至51%，铁机也由1922年的6%增至
29%。"由此可以看出笨机在最近将来有完全被拉机与铁轮机替代之势。"[①]

正是改良布机的大量使用，才使得织布户提高生产效率、扩大商品生产
成为可能。为此，严中平甚至断言，扔梭机"是一种效率极低的工具，无
论如何是不堪和动力机器相竞争的。如果没有拉梭机和铁轮机的发明，则中
国手织业必然早就消灭了"。[②]

六　土货的市场销售空间

以上无论是劳动力的经验、时间还是原料、工具，都为手工业生产提供
了条件，但手工业的生存和延续还有一个重要前提，那就是必须有相应的消
费需求以及销售市场。其实，即便在传统经济之下，民众的生活与生产需求
也是多种多样的，不仅个体小农单靠农业经营不可能满足自己的生活与生产

---

① 张世文：《定县农村工业调查》，第423页。定县与同一时期的高阳、宝坻和潍县三个手织
区相比，仍有相当差距，那里铁轮机几乎全部淘汰了老式木机。（吴知：《乡村织布工业的
一个研究》，商务印书馆，1936，第14页）

② 严中平：《中国棉纺织史稿》，第270页。

的需要，就是兼营一两种手工业，也不可能完全自给。也正因为此，手工业生产供应民众消费和用于市场交换就是必然的了。尽管传统社会商品交易率不高，但其背后的交换动力却一直持续到近代。进入近代以后，随着中外贸易的频繁、经济作物种植的扩大以及租税货币化程度的提高，中国农村的市场化程度日益加深，农民对市场的依赖愈益密切，手工业商品化程度已经非常之高。20 世纪 30 年代初大西涨村、东不落岗村和南王吕村 3 个村庄的调查表明，23 种手工业品的商品率为 97% 强，19 种产品几乎达到 100%。① 一些具体的手工业品的调查也显示了同一趋向，如第三区 85 村手纺织业，织布户全年出产 42.7 万匹，卖出 40.7 万匹，商品率达到 95.3%；纺线户全年纺线 22.4 万斤，卖出 19.2 万斤，商品率为 85.7%。② 其他如做高香、猪胰，织卖布，开麻绳铺、眼药铺、点心铺，做木瓢、杆权、椅子、板凳，编柳罐，开木厂，做豆腐、芝麻糖、干粉条，磨香油，做水胶，选猪鬃，织毛毯等，均以卖出赚钱为主要目的者占大多数。③ 所有这些，都反映了土货销售仍有较为广泛的市场。但需要解释的是，在国外商品输入和国内机器工业品的销售压力之下，为什么手工业品仍有较大的市场空间？我认为，至少有三个方面的因素。

首先，机器工业品远不能满足广大民众的消费需求，手工业品的销售余地仍然很大。这一现象，在棉纺织业最能说明问题。如棉布，1875、1905、1919、1931 年总供应量分别为 20.94、25.17、27.43、29.46 亿平方码，其中国内机制棉布和国外进口棉布，相应为 4.57、5.36、9.45、11.31 亿平方码，分别占总供应量的 21.8%、21.3%、34.5%、38.4%。④ 可见，尽管机器织布份额呈逐渐加大之势，但终究还是给手织布留下了生存空间，而且市场占有量占据明显优势。有的学者提出异议，认为棉布的社会消费总量与商品流通量不能等同，如果除去自织自用部分，洋布的市场份额要增加很多。⑤ 在我看来，这一质疑不仅没有说服力，而且恰恰相反，自织自用部分

---

① 据张世文《定县农村工业调查》，第 403、418、440 页资料计算。
② 据张世文《定县农村工业调查》，第 70、80 页资料计算。
③ 张世文：《定县农村工业调查》，第 11 页。
④ 〔美〕容国石：《中国手工纺纱的衰落与演变》，蒋学桢译，张仲礼主编《中国近代经济史论著选译》，第 288 页。
⑤ 张思：《遭遇与机遇：19 世纪末中国农村手工业的曲折经历》，《史学月刊》2003 年第 11 期，第 90 页。

本身不是同样说明机织业无法充分占领织布市场吗？与此同时，棉纱供应也是如此，上述四个年份机纱分别占全国总供应量的 1.9%、50.1%、58.8%、73.7%，份额增速比机布快得多，但也始终没有完全占领市场，仍给手工纺纱留下了一定空间。① 按照严中平的估计，如果每锭纱机的生产足供 10 人的棉纱消费量，以我国人口 4 亿计算，当需纱机 4000 万锭，而 1936 年全国中外籍纱厂的纱机总数只有 553 万锭，缺口相当之大，"机纱产量不够全国人民消费之用，甚为明显。此不足数的补足方法，即为手纺纱"。② 前述定县每年仍有 96 万斤的土纱产量，仅比国货机纱输入量 112 万斤少 16 万斤，就充分说明了这个问题。

其次，农民对一些传统手工业品仍有消费偏好。这一现象，在土布业表现颇为明显，即"由于消费者的习惯需要，也能保持一部分的销路"。③ 其主要原因是，机织布不如土布结实耐用，从技术角度来说，"机制棉纱强力所以较好，是因为支数细，捻度紧，但在遭受重体力手工劳动的磨损时，细支棉纱更易断裂"。④ 而传统的土布虽然粗糙，但厚实耐磨，即使从事重体力劳动也能穿三四年，有的地方磨破了，经缝补后可以再穿一段，实在不能穿了，还能利用未破的部分以大改小，以外改内，重复穿用，直到最后破布片还可以做鞋的材料。⑤ 至于用机纱与土纱混合织布，尽管已不是纯粹的土布，但"基本上保持了原貌"，仍适合农民穿用。⑥ 在定县清风店一带，当地农人几乎有 90% 穿这种土布。⑦ 其实，也正是由于这种土布需要土纱作为原料，从而为土纱的生存保留了一线生机。总之，"直到 1937 年，手工棉纺

---

① 〔美〕容国石：《中国手工纺纱的衰落与演变》，蒋学桢译，张仲礼主编《中国近代经济史论著选译》，第 288 页。也可参考日本学者森时彦《中国近代棉纺织业史研究》（袁广泉译，社会科学文献出版社，2010）第 50～51 页的数据资料。

② 严中平：《手工棉纺织业问题》，《中山文化教育馆季刊》第 4 卷第 3 期，1937 年 7 月，第 1040 页。

③ 王子建：《中国土布业之前途》，千家驹编《中国农村经济论文集》，中华书局，1936，第 139 页。

④ 〔美〕容国石：《中国手工纺纱的衰落与演变》，蒋学桢译，张仲礼主编《中国近代经济史论著选译》，第 289 页。

⑤ 李长莉：《洋布衣在晚清的流行及社会文化意义》，《河北学刊》2005 年第 2 期，第 165 页；王子建：《中国土布业之前途》，千家驹编《中国农村经济论文集》，第 139 页。

⑥ 杨懋春：《一个村庄：山东台头》，江苏人民出版社，2001，第 29 页。

⑦ 郑佩刚：《平汉沿线农村见闻杂述》，陈伯庄：《平汉线农村经济调查》，第 12 页。

织业在中国人民衣料的制造上还占有极其重要的地位。"[1]　其实，何止到 1937 年，恐怕到 20 世纪 50 年代还是如此。

再者，中国地域辽阔，各地生态环境和经济差异较大，为具有地方特色的商品生产和流通提供了区域市场。仍以土布为例，虽然早在元代就已开始生产，但直至近代，仍有一些地区不从事棉纺织业，他们的穿用都需要其他织布地区的供应。譬如，东三省、西北各省、内蒙古以及内地各省偏僻地区，一直都是历史悠久的土布销售市场。定县土布的外销市场，就主要集中在西北地区，以外销处于低谷的 1931 年而言，土布生产 161.9 万匹，外销 97.4 万匹，外销比例为 60% 以上。[2] 尤其是新式交通的兴起，更加推动了土布的外销，如 1896 年京汉铁路、1911 年京张铁路的通车，1914 年京张铁路展至归绥，都便利了定县的土布外销。表 4 为定县土布输出其他地区的统计。

表 4　1921～1930 年定县土布运销外地统计

运销地点	输出土布		价值占比（%）
	匹数	价值（元）	
察哈尔	7459610	7782372	70.35
山　西	1826070	1894702	17.14
绥　远	1280450	1344364	12.15
河　北	36300	40363	0.36
总　计	10602430	11061801	100.00

注：察哈尔包括张家口、蔚州、阳原、怀安、暖泉、大王城，山西包括广灵、阳高、灵邱、浑源、天镇、大同，绥远包括丰镇、归绥、包头、萨县、兴河，河北包括涞源。

资料来源：张世文：《定县农村工业调查》，第 103 页。

由表 4 可见，定县土布以销往察哈尔省为最多，次为山西、绥远，河北最少。尤其是察哈尔所属的张家口地区，占到总外销量的一半以上。[3] 这就说明，手织业仍有比较广阔的活动领域。一些村庄正是因为西北销售市场的存在，而扩大织布业的。如大西涨村，清末以来因"清风店及砖路皆设有布

---

[1]　严中平：《中国棉纺织史稿》，第 254 页。

[2]　李景汉：《定县经济调查一部分报告书》，第 135～136 页；张世文：《定县农村工业调查》，第 74 页。

[3]　张世文：《定县农村工业调查》，第 103 页。

店，收买土布，输出西北，所以该村从事织布者日多，织布工业渐渐发达起来"。① 但传统看法忽略了这一基本事实，过多强调了铁路运输便利洋布倾销的作用。

至于其他手工业品，大多并不像手工棉纺织业那样，有现代工业品的竞争，而基本上是自己的销售天地。20 世纪 30 年代初，定县织单子销售于本地者仅占 10%，运销张家口、绥远、包头等地者达 90%；织腰带百分之二三十售销本县，百分之七八十批发省外，颇受山西、察哈尔、绥远等地的欢迎；织腿带 30% 售于本地，其余 50% 运销张家口、蔚州，20% 销售于邻县；毛毯业 70% 售于本县，30% 售于邻县；棉籽油、花生油，80% 输出保定、北平、天津，20% 输往邻县和西北。还有的产品甚至远销国外，如选猪鬃业，开始多运销束鹿县，1902 年以后经由天津公司输出国外。②

上述说明，近代以来，尽管进口洋货和本国机器工业品的销售越来越多，但始终没有或绝大部分没有代替农村手工业，因为它们不可能完全满足民众的多层次需求。过去如此，现在如此，恐怕未来相当长的时期仍是如此，正如孟德尔斯所言："在工业中手工业方法与近代方法将会长期共存。"③

七 一些手工业衰落的多重因素

在手工业继续生存和发展的同时，也要看到某些手工业的波动乃至衰落，它们的衰落成为中国农民生活的惨痛历史。④ 问题是，为什么会产生这种现象？如果以传统观点即强调洋货或现代工业对手工业的排挤和冲击，能解释得通吗？

因相关资料较少，仅对此做一简述。

仍以土布业为例。1916 年以后，定县土布输出开始减少，个中原因，

① 张世文：《定县农村工业调查》，第 395 页。
② 张世文：《定县农村工业调查》，第 107、111、117、122、192、201、294 页。
③ 〔美〕王国斌：《转变的中国——历史的变迁与欧洲经验的局限》，李伯重、连玲玲译，江苏人民出版社，1998，第 39 页。
④ 本文主要研究手工业的延续及其原因，受破坏的一面并非探讨的主题，只是为了与"延续"进行比较并为了说明"传统因素"的影响才进行了阐述。

虽与洋布销售不无关系，但受其他因素的影响可能更大。张世文对各年的起落变动有详细的调查和分析，他认为，1916 年外销下降的初始原因，是由于布店增加极快，彼此竞争，只要有人来要货，布店没有不发给的，于是拖欠货款者在所难免，影响了定县土布的外销。到 1917 年，上半年销售形势不错，但后半年因定县遭遇水患，织户纷纷停织，布店也因交通被阻，年景不好，停止买卖。再加上口外的收成不好，欠账无法收回，有些布店因此而倒闭。于是，到 1918 年，布业输出一落千丈。1919 年，因西北各地的布商存布不多，故土布输出又有回升。1920～1921 年又告跌落，尔后仅小有起色。1927 年，受晋奉战争影响，外销降至谷底。1929 年北伐成功后，市面稳定，西北年景又较好，因此土布输出又开始增加。① 1931 年后，受世界经济危机影响，以及宣化、张家口一带“因时局不靖，布商多不敢收买，以致布价大形跌落”。② 以至于霍六丁 1933 年就任定县县长时感叹道：“销在定县口外的定县土布，都卖不出去了。”③ 这一感叹不免言过其实，但也的确反映了土布业的惨淡状态。

其他手工业生产，也有衰落情形，而且衰落的因素更为复杂。有的手工业品的衰落与机器工业品的替代有关，如定县以前织毛毯业颇为发达，但洋毯、线毯流行后，遂致减少；以前殷实农家多用铜洗脸盆，既笨重又昂贵，自价格便宜的洋瓷盆输入以后，纷纷改用洋瓷盆，铜盆制造业遂被取代；以前染坊染蓝色皆用本地靛，自外国靛输入后，悉改用外国靛，本地靛业遂一蹶不振；以前做猪胰者较多，后来开始使用肥皂，猪胰手工业大受打击。有的手工业的衰落，则与机器工业品的销售无关。如农民以前从事猪鬃刷子业，后来因猪鬃输出外国，价格高涨，多不再做刷子而改贩卖猪鬃；以前唐河、沙河水流丰沛，两岸居民业渔者多，因此织渔网业甚为兴盛，后来两河渐渐干涸，无鱼可捕，织渔网业便无形消减；以前妇女无剪发者，梳头多戴发网，因而织发网业颇为发达，后来因剪发者日多，发网需要日少，织发网业遂日益衰败。④

<hr>

① 张世文：《定县农村工业调查》，第 105～106 页。
② 《定县土布价落》，《大公报》1933 年 6 月 6 日，第 10 版。
③ 霍六丁：《河北省县政建设研究院实验部县政府成立五个月工作报告》，第 48 页，南京市中国第二历史档案馆藏，全宗号 236，卷号 169。
④ 张世文：《定县农村工业调查》，第 3～4 页。

　　由上面的具体事实可见，手工业衰落的原因非常复杂，既有机器工业品的排挤，也有其他社会经济乃至自然因素的影响。进一步讲，不同类型手工业的兴衰本是极为正常的社会经济现象，以往主流意见认为完全是外货进口或本国机器品冲击之结果，颇欠斟酌。尤其是认为洋货的冲击是导致手工业衰败的主要原因，更需慎下结论。据统计，在输入定县的产品中，国内产品仍占输入总值的绝大多数，国外产品还不到7%，① 那么，它究竟有多大冲击力呢？

　　综上所述，近代以来，尽管历经政治、经济与社会变迁，但定县家庭手工业一直在延续、生存和发展，在农家经济和农民生活中仍有它的地位和作用。其存续的原因是基于传统与现代的两股合力，既有传统因素的惯性，也有现代因素的刺激，但以传统力量为主，现代因素为辅，现代工业产品、生产工具的引入是在与传统小农经济的竞合中发生作用的。有些手工业的衰落，虽然与机器工业包括洋货有一定关系，但并非主要力量，现代因素远未占领农村手工业的阵地，手工业的变化更多是传统因素所致，传统力量绝非不堪一击。这一结论，相信有助于理解近代中国家庭手工业乃至整个农村经济演变的历史线索，当然也希望借由更多的区域性研究予以检验。最后，引用著名社会学家费孝通《江村经济》中的一句话作为本文的结尾："强调传统力量与新的动力具有同等重要性是必要的，因为中国经济生活变迁的真正过程，既不是从西方社会制度直接转渡的过程，也不仅仅是传统的平衡受到了干扰而已。目前形势中所发生的问题是这两种力量相互作用的结果。"②

（作者单位：南开大学历史学院、中国社会史研究中心）

---

① 据李景汉《定县经济调查一部分报告书》，第 13～16 页资料整理。
② 费孝通：《江村经济》，江苏人民出版社，1986，第 1 页。

北京政府时期河南经济的变化

——以农业、工业与市镇经济为中心

黄正林

如何看待近代中国社会经济发展与不发展的问题，学术界有很大的分歧。传统观点普遍认为，自近代以来，中国社会经济处于衰退状态，即使出现一些新的变化，也是负面的，如把新式工厂和铁路看作是半殖民地化加深的表现，把市镇、银行的繁荣看作是"畸形发展"，随着外国工业品的输入，与农业相结合的家庭手工业也完全破产。中国近代社会经济"给人以一片凄凉、每况愈下的感觉"。[①] 近年来的研究从现代化视野出发，通过实证研究，在许多问题上都有深入的讨论，尤其突破了近代史研究中意识形态化的"革命史"书写模式，开始冷静思考近代中国不同阶段、不同区域经济发展水平的问题。本文即是基于新的视角对北京政府时期河南经济发展水平进行重新评估的尝试。

关于北京政府时期河南经济史的研究，学术界已有一些成果发表。如刘世永、解学东主编的《河南近代经济》涉及北京政府时期的经济问题；[②] 张瑞德的《平汉铁路与华北的经济发展（1905～1937）》一书也论述了平汉铁路对河南市场、农业、工矿业所带来的影响。[③] 沈松侨对1906～1937年河南经济作物的种植与农村经济做了研究，认为随着铁路交通的出现、国内经济的发展以及对外贸易的增长，以专业化与地域分工为特色，为市场而生产

---

① 吴承明：《中国近代经济史若干问题的思考》，《中国经济史研究》1988年第2期，第153～180页。

② 刘世永、解学东：《河南近代经济》，河南大学出版社，1988。

③ 张瑞德：《平汉铁路与华北的经济发展（1905～1937）》，台北中研院近代史研究所，1987。

的棉花、烟草等经济作物在河南的农业经营中日见普及，逐步加深了农业商品化程度。① 袁中金是大陆学界较早关注铁路与河南经济的学者，认为铁路兴修与市镇空间变化，使河南经济成为一种"十"字形的"点轴"开发模式。② 岁有生等认为由于交通状况的改变而引起的农产品的商品化和新式工业的出现，改变了当地居民自给自足的自然经济和生活状态，也引起了当地经济结构的变化。③ 王先明等人对铁路与华北市镇的研究也涉及北京政府时期河南一些市镇的兴起与衰落。④ 刘晖认为铁路促进了沿线棉花生产区域化与商品化，郑州的棉花转运、堆栈、打包诸业兴起，使其棉花贸易体系逐步形成。⑤ 上述成果从不同角度论述了近代以来河南经济发展问题，但因研究方法、思考角度的不同，尚不能比较全面反映北京政府时期河南经济发展的整体情形。因此，笔者在已有研究的基础上，对北京政府时期河南农业、工业与市镇经济方面出现的新变化进行整体考察，以回应近些年来热议的关于中国近代经济发展与不发展的问题。

一　农业生产的变化

北京政府时期，由于棉花、烟草和花生的种植，成为河南农业商品生产区域形成的主要时期。引起农业生产商品化区域形成的主要因素包括以下几方面。

一是新式交通的影响。在新式交通工具兴起之前，农家经贸活动的半径较小，农产品的销售只能局限在区域小市场之中。晚清至北京政府时期，平汉、陇海铁路相继通车，不仅运输便利而且成本降低，使农产品交易突破传统的市场圈进入国内大市场甚至国际市场成为可能。河南区域市场与汉口、

---

① 沈松侨：《经济作物与近代河南农村经济，1906~1937》，《近代中国经济史论文集》，台北中研院近代史研究所，1989，第377页。

② 袁中金：《河南近代铁路建设与经济发展》，《史学月刊》1993年第4期，第113~117页。

③ 岁有生、张雷：《论道清铁路对沿线社会经济的影响》，《华北水利水电学院学报》2005年第3期，第70页。

④ 王先明、熊亚平：《铁路与华北内陆新兴市镇的发展（1905~1937）》，《中国经济史研究》2006年第3期，第149~157页；熊亚平：《铁路与华北内陆传统工商业市镇的兴衰》，《河北大学学报》2006年第5期，第100~103页。

⑤ 刘晖：《铁路与近代郑州棉业的发展》，《史学月刊》2008年第7期，第102~109页。

上海、天津等通商口岸和全国市场的联系日益密切，使近代河南经济逐渐由封闭的传统经济向外向型经济转变。① 如安阳的棉花在铁道开通前，多半由小车、马车运销卫辉、怀庆一带，最远销售到黄河以南的开封、许昌等地；铁路通车后，棉花销售北达天津、石家庄，东到青岛、济南，南经郑州、汉口转销上海等地。②

新式交通的发生不仅仅使运输便利起来，而且也改变了居民的经营观念。在传统商业活动中，河南商人与晋商、徽商、陕商等商帮不同，在外地经商者较少。平汉铁路通车后，这种局面有所改变，河南商人有了长距离贩运意识，足迹遍及内地与通商口岸，如怀商足迹遍及省内市镇外，能到他省贩运；以运售绸缎为主的武安商人远足东北；南阳、镇平的绸商能自运销售汉口、长沙、上海各埠，直隶、东北也是其足迹所及之地。③ 经营观念的改变也体现在农民身上，如西平县居民以前外出经商者甚少，自平汉铁路通车后，农家的经营观念发生了变化，将农副产品芝麻、小麦、黄豆及猪和竹木类运往漯河或汉口出售。④

二是政府的奖助。北洋政府时期对发展农业经济采取了多种奖助措施，包括设立农事试验场、推广植棉等，以推动农业现代化进程。⑤ 为了扩大棉花种植面积，北京政府农商部采取措施引进新的棉种，免费发给棉农种植。⑥ 1919 年，河南省实业厅也规定了奖励植棉的政策，"凡增加本地棉田一亩，奖银二角，用美国棉种改良植棉者，奖三角"。北京政府及地方政府的植棉政策尤其是引种美棉，民间响应十分积极。政府散发棉种，"农民请领者为数甚巨，其成绩之优以河洛道属为最，如孟津、渑池、陕县、阌乡等县，所有棉田概行改种，本地土棉几无形消失矣"。⑦ 在推广植棉方面政府与民众配合默契，不仅使河南的棉花产区不断扩大，也有助于时人对北京政

① 吴俊范：《近代中原外向型经济的发展及其影响》，《中国历史地理论丛》2006 年第 1 期，第 5～16 页。
② 方策等：《续安阳县志》卷 7，《实业志·工业》，1933。
③ 白眉初：《河南省志》卷 6，《政教风俗》，1925。
④ 陈铭鉴：《西平县志》卷 36，《故实志·风俗篇》，1934。
⑤ 参看虞和平《张謇与民国初年的农业现代化》，《扬州大学学报》2003 年第 6 期，第 3～8 页。
⑥ 章有义编《中国近代农业史资料》第 2 辑，三联书店，1957，第 178 页。
⑦ 河南省实业厅：《河南全省棉业调查报告》，河南官印局，1925，第 1 页。

府经济政策的认识与判断。

三是经济作物的引种与推广。烟草等经济作物在河南的推广则是另外一种模式,推广者主要依靠较高的种植回报吸引农家"弃粮种烟"。1905 年、1909 年和 1910 年,英美烟公司就曾到河南邓州、确山、泌阳、南阳、通许等地进行调查,认为河南西南部生产的"烟叶色泽好,柄梗小,大部分体型轻柔,出筋梗后的产量为 75% ～80%……有很多土地适宜于种植这类烟叶"。① 1915 年,美国旧金山举办的"巴拿马万国博览会"上,襄城烟叶获奖,② 使河南烟叶一举成名。为了引诱农民种烟,英美烟公司还"无偿散发烟种,预付高额烤烟收购定金,传授烤烟种植和栽培技术等办法鼓励农民种烟。同时,他们又通过无偿散发纸烟、提高烤烟收购价格等手段,使人获得了连想都不敢想的好处"。③ 这种有计划的暗示和高回报提高了农家种烟的积极性,烟田面积不断扩大,"不几年以许昌为中心的烟叶生产,便普遍到附近的十几县了"。④ 种烟高额利益回报是经济作物种植面积扩大的因素之一。

由于上述因素,北京政府时期河南形成了以棉花、烟草、花生为主的经济作物种植区。

(一)棉花产区。自 1919 年政府奖助植棉后,河南棉田面积迅速扩大。1920 年,河南产棉区达 40 余县,1923 年调查,全省植棉区域达到 98 县。1920 年代,河南出现了以棉作为主的农业区域,1920 年的调查中植棉面积超过 10 万亩的只有 3 个县,1923 年达到了 12 个县,即尉氏、太康、武安、新乡、洛阳、偃师、巩县、登封、灵宝、阌乡、临汝、新野,⑤ 这些县份成为河南棉产的主要区域。

(二)烟草产区。由于英美烟公司的大力倡导,河南烟草种植范围不断扩张,1917 ～1920 年,河南烟草"种植面积猛增至 10 万多亩,烟叶上市量

① 上海社会科学院经济研究所:《英美烟公司在华企业资料汇编》第 1 册,中华书局,1983,第 240、243 页。
② 包书亮:《英美烟公司对许昌烟市的垄断及烟行街的形成》,《许昌文史资料》第 7 辑,1993,第 240 页。
③ 包书亮:《英美烟公司对许昌烟市的垄断及烟行街的形成》,《许昌文史资料》第 7 辑,第 241 页。
④ 明洁:《英美烟公司和豫中农民》,《中国农村》第 2 卷第 7 期,1936 年 7 月 1 日,第 69 页。
⑤ 河南省实业厅:《河南全省棉业调查报告》,第 1 ～6 页。

由 1917 年的 250 万磅上升到 1920 年的 1433 万磅。许昌开始成为英美烟公司的主要原料来源地之一"。① 据有关学者研究，1925～1935 年，上海纸烟生产所用原料有 20% 来自许昌。② 到 20 世纪 20 年代，以许昌为中心，周边的襄城、禹州、郏县、长葛、郾城、叶县、临颍等地成为著名的烟草种植区，其面积、产量与质量，均居全国首位。③

（三）花生产区。河南种植花生历史比较悠久，但受运输条件和市场的限制，花生种植"仅供本地榨油及茶食之用，无贩运出口之利"。④ 民国以来，花生逐渐成为出口土货的大宗，种植面积扩大了，豫东原来不毛之地成为花生产区。"自郑州以东归德以西皆有之；惟开封附近一带，约三百英方里之面积，出产为最多，中牟、开封、兰封三县，尤为特色……三数年前，商人之营运此业者，盈余甚厚，每致骤富。官府以此项交易既丰，亦随设局征收捐税，每年收入不下 400 万余元"。⑤ 每年秋末花生收获季节，上海、汉口等处商人"纷纷来汴觅购。以去壳之花生米为输出大宗。新郑、薛店、谢庄、小李庄、郑州，皆花生米输出必经之路也。由新郑输出者，每年约九十余万斤。财政厅特设税局征收花生税，三县中兰封所产约居其半数也"。⑥ 开封、中牟、兰封三县成为河南花生生产的主要基地。

北京政府时期，美棉、烟草和花生等经济作物的种植和推广，对河南农业经济产生了较大的影响。

第一，改变了河南传统的农作物种植结构。由于种植经济作物有比较丰厚的利润回报，因此农家在选择作物品种时，将原来种植小麦、高粱、大豆等传统作物的耕地拿出相当一部分种植棉花、烟草和花生等经济作物，使小麦、高粱、大豆等传统农作物受到影响。安阳"东南原隰之地，以前只种五谷者，今已为产棉上田矣"。⑦ 因花生的种植挤占的粮食耕地开封有高粱、

① 包书亮：《英美烟公司对许昌烟市的垄断及烟行街的形成》，《许昌文史资料》第 7 辑，第 241 页。
② 沈颂侨：《经济作物与近代河南农村经济，1906～1937》，《近代中国农村经济史论文集》，第 363 页。
③ 行政院新闻局：《烟草产销》，行政院新闻局，1937，第 7 页。
④ 中美新闻社开封通信：《河南之花生生产》，《申报》1919 年 10 月 30 日，第 7 版。
⑤ 章有义编《中国近代农业史资料》第 2 辑，第 207 页。
⑥ 刘景向主编《河南新志》卷 4《物产·农产》（上），第 168 页。
⑦ 方策等：《续安阳县志》卷 3《地理志·物产》1933。

大豆和青豆，陈留有高粱、小麦和大豆，通许有小麦、豆类、高粱和小米，睢县有豆类、小米和高粱。① 说明受利益的驱动，农家在种植安排上，把经济作物放到比较重要的地位。这种安排，使河南的农作物种植结构发生了比较大的变化。

第二，农家种植作物的目的已经发生了变化，农业商品化程度有较大的提高。卜凯对1921～1925年河南农村经济的调查结果显示，新郑农家粮食生产商品化率为37.6%，开封为32.8%。两地各种农作物用于出售的比例是：新郑小麦28.6%，高粱13.2%，谷子10.9%，大麦3.1%，玉蜀黍14.2%，大豆16.6%，绿豆34.4%，豌豆5.9%，黑豆6.9%，芝麻23.1%，蔬菜58.3%；开封小麦24.6%，高粱24.1%，谷子27.2%，大麦24.8%，玉蜀黍37.9%，大豆13.7%，绿豆26.6%，豌豆36%，芝麻92.7%，棉花2.2%，大麻1.1%，蔬菜43.6%。② 在销售的农作物中，粮食所占比例较低，棉花、花生、蔬菜所占比例较高。伴随棉花种植面积的扩大，产量大为提高，大部分作为商品在市场上销售。据地方志记载，河南"全省每年净棉产额约达八千万斤左右。除民间销用并供本省纱厂外，输出约达二千万斤"。③ 全省棉花的输出率为25%，有的产棉重点地区高达70%以上。④ 河南棉花不但形成了区域性规模种植，而且提高了农产品的商品化程度。

二　近代工业及布局的形成

河南近代工业肇始于清末，从甲午中日战争后到辛亥革命前，有纺纱、机器、采矿、面粉等工业30家左右。⑤ 在此基础上，北京政府时期河南近代工业继续发展，新建了一批不同规模的近代工矿企业。据统计，全省有15个工业行业、140家企业，其中纺织业（包括织布、纺纱、丝织）11家，占7.8%；制蛋业30家，占21.4%；火柴业10家（包括改组后的），占

---

① 章有义编《中国近代农业史资料》第2辑，第213页。
② 卜凯：《中国农家经济》，商务印书馆，1936，第275、278页。
③ 刘景向主编《河南新志》卷4《物产》上册，第188～189页。
④ 河南省实业厅：《河南全省棉业调查报告》，第2～6页。
⑤ 刘世永、解学东：《河南近代经济》，第18页。

7.1%；煤矿 43 家，占 30.7%；面粉业 13 家，占 9.3%；电业 12 家，占 8.6%；机械 5 家，占 3.6%；军工 4 家，占 2.9%；此外，尚有打包业 2 家、烟草 3 家、印刷业 3 家，铁矿、医药、玻璃各 1 家，其他 1 家，共占 8.6%。[1] 从工矿企业成立的时间来看，北京政府时期河南工矿业主要建立于第一次世界大战期间和战后两年（即 1914~1920 年），共成立工矿企业 71 家，占所有工矿企业的 51.1%；1925~1926 年，成立工矿企业 26 家，占 18.7%。即在 1920 年代统计的企业中，有近 70% 成立于北京政府时期。

河南近代工矿业发展过程中，出现了规模较大的企业。如豫丰纱厂是一个规模比较大的纺纱企业，1919 年筹建，1920 年投产，固定资产有美造电机 4 座，共 3500kW，纱锭 56448 枚，织布机 234 台，国产紧线机 5600 锭，按装机先后顺序分为一、二、三、四、五 5 个纺纱工厂和 1 个织布工厂，附设有发电厂、造纸厂各 1 座；共有员工 4170 人，其中男工 1270 人，女工 2900 人，日产棉纱 120 包。[2] 该厂规模在当时国内也是比较大的。在工业发展过程中，为了融资和形成规模生产，企业开始走联合经营的道路，组建企业集团，1915 年组建的中原煤矿公司就是由中州、豫泰和明德 3 家公司联合成立的煤矿集团。[3] 1922 年，该公司于盘龙河开掘大井，以新法开采，"规模乃日渐宏大"，资本也由原来的 200 万元增至 400 万元，生产规模达到年产煤 55.8 万余吨。[4] 这些企业逐渐成长为河南工业的龙头，为纺织、煤炭工业的发展奠定了基础。

现代企业制度在近代河南企业组织中发挥了重要的作用。公司制度晚清时期被引入中国，1914 年北京政府颁布了《公司条例》和《公司保息条例》，进一步推动了公司制度的完善。民国初年河南建立的一些工矿企业也采用了公司制。如华新纺织厂由周学熙等人创办，1915 年筹建，1916 年经农商部批准，华新纺织股份公司正式成立，股本为银币 1000 万元，其中四成由政府拨款（为官股），六成为商人集资（为商股）。股份以银币 100 元

---

① 据王天奖《清末至民国年间河南民族资本主义工矿企业》（《河南文史资料》2001 年第 3 辑，第 173~188 页）、徐有礼、程淑英《一九〇二年至一九三五年河南工矿企业资料》（《河南文史资料》2002 年第 2 辑，第 4~19 页）有关统计计算。

② 张名金：《郑州第二棉纺织厂》，《郑州文史资料》第 16 辑，1994，第 121 页。

③ 胡荣铨：《中国煤矿》，商务印书馆，1935，第 324~327 页。

④ 吴世勋：《河南》，中华书局，1927，第 244 页。

为 1 股，共计 10 万股，以最先收入之商股 300 万元为优先股，每 10 股加红股 1 股，其余为普通股，均自交款之次日计息，所有股份正利均常年 8 厘。① 豫丰和记纱厂、新华纺织厂、开封宏豫铁矿公司、中原公司等均属股份制企业。

河南还出现了中外合资的企业。1919 年，日商与华商合资开办了新乡通丰机器面粉公司，资本额为 100 万元，有大小引擎 4 部，共 355 马力，各种机械 69 台，男女职工 230 名，日产面粉 5000 袋，② 是当时河南省最大的面粉企业。1915 年，通过谈判，英福公司与中原公司合资建立了福中公司，也是一家合资企业。

北京政府时期，随着工矿业的兴起，河南铁路沿线还出现了一些新兴工业城市。据统计，北京政府时期河南工矿分布如下：安阳 19 家，新乡 18 家，开封 16 家，郑县 13 家，许昌 7 家，洛阳 7 家，汤阴 6 家，漯河 6 家，巩县 5 家，修武 4 家，陕县 4 家。③ 郑州本是豫中一普通小县，两铁路兴建后显示出巨大的区位优势，到 1920 年代，郑州已经发展成为河南工业、金融和商业中心，逐渐兴建了纺纱、机械、火柴、面粉、电业、打包等工业企业，成为河南新兴的工业城市。安阳在晚清和北京政府时期，建有豫新纺纱股份有限公司、孚惠织布工厂、华丰织布工厂、元丰蛋业公司、大和恒面粉公司、德瑞兴小磨面厂、中兴电灯有限公司、万民织工厂等，④ 发展成为豫北一工业中心。新乡不仅是煤的集散地，还设立了一些近代工矿企业。"车站旁之煤栈商人，凡四十余家，由福中公司运来，于此分发。祥记公司资本二万元，规模较大；宏豫铁矿公司，资本四十万元，最为雄厚；通丰机械面粉公司，资本五万元；新华火柴公司，资本六万元；蛋厂五家，资本皆五万元以上"，⑤ 新乡成为当时河南工业发展最快的一个县城。焦作原为修武县西部一个偏僻的村庄，自英福公司在焦作开设煤矿和道清铁路建成通车后，

---

① 李福辰：《河南省华新棉纺织厂的创建》，《卫辉文史资料》第 3 辑，1991，第 53 页。
② 刘世永、解学东主编《河南近代经济》，第 24 页。
③ 根据徐有礼、程淑英的《一九〇二年至一九三五年河南工矿企业资料》［《河南文史资料》2002 年第 2 辑（总第 74 辑），第 4～19 页］与王天奖的《清末至民国年间河南民族资本主义工矿企业》［《河南文史资料》2001 年第 3 辑（总第 79 辑），第 173～188 页］统计。
④ 方策等：《续安阳县志》卷 7《实业志·工业》，1933。
⑤ 林传甲：《大中华河南省地理志》，第 200 页。

"地利开发，交通便利，工商发达，与时俱进，俨然为豫省西北之重镇"。①
1927 年以前，焦作已经拥有矿工 5000 人，以车站为中心形成了福中街、马
市街、中原街等多条街道，服务于煤炭工业的第三产业如旅馆、饮食、金融
等行业同时兴起，②奠定了焦作成为河南煤炭工业城市的基础。洛阳古城也
成为拥有机械、食品、煤炭、电业、纺织、火柴等行业的工业城市。平汉、
陇海、道清三条铁路沿线工业城市的兴起，说明北京政府时期河南近代工业
格局已经有了雏形。

三　手工业及其变化趋势

传统观念认为，随着列强对中国侵略的加深，"使河南的小农业和家
庭手工业相结合的经济结构逐步退却，显著地加快了自己的解体过程。这
不能不使河南的手工业受到破坏性影响"。③但如果我们仔细研究近代相关
文献，河南手工业所呈现的状态完全不是这样的情形，而是呈现多种变化
趋势。

（一）传统手工业普遍保持了较强的生命力，部分还得到了较快的发展。
河南各地传统手工业有棉织、丝绸、瓷器、竹器、漆器、编织、皮革、农具、
日用品、酿造以及农产品加工等。如新乡手工业产品有白布、汴绸、麻头纸、
毡帽、熏枣、麦糖等，白布主要产于西南小冀镇，该镇有布行数家，产品主
要行销山西；该县西南以生产毡帽为主，行销河南各地；熏枣产量较多，畅
销河南、汉口、江西、上海等地。④许昌各集镇都有自己特色的手工业，尚
集的毡帽，沙埠口的猪皮纸，采店、石固、水潮店的发网，杜寨的席，石固
的棉布，繁城的辫蒂，漯河保的毛笔、土城保的窑器，"皆工业卓著者"。⑤
洛宁的手工业主要是农副产品加工业，有麻油、麻绳、竹器等；⑥淮阳编织
业比较发达，"城外南北各乡间有织蒲席、编蒲包、编草席、编蒲扇以为生

①　道清铁路管理局总务处文书课：《道清铁路旅行指南》，1933，第 74 页。
②　王先明、熊亚平：《铁路与华北内陆新兴市镇的发展（1905～1937）》，《中国经济史研究》
　　2006 年第 3 期，第 152 页。
③　刘世永、解学东主编《河南近代经济》，第 24 页。
④　韩邦孚、田芸生：《新乡县续志》卷 2《物产》1923。
⑤　张绍勋：《许昌县志》卷 6《实业·工业》，1924。
⑥　林传甲：《大中华河南省地理志》，第 244 页。

活者"。① 安阳出粗瓷，"各家土窑，制成粗具，售之直晋，岁获四五十几万元"。② 汝南的手工业以制铁和粮食加工为主，1912 年，全县有铁匠 60 户，从业人员 220 余人；铸造业 8 户，从业人员 130 余人；粮油加工作坊 49 户，从业人员 216 人。③ 黄河北岸沁阳县许良镇盛产竹子，竹编是农家最具特色的手工业，产品有桌、椅、花篮等陈设品以及各种器皿，"由道清铁路东运，销行甚广"。武陟农家在棉花收获后，"捻以为线，染成五色，用制各种花毯，或以蓝、白二色相间织做被囊、衣包等，销行颇广"。④ 从地方志的记载来看，北京政府时期河南各地手工业呈现顽强的生命力，大部分手工业不但没有消失，而且保持了原有的地方特色，甚至成为本县乡村经济的支柱产业。这种局面并非如以前人们所说的农村手工业是一种完全破产的景象。

在各种传统手工业中，草帽辫、丝织业在北京政府时期获得了更大的发展。河南为小麦产区，秸秆丰富，于是地方政府积极开办帽辫传习所，教授农家妇女学习草帽辫编制工艺。通过地方政府提倡，草帽辫成为乡村手工业新的增长点。草帽辫以荥阳、鹿邑、西平、新野、潢川等县出产较多，据《河南新志》记载："荥阳、荥泽二县均产草帽辫。夏日二麦收割以后，柳阴茅屋之前，妇女三五，或守场圃，或相谈笑，辄手持麦秆，编制不辍，男女无不善此。甚至行路或观剧之顷，亦手不停编；盖久则习熟，心手相应，归于自然，无须特意经营也。草辫成后，或制草帽及玩物售卖，或原辫出售，每年全境产额约万数千斤，大抵由郾城、荥泽及黄河南站运至汉口、上海，以输出国外……又豫东鹿邑县亦草帽辫之出产地，所制光泽细致，过于荥阳，每岁约产七八万斤，由洋商采买，输出国外。"⑤ 据 20 世纪 20 年代统计，荥阳有草辫、草帽业工厂 11 家，分布在须水城、二十铺、赵村、祥营镇、汪沟和县城等市镇，资本总额达 2.8 万元，年产 22.7 万顶，拥有双鹿、双龙、双喜、双凤、仙鹤、寿星、飞艇等 8 个注册商标。⑥ 荥泽乡村草

---

① 林传甲：《大中华河南省地理志》，第 148 页。
② 林传甲：《大中华河南省地理志》，第 186 页。
③ 汝南县地方史志编纂委员会：《汝南县志》，中州古籍出版社，1997，第 412 页。
④ 刘景向主编《河南新志》卷 4《物产·工产》（上），第 203、204 页。
⑤ 刘景向主编《河南新志》卷 4《物产·工产》（上），第 197 页。
⑥ 《续荥阳县志》卷 1，1924，工厂统计表。

辫业十分普遍，达到了行路、纳凉、闲聊以至行走"常手不停编"的程度。① 郾城"无论乡村集市，老妇少女皆以编草帽辫为业。以麦秸极贱之物，编成辫即可售卖。每斤粗者数十钱，细者百余钱。勤而速者，终岁所得值自给衣服且有赢焉"。② 受郾城等地影响，项城乡村也兴起了草帽辫的生产，"近见郾城一带，无论乡村集市，老妇少女皆以编草帽辫为业……编成辫，即可售卖，每斤粗者数十钱，细者百余钱"。③ 因出口量增加，草编在上述各县形成了较大的产业。草辫是中国旧有的手工业，近代以来成为主要的出口产品，河南各地的草帽辫业在这个时期有比较快的发展，成为北京政府时期河南农村经济新的增长点。

丝织业在北京政府时期也得到了发展。伏牛山以南各县如南召、鲁山、镇平、南阳、内乡、淅川、方城、伊阳、临汝、密县、泌阳、确山、商城等县居民，在"山中陂陀瘠地遍植栎，其树丛生，高不过数尺，用以饲山蚕，名曰蚕坡"。④ 有此生态条件，生产丝绸为这些地方的主要手工业。南阳早在"清代中叶，居民仿制汴绸、春绸，行销邻省，由来已久。同治时，知县殷汝璧竭力劝导各机工改良制品，不数年，顿改旧观，出货渐旺，当时有'殷缎'之称"。⑤ 北京政府时期随着丝绸出口量的增加，刺激了豫西南各地丝织业的发展。如密县"民间养山蚕，取丝织就，较鲁山绸略见纯熟，价亦较昂，外人有以作西服者"。⑥ 柘城丝厂城市、集镇"皆有之，因而出丝尤夥，每年由德元、协广、昇顺等各丝行运售于外境之丝，价值约二十万元"。⑦ 南召"养蚕之家居十六七，能自制丝，无特别工厂，丝绸商号以李青店为最，次留山，次白土岗。商号之大者，有男女工二百余名。家丝本地可销，山绸之大销场则为恰克图及上海"。⑧ 1920年代，河南柞蚕业颇为兴盛，年产茧30亿粒，产丝200万斤，产绸25万多匹，经上海输出，出口价值逾500万海关两（每两合白银3市两2钱），占全国柞蚕丝的65%。全区

① 吴世勋：《河南》下编，第209页。
② 徐家璘修，杨凌阁纂《商水县志》卷5《地理志·物产》，1918年刻本。
③ 张镇芳修，施景舜纂《项城县志》卷5《地理志》，1914年石印本。
④ 刘景向主编《河南新志》卷4《物产·工产》（上），第195页。
⑤ 刘景向主编《河南新志》卷4《物产·工产》（上），第199页。
⑥ 林传甲：《大中华河南省地理志》，第125页。
⑦ 林传甲：《大中华河南省地理志》，第146页。
⑧ 林传甲：《大中华河南省地理志》，第272页。

养蚕户数在 10 万户左右，机织达 3 万余家，柞蚕丝收入占农家全年收入的 40% 以上。①

（二）在西方机制商品的冲击下，那些能够被"洋货"与机器工业品替代的手工业开始衰落，铜匠业、土碱、土布、土印染等行业衰落尤快。因洋瓷与镔铁器皿的输入，传统的铜盆、铜壶使用越来越少，项城的铜器制造业大部分歇业了。② 临颍的织布业历史悠久，同时染坊也很多，但随着洋红、洋绿、煮黑、煮蓝等的进口，逐渐代替了传统染坊所用的靛蓝，"农村的'打靛池'也变成了废物"。③ 新乡北乡一带农家向以种植蓝靛为生，但"自洋靛充斥，种者日少"。④ 安阳水冶、阜城一带以前种植蓝靛较多，"种植者颇获厚利"，但近代以来"洋靛多自舶来，土产原料无人改良制造"，种蓝"遂日见其少"。⑤ 武陟县传统的雪花手巾生产行业，"自秘其术，又不能改良，今则为毛巾所兼并"。⑥ 土碱、蓝靛等是河南农村衰落比较快的手工业。

（三）部分手工业者由手工生产转向半机器生产。纺织业中，一些家庭织户开始购置机器，从事半机器生产。如鄢陵纺织业在民国初年"有个人备置纺纱织布等机器百余户，出品颇佳，尚堪供世用"。⑦ 偃师"全县有布店十余家，普通社会人多以纺织为生，惜乎尽属土法，未能改良。近来有在外购买纺纱新机，暂行试办，未著成效"。⑧ 汜水纺织业为家庭副业，北京政府时期"始有倡用铁机者，男女合作，每机每日可出布三四匹"。铁机的使用，大大地提高了工作效率，"汜邑家庭工业或女作，或本土法，或改新式，无不蒸蒸日上"。⑨ 新乡、禹县的制瓷业的组织形式和生产方式都发生了变化，神垕镇是钧瓷产地，建立了瓷业公司，"资本五万两，用新法制造"。⑩ 武安出产以煤为大宗，原"系土法开挖"，民国初年开始以股份制组

---

① 任醇修：《河南柞蚕事业的过去》，《河南文史资料》第 2 辑，1985，第 152～153 页。
② 林传甲：《大中华河南省地理志》，第 166 页。
③ 晁凌音：《回忆"洋"字当头的时代》，《漯河文史资料》第 2 辑，1988，第 127 页。
④ 韩邦孚、田芸生：《新乡县续志》卷 2《物产》，1923。
⑤ 方策等：《续安阳县志》卷 3《地理志·物产》，1933。
⑥ 史延寿、王士杰：《续武陟县志》卷 6《食货志·农工商及大宗物产》。
⑦ 林传甲：《大中华河南省地理志》，第 118 页。
⑧ 林传甲：《大中华河南省地理志》，第 234 页。
⑨ 《汜水县志》卷 7《实业志》。
⑩ 林传甲：《大中华河南省地理志》，第 124 页。

织开采，向机械生产转变，"近年绅商集股，购机领照，争先开采者约六家"。① 荥阳的草帽辫业"自开办传习所以来，改用机器，出品精美不亚于山东、直隶"。② 这些变化反映了民国以来河南手工业生产技术不断改进，转向机器生产无疑推动了乡村手工业的发展，在某种程度上挽救了传统手工业。

（四）出现了一些新兴手工业行业。北京政府时期，河南新兴的手工业主要是轧花、手工卷烟等行业。随着棉花种植面积的扩大，轧花成为一种新兴的手工业，如修武设"轧花厂五十余处"。③ 太康是豫东棉花主要产地，轧花业"近来逐渐发达，轧房收买籽棉，轧作皮棉，转售于商贩，颇获厚利"。④ 河南许昌种烟的农民，在最初种植时，收获后即将烟叶出卖于商人，农民并不加工烟叶。随着卷烟业在河南兴起，农民除了出售烟叶外，"并在自己家内制造烟丝，有时并卷成烟卷再行出卖；不久专门制造烟卷的手工作坊，即在许昌及许昌周围各县建立起来，现在许昌及许昌附近十九县制造烟卷的家庭工业及手工作坊已达六百处以上"。⑤ 这些新兴的手工业行业，也成为农村经济新的增长点。

（五）手工业的经营方式有了新的变化。近代以来，家庭手工业与市场结合日益紧密，传统的农业与家庭手工业结合的方式已经不能适应市场的需要，因此在一些行业出现了类似包买商的经营方式。在中国的手工业经营中，包买商出现得比较早，如河北高阳的织布业经营方式是一种比较典型的"商人雇主制度"，学界多有论述，但尚未有学者关注河南卷烟手工业的"商人雇主制"。在许昌卷烟生产的初期，农民在自己家内制造烟丝及烟卷，然后再售予商人。但随着卷烟手工业与市场发育的成熟，商人开始介入生产过程。商人参与到手工业生产领域的某个环节或全部环节，商业资本在手工业生产中已居于支配地位。土布、丝织业也有"商人雇主制"，禹县土布生产"初用本线，近年亦用洋线……凡贸布者，皆与城内洋线庄交易，上市受线，下市交布，不费现本，亦无赊债。此农家合宜之业也。禹布肇起于酸

---

① 林传甲：《大中华河南省地理志》，第 196 页。
② 《续荥阳县志》卷 4《食货》，1924 年石印本。
③ 林传甲：《大中华河南省地理志》，第 226 页。
④ 《太康县志》卷 3《政务志·工业》，1933。
⑤ 章有义编《中国近代农业史资料》第 2 辑，第 241 页。

枣树杨，今则南抵郏界，北渡颍流，轧轧机杼声闻数十里，分之则家给人足，合之而一市万贯"。[①] 镇平石佛寺丝织业生产采取"包机"，即由丝庄供给原丝，出工钱，定规格，定成品的交货时间，由家庭内工业去完成的一种生产方式。常年织包机的人家被称为机户，据不完全统计，1931 年以前，镇平县有机户 1.5 万余家，石佛寺镇每逢集日，发出的包机工银常在银币 1 万元以上。[②] 商人资本参与手工业生产，是近代河南手工业经营中出现的一个新变化。

四　市镇兴衰与市场空间的变化

河南传统市场是以水路为物流的主要方式，以河流为纽带形成了以"四大名镇"（周家口、朱仙镇、赊旗镇、道口镇）为系统的市场网络。随着铁路的兴起，运输路线与商路的变迁，以四大市镇为体系的传统市场逐渐衰落。

周家口位于贾鲁河、沙河汇合处，由三寨组成，其南寨属商水县，北寨属淮阳县，西寨属西华县。沙河、贾鲁河是支撑周家口镇繁荣的两条水系。沙河"上游经逍遥集邓城至漯河，计水程一百五十里，民船约一昼夜可达，水涨时年有数月亦可通小轮。漯河系京汉铁路与沙河交汇之地，为周镇出入之咽喉；下游至水寨六十里，至槐店九十里，至界首一百六十里，入皖境太和二百二十里，至阜阳（即颍川）二百八十里，至正阳关四百六十里。正阳关亦豫皖商货出入必由之路，沙河至此注入淮河，通达镇江等处，在昔运输均恃以为枢纽"。[③] 贾鲁河则自荥泽向南，经朱仙镇、扶沟至周家口镇之西寨、北寨注入沙河。正是这两条河流构成了周家口镇的运输系统，也造就了以周家口镇为中心的市场体系，清代形成著名转运市场，清代中期达到鼎盛，[④] 是河南农副产品出口的第一大交易场所。但"自京汉铁路成于西，津浦铁路成于东，陇海铁路贯通于北，由是商务他移，市况日益萧条，茶叶贸

---

① 《禹县志》卷 7《物产志》。
② 仵仲坚：《丝绸之市石佛寺》，《河南文史资料》第 51 辑，1994，第 105～106 页。
③ 白眉初：《河南省志》卷 3《商埠·周家口》，民国抄本。
④ 参看许檀《清代河南的商业重镇周口》，《中国史研究》2003 年第 1 期，第 131～143 页。

易十减八九，观夫茉莉园之存者，今不一二处，可见一斑矣"。① 原来运输到周家口的货物经由平汉铁路运至汉口，周家口市场的传统腹地转变为汉口的市场腹地。② 20 世纪 20 年代，周口镇已失去其转运市场的地位，日渐衰落了。

朱仙镇位于贾鲁河上游，与广东的佛山镇、江西的景德镇与湖北的汉口并称为"中国四大名镇"。朱仙镇因贾鲁河与周家口水运系统相连，舟楫往来颇称便利，在清朝康熙、雍正时期即已初具规模，乾隆年间商业进入鼎盛时期，商人商号数量超过千家。③ 朱仙镇在平汉铁路兴建之前因黄河水患已经开始衰落，"自光绪年间，郑工合拢后，贾鲁河下游淤塞，水运不通，该镇商务日形凋落"。④ 平汉与陇海铁路的通车，加剧了朱仙镇的衰落，据《河南省志》记载："在铁路未通以前，此地为开封运输孔道，贾鲁河纵贯镇中，可南达周家口，舟楫林立，百货云集，为全县商业最盛之区。今铁路建设，此镇失其效用，日就衰微矣！"⑤ 贾鲁河的淤塞与平汉、陇海铁路的兴建，使朱仙镇彻底失去了集散市场的地位。

豫西南的赊旗镇位于赵河与潘河交汇处，其下游为唐河，在湖北襄樊入汉水，舟楫可直抵汉口。由于水运条件便利，赊旗镇在康熙时期就形成集市，在清朝中叶达到鼎盛，是豫西南粮食、花粉、食盐、茶叶、杂货、布匹、中药材等商品的集散地。⑥ 但清末民初开始走向衰落，一是唐河水量逐渐减小，影响了大型货船往来，致使货物运量下降；二是京汉铁路的建成通车，赊旗镇距离铁路较远，运输日渐不便，"失去了昔日的繁荣昌盛景象"。⑦

卫河是华北平原上的一条重要水上运输通道，维系着华北与天津的市场关系，道口镇因此而成为豫北商业重镇。该镇"西邻卫河，旧日帆船往来如织，大船多停泊于此。长芦盐至此，或由小舟运往西南诸县，或由马车运

---

① 吴世勋：《河南》下编，第 201~202 页。

② 大东亚同文会：《京汉线调查报告书》第 3 卷第 1 编，第 5 页。转引自张瑞德《平汉铁路与华北的经济发展（1905~1937）》，第 65 页。

③ 许檀：《清代河南朱仙镇的商业》，《史学月刊》2005 年第 6 期，第 100 页。

④ 戚震瀛：《开封名胜古迹志》，《地学杂志》1918 年第 11 期，第 9 页。

⑤ 白眉初：《河南省志》卷 2，省会之概况，第 34 页。

⑥ 参看许檀《清代河南赊旗镇的商业》，《历史研究》2004 年第 2 期，第 56~67 页。

⑦ 邱应欣主编《社旗县志》，中州古籍出版社，1997，第 281~282 页。

至陈桥驿，转输黄河以南；小麦、杂粮之运往京津者亦由此集散。水陆交通，商务甚盛"。① 时人在论及铁路对水运的影响时曾说："河北舟楫便利首推卫河，道口镇之所由繁盛也。自京汉路成，长芦盐漕运已尽改道，船只由五千减去千余，且多窳败，道口商务顿形衰落。"② 京汉铁路通车后，卫河水运受到巨大影响，道口商业随之失去豫北集散市场的霸主地位。尽管道清铁路修建后，道口商业因煤运而有起色，但仍难恢复旧日盛况。

随着传统市场体系中心市场的衰落，依托于这些市场的"次中心市场"也随之发生了变化。武陟县的木乐店因交通方便成为豫北传统集散市场，清代中期这里"百货屯集，而邑人之由商起家，集资巨万者，颇不乏人"。但近代以来，"沁流淤垫，黄河商船不能上驶，水埠遂移于赵庄，商务乃大减色，迄于光宣，道清、京汉两路相继告成，山西之南行、川陕之北上，皆改而之他，商务遂替落无余矣。虽黄河北岸新立车站，其货之运往怀属各邑者，仍以此处为枢纽，而较诸昔日盛时殆不及十之一二"。③ 宜阳县的韩城镇，位于洛水北岸，曾经是潞盐集散地，商务颇盛，因陇海铁路延展，"盐运改道，商务骤衰"。④ 信阳县长台关是淮盐在河南行销的集散地，平汉铁路在其西边通车后，潞盐南销，淮盐被阻，市场日益萧条。⑤ 随着铁路的延伸，因铁路而兴起的市场也在变化。以渑池县城为例，1914 年陇海铁路西展到渑池时，扩大了商品流通领域，火柴、煤油、肥皂、卷烟等物品大都通过渑池向省内各市场转销。开封的天丰、益丰两家面粉公司通过城内同德粮行代购小麦，每天外运一两万斤，陕晋及豫西的棉花亦由渑池向外转运，县城出现了 5 家较大的棉花行和一些京货店。渑池县城成为豫西的一个中转市场。但是，随着铁路的继续西展，1923 年陕县通车后，取代了渑池的商业地位。⑥ 随着新式交通体系的建立和物流方式的改变，一些市镇失却了往日的区位优势，日渐萧条。

在传统市场体系衰退的过程中，随着新式运输方式的建立，以铁路为枢

---

① 吴世勋：《河南》下编，第 231～232 页。
② 白眉初：《河南省志》卷 7《交通·水运》。
③ 《续武陟县志》卷 6《食货志·农工商及大宗物产》。
④ 吴世勋：《河南》下编，第 109 页。
⑤ 见张瑞德《平汉铁路与华北的经济发展（1905～1937）》，第 66 页。
⑥ 渑池县志编纂委员会：《渑池县志》，汉语大辞典出版社，1991。

纽构建了新的市场系统。一些小县一跃成为商业都市，一些小镇或村庄成为著名市镇和工业城市，郑州、驻马店、漯河是其中的典型，在北京政府时期已经确立集散市场的地位；一些铁路穿越的古老城市，市场地位也凸现出来。

郑州是平汉、陇海铁路交会之处，是典型的因铁路而新兴的商业都市。郑州在通车前，"是一个街道狭窄，道路弯曲，经济上自给自足的类似 18 世纪古城镇式的小集市"。① 平汉铁路和陇海铁路通车后，在城外开辟了新市场，位于车站之侧，"廛区规划，颇为整齐"。② 1920 年时，"昔年户数五百，人口三千三百"的小镇，"骤增万人，东西街最繁盛，西门外为车站所在，旅店、菜楼、剧场、澡堂，市上人力车，亦百余辆之多"③，一个新郑州诞生了。随着河南棉花种植面积的扩大和产量的提高，各地棉花（主要是豫西、陕西所产）先由商贩集中在郑州，"再行分运南北"。④ 为了适应棉花交易与运输需求，先后成立了十余家花行和十余家堆栈。⑤ 1916 年郑州花行同业会成立，推动了棉花市场的形成和发展。经由郑州输出的棉花量从 1919 年的 35 万担，增加到 1923 年的 30 余万包（每包约重 180 斤）、1924 年的 50 余万包。⑥ 1920 年代，郑州逐渐成为华北地区最大的内陆棉花交易市场。郑州棉花交易市场的形成，也带动了一系列行业的发展。郑州市场的繁荣，引起了金融界人士的关注，"认为郑州是个新码头，很有发展前途，金融界在这里大有作为，于是银钱业很快发展起来"。⑦ 这期间，在郑州的新式银行有 6 家。⑧ 西关车站以东地面，逐渐成为郑州最繁华的商业区，比较繁盛的街市有大通路、钱塘里、敦睦里、天中里、三多里、福寿街，"皆在车站之东"。对于这一河南新兴的商业都市，时人评价说："郑县土地平坦，地位适中，向为东西南北交通之要冲，加以铁道交贯，交通益形迅捷……将来交通日盛，商业范围愈大，而贸易之额愈增，前途发展益未可限

① 张学厚：《郑州棉花业的兴衰》，《郑州文史资料》第 5 辑，1989，第 1 页。
② 张相文：《豫游小识》，《地学杂志》第 16 期，1911 年 7 月，第 9 页。
③ 林传甲：《大中华河南省地理志》，第 172 页。
④ 吴世勋：《河南》下编，第 72 页。
⑤ 张炎卿：《郑州花行旧闻》，《河南文史资料》第 4 辑（总第 44 辑），1992，第 17 页。
⑥ 冯次行：《中国棉业论》，北新书局，1929，第 127 页。
⑦ 郑幼池：《郑州银钱业的一鳞半爪》，《郑州文史资料》第 5 辑，第 45 页。
⑧ 杨达口述，杨蕙兰整理《民国时期郑州的银行机构》，《郑州文史资料》第 13 辑，1993，第 120 页。

量矣。"① 郑州后来的发展印证了时人的预言。

驻马店原属确山县，"旧为遂、平明港驿马驻所"。② 平汉铁路通车后，确山境内"铁道车站有六，最大者曰驻马店，东通汝、颍、淮、蔡，西及唐、邓、宛、叶，百物辐辏，万商云屯"。③ 驻马店有较好的区位优势，"东通汝南，西通唐河、南阳、汉口，北来之货，豫南输出之货，多集散于此"。④ 工商业者在这里进行了较大规模的投资与建设，商栈、工厂、政府机构逐渐建立起来，街道也开始拓展，地方志记载："（市民）争购地基，建筑房屋，街道齐布，商业云集，陆陈盐厂荟萃于此，并设警察所以资保护，南北往来商旅称便。"⑤ 其商业繁盛程度很快超越了周围县城，"虽数百年资格之府城、县城亦不足比其繁盛，或转而仰给焉。汉口小本商人捷足先至，遂垄断一切"，⑥ 市场腹地达到二三百里，汝南、沁阳等地农副产品集中在这里运销外地，境外的食盐、煤炭、布匹、砂糖、粗纸等也从这里流向周边地区，⑦ "昔日小店，遂成大镇"。⑧

漯河本系郾城县的小镇，原名漯湾河镇，简称漯河，位于沙河、沣河交汇处，1906 年京汉铁路全线通车后，开始繁荣起来，"汉口北来之货，多于此销行本省南部各地；而土产之芝麻、黄豆、鸡蛋、牛羊皮、茧绸等亦由此输出"。⑨ 也有一些行庄从周家口镇、汉口迁移到漯河，据《郾城县记》载："近由汉口移来方恒正等行栈多家，或自称洋行堆栈，或自称华洋公司……买卖土货洋货，并代客包运货物，承揽车船。"这个小镇很快超过了县城。⑩为了满足商家需要，银钱业开始兴盛起来，1918 年统计，已有钱庄、银号十多家。⑪ 同时，漯河逐渐替代周口成为巨大的牲畜集散市场。1921 年英商安子钦到漯河从事牲畜交易，在漯河 3 年，"每日平均收磅牛 50 头，收购的

① 吴世勋：《河南》下编，第 72、74 页。
② 《本路带各地概略》，《铁路月刊》第 8 期，1930 年 12 月，第 5 页。
③ 张缙璜：《确山县志》卷 15，交通。
④ 吴世勋：《河南》下编，第 170 页。
⑤ 张缙璜：《确山县志》卷 13，实业。
⑥ 林传甲：《大中华河南省地理志》，第 306 页。
⑦ 《本路带各地概略》，《铁路月刊》第 8 期，1930 年 12 月，第 5 页。
⑧ 林传甲：《大中华河南省地理志》，第 306 页。
⑨ 吴世勋：《河南》下编，第 167 页。
⑩ 白眉初：《河南省志》卷 4，道县汇志。
⑪ 黄方聪：《清末民国时期漯河金融业简介》，《漯河文史资料》第 5 辑，1993，第 73 页。

牛由漯河火车站装车押运天津，由天津乘船运往国外"。漯河牲畜市场与国际市场有了紧密的联系，1923 年，组织成立了牲畜同业公会——马王会，主要"组织处理牛行业的日常事务与纠纷"。① 20 世纪 20 年代漯河已经成为豫中比较繁荣的商业中心了。

北京政府时期，铁路沿线一些古老城市也发生了变化，焕发出新的市场活力。开封区位优势虽不及郑州，但作为河南省会，商业都市的地位还在，"商务之盛，甲于全省"。据记载：马道街、中州大学（今河南大学）等处原来均为荒寂之区，到 20 世纪 20 年代已是康衢大道，俨然闹市；马道街、鼓楼街、土街、书店街、东大街、西大街、河道街、徐府街、南大门街，马路宽直，是开封商旅云集之地。北京政府时期的开封市场，一方面，延续了古老的商业传统，如粮行主要在东门及南门内，牲畜交易主要在宋门及南门瓮城内，绸缎布匹、广洋杂货在马道街、鼓楼街和土街，书籍、纸墨、文具等分布在北书店街，古玩、书画多在土街及南书店街，箱柜在河道街，旧衣店多在徐府街，旧式杂器在老府门街等，这种布局沿袭了传统市场格局。另一方面，新式购物商场在开封也出现了，开封第一家新式购物商场出现在清末，即位于新华南街的"开封第一商场"，系商人筹资所建；1919 年省实业厅筹集款项，在新华南街建立了"河南全省劝业场"，是一所公立商场，集中了绸缎、布匹、时货、鞋帽等商店和照相馆。在中山市场大街建立了"中山市场"，内设平民公园、演讲室、游艺室、图书室、纪念室、美术馆、实业馆，并有各种商店，② 是集休闲、购物、娱乐为一体的大型商业中心。购物商场的出现改变了人们的传统购物习惯，购物被赋予了游玩、观光、欣赏等新的意义，古老的城市迎来了现代文明的曙光。

洛阳位于豫陕晋交界处，地处中原进入关中的交通要道上，近代以来，随着"洋货"的输入和地方手工业的衰退，城乡经济呈现衰落的迹象。北京政府时期，随着豫西棉花的种植和铁路的修建，洛阳又逐渐繁华起来，人口增加到 5.4 万人，"商业繁盛，肆市比栉，东街新修商场，规模宏大"。③位于市内的关帝庙改建为新式商场，南大街、西大街、北大街以商场为中

---

① 张福祥：《风雨春秋八十年——漯河市牛行街牲畜贸易市场见闻》，《漯河文史资料》第 2 辑，1988，第 109 页。

② 刘景向主编《河南新志》卷 5《实业·商品陈列所》（上），第 273 页。

③ 林传甲：《大中华河南省地理志》，第 230 页。

枢，"场内地址宽阔，商贩麇集，游人络绎，犹汴之相国寺"，洛阳南门附近是土产、棉花等批发转运市场。① 一些外地商号也相继在洛阳设庄开行，如北京"福来祥"百货店、浙江"宝成"金店、山东"谦信"染料行先后在洛阳落户。有的商店一改过去木板门，装修为新式门，如"泉茂""正兴"茶庄，包装并皆精美；有的传统食行如"四茂恒""长春""字裕长"等酱菜、糕点铺开始摆出各色糕点、糖果、饮料，"变为新型的南货食品商店"。② 金融业也繁荣起来，据 1915 年统计，洛阳有 10 家银号，③ 1921 年，又新开设 10 家银号，④ 主要从事存款、放款、汇兑与铸造元宝等业务。

许昌"自铁路交通"，"商业日形起色"，以火车站为中心，各种工厂、公司如盐厂、猪厂、蛋厂，煤炭、煤油转运各公司相继设立，城内有中国银行、河南银行，丝绸庄、钱庄、纱庄、洋货庄、皮庄、香油庄、杂货庄等业"均较前发达"。⑤ 西关是著名的烟草市场，英美烟公司、南阳兄弟烟公司在许昌商行广收烟草，全国各地烟商亦纷至沓来，随之烟行、转运公司兴起。每至秋季烟叶收获后，"乡人来此求售，异常繁闹。公司收买烟叶，加以烘焙，包装运往沪、汉"，每年经许昌车站运出的烟叶多至 200 余车。许昌也是豫中的农产品集散地，每年经车站运出的许昌出产的各种农副产品多至 3270 吨，红薯三四百吨，西瓜 500 余吨，柿子 400 余吨；此外，尚有梨、李、枣、苹果、胡桃、红花、葡萄等，大半运往汉口，运销汉口的蔬菜有白菜、萝卜、辣椒、豆粉等；禹州的甘草、薄荷等也从许昌车站转运。⑥ 伴随集散市场地位的形成，银钱业也随之兴起，城南大街、车站、南门里并各集市附近，都设有钱摊。⑦ 第三产业的形成，使许昌集散市场的功能越来越强。

随着铁路的延伸，一些县城功能也发生转变，其市场地位凸显出来。陕县在清朝为直隶州，辖灵宝、阌乡、卢氏县，民国建立后改州为县。伴随政

---

① 吴世勋：《河南》下编，第 83 页。

② 董纯熙：《近代洛阳商业漫谈》，《洛阳文史资料》第 2 辑，1987，第 40～41 页。

③ 农商部总务厅统计科：《中华民国四年第四次农商统计表》，中华书局，1917，第 598～599 页。

④ 洛阳地方史志编纂委员会：《洛阳市志》第 10 卷，中州古籍出版社，1996，第 336 页。

⑤ 王秀文、张庭馥：《许昌县志》卷 6《实业·商业》。

⑥ 吴世勋：《河南》下编，第 123、126～127 页。

⑦ 艾荣来：《钱钞和钱摊》，《许昌文史资料》第 14 辑，第 112 页。

治地位的降低，经济亦随之衰退，城内"居民稀少，隙地甚多"。但随着铁路延伸到陕县，这种局面得到了改观。"铁路通后，商务益盛，马路四达，昔日闭塞之邑，一变而为繁盛之都矣。陕西及灵宝诸县之棉花、牛羊皮均集散于此，尤以棉花为盛；税局收入之丰，为全省冠。"① 陕县成为豫西棉花和农副产品的集散市场。

透过市场的兴衰变迁来看，河南的传统市场空间结构是以水运为枢纽形成的，如四大名镇周口镇、赊旗镇、道口镇和朱仙镇，均位于水路交通方便之要津。但随着铁路的兴起，物流方式的改变进而使商路发生了变化，在传统市场体系遭到致命打击的同时，新的市场格局开始建立。河南新市场体系以交通枢纽郑州为中心，以铁路为轴进行重新布局，平汉铁路沿线的中心市场有安阳、新乡、许昌、驻马店、漯河，陇海铁路沿线中心市场有商丘、开封、陕县等，道清铁路沿线有道口镇和清化镇。总之，随着铁路运输取代水运，以四大名镇为中枢的传统市场体系瓦解，代之而起的是以铁路输运为枢纽的新市场体系的肇建。

五　结束语

自 1840 年鸦片战争以来，西方列强以战争和不平等条约强迫开放通商口岸，使中国出现了"数千年未有之变局"。但对河南而言，真正发生"变局"是在平汉铁路开通与清末新政之后，开始有了近代化的气息。北京政府时期不仅建立了新的经济制度，如张謇担任农商总长期间出台了一系列有利于社会经济发展的法律、法规，在规范社会经济方面发挥了应有的作用；还采取了比较自由的经济政策，鼓励民间发展农业、手工业与商业。这些因素给北京政府时期河南经济带来了新的变化。农业方面，不仅种植结构在改变，农业的商品化程度也在提高。工业方面，1920 年代河南 70% 以上的工矿企业都兴建于北京政府时期，涉及工业门类在当时来说已经比较齐全，经营方式有企业集团、股份公司，也有中外合资企业，现代河南工业布局在北京政府时期已具雏形。手工业方面，除了一些能够被机器工业品替代的行业外，大部分传统手工业还在延续，而且因出口贸易的需要，一些传统手工业

---

① 吴世勋：《河南》下编，第 97 页。

如草帽辫、丝绸等行业有了长足的发展；一些手工业转变为半机器生产，手工业经营方式也在改变。市场变化最为剧烈，以水运为纽带的传统市场比较迅速地瓦解了，代之而起的是以铁路运输为纽带的新市场体系的形成。上述种种变化，从一个侧面说明，北京政府时期中国一些区域的社会经济仍处于上升状态，而非过去所认为的完全"沉沦"。

从近代历史发展的进程来看，河南经济发生新的变化初显在晚清新政时期，在北京政府时期迅速起步，奠定了现代河南经济社会发展的基础与格局，因此，我们认为在近代河南经济发展的过程中，北京政府时期具有承前启后的意义。

（作者单位：陕西师范大学历史文化学院）

从"以身发财"到"以财发身"

——张謇创业的人力资本与社会效应

李 玉

一 序论

《大学》有言："仁者以财发身，不仁者以身发财。"对此，不同的注经者有着大同小异的诠释，均将之视作儒家义利观的重要内容。《礼记集说》如此解说："仁者以身发财，不仁者以财发身，此一道也，存乎其人之仁不仁而已……仁者以爱人利物为事，损上以益下，财几于散矣。卒之人怀其惠，仰若父母，何荣如之，是财虽散，而身日起也，故曰以财发身。不仁者以剥民利己，为事苛征而虐取，财非不聚也，卒之民不堪命，疾视若雠，祸孰甚焉。是财日起，而身益危也，故曰以身发财。"① 还有其他的解说，诸如"仁人有财，则务于施与，以起身成其令名；不仁之人，有身贪于聚敛，以起财务成富"；②"仁者以财发身，但是财散民聚，而身自尊，不在于财；不仁者只管多聚财，不管身之危亡也。"③ 说明，"以身发财"和"以财发身"实际上是"重利"与"重义"，或曰"以利制义"与"以义制利"的重要区分。传统意义上的"以身发财"是贬义的，是指"不仁者"只知聚

---

① （宋）卫湜：《礼记集说》，清通志堂经解本，卷153，第17页 a、18页 a-b。
② （汉）郑玄注、（唐）孔颖达疏《礼记疏·附释音礼记注疏》，清嘉庆二十年南昌府学重刊宋本十三经注疏本，卷60，第11页 b。
③ （宋）黎靖德编、王星贤点校《朱子语类》卷16第2册，中华书局，1986，总第366页。

财致富，罔顾其社会效应。正因为"不仁之人，惟知有财，不知有身"，所以"虽能聚敛其财，而身反蹈于危亡矣"。①

　　传统经典关于"发财"与"发身"的评价与臧否固属精到，但亦不无可议之处，因为如果不能"发财"，则没有"以财发身"的基础，说明适度的"发财"从逻辑上讲也是必要的。如果说"发财"之于"发身"的重要性在自然经济社会尚未凸显，那么降及近代，当社会物质生产与财富生成方式发生巨大改变之际，"发财"的基础性意义就变得十分明显了。尤其是在新式企业发生与发展过程中，需要一个资本积累与经营拓展的阶段。对于创业者而言，这就是一个"以身发财"的过程。随着近代企业精神与产业伦理的出现，对于"以身发财"的价值评判已与传统有异。在近代实业发展加快、商业竞争加剧的语境中，"以身发财"反映的正是企业家艰苦创业与开拓经营的历程。

　　不过，传统思想中关于"发财"与"发身"关系的思考，对于评价近代企业家的创业观与经营观仍不无启迪作用。因为无论"以身发财"还是"以财发身"，都有着两项共同的对象要素，其一为"财"，其二为"身"，一个共同的动作要素就是"发"。实际上，探析"以财发身"和"以身发财"的关系，在于说明"如何致富"和"致富后为何"等问题。顺着这一思路，考察近代企业家的创业过程，对相关史实可能会有新的解读。在这方面，著名实业家张謇就可作为一个典型的案例。

　　评价张謇创业方面的"以身发财"，已不能用传统的"不仁"思想；相反，张謇创业本身恰具有较高的国家与区域关怀目标，具有"仁"的意旨。我们之所以袭用"以身发财"的说法，也是为了更好地理解张謇创业的曲折历程、社会效应与历史借鉴。考察张謇的"以身发财"，是希望厘清张謇个人在创业过程中的真实功效，进而探究张謇本人的"人力资本"对于大生系统企业经营运作的实际影响。② 而关注张謇的"以财发身"，则有助于

---

① （宋）赵顺孙：《四书纂疏·大学纂疏》，清文渊阁四库全书本，第131页b。

② 国内外关于张謇的研究，已取得异常丰硕的成果，王敦琴主编的《张謇研究百年回眸》（南京大学出版社，2007）对此已有较为详细的梳理。其中，关于张謇经济活动的论著尤为多见，也不乏关于张謇实业观、创业精神及其与儒家伦理思想关系的成果，如王国卿：《"言商乃向儒"——张謇经济思想与儒家经济伦理之关系解析》，《前沿》2012年第2期；刘杰：《共赢共生：张謇的企业经营伦理思想研究》，《淮南师范学院学报》2011年第4期；杨延峰：《从张謇和涩泽荣一的义利观看中日两国的近代化转型》，《通化师范（转下页注）

解析张謇创业的价值追求与终极关怀，以期明了在历史的坐标中，社会效应而非经济效应当为检验企业家成功与否的重要指标。

需要说明的是，"人力资本"是管理学科的一个重要概念，主要用于分析企业员工的素质与数量，很少指向企业家本人，本文在这方面指意有所扩展。笔者将张謇个人的"人力资本"分为"身份资本"与"身心资本"，①相信这也是衡量其他近代实业家可资借鉴的学术理路。

二　张謇创业的"身份资本"

中国是一个注重名望、身份与地位的社会，时在晚清，社会等级严格，身份标识明确。身份和地位较高的人群，可以更多地接近行政资源，减少投资——包括实业投资在内的社会投资——的机会成本，并且增加投资的垄断性，进而产生更多的收益回报。

张謇很早就成为东南名士，据其子张孝若记述：

> 我父三十岁以后的才名，就一年一年的大起来。当时的督抚名公，没有一个不想罗致他到幕府中，引为自重的。大家也晓得，我父亲才调出众，做叙事论理的文章，在其时很出名；加之替府主办事策划，非常的忠勤刻苦，所以名气一大，交相延誉的人就多，大有一得我父，身价顿增的光景。②

（接上页注②）学院学报》2010 年第 9 期；张廷栖：《试论张謇的人文精神》，《南通纺织职业技术学院学报》2008 年第 3 期；赵明远：《论张謇的"绅领商办"股份制企业形式》，《南京理工大学学报》2006 年第 4 期；施景钤：《论张謇的爱国精神与创新实践》，《南通大学学报》2006 年第 2 期；马敏：《营造一个和谐发展的地方社会——张謇经营南通的启迪》，《华中师范大学学报》2006 年第 2 期；蒋国宏：《儒者情怀与近代中国温和派知识分子的抉择——以张謇、黄炎培为个案》，《历史教学问题》2005 年第 3 期；蒋建民：《张謇的义利思想初探》，《南京工业大学学报》2004 年第 2 期；张彦：《试论儒学对张謇的影响》，《中华文化论坛》2003 年第 3 期；徐静玉：《试论张謇儒商精神的特点》，《中国矿业大学学报》2003 年第 2 期等。不过相关著述多停留于张謇创办实业的"义理"分析，如果引入"人力资本"概念进行解析，则会使相关议题增添新的内涵。

① 此外，还有其他指标，诸如"身体素质资本""品性修养资本"与"学术素养资本"等，这些在张謇研究方面，与前两项有所重合，都未列专题，以免累赘，特此说明。

② 张孝若：《南通张季直先生传记》，中华书局，1930，第 46 页。

　　不过，张謇毕竟只是一个著名的幕僚文人，虽然结交过吴长庆、袁世凯、沈葆桢、潘祖荫、翁同龢等人，但社会地位有限，在中国政坛基本上处于从属地位，不具备独立进行"社会投资"的条件。

　　但他的"身份资本"无疑在他高中状元之后达到最高值。由于点魁之前，张謇已早有文名，其名人效应又在他点魁之后产生了叠加，使张謇在一定程度上又成为一名"著名的状元"，其"身份资本"价值倍增。

　　"身份资本"可以用于各方面的投资，诸如行政、文教等领域，这也是金榜题名者的常规选择。但张謇则别具创意，决心另辟蹊径，创办实业。这对张謇而言，无疑是一项风险投资。不过，在他的创业过程中，"身份资本"确实发挥了重要作用。

　　关于张謇的"投资"转向，张孝若有这样的记述：

　　　　我先前曾经说过，有了名的人要做事。甲午以后，我父有了大名……反而坚定了自己的决心和打算。但是在中国的社会，要做事就和官脱离不了关系：他能够帮助你，也能够破坏你；如果民间做事，能得官力帮助，那自然就事半功倍了。

　　　　那个时候恰恰逢着张公之洞做两江总督，他向来对我父亲很信重，先就请我父总办通海围练，结束撤防后，接下来就和我父说到振兴商务等事，我父本来认定这条路走，所以一谈就谈得很投机，很融洽。……

　　　　张公在南京时，因为中日订了马关和约，内中有允许日本人在内地设工厂的一条，就想自己捷足先登去办厂，不要等日人借口，就计议在长江口的南北，苏州和通州二处，各办一厂，苏州厂请陆公润庠办，通州厂请我父办。我父因为和他的本意非常适合，而且国强，一定要着实做到普及教育和地方自治的二件事，然而没有钱是办不成功的，于是就决定先办实业，有了钱以后，再办教育和地方自治，就立刻答应了去兴办这件事。①

　　说明，甲午战争之后中国实业形势的危机和洋务派首领、著名官员张之洞的促动，对于张謇"身份资本"的投资转向产生重要影响。关于这一点，

---

①　张孝若：《南通张季直先生传记》，第69页。

张謇本人也不讳言，他在大生纱厂首次股东大会上坦言："通州之设厂，为张謇投身实业之始。光绪二十一年乙未，中日事定，前督部张属苏、镇、通绅士招商集股，设机厂，造土货，謇亦承乏。"① 在自撰年谱中张謇说得更清楚：

> 先是，南皮（张之洞）以中日马关条约有许日人内地设工厂语，谋自设厂，江南北苏州、通州各一，苏任陆凤石润庠，通任余，各设公司，集资提倡，此殆南皮于学会求实地进行之法。余自审寒士，初未敢应。既念书生为世轻久矣，病在空言，在负气，故世轻书生，书生亦轻世。今求国之强，当先教育，先养成能办适当教育之人才，而秉政者既暗蔽不足与谋，拥资者又乖隔不能与合；然固不能与政府隔，不能不与拥资者谋，纳约自牖，责在我辈，屈己下人之谓何。踟蹰累日，应焉。②

而张之洞的赏识与重用，则使张謇"身份资本"的投资效应大为提升，张之洞专门为张謇设厂事宜上奏朝廷，称"通州在籍绅士前翰林院修撰张謇，向来讲求时务，情形较熟，当经函商力筹护持小民生计、杜塞外洋漏卮之策，属其邀集绅商，恺切劝导，厚集股本，就地设立纱丝厂，以副朝廷自保利权之至计"。③ 从而使张謇的办厂行为从一开始就具备了与众不同的政治与社会效应。

除张之洞外，张謇同继任两江总督刘坤一也保持良好关系，得其资助不少。此外，其他重要地方官员也均不敢对有着巨大"身份资本"的张謇有所怠慢。况且，张謇虽然经营实业，但并未放弃对社会与政治活动的关注与参与，不仅在地方政务中多所作为，而且在东南互保、预备立宪、清帝退位和南京临时政府成立等国家政治建设的重要环节，均发挥了关键作用。进入民国，张謇更因躬身担任政府要职，而成为行政体系中人，即使退职在野也

---

① 张謇：《大生纱厂第一次股东会之报告》（1907 年 8 月 31 日），张謇研究中心等编《张謇全集》第 3 卷《实业》，江苏古籍出版社，1994，第 80 页。
② 汪敬虞编《中国近代工业史资料》第 2 辑下册，科学出版社，1957，第 934 页。
③ 张之洞：《通海设立纱丝厂请免税厘片》（光绪二十一年十二月二十八日），《张文襄公全集》卷 42，奏议 42，中国书店，1990，第 11～12 页。

对中央重大决策事宜多所表态。在这一时期的大部分时间内，张謇继续着自己 "介官商之间，兼官商之任"、① "通官商之情，规便益之利"② 的角色，从而维持着他的 "身份资本"。

三 张謇 "身份资本" 的实业投资收益

张謇以状元身份转向创办实业，又得到诸多大僚的提携，自然可获致一些独特的收益。大生纱厂因初创困难，遂借助张之洞、刘坤一的关系，领用官机，折本 25 万两，在原始资本中，官机折款占 56.17%。两江总督刘坤一表示，大生纱厂 "名虽官商合办，一切厂务官中并未派员参预"，与湖北等省官办纱厂情形 "迥不相侔"。③ 签订于 1896 年的《官商合同》写道："厂中用人、理财各事，全归商董经理。另行公举官董一员，由商务局禀请南洋大臣给委，到厂随时稽查账目、调护商情。如有不妥，由官撤换。若由官委派之官董不妥，由商董公禀撤换。"④ 次年，官商合办方案虽有所改变（由各出 50 万两，改为各出 25 万两），但官董的权限未变，这与刘坤一等人的指示不无关系。新的合办合同采用官场印文格式，并由两江总督咨明总理衙门，以彰显契约效力，坚定商股信心。⑤ 刘坤一还指令属下官员为大生纱厂筹拨公款。⑥ 据张謇记述，大生纱厂开车前，刘坤一共 "拨公款作股本六万余，筹暂款二万余"。⑦ 此后，官股渐有变化。1913 年时，江苏都督程德全一度拟以大生纱厂官股向上海某银行押借银 20 万两，以济本省行政与军饷之急需。⑧ 据张謇在 1921 年时与省财政厅长往来信函显示，大生纺织公司有官股 80 万两拟出售，张謇策动南通自治公会全数承购，"永作全县

---

① 张謇：《为纱厂致南洋刘督部函》（1899 年），《张謇全集》第 3 卷《实业》，第 16 页。
② 张謇：《厂约》（1899 年），《张謇全集》第 3 卷《实业》，第 18 页。
③ 《大生系统企业史》编写组：《大生系统企业史》，江苏古籍出版社，1990，第 15 页。
④ 张季直先生事业史编纂处编《大生纺织公司年鉴（1895～1947）》，江苏人民出版社，1998，第 9 页。
⑤ 张謇：《大生纱厂第一次股东会之报告》，杨立强、沈渭滨等编《张謇存稿》，上海人民出版社，1987，第 567 页。
⑥ 张謇：《为纱厂致南洋督部刘坤一函》（1899 年 1 月 11 日），《张謇全集》第 3 卷《实业》，第 8 页。
⑦ 张謇：《咨呈南洋督部刘坤一》（1899 年），《张謇全集》第 3 卷《实业》，第 10 页。
⑧ 《地方通信·江宁》，《申报》1913 年 6 月 18 日，第 6 版。

公产，即以每年收入股息，作为自治经费"。① 此外，在官场的策应下，大生纱厂还获得通州、海门、泰州等地官款4.19万两。其他企业也获得过官款资助，据张謇1917年向江苏省长齐耀琳报告，"省有通海垦牧公司股份，计五十二股，共银五千二百两整，股票息单，向存省署"。② 除直接的资金扶持外，一些地位较高的官员还主动为大生企业劝股。有人研究指出，大生纱厂的一些大股东"是由于上司的'劝谕'或同僚的'游说'，才勉强投股以为应付"。③ 1918年成立的华成垦牧公司，先由江苏督军冯国璋垫资66000余元，冯任代理大总统之后，遂委托张謇"组织公司"。张"再辞不获，乃允暂时领袖"。④

在保护垄断经营权方面，晚清政府推行了"专利"政策。张謇的大生纱厂初创时，由清政府批准，援引上海华盛纺织厂成例，规定本地区如添设同类企业，皆作为大生分厂，"由原办人禀请并议贴费，以十年为满"。由他集股创办的开成公司专事开采镇江螺蛳山铅矿，也从商部获得十年专利。⑤ 张謇等创办的大兴面粉公司则获得为期五年的"专利"。⑥ 另外，大生纱厂创办之初，就由张之洞奏准，其产品"照上海机器纺纱、织布各厂奏定章程，只在洋关报完正税一道，其余厘税概行宽免"。⑦

商部成立后，"为抵制洋面起见"，核准"所有机器制造面粉各厂，一律准其暂免税厘"，⑧ 自光绪三十三年（1907）八月起，为期五年，限满再议。⑨ 机制面粉免税的措施对华商创业产生了一定的促进作用，张謇等人的大兴面粉公司自然亦从中受益。张謇发起创办的盐垦公司同样得到了不同程

① 张謇：《致严家炽函》（1921年1月24日），《张謇存稿》，第274页。此议未果，据1928年江苏省建设厅调查，大生纱厂官股共80.7万两，见《地方通信·南通》，《申报》1928年12月13日，第3张第11版。

② 张謇：《致齐耀琳函》（1917年3月27日），《张謇存稿》，第170页。

③ 《大生系统企业史》编写组：《大生系统企业史》，第21页。

④ 《华成公司成立宣言》（1918年），《张謇存稿》，第187页。

⑤ 《各省矿务汇志》，《东方杂志》第2卷第2期，1905年3月30日，"实业"，第23页。

⑥ 汪敬虞编《中国近代工业史资料》第2辑下册，第1119、1120页。

⑦ 张之洞：《通海设立纱丝厂请免税厘片》（光绪二十一年十二月二十八日），《张文襄公全集》卷42，奏议42，第12页。

⑧ 见张之洞《创设制麻局请免税厘并请敕各省仿办折》（光绪三十二年七月初二日），《张文襄公全集》卷67，奏议67，第16页。

⑨ 《本部札北京面粉公司、上海、江宁等商会文：为机制面粉自八月起免征五年事》，《商务官报》丁未年第21期，光绪三十三年八月十五日，第8页。

度的税收优惠。

为了方便公司经营，张謇还可以向地方官提出行政"配套"问题。例如张謇调查发现阜宁县属大片荒地，约八百方里，土质尚宜植棉，但如果集合公司，经营垦牧，"惟须得一良知事，方可着手"，遂向省长齐耀琳建议将"在皖北营垦，颇有成绩"的睢宁知事郭文彻"调任阜宁"，庶"于垦荒政策，必能有效"。① 这也在一定程度上说明张謇身份与地位的特殊性，是其"身份资本"的效用体现。换句话说，张謇特有的社会声势与社会地位，使其不仅可以吸附行政资源，甚至可以影响和左右地方行政。

社会"身份资本"的特点之一在于其衰减性，即随着时间的流逝，尤其是政局的变迁，其社会地位发生下降，对政治与行政资源的吸引力逐渐减低。张謇的"身份资本"效应从长时段来看也是如此。他从北洋政府农商总长任上退职之后，虽然仍参与中央与地方政治建设，但主要致力于实业经营与地方自治事业，这使得他与官场及权贵之间的距离渐行渐远。当大生系统企业在20世纪20年代陷入困境之际，张謇又想借助政府的力量，予以挽救，请求江苏省财政厅践行他在农商总长任内提出的"保息"办法，以帮助企业渡过难关。为此，他给财政厅长严家炽写过一封言辞恳切的信。② 但是，这一时期的中央与地方政治生态已不同于往昔，张謇的个人魅力也已大不如前。而看透了中国黑暗政治的他，也有意远离官场，并不时指责官员腐败，这些无疑又使其传统的"身份资本"不断流失，对实业投资的"资助"作用也越来越小。

四　张謇创业的"身心资本"投入

"身份资本"是社会名望与地位的附加值，其外在效应看起来光鲜亮丽，其实作为人际关系的衍生产品，"身份资本"的运用也并非易事。例如张謇虽然与两江总督及江苏、通州地方官员关系密切，但官场复杂，政途险峻，在获取行政资助的过程中，他又不得不付出较多的"身心资本"。

所谓"身心资本"，在本文是指为获取某种报酬而在体力与心智方面的

---

① 张謇：《致齐耀琳函》(1918年)，《张謇存稿》，第190页。
② 张謇：《致严家炽函》(1921年1月24日)，《张謇存稿》，第449页。

付出。这是一项复合型资本，包括辛勤工作、苦心思索、忍辱负重、高瞻远瞩等。这些要素在一定程度上是无法计量的，但对创业者而言确实不可或缺。只不过，它们在不同创业者身上，或同一实业家的不同创业时期，在企业总成本之中所占的比重不同而已。

张謇创办大生纱厂之际，所付出的"身心资本"是巨大的。他虽然贵为状元，但因偏离了"状元"可以发挥最大效用的行政轨道，而转向创办实业，面临着"投资转向"的巨大风险。这种风险对于张謇的考验是常人难以想象的。如果从政，他或许会成为"国之栋梁"，但创办实业，则使他可能成为"废弃之榱桷"。① 这一转换，需要多大的心理承受能力！

虽然同官场联系密切，但要获得其资助也并非易事。张謇接受张之洞办厂邀请之后，企业方针先后经历商办——官商合办——绅领商办的阶段。期间，由织机折合的官款对于企业初创发挥了一定作用，但资本短缺一直是大生纱厂创办之际的主要困难。为此，张謇只得反复请求张之洞、刘坤一再予接济。尤其是在建厂工程进展期间，资金时现枯竭之虞，企业屡呈停歇之象，用张謇的话说，就是"骑虎势成，枯鱼望甚"。② 这对张謇而言，是何等煎熬。一些官场中人、甚至包括与张謇关系素契者对其"转向"之举，也表示难以理解，乃至在张謇办厂最需资金之时，不予支持。③ 有的官员还跑到两江总督面前告状，说"张謇乱要钱"，劝刘坤一"勿为所蒙"。④ 张謇可能不止一次陷入绝望，他在致刘坤一函中这样写道："謇自惭无状，既不能昭布信义，集累亿之资；又不能速取捷效，执谗谤之口。独立搘拄，呼助无人，四载艰辛，行付流水。"⑤ 他一度打算放弃办厂计划。⑥ 为了获得官方的接济，张謇不惜多方恳求，甚费心力。用他自己的话说，"哀于江督，则呼吁之词俱穷；谋于他人，则非笑之声随至"。⑦ 说明，张謇在获取"身份资本"收益的同时，也付出了超常的"身心资本"。

---

① 张謇：《为纱厂致南洋刘督部函》（1899 年），《张謇全集》第 3 卷《实业》，第 6 页。
② 张謇：《致两湖督部张之洞函》（1898 年 12 月 26 日），《张謇全集》第 3 卷《实业》，第 6 页。
③ 张謇：《大生纱厂第一次股东会之报告》，《张謇存稿》，第 568 页。
④ 张謇：《大生纱厂第一次股东会之报告》，《张謇存稿》，第 571 页。
⑤ 张謇：《致南洋督部刘坤一函》（1899 年 5 月 10 日），《张謇全集》第 3 卷《实业》，第 9 页。
⑥ 张謇：《咨呈南洋督部刘坤一》（1899 年 5 月 10 日），《张謇全集》第 3 卷《实业》，第 11 页。
⑦ 张謇：《大生纱厂第一次股东会之报告》，《张謇存稿》，第 570 页。

造成大生纱厂启动初期资金短缺的原因，有官场部分失约的因素，例如根据《绅领商办》合同，盛宣怀本应"助筹新股"七万五千两，[①] 但盛"自食其言，违背合同，分文未筹"；[②] 也有民风未开，集股为难的因素。为了筹募股款，张謇不得不往返奔波于通州、上海之间，备尝艰辛。尤其是1896 年秋冬之间，"上海纱市败坏，华盛、大纯、裕晋，或欲停办，或欲出卖，几于路人皆知。凡以纱厂集股告人，闻者非微笑不答，则掩耳却走"。张謇不得不到处求情，设法劝募。凡相识的人，他都予以求助，许多都是"明知其未必有益而姑言之以侥幸者"。旅沪期间，他"不忍用公司钱"，或求亲靠友，或卖字自给。[③] 据张謇自己讲，在大生纱厂筹建的五年期间，他"未支厂一钱"，生计全赖自己担任书院讲席所得微薄俸金。[④] 比生计艰难更令人难以忍受的是屡屡遭受驵侩黠吏的"阴嗤"与"阳弄"。但为了创业，张謇"闻谤不敢辩，受侮不敢怒，闭目塞耳，趦趄盲进"。[⑤] 所以，张孝若讲，乃父最初的成功，"完全建筑在坚忍的勤俭的毅力上边"。[⑥]

现代企业是一项系统工程，涉及工程建设、生产工序、原料采购、产品销售、业务管理等多个环节，绝不是单一的体力劳动所能完成。张謇在为建厂付出无数心力、体力的同时，也贡献了无数的智力。例如大生纱厂的《厂约》就是由张謇亲撰，对于张謇自己，以及厂内"进出货""厂工""杂务""银钱""董事"及其属下各位"执事"的职权予以厘定，并规定了企业管理流程及考核与激励机制。本此原则制定的《大生纱厂章程》则细化为"银钱总账房""进出货处""子花栈""净花栈""批发所""工料总账房""工账房""物料所""机账房""拣花厂""轧花厂""清花厂""粗纱厂""细纱厂""摇纱厂""成包厂""杂务账房""稽查""巡丁""火险""管水龙"等22 个部门章程，详细规定了各个流程与各项事务的工作准则。

对于企业组织形式，张謇也在不断探索。大生纱厂创办之际，张謇虽然

① 张謇：《承办通州纱厂节略》（1899 年11 月17 日），《张謇全集》第3 卷《实业》，第13 页。
② 张謇：《咨呈南洋督部刘坤一》（1899 年5 月10 日），《张謇全集》第3 卷《实业》，第10 页。
③ 张謇：《大生纱厂第一次股东会之报告》，《张謇存稿》，第567 页。
④ 张季直先生事业史编纂处编《大生纺织公司年鉴（1895～1947）》，第54 页。
⑤ 张謇：《大生纱厂第一次股东会之报告》，《张謇存稿》，第567 页。
⑥ 张孝若：《南通张季直先生传记》，第72 页。

为募股多所努力，但却较少使用"公司"一词。及至 1901 年创办通海垦牧公司之际，才明确提出"仿泰西公司集赀"办法，并谓"公司者，庄子所谓积卑而为高，合小而为大，合并而为公之道也"，并"甚愿天下凡有大业者，皆以公司为之"。[①] 1907 年大生纱厂举行第一次股东大会，张謇报告办厂历史。此后，大生系统企业在公司制运行方面基本步入常轨。而张謇本人在探索和改进公司制运行方面仍在不断努力，及至他出任北洋政府农商总长之后，主持颁布了中国近代史上第二部公司法——《公司条例》，使国内公司制度建设跃上新的台阶。

除了纱厂之外，张謇所办企业尚涉及银行、交通、榨油、面粉、垦牧、盐业、火柴、照明、商贸等业，每一行业均需具备专门知识者方能掌控，张謇在这方面措置裕如，足见其学识之广与能力之强。在《张季子九录》中的《实业录》以及《张啬庵先生实业文钞》等著述中，可以发现不少涉及垦牧、盐政、水利、银行的专门论述，理论与实践并重。这些论著反映了张謇不断学习的进取精神及其高超的学习效率，无疑也凝结了张謇为创办实业而付出的无法计量的"心智资本"。

五　张謇对于"以财发身"的追求

所谓"以财发身"就是指张謇利用企业利润，创办社会事业，以使更多人受益的过程。换句话说，"以身发财"主要考察张謇如何"赚钱"，"以财发身"则意在研究张謇如何"花钱"。不过，"以身发财"与"以财发身"难以截然区分。事实上，张謇的"发财"过程也是他"发身"的过程。因为他克服重重困难，最终建厂出纱，已使其社会身份从"状元"向"企业家"转变；大生纱厂在一定时期的快速发展，反过来也有助于张謇社会声誉的传播。不过，限于篇幅关系，本文只能就张謇纯粹散财以济世之举略予探究，主要关注张謇创业之后对发展地方教育和慈善事业的贡献。

据张孝若讲，乃父办实业的"最后的目的就是教育"，[②] 说明兴办地方

---

① 张季直先生事业史编纂处编《大生纺织公司年鉴（1895~1947）》，第 58 页。
② 张孝若：《南通张季直先生传记》，第 90 页。

教育在张謇的事业规划中占有重要地位。张謇创办的通州师范学校被称为中国近代师范教育的发端，主要是用他担任纱厂经理最初五年应得而未用之"公费"本息二万余元，外加劝募经费而兴建起来的。[①]　通州师范学校既成之后，大生纱厂每年提出利润的一成，作为该校经费。1907 年大生纱厂召开第一次股东大会时，张謇曾就此向股东予以说明，虽然有股东认为"拨助师范经费……是总理个人之道德，与公司无涉"，但多数股东还是建议应提高总理的分红比例为二成，以便他从中提出一成，作为师范学校经费。[②]通州师范学校的影响不断扩大，生源由江苏本省扩展到山西、陕西、甘肃、江西、安徽等省。据 1922 年统计，师范学校正科毕业生已有 525 人，简易科及讲习科毕业生计 439 人，工、农、蚕桑、测绘等科毕业生共 95 人。他们绝大多数在本省服务，也有少数在外省服务。[③] 1906 年，张謇又代其夫人发起设立通州女子师范学校，该校也以张氏捐资为主要经费来源。[④]

　　大生系统捐资所办学校还有南通纺织专门学校。该校初为张氏兄弟于辛亥革命前后在大生纱厂附设之纺织传习所，[⑤] 后扩大规模，改为南通纺织学校，首开中国纺织专科教育之先河。1913 年大生一厂和张氏兄弟、徐静仁、聂云台等捐建校舍于唐家闸，张謇规定大生系统各厂每年按比例负担该校经费。[⑥] 其中，大生一厂历年所提纺织学校经费如表 1 所示。

表 1　大生一厂 1914 至 1922 年所提纺织学校常年经费

年度	经费	年度	经费	年度	经费
1914	5537	1917	11034	1920	12437
1915	6779	1918	9139	1921	10950
1916	9262	1919	13812	1922	13576

　　资料来源：南通市档案馆等编《大生企业系统档案选编》，第 95、106、113、118、124、133、138、144、150 页。

---

① 《张謇全集》第 6 卷《日记》，第 466 页。
② 张季直先生事业史编纂处编《大生纺织公司年鉴（1895～1947）》，第 98 页。
③ 《大生系统企业史》编写组：《大生系统企业史》，第 210 页。
④ 张謇：《代内子作通州女子师范学校募捐启》（1906 年），《张謇全集》第 4 卷《事业》，第 62～63 页；《大生系统企业史》编写组：《大生系统企业史》，第 211 页。
⑤ 《大生纱厂将设纺织传习所》，《申报》1911 年 6 月 12 日，第 1 张后幅第 3 版。
⑥ 《大生系统企业史》编写组：《大生系统企业史》，第 212 页。

　　除教育之外，张謇本人及大生纱厂还担负不少社会慈善及救助费用。例如大生利润支出一栏中每年都有一项"善举"支出，与"酬应通、沪各项使用费"并列在一起，其金额总在数千两至数万两之间。此外，大生纱厂还担负一定数量的育婴堂经费，其额在千两上下。当育婴堂经费困难时，张謇"卖了不少回的字"，以鬻字所得相与接济。[①] 在公益事业方面，张謇及大生集团也多所作为，举凡南通地方的近代市政设施、博物馆、公园等公益机构莫不从中受益。

　　将实业利润用于兴办教育、捐助慈善与公益事业，并不能囊括张謇对于"以财发身"理念的追求及其成效。事实上，除了教育与慈善、公益事业之外，张謇以其实业为基础，而对地方经济、社会、文化与教育事业的进步，发挥了巨大的推动作用，其效应无法计量。其子张孝若如此追忆："我父在南通完全以人民的地位，用私人的财力，创办各种事业……他抱定主意，立定脚跟，要创造一个新局和新事业，所以办的师范、纺织、盲哑学校，气象台、博物苑、图书馆等教育事业；纱厂、垦牧等实业事业；开辟全县的道路，整治全县的水利，在中国都是第一件事。"[②] 张孝若另外说道："先严三十年来集众资经营各业，为江淮地方生利者，现值逾万万金；以一己所应得，公诸通海地方作建设及经常费者，先后计数百万金；衣食于所营公私各事业待而生活者，士农工商合数十万户"。[③] 这可以看作是对张謇以实业为起点和基础而服务地方之效应的总体概括。

六　结语

　　《大学纂疏》对"仁者以财发身"作如此解释："仁者不私其有，故财散民聚而身尊……仁人财与民共，所以得民而身自尊矣。"[④] 张謇创业在一定程度上践行了这一原则，他曾说过："人单单寻钱聚财不算本事，要会用钱散财"。[⑤] 张謇创业不是为了自己发财，而是有着国家与民族关怀，旨在

---

①　张孝若：《南通张季直先生传记》，第357页。
②　张孝若：《南通张季直先生传记》，第375页。
③　张孝若：《南通张季直先生传记》，第361页。
④　（宋）赵顺孙：《四书纂疏·大学纂疏》，清文渊阁四库全书本，第131页a－b。
⑤　张孝若：《南通张季直先生传记》，第360页。

谋取社会效应。他将纱厂取名为大生，即寓其深意。他创办垦牧公司旨在成就其"建设一新世界雏形之志，以雪中国地方不能自治之耻"。① 张孝若说"我父……自己所有的财产，都用在地方建设上去了"；②"南通的一草一木、一路一屋，都是我父经营心血的结晶，都是他财产消耗的代价。"③

张謇登临科举之路的顶峰，本可享受孜孜向学换取的荣耀，沿着学而优则仕的道路正常前行，他却毅然转向，投身实业。在备尝艰辛之后，虽然终于在实业领域取得莫大成绩，但张謇临终前，大生纱厂已陷入困境，张謇自己也"负债累累"。④ 胡适评价张謇"在近代中国史上是一个很伟大的失败的英雄"，⑤ 自然是从实业成败的角度立论。其实，若从社会效应的角度，则可以说张謇是一个"很伟大的……英雄"，而并不一定失败。因为张謇创业的本意不是为了追求利润最大化，他"生平最不爱财"。⑥ 他之所以努力赚钱，"以身发财"，是因为要用钱办更大的事业。也正因为要办更大的事业，所以他办企业很努力，很认真，因为企业肩负着重要使命。张謇从来不用"个人发财"来量度自己的成功，而是以"散财"的社会绩效为标准。从这一点来看，张謇又是成功的。他的成功一方面是物质的，即奠定了南通的近代化基础；另一方面是精神的，即树立了"赚钱不为发财"，追求"以财发身"的企业家形象。⑦ 可以说他的创业的社会效应直到今天依然在显现，这也是后人缅怀他的意义所在。

（作者单位：南京大学中华民国史研究中心）

---

① 张孝若：《南通张季直先生传记》，第81页。
② 张孝若：《南通张季直先生传记》，第360页。
③ 张孝若：《南通张季直先生传记》，第375页。
④ 张孝若：《南通张季直先生传记》，第361页。
⑤ 张孝若：《南通张季直先生传记》，"胡序"，第3页。
⑥ 张孝若：《南通张季直先生传记》，第360页。
⑦ 近代中国"没有钱的大亨"还有范旭东、卢作孚等人，他们的创业追求与张謇有着很大的相似之处。

中国农村派的合作金融思想

周建波　颜　敏　都田秀佳

"中国农村派"是民国中后期一支有着广泛影响力的农村经济学研究群体。它以研究中国农村问题、改造中国农村社会为主要任务，以关注中国农村问题的期刊《中国农村》为主要阵地，聚集了陈翰笙、薛暮桥、孙冶方、钱俊瑞、千家驹、冯和法、骆耕漠、姜君辰、孙晓村、狄超白等一大批优秀的经济学家。这些经济学家运用政治经济学的理论方法，结合深入中国农村进行调查研究的结果，论证了当时中国农村社会的经济现状与经济性质，批评了各种改良主义思潮，在当时产生了较大的社会影响，为新民主主义经济理论的形成提供了重要的思想元素。

20 世纪三四十年代，农村金融问题成为社会关注的焦点之一。商品经济全球化的发展，导致大量资金涌入都市，出现了都市资金臃肿和农村资金枯竭的矛盾局面。广大农村资金缺乏的结果是，一方面农民无法扩大再生产，阻碍了农村生产力的进一步发展；另一方面又助长了农村高利贷的猖獗，加剧了地主和商人对贫苦农民的剥削。为了挽救农村经济，在南京国民政府和上海银行界的主导下，全国兴起了轰轰烈烈的信用合作运动。这一运动旨在通过在全国农村地区推广信用合作社，将壅滞在都市中的资金顺利疏导至农村，缓解农村资金缺乏的局面。

信用合作运动能否挽救农村经济危机？能否起到促进农村经济发展的作用？围绕这些问题，作为在民国学术界有着广泛影响力的经济学研究群体，"中国农村派"对信用合作运动产生的原因、作用、前途、本质等问题进行了深入分析，并提出了若干改进建议，这些精辟的分析与建议构成了该学派的主要合作金融思想。

由于抗战后内战很快爆发，《中国农村》被取缔，"中国农村派"因失去了集中发声的主阵地而趋向解体，因此"中国农村派"对合作金融的研究主要集中在抗战前与抗战期间这两个时期，且表现出明显的态度差异。大致来说，抗战前，共产党代表的无产阶级和贫苦农民与国民党所代表的官僚资产阶级之间的矛盾，是中国社会的主要矛盾，因此"中国农村派"对合作金融事业的态度主要是质疑与批评，认为南京国民政府力推合作金融主要是为了增加政府收入和解救上海银行界的资金臃肿之苦，于贫苦农民却无益。抗战爆发后，中日之间的民族矛盾上升为主要矛盾，共产党和国民党遂结成抗日统一战线。为了巩固统一战线，支持持久抗战，"中国农村派"只能是在不破坏统一战线基础的前提下，对现有经济制度提出建设性的改良主张。凡此种种，都反映出"中国农村派"经济思想中包含着较强的政治性，这是我们评价"中国农村派"合作金融思想时必须要特意指出的。

一　抗战前的合作金融思想

1. 对信用合作社整体绩效的评析

1927～1937年间，由于南京国民政府的努力倡导，社会各界的积极响应，信用合作运动发展非常迅速。据统计，仅1928～1935年7年间，全国的合作社数就由933个增加到26224个，社员由27000人增加到1004402人，分别增加了27倍和36倍。[①]从数字上看，合作金融事业的确取得了长足发展。然而，它对于农村经济发展和农民生活改善所起的作用实际如何呢？针对这一问题，"中国农村派"从多个方面进行了分析和评价。

第一，信用合作社在农民借贷来源中的地位十分有限。骆耕漠根据1933年12月实业部中央农业实验所在江浙陕甘等省举行全国农民借款来源的调查结果（表1）中发现，信用合作社在农村现金贷款中所占的比重仅为1.3%，可谓微乎其微。而农民向地主、富农、商家、钱局等所借高利贷，

---

① 李紫翔：《中国合作运动之批判》，陈翰笙、薛暮桥、冯和法编《解放前的中国农村》第2辑，中国展望出版社，1989，第513页。

则占 90% 以上。显然，农民深陷地主、富农和商人的高利贷盘剥之中的局面未因信用合作社的建立而有太大改变。

表 1　全国部分农民借款来源分析表

单位：%

种类	合作社	亲友	地主	富农	商家	钱局	其他	共计
现金贷款	1.3	8.3	9.0	45.1	17.3	8.9	10.1	100
粮食贷款	—	10.9	13.6	46.6	11.3	—	17.6	100

资料来源：骆耕漠《信用合作事业与中国农村金融》，《中国农村》第 1 卷第 2 期。

另外，与内地农村流入都市的现金相比，银行界对农民的贷款可以说是杯水车薪，无济于事。骆耕漠在《信用合作事业与中国农村金融》一文中引用银行家林康侯的话指出，"年来银行界对内地农村的贷款，一共不过四五百万元，而内地流向上海来的现银，每月的入超额差不多总有五六百万甚至一千多万"。[1] 由此"中国农村派"得出结论：尽管南京国民政府积极倡导信用合作运动，但农村资金的流出量仍远远大于流入量，信用合作社引导资金流动的作用并不明显。

第二，信用合作社的人均普及率仍然非常低，这可以从合作社数量与人口数量的比较中看出来。李紫翔在《中国合作运动之批判》一文中做过详细统计："就社员与人口的比较上看，陕西的比例最高，亦不过 6‰，广西最少，不及万分之一，有合作社之省区的总平均亦不过 4‰，如以全国总人口计算，更只有 2‰。"[2] 上述各省尚且是信用合作事业比较发达的省份，合作社普及率竟是如此之低，对于较边远的省份，信用合作社在农村金融体系中的作用更可想而知。

第三，信用合作社的地域分布很不均衡。李紫翔对 1931～1935 年的合作社分布情况作了考察，发现少数的交通便利和较富庶的省区，如江、浙、冀、鲁、皖、赣、豫七省，合作社占全国总数的 76% 以上。在不同的省市之间，拥有的合作社数量有很大差异：上海有 123 社，江苏平均各县有 67 社，而广西每 10 县才有 1 社。不仅各省之间，即便是省内的各县市之间，

① 骆耕漠：《信用合作事业与中国农村金融》，《中国农村》第 1 卷第 2 期，1934 年 11 月 1 日。
② 罗俊：《战时农业金融问题》，《中国农村》第 5 卷第 8、9 期合刊，1939 年 3 月 1 日。

合作社的分布也不均衡，如：河北省的合作社主要集中于产棉花的西河一带，河南则主要集中于产棉和烟草的区域。① 可见，不同县之间的合作金融事业的发展是十分不平衡的。

第四，信用合作社的借贷条款普遍无法适应农民的实际需求。这首先表现在信用合作社放款需要抵押品上。贫苦农民往往因为没有抵押品而借不到相应款项，而不事生产、专营高利贷的地主和富农，因有较多的抵押品而获得信用贷款，他们贷来的款项一般仍用作放高利贷。其次，农贷放款的额度少、期限短，不利于农业的扩大再生产。因为通过信用合作社向农民放款的主力是商业银行，它们均以利润最大化为根本目的，为了规避风险，它们向农民的贷款一般数额少、期限短。

综上，"中国农村派"认为，以复兴农村、救济农民为目的的信用放款，在农村金融体系中的地位和作用微不足道，无法满足农民的生产和再生产需求，对农业生产的资助可谓杯水车薪，对农民生活的改善也是微乎其微。消灭农村中的高利贷是国民政府推行信用合作运动的直接目的之一，但信用合作运动非但没有像国民政府所期望的那样取代和消灭高利贷，反而在一定程度上助长了高利贷的猖獗。

如何看待"中国农村派"的上述观点呢？笔者认可"中国农村派"所提到的诸多数字事实，也认可其对合作金融弊端的分析，但不完全认同其结论。第一，面对全球化、城市化进程中农村的颓势，信用合作社在一定程度上起到了阻止其加速下滑的作用。倘若没有信用合作社，农村的金融状况肯定更糟糕。显然，"中国农村派"更多地看到了信用合作社在复兴农村经济中的不足，而没有谈到其对阻止农村金融状况恶化的积极作用。第二，城市化的动力在于大规模机器生产的效率高于小家庭手工生产的效率。如果农村的效率高于或等于城市，那么城市化又如何实现呢？因此，信用合作社的效率再高，也扭转不了城市化完成之前，资金更多地从农村流向城市这一基本事实。

2. 对信用合作社局限性的原因分析

有些经济学家认为，信用合作贷款在农村金融中的地位和作用极为微

① 李紫翔：《中国合作运动之批判》，陈翰笙、薛暮桥、冯和法编《解放前的中国农村》第 2 辑，第 514～515 页。

弱，是因为信用合作事业刚刚起步，待若干年后，信用合作事业得到充分发展，必然能够在农村金融体系中占据主导地位，从而消灭高利贷。对于这个问题，陈晖指出，"在抽象的理论上推演出来，这是当然的结论。但在具体的社会经济体系的运转上，这是不可能的"。"因为在现社会制度中，资金都是向安全的与利率高的地方流去的。在农村中，利率虽高但因农村经济的日趋崩溃，内地不安的加剧，资金大量地流到农村中去，是不可能的。"①

除了信用合作运动无法改变商业资本的逐利本性之外，"中国农村派"的经济学家认为，信用合作放款不能消灭高利贷的另一重要原因是，信用合作社放款本身的利率不低。陈晖在《中国信用合作社的考察》一文中举例指出，"江苏省合作社放款的利率最低为月利1分，浙江的为1分2厘至1分5厘，豫鄂皖赣4省为1分2厘"。这些1～2分的利率，相对于5～6厘的农业利润来说仍是高利贷。信用合作贷款的利率为什么会如此之高呢？骆耕漠认为，"银行家对于利息的注意，实远过于合作事业推行之本身"。他们来农村推行合作事业，仍以营利为目的。

除了殖利的目的外，孙晓村还从更深层次分析了合作社放款的高利贷性质：第一，中国整个国家在负债，即是说处在被帝国主义高利贷剥削的地位。中国国内的任何资本，自身都负有高利，银行资本，尤不能例外。第二，中国农村企业的利润很低，普通农作物，达不到五厘、六厘；因此，即使平均一分的利息，在全部关系上说来，仍然是高利贷。第三，近年来各银行努力于农村放款，原因是都市资金过分膨胀、利息低落，公债地产等投机事业又大不如前，银行资本为营业前途计，乃移转眼光于农村。第四，近年来所有农村放款，常有一现象：合作社之负责人甚至社员常利用其地位借得款项后，再以高利转借给一般贫农。第五，目前这种合作社和农村放款的发展，并不以贫农为救济对象，加入合作社有财产上的限制，青苗及运销放款，五亩以下的小农，因太零碎之故，也常被摈列。②

"中国农村派"认为，信用合作社放款过程中的种种流弊，不仅导致合作社在引导资金流动方面效率低下，而且为高利贷的猖獗提供了温床。借款

① 陈晖：《中国信用合作社的考察》，《中国农村》第1卷第8期，1935年5月1日。
② 孙晓村：《现代中国的农业金融问题》，中国农村经济研究会编《中国土地问题和商业高利贷》，1937，第255页。

手续的复杂既为农民贷款制造了困难，也间接促使了利率的提高。李紫翔曾指出："银行的放款利率……虽较农村通行的高利贷的利率低……但是层层保证的困难手续，实更限制了最大多数的贫苦农民，决无借到款项的可能。银行的此种层层之人的物的抵押放款，不特抵消了它的资本性的放款之进步的意义，并且迫使农民更紧密的束缚于地主商人和高利贷者之势力下。"①

应该说，"中国农村派"的分析非常深刻，确实点到了信用合作运动的痛肋，但如何看待农村金融的高利率呢？中国是被西方资本主义列强强行拉入全球化进程的，小生产之效率肯定不如大生产，这在导致乡村资金流向城市的同时，也导致中国的资金更多地流向了西方国家。此外，农村利率高也反映了农业生产的效率低，在这种情况下，资金不愿进入农村，更抬高了农村金融的利率，这就是农村市场何以高利贷横行的原因，是从事任何事业都必须承认的基本出发点。

3. 对信用合作运动本质和前途的分析

如前所述，有些人认为，信用合作事业之所以对于农村经济的发展和农民生活的改善，未能发挥积极作用，主要是因为信用合作社推行的时间太短。如果脚踏实地地坚持下去，假以时日，以上弊端终能克服，在信用合作社的资助下，农村经济也必然能够繁荣。对于这一观点，"中国农村派"不以为然。他们普遍认为，信用合作运动之不能挽救中国农村经济，是由其本质决定的，非时日问题。

李紫翔在《中国合作运动之批判》一文中，考察了合作运动发展的历史过程。他认为，欧洲的合作运动是资本主义发展到一定阶段的产物。它的常态的发达，是由大资本和小商品生产者间的斗争尖锐化和大规模的集体的生产技术优良于小规模的个人生产所引起的；合作社以追求利润为目的，它在商品生产、交换以及信用上依赖和从属于大资本家。在本质上合作社不仅不会消灭资本主义，反而加强了其自身的资本主义性质。然而，中国的合作运动完全生长于畸形的经济和政治条件下。具体主要表现为：第一，在中国农村经济中，小商品生产者占优势，他们一方面要忍受本国地主阶级的榨取，另一方面还要直接或间接地受到国内外资本主义的剥削，以至于一般农

---

① 李紫翔：《中国合作运动之批判》，陈翰笙、薛暮桥、冯和法编《解放前的中国农村》第 2 辑，第 518 页。

民在耗费了体力劳动之后，还担负了资产上的债务，挣扎在非人的死亡线上。第二，国内外资本主义和都市小工商业者对经济恐慌的负担，必然最后要转嫁到农村和农业上来。他们要求恢复或提高农民对于手工业品的购买力，同时要求某种农产原料之大量的廉价的供给和运输。第三，由长期榨取农村而累积的都市资金的膨胀，由于中国之半殖民地与恐慌的深化，不但民族工业的投资，已到了山穷水尽的地步，买办商业的融通资金，已到了范围和信用一天天缩小的时候，即外汇标金地产和公债等的投机，亦渐到了无利可图的末路，所以银行资本，企图在救济农村之美名下，开辟一新的投资道路。这一切固然供给了合作运动的可能条件，而其主要的决定的因素，还是在于政府以及"中外人士"之共同的政治要求。[1] 在这种畸形政治经济条件下发展起来的合作运动，很难承担起融通农村金融和复兴农村的责任。

总之，在"中国农村派"看来，国内外资本主义和封建主义对农村剩余价值的过度索取是导致农村破产的总根源。在这种情况下，信用合作运动所发挥的作用必定十分有限。陈晖在《中国信用合作社的考察》一文中一针见血地指出："须知帝国主义和军阀制度之与中国农村经济破产系有着有机的联系的，农村生产之资金内流所引起的些微活跃，是不够帝国主义与军阀制度的摧毁的。最明显的事实证明是前两年各省农民的局部丰收，竟因内地流通税的苛重和外粮的倾销，而变成灾害。这样，曾作整个复兴农村的运动的契机之一的信用合作社之兴起，无疑地，是无济于中国农村之破产的。"[2]

从上述观点可以看出，"中国农村派"对信用合作运动本质的分析是与中国当时的社会条件紧密联系在一起的。正如孙晓村指出的那样，中国农业金融制度，如得不到一个健全的社会经济制度作基础，它至多只能有局部的改良的成功，断不能彻底消除农村中固有的高利贷的势力。[3]

"中国农村派"主张通过坚决革命的方式建立工农劳动大众政权，然后凭借政权的力量人为地降低农村市场的利率，从而根本性地解决农业经济凋

---

① 李紫翔：《中国合作运动之批判》，千家驹、李紫翔编《中国乡村建设批判》，上海新知书店，1936，第196～197页。

② 陈晖：《中国信用合作社的考察》，《中国农村》第1卷第8期，1935年5月1日。

③ 孙晓村：《现代中国的农业金融问题》，中国农村经济研究会编《中国土地问题和商业高利贷》，第254页。

敝问题。然而政权的力量也是建立在市场的人性基础——人往高处走的基础上。由于投向农村市场的资金效率低——这是农业生产靠天吃饭的特点决定的，而经营成本高——这是由农村市场的过度分散决定的；若再人为地降低农村的利率，那么没有任何金融组织愿意向农村投资。如果硬性地逼着他们向农村投资，则不但会严重挫伤金融组织，也会挫伤城市工商业从业者的积极性，以致出现严重的消极怠工的倾向，而对农村的从业者来说，以过去根本不可能得到的低利率贷到款后，他们精打细算的积极性就会降低，从而出现严重的粗放经营现象，上述就是国家干预经济的副作用，计划经济时代的所有弊端都来自于此。基于此，古往今来国家管理经济的普遍方法就是以民间市场为基础，国家干预是建立在市场失灵的基础上，是对民间市场的补充，而不是取代市场，充当经济发展的主力军。

二　抗战时期的合作金融思想

1937 年抗日战争全面爆发后，日本帝国主义迅速占领了我国华北和华东的大部分地区。正在轰轰烈烈地开展的信用合作运动遭到了沉重的打击。随着战事的扩大，农民银行和商业银行在农村中的各种放款大大紧缩，平时在农村金融中占主导地位的高利贷、典当等，也因为战争的破坏，几乎处于停顿状态。农村金融枯竭的局面顿时变得更加严峻，国内局势的变化对信用合作运动的发展也提出了新的要求与挑战。

抗战爆发后，国共两党建立了抗日民族统一战线。为了团结一切可以团结的力量共赴抗战大业，更为了发展农业生产，支持持久抗战，"中国农村派"对国民政府推行的合作金融政策由批评转向了修正，在对信用合作运动产生更深刻认识的同时，也对促进信用合作运动在战时的进展提出了许多富有建设性的建议。

（一）　对抗战时期信用合作运动现状的认识

从 1927 年信用合作运动发轫至抗战爆发，信用合作运动已历时十年。这十年间，信用合作运动的发展面临资金短缺、官僚掣肘、高利贷破坏等重重挑战，抗战后蔓延的战火又使本就蹒跚前行的合作运动更加步履维艰。1940 年 6 月 1 日，罗青山在《中国农村》发表了《中国合作金融之现状》

一文，对信用合作运动的发展现状进行了总结。他认为，"抗战以来，我国金融始终呈现其稳定性，但由于战争的演变，市场供需关系的移转，所表现出金融活动的趋势，在实质上已有了极显著的变化"。这种变化不仅体现在"全国合作事业在'民生化、合理化'的需要环境之下，无论组织或业务方面都较战前有着蓬勃的发展"，[①] 而且体现在合作金融在合作事业进展的过程中暴露出的严重危机上。他认为战后合作金融所遭遇的危机着重表现在以下三个方面。

首先，尽管信用合作运动自兴起以来就不断蓬勃发展，其数量在短短数年内迅速增加，但贷款总额仍然无法满足农业生产需要。抗战爆发以后，若"以江西一省的合作组织进展作基准，来与全国合作组织数字的进展作一一的估计，抗战已近历时三载，全国合作组织数量至少在100万以上，平均每社社员以十五人计算，全国社员户数至少在1500万户以上"。然而，相对全国不断增加的信用合作社的数量而言，信用组织所借出的贷款数额却极其有限。"截至二十七年底止，中国农民银行计放出合作贷款数额为28771204.89元，农本局总计贷出4076019.79元，两共合为32847224.68元。以共贷与全国假定的1500万社员来分配，其贷款数额之小，每个社员尚分不到法币3元。"由于农贷总额有限，每个社员所能贷到的款项实际上少得可怜，资金相对不足的问题直接制约着合作组织对农业生产力的促进作用。

其次，全国性的统制信用合作组织的机构还没有建立。在建制上，信用合作组织的资金融通主要由财政部下属的中国农民银行与经济部管辖的农本局共同协调；在制度上，中央政府也没有对信用合作运动资金融通的相关细节进行统一的规定。罗青山认为，信用合作运动管理涣散的问题直接导致信用社的收款、放款在时间和地域上的配置都不能做到合理一致，"合作金融趋向一种无政府状态的发展，这已成为当前很严重的情形"。

对于信用合作运动缺乏统一的机构与纲领这一点，1939年3月1日罗俊发表于《中国农村》的文章《战时农业金融问题》中也有所论述。罗俊认为，过去农村金融中有一个很大的缺陷，就是没有确定一个完整的农业金

---

① 罗青山：《中国合作金融之现状》，《中国农村》第6卷《战时特刊》（月刊）第8期，1940年6月1日。后面罗青山的相关经济思想均出于此文，不再一一标注。

融制度和农村金融政策，所有一切农村放款多由各金融机关各自进行着，因此，在全部效果上看，不可避免地表现着散漫和无计划。但是，在抗战时期，一切经济活动必须在统一的计划下，在完密组织下进行，才能保证理想的效果。①

第三，信用合作社的自主经营能力还不够强，其资金来源过度依赖政府及银行金融家等外来资金的支持。罗青山认为对于正处于成长中的中国信用合作事业而言，出现这种倾向有其必然性，但它不应该成为日后发展的方向。"中国的合作事业，必须是开展国民经济建设的正统政策，于是合作金融的发展，无疑义是一个自有自享自营的前提。……假如政府和银行一旦退出提倡股本，或者对合作社放款紧缩甚至停放，合作金融就有停顿可能，合作事业亦随之有无法继续进行的可能。如果合作金融的自有资金不积极充实，长此下去，这又是一个严重问题。"

综上，"中国农村派"从满足市场需要、协调组织能力、自主经营能力三个方面对合作金融运动进行了深入的分析，很有说服力，不过这当中也存在一点小小的缺陷：由于市场需求的满足依赖价格的支持，因而总有一些需求由于缺乏价格支持而无法满足。那种希望彻底满足市场需求的观点是基于计划经济基础上的，而非市场经济基础上的。

（二）对促进信用合作运动良性发展的建议

为了有效发展战时合作金融，"中国农村派"提出以下三点建议。

1. 解决信用社资金有效利用问题

罗青山认为，信用社要力求增加自身的资金来源，"所有资金的筹措，一方面运用合作组织，吸收游资，以收集腋成裘之效。一方面扩大合作业务，减轻中间者的剥削，以增厚合作资金创造之来源"。

罗俊则对如何在现有资金约束下满足农业的资金需求提出了具体的措施。

第一，要继续扩大农村贷款，以在危急的时局之下促进农业生产，各贷款机关不仅要继续举办农贷，而且要扩大贷款范围。在后方，在战区，在敌

---

① 以下有关罗俊合作金融思想的史料，均来自《战时农业金融问题》（《中国农村》第5卷第8、9期合刊）一文，不一一标明。

人后方，均应与政治动员相配合，维护生产事业，保障抗日军队与人民必需品的必要供给，并和敌人的经济封锁和破坏做斗争。

第二，要普遍建立农业仓库网，发展农产产销，调剂农产供需，以充实军需民食，并办理农产储押，使农产证券化，以调节农业金融。罗俊认为，农仓网成立后，从其本身业务观察，各种农产品经过保管及加工后，可以提高其等级标准及经济效能，同时在运销方面尤可获得优良产品，调节市场盈虚及价格涨落。而从农产政策上观察，尤须担负保证"稻麦自主"的食粮自足政策。

第三，以金融力量促进农业与工业的结合，协助工业移植农村，增加工业的原料生产，特别对于原有农村手工业生产尤应积极提倡，以期日用品之自给。并于农业生产过程中尽量应用工业化的方式，以促成"农村工业化"的实施，而奠定中国今后工业化的基础。

第四，举办不动产抵押放款，以促进"耕者有其田"的农业政策。他认为中国土地问题之严重，在于土地分配不均，只有集合大量的资金配合政治法令，以长期低利资金帮助农民获得适当的耕地，同时维持一般自耕农不再没落，不致失去现有的耕地。

罗俊还认为，由于农村信用合作社本身农贷资金严重不足，对其既有资金自然应该妥善使用，但农村信用放款是一项极复杂的工作，涉及放款对象、用途、额度、期限、利率、手续等诸多方面。罗俊认为，信用合作社虽推行多年，但以上诸问题均有不合理之处，早在抗战前"中国农村派"的经济学家就指出过这些问题，可谓积弊已久。对此，他提出了如下改进建议。

第一，在放款对象方面，罗俊认为，"农贷机关的放款对象，均以合作组织为原则，合作组织中的份子则应以一般贫苦农民为主要对象，我们不仅希望在农村中流通资金，而且还要促成农村中健全的经济组织"。因此，为了增加抗战力量起见，"农贷机关对于占全国农户70%的贫困农民，只要他是忠良的农民，他有生产能力和正当需用就应当满足他的资金需要"。

罗俊的这一设想自然很有道理，但要向信用程度不高的贫困农民大量放款，这就超出了利润导向、价格调整的市场经济的范畴，而不能不向政府主导的计划经济的方向发展。

第二，在放款用途方面，为了避免过去那种信用放款最终沦为高利贷的情况继续发生，罗俊指出，在办理农贷放款时，应遵守一个原则，"即是要使所贷款项，一定要直接或间接正当地使用于生产事业上，而且能够产生经济上的利益"。他把用途作为农业放款上最先决的条件，"放款用途就应当以农畜、肥料、种子、垦荒及水利等直接的生产用途为主要部分。同时应当与当地农业生产机关密切联系，商定特别贷款提倡某项必要的生产，并指导借款农户之生产技术"。

罗俊的建议理论上毫无瑕疵，但难于实际操作。这是因为，尽管规定放款的对象主要是广大贫苦农民，且放款必须坚持生产优先原则，但广大贫苦农民吃饭尚成问题，这就决定了他们贷到款后的第一选择就是消费，其后才是生产。由于用于生产的比例小，收获物自是有限，难以按期还款，利滚利、驴打滚等高利贷就是这样形成的。因此要坚持放款面向广大贫苦农民的原则，只能走政府主导的计划经济道路。

第三，在放款数量上，罗俊认为，"放款数量自然应当根据用途来决定，同时要注意到借款人的生产能力和负债负担等经济状况"。放款太多会造成浪费，太少则无益于生产的进行，因此，他反对贷款机关不顾农民的需要与用途，盲目规定最高额的限制。为了使贷款机关的放款数量尽量与农民的需要相契合，他还设计了一套具体细微的审查程序，"先由该社理事会根据各社员的经济状况和生产能力详定该社员的借款最高额，再根据社员申请借款的用途和数额加以审核，决定各社员的借款数额后向贷款机关申请借款，贷款机关虽加以复核，但是不得任意核减数额"。

罗俊的这一设想只考虑到了市场需求一方，而没有考虑到供应一方，因此在市场经济的机制下无法实行。这是因为：①放款有收不回来的可能，为此需要防范风险，这就有了监督成本；②放款本身是有成本的，包括调查成本、催款成本等。小生产的性质决定了向小农放款的收益不高，但放款成本高，因此基于成本收益的考虑，信用社肯定要设定放款规模限制，而不能像罗俊所说的那样，"要尊重农民的实际用途，和理事会的评定数额"，任由小农根据生产需要提出贷款规模，这样势必会造成贷款越多赔本越多的现象，这是信用社绝不愿意承担的。

第四，在放款期限方面，罗俊指出，"决定期限的主要条件，应当是用途和收谷季节，如三月里借款买肥料到十月里可以收获了，这期限最好订在十一月底，因为订得太近于收益时期，常因价格关系迫使农民贱售农产品来还债，蒙受很大的损失"。因此，他希望"贷款机关扩大一年以上三年以内的信用放款，并规定分期还款的办法，而且根据各社理事会对各社员评定的借款最高额，允许各社往来透支或零借零还以便很经济的供给各社资金之周转"。

罗俊的这一建议，很有建设性，也具备可操作性，值得农业信用合作的指导机关和信用合作社采纳。

第五，在放款利率方面，罗俊建议，"普遍设立合作金库，尽量吸收低利之存款，并提倡社员储蓄和增购各社股金及金库股本，以为自有资金，逐渐减低利率"。同时，他还希望"合作社能自动的增加一二厘利息，寓储蓄于付息之中，一二十年内，就可收回十万元资本合作金库为自有自营自享的金融机构，那时，利息当然可以低至最合理的程度"。

罗俊的这一建议，是把信用社作为非营利机构来看待的。笔者认为，要真正落实罗俊的建议，除了计划经济的办法之外，仍可以坚持市场经济的办法，即政府在营利性的信用合作社之外，再建立政策性的类似农村发展银行这样的机构，由国家出于长远支持农业发展的考虑，运用补贴的方法支持农业金融发展。

罗俊的上述对于信用放款的改进建议，均着眼于扩大农业生产，尤其是增强中小农民的生产能力，毕竟只有农业生产发展了，才能为持久抗战提供坚实的物资保障。

2. 如何增强信用合作社的统一管理

罗俊认为，在制度上要拟定战时"农贷纲领"，集合一切金融力量有计划地、有组织地参加农贷工作，规定农贷机关必须与当地政府共进退，不得任意紧缩或停止放款，对于出征军人家属之贷款，尤应明订法令，保本减息，以资保护。其次要调整现有各种农业机关，并建立完整的农业金融系统和最高管理机关，以期在统一计划下，进行普及而深入的农业金融活动。在这里，政府主导的计划经济色彩很浓厚，市场的色彩很少看到。

关于信用合作社在业务上的具体协调问题，罗俊也有详细论述。

（1）普及与均衡发展问题

关于信用合作社的普及率低以及地域间的发展不均衡等问题，罗俊根据战时生产的实际需要，提出了如下改进建议：首先，针对信用合作社发展不平衡的问题，"各贷款机关立即发动普及深入的农贷业务，对于没有农业金融组织的省份和县份，尤应积极去开发"。第二，为了使农村放款惠及更多的农民，"反对以财产的多寡为加入合作社的条件"，主张"信用放款要完全根据农民的信用生产能力和正当需求"，同时还要"限制一般高利贷者的地主富农加入合作社"。第三，在放款数额方面，农民借款数额差别不要太大，"而是求得每社中社员借款额的平均数，不得超过一合理的数字，以期普及贷放"。

罗俊对合作金融的发展提出了一系列要求，这些要求从宏观上讲很有指导意义，但从微观上看，除非采用计划经济的办法，很难奏效，因为他的方法很少考虑到合作金融发展的限制因素——价格条件，因而在市场经济的条件下根本无法实行，除非成立政策性农贷机构以贯彻国家意志，或者实行计划经济的办法。

(2) 联系与系统问题

金融机关由于在战时城市中的地产、公债、债券等领域的投资无利可图，因此纷纷转入农业贷款的路上来，这不免形成了各农贷机关相互竞争与倾轧的局面。同业间的竞争与倾轧，不仅对金融界自身是有害的，而且由于各金融机关的贷款常是孤立、片面、无计划的，相互之间缺乏协调，对它们的投资对象——农业生产也造成了不利的影响。因此，罗俊认为，"农业贷款机关彼此间的合作与联系是很必要的"。

怎样才能实现真正而有效的合作与联系呢？罗俊建议，"共同订立'农贷纲领'，分别列明任务及方式，以收统一之效。如在一省范围内，各贷款银行应共同商定贷款任务、进行计划及方式等，以期增加生产，而共赴事功。另一方面，在各地农村工作上，务求金融、技术、组织等相辅而行，就是农村教育、自卫等工作也应互相联络进行"。在组织上，可以成立一综合的农业会议机关，如农业经济促进会或讨论会，"凡是农业行政、教育、农场、合作指导，贷款机关及其他农业改进机关团体等均应参加，以免农村工作上之隔膜及重复，而期贷款机关所放出之一分一厘，均为真正农民所得，均用于正当生产"。

罗俊希望各农贷机构加强合作，成立一综合的农业会议机构以资协调，从宏观的角度讲确实应该如此，如此方能发挥规模经济的效益，但在市场机制运作的条件下，各农贷机构出于不同发展目标，加上成本限制条件等约束，即使成立一综合的农业会议机构，也很难降低各农贷机构之间的协调成本，罗俊的建议从根本上讲指向计划经济。

（3）业务及组织问题

罗俊建议政府应建立专门经营农产储押运销等业务的农业仓库，"农民可以把农产品委托农仓保管，执有农仓发行之农仓证券即可用以押借或变售。不须有移转农产品之劳，即可获得流通金融之便。经营抵押放款的贷款机关也可以此证券或借据向较大的金融机关举行再贴现，以通融资金"。农业动产和不动产抵押放款对农民资金的融通非常重要，农民可以此获得资金援助，用来购置田地。但是，由于动产和不动产抵押放款的周期较长、资金不易活动、设备及技术均较信用放款复杂等原因，办理农贷的商业银行为营利计，不愿经营长期抵押贷款。对于这一问题，罗俊认为可以采取分业经营的方式，"这三种放款应各有专门经营的机关，以收分工合作之效"。采取分业经营的方式，既能够保证从事动产和不动产抵押放款的农贷机构的基本利润，又能够为农业生产融通大量资金，同时还有利于维持农贷市场的正常秩序。

罗俊建议政府成立专门经营农产储押运销等业务的农业仓库，这是从政府政策性的角度出发的，很有建设性。他提出的各农贷机构分业经营的主张，也颇具可操作性。

（4）分区与分业问题

金融机关尤其是商业银行办理信用合作社常以利润最大化为根本目的。为了降低风险、提高利润，它们一般都愿意将资金投放到社会稳定、经济发达的地方，以至于较发达的沿海省县贷款机关之间常发生矛盾，较偏僻的内陆省县却常借不到款。为了扭转局面，罗俊建议采取分区放款的办法，即各金融机关划分放款区域，保持自己营业的范围。划分区域时，"要顾到普及的原则，凡是农民需要资金的地方，我们都希望农业金融机关去放款，区域划分后，各区负责贷款机关应互相尊重，严格限制在其他区域内活动，同时更须设立合作金库以为该区域内之永久放款机关，并应随时联络，以谋业务方式之相当整齐一致"。

为了更好地支持农业生产，罗俊还主张根据不同的农作物生产情况而进行分业放款。"各银行各定集中贷款对象的农作物，如小麦、桐油、棉花、甘蔗、蚕丝、茶、羊毛等类的分业贷款。"分业放款能发挥放款机关的比较优势，在技术和管理上有着明显的优点。但是，罗俊并不主张分业放款代替一般的生产贷款，因为分业放款大都限于商品化的农作物，利息虽较厚，但由于种植特种作物的农家大都是地主和富农，因此，分业放款只是对他们有利，无法惠及一般的中小农民。为了维持中小农民的生产和生活计，一般的生产放款也应该照旧举办。

分区放款和分业放款各有优势，如何将二者结合起来发挥更大的优势呢？罗俊认为应当采取"以分区贷款为主，分业贷款为辅"的办法，具体来说，"由政府或各金融机关决定几种应当提倡的作物，通知该区域的放款机关负责，对指定的作物特别予以贷款，这样一来，分区分业，同时进行"。他以广西省的农业贷款为例，说明了将二者有效结合的优点，"广西省政府为增加小麦及绿肥生产，决定贷放一种专款给农民，就请各贷款机关在其放款区域内代理省府此项放款，不但很经济，而且可以补助贷款机关之不足，充分满足农民的需要，增加必要的生产。而且此次放款方式也非常好，先由省政府农业技术部门及各县农场选定优良麦种，指定绿肥作物，由合作指导员尽先向各互助社合作社调查其需要及能力，决定其贷款数额，由贷款机关支付之。贷款以后，各农场还指导农民生产方法，监督其用途，各有关机关很密切的联系，不仅工作效率增加，贷款效果尤有切实的价值"。

罗俊提出的分业与分区放款相结合的主张，都是站在政府宏观管理的视角出发的，从解决市场竞争激烈、效率低下甚至市场失灵的角度上讲，很有建设性，但在市场经济的体制下，政府得有多大的力量方能够规范市场的行为，驱使微观企业按照政府的意图办事？

3. 关于信用合作社的自主性问题

罗俊认为要普遍设立合作金库，推进合作事业，建设农民自有自营自享的永久金融机构，要确定合作组织是农村中战时经济动员和经济建设的主要机构，就必须以金融血液积极培植它。而且他认为农业金融只有经过健全的合作组织才能发挥它的应有效用，农业金融机关必须由农民自主办理，并以农业生产累积下来的资金还诸农业生产，才是最合理想的制度。单从救济的立场来说，农民亦应力求自救，但在创办时，却诚挚地希望各级政府、各金融机关及各法团等，积极集资提倡，再由合作组织筹集资金逐年购回股本，完全由农民自己来经营。

应该说，"中国农村派"抗战期间的合作金融思想很有建设性。它从增加合作金融的资金来源，如何运用这些来之不易的资金为农业生产服务，从事合作金融的各机构之间的合作关系的建立等多方面阐述了合作金融运动的发展问题，对促进合作金融的良性发展很有意义。

三　结语

"中国农村派"对国民政府提倡的合作金融事业的态度，充分反映了该学派的基本经济思想——增强国家干预经济的计划性，解决由竞争的无序性带来的市场失灵问题，促进资源有效分配。至于这一思想的具体表现形式，则依形势的变化而有所不同。大致说来，抗战前，共产党代表的无产阶级和贫苦农民与国民党所代表的官僚资产阶级之间的矛盾，是中国社会的主要矛盾，国共两党斗争的核心是建立一个什么样的国家，即建立在劳动大众基础上的人民政权，还是建立在地主、官僚资产阶级基础上的剥削阶级政权？在这种历史背景下，"中国农村派"对南京国民政府领导的合作金融事业的基本态度只能是质疑与批评。他们认为，国民政府力推合作金融主要是为了增加政府收入和解救上海银行界的资金臃肿之苦，于贫苦农民却无益，因而根本无法达到既定目标，这种分析无疑属于"破"的方面，为建立政府导向的计划经济体制制造舆论。抗战爆发后，中日之间的民族矛盾上升为主要矛盾，共产党和国民党遂结成抗日民族统一战线。为了巩固统一战线、支持持久抗战，"中国农村派"只能是在不破坏统一战线基础的前提下，对现有经济制度提出改良主张。罗俊对合作金融制度提出的若干补充和修正，充分体现了这一点，这属于"立"的方面，旨在调动全民族各社会阶层的积极性，利用一切可以利用的资源，为最后将日本帝国主义驱逐出中国创造条件。然而即使在这种特殊的历史条件下，仍能感受到"中国农村派"强烈的政府导向的计划经济色彩——强调政府宏观调控的作用，压缩微观市场运作的空间。

总之，作为近代最有影响的中国马克思主义经济学派，"中国农村派"对中国的农村金融发展问题进行了深入的探究，提出了许多具有远见的措施。尽管形势的变化促使其观点前后有所不同，但不变的是对劳动大众生活命运的关心，对价格导向的市场失灵的揭露，对代表劳动大众利益的政府主导的计划经济的期待。在被西方列强强行拉入世界市场的近代，作为弱势民族的中国本土市场很难自动达到西方经济学所提到的"均衡"，市场失灵的现象非常普遍，社会矛盾异常尖锐，这既体现在中国和西方列强的尖锐矛盾上，也体现在中国内部城乡之间的尖锐矛盾、穷人和富人的尖锐矛盾上。在这种情况下，"中国农村派"代表被压迫的工农大众的利益，主张以革命的方法建立工农民主专政政权，然后凭借政权的力量，以强制力的方式有计划、按比例地进行资源的有效配置，以便从根本上消除市场失灵现象。无疑，这是很具针对性的解决问题的方案，后来中国社会的发展演变也印证了该学派理论的正确性。不过，该学派好比是西方的凯恩斯主义，其产生的目的就是"救世"，以弥补亚当·斯密经济自由主义的不足，解决市场失灵问题，最终带领中国走出危机，减少民众痛苦；然而，一旦社会趋于正常，该学派的弱点就充分暴露出来，新中国建立后头三十年计划经济的严重弊端即充分说明了这一点。

（作者单位：北京大学经济学院）

近代中国国内汇兑计算法[*]

王玉茹　马建华

伴随埠际商品贸易兴起的城市之间的资金流动，除了传统的运送现银之外，还有一种方式即为汇兑。国内汇兑（内汇）指金融机构不需要运送现银，而代理结算埠际债权债务关系，是一种集汇兑、结算、信贷三者为一体的埠际资金调拨方式。内汇以上海为中心，通过各地钱业市场将重要商埠连成一片，使商埠间款项划拨畅通无阻，是旧中国金融市场的重要组成部分，长期占据着主要地位。20 世纪二三十年代《银行周报》等重要经济类杂志曾刊登并介绍了国内汇兑的相关文章和大量内汇行市行情信息，成为今天研究内汇市场的重要资料。同时期，曲殿元、杨荫溥以论著的形式较为翔实地分析了内汇的研究意义、汇兑形式及换算举例。[①] 新中国成立后中国人民银行总行参事室以资料汇编的形式编录了北洋政府时期庞杂混乱的市场货币和各商埠的虚拟银两本位。[②] 中国人民银行总行金融研究所金融历史研究室、洪葭管等在论述近代中国各地金融市场中，简要提及内汇市场在各地的发展历程，论述粗略笼统。[③] 杜恂诚基本参考和延续了二三十年

[*] 本文获得中国博士后科学基金项目"经济近代化过程中的金融市场发育与整合"（2014M551373）第 55 批面上资助。

[①] 曲殿元：《中国之金融与汇兑》，大东书局，1930；杨荫溥：《杨著中国金融论》，黎明书局，1931。

[②] 中国人民银行总行参事室编《中华民国货币史资料》第 1 辑（1912～1927），上海人民出版社，1986。

[③] 洪葭管：《近代上海金融市场》，上海人民出版社，1989。

代的研究，介绍汇兑的种类、形式和计算方法，但对复杂的计算方法缺少概括性。[①] 近年以来，相较于近代金融市场中股票证券、外汇等市场的研究，学界对内汇市场的研究相对薄弱，已刊论文较少且缺乏广泛的关注。[②]

中国国内汇兑因各地通用货币形式众多，银平差色各不划一，计算方法千姿百态而变得杂乱不一，复杂烦琐程度不亚于同时期的外汇。汇兑是除现银运送外，资金流动的另一种主要方式，代表资金在异地间的流动途径。各埠间的通商汇算涉及通货、银平色差、平码的换算及各地的商业习惯用法，具有通货圈的地域特征。因为各埠通用货币千姿百态、通用平码各有差异，货币兑换行市以及商业习惯的不同，决定了汇算少有整齐划一的公式。汇兑换算包含两地银元与银两行市、两地汇票行市、本地其他通货与通用平码的换算行市等银根松紧习惯及资金流通状况等信息。汇兑换算构成要素中的洋厘、汇票行市的选择，都是当地或者区域商业习惯和金融联系的反映，是各地直接或间接汇兑的直观表现形式。本文主要依据《银行周报》《社会杂志》《钱业月报》《商业杂志》等杂志上的相关文章，参考曲殿元、杨荫溥的研究，简要介绍汇兑机关和种类后，重点整理总结了各地通用货币、通用平码及汇兑平价，并以此为基础以申汇为例分类并罗列了各地国内汇兑的计算方法。各埠间通商汇算涉及通货、银平色差、平码的换算及各地商业习惯用法，代表汇兑制度和技术构建。因为通用货币、平码的不同，直接影响不同埠际间的银两、银元、纸币、制钱等货币的汇兑额。各地又因商业和用银习惯的不同，汇算公式各异。汇兑换算涉及两地洋厘、两地汇票行市、本地其他通货与通用平码的换算行市等，故地域间汇兑结算具有通货圈的地域性特征。汇兑公式体现货币资金流，代表区域内的金融市场体系构建，体现金融网络的层级性、立体性，是近代埠际金融网络构建的一个视角。

一　汇兑机构、种类

专营国内汇兑业务的金融机关，晚清时多为票号，辅以宁波商人创设的

---

① 杜恂诚：《中国金融通史》第 3 卷《北洋政府时期》，中国金融出版社，2002。

② 李一翔：《论长江沿岸城市之间的金融联系》，《中国经济史研究》2002 年第 1 期，第 36 ~ 47 页；李一翔：《1922 ~ 1931 年重庆申汇市场的变动趋势》，张仲礼等主编《中国近代城市发展与社会经济》，上海社会科学院出版社，1999；石涛：《汇兑、结算与投机：近代申汇问题探索》，《社会科学辑刊》2008 年第 3 期，第 145 ~ 149 页。

民信局。进入民国，票号相继倒闭，民信局被官办邮局挤兑而消失殆尽，钱庄和新式银行成为国内汇兑的主要机构。新式邮局创办于光绪二十二年（1896），到民国九年（1920），全国汇兑处有 2020 处，汇款数也逐年增加。[①] 因为邮局汇兑时间和汇款额有限，兑款麻烦，一般服务于学生、劳工及普通大众，商人到邮局汇款的甚少。新式银行如中国银行、交通银行和中央银行，资本雄厚、分行较多，故汇兑较为便利，一般服务于大埠贸易及大商人。旧式金融机构如钱庄、银号、汇兑庄因与商人有着信用往来，且业务伸展度大，汇费比银行便宜，主要服务于普通商人及小商埠商人，与大银行有着一定的业务竞争。

内汇种类，按不同标准有几种不同分法。其一，依汇款收交地点之不同，分为顺汇和逆汇。顺汇指银行或钱庄等金融机构在当地先收托汇人的款项，在异地由其分支机构或其他联合机构再支付收汇人一定款项，即先收后付的汇兑形式。顺汇因为手续之不同，有电汇、信汇、条汇、票汇及活支汇款等种类。逆汇是银行或钱庄先在本地付款给请求人，再在异地收取付款人款项，即先付后收的汇兑形式。逆汇因性质不同，又分为押汇、购买外埠票据及代收款项等。

其二，依汇款收付时期之不同，分为对交、现交、迟交。对交，即卖出汇兑的银行或钱庄与顾客约定，在两埠同日交款。汇兑行市，大多以此为标准。这种汇兑在汉口的金融市场较为普遍。如汉口中国银行售于本地钱庄甲十月半期对交上海规元 5000 两，则汉口的钱庄甲应该于十月半将应解洋例如数付还汉口中国银行，而上海中国银行应在同一天将 5000 两规元交给上海收款人。[②] 如重庆对上海，对交（期）九五八，重庆对汉口，对交（期）九八八。[③] 现交即顾客在本地交款，约定银行或钱庄在异地迟几日交款。如果信到即交，则为即期汇票；如果是见票后几日付或者约定迟几日付，则为订期汇票。这种汇票的汇兑率，一般低于对交。因为在收交的差期内，银行可以得到款项利息之益。迟交，是银行或钱庄与顾客约定，托外埠分行或代理行在某日交款，在本部则需按约定日期在十日、半月或一月后才能向顾客

---

① 曲殿元：《中国之金融与汇兑》，第 123 页。
② 杨荫溥：《杨著中国金融论》，第 418～419 页。
③ 《重庆之通用货币及其汇兑计算法》，《银行周报》第 2 卷第 23 期，1918 年 6 月 18 日，第 16～20 页。

收款。这种汇兑属于放款性质，因为在迟交日期内，银行损失利息，故汇兑率高于对交。

其三，依汇款货币单位之不同分为银两汇兑、银元汇兑、银两和银元互汇。银两汇兑指各埠之间的银两互汇；银元汇兑即各埠间的银元互汇；银两与银元互汇，指各埠间银两、银元之间的互相汇兑。如北京对上海，习惯以北京每一元合规元数表示。如北京对上海电汇 0.725，即在北京交银一元，在上海收规元银 0.725 两。再以上海洋厘市价除以 0.725，即为北京银元一元兑上海银元的数目。① 中国各地向有沿用银两之习惯，故大埠之间仍以银两汇兑结算。

其四，按汇兑行市之表示法，分为应收市价与应付市价，是以异地一定数量货币为单位，写明在本地应收若干。如汉口对上海汇兑，习惯以规元千两为单位，在汉口应交洋例若干，即应付市价。只有天津对上海的汇兑，习惯以应收市价表示，即以本地一定数量货币为单位，折合异地若干货币单位。如在天津的申汇价为 1063 两，即以天津行化银 1000 两，折合上海规元 1063 两。②

其五，依汇款地域的双方或多方关系，分为直接汇兑与间接汇兑。直接汇兑指两地之间有直接汇兑行市，可直接依行市清算债务。表 1 所列为当时全国各重要商埠中存在直接汇兑关系的城市。如果两地之间没有直接通汇业务，必须借助于两地之间的公共通汇地行市，间接计算两地行市，如天津和汉口之间必须借助上海来进行汇兑结算。

表 1　全国重要商埠直接汇兑表

商埠	直接汇兑
北京	上海、天津
洛阳	上海、北京、天津、汉口
周口	上海、北京、天津、汉口
滕县	上海、济南、天津、镇江

---

① 曲殿元：《中国之金融与汇兑》，第 142～143 页。
② 曲殿元：《中国之金融与汇兑》，第 142～143 页。

续表

商埠	直接汇兑
漯河（河南省重要商埠之一）	北京、天津、汉口、开封
营口	上海、天津、锦州、烟台、奉天
济南	上海、青岛
青岛	上海、济南
龙口（山东省商埠）	济南、烟台
济宁	上海、济南
周村（山东省）	上海
潍县（青岛、烟台、济南商务之枢纽）	上海、青岛
清江浦	镇江
无锡	上海
汉口	上海、重庆、长沙、沙市
宜昌	汉口、沙市
沙市	上海、汉口、重庆
贵阳	汉口、重庆
九江	上海、汉口
南昌	上海、汉口
成都	重庆、沙市、宜昌、泸州、自流井
万县（四川省重要商埠）	上海、汉口、重庆、宜昌、成都、沙市
重庆	上海、汉口、沙市、成都、自流井、万县
福州	上海
汕头	上海、香港
广州	上海、香港
琼州	香港
安东	上海、天津、烟台
吉林	上海
长春	上海
黑龙江	哈尔滨、长春、奉天
奉天	上海

注：本表及表2、表3所列的全国重要商埠城镇，略有差异。

资料来源：《银行周报》1918年第2卷第1~6期、8~16期、18期、20期、22~24期、26期、29期、32~35期、38期、40期、46~47期、50期，以及1919年第3卷第1期、10期中的《×× 通用货币及汇兑换算》相关文章；《上海之国内汇兑》，《社会月刊》1930年第2卷第1期。

二　各地通用货币、通用平码与汇兑平价

1933年废两改元之前，中国各地通用货币复杂烦琐，银平差色各行其是。各地银两名称、形状各有不同，成色也是因地而异。各地成色有纯银、

足银、纹银和标准银①等一百种以上。同成色一样，清代衡量银两重量的标准即"平"也是参差不齐，复杂程度不亚于银两成色。根据民国初年中国银行的调查，"平"的名目大约有170多种，其中最为常见的为库平、漕平、公码平、钱平。② 各地平、码不同，换算也因之复杂。各地均设有官、私银炉和公估局，专门负责银两的铸造与鉴定。公估局对银两进行成色和重量鉴定，并在标明成色和重量后，银两方可流通。制钱的流通，又引起白银与制钱的兑换问题。清代后期，除了银两、制钱以外，外国银元、铜元以及名目繁多的纸币进一步充斥着货币流通领域。

伴随埠际贸易结算而产生的国内汇兑，绕不开货币的换算。清初政府虽以纹银为标准，规定民间流通的白银随时折合纹银计算。但纹银也不是十足的纯银，只是一种成色为935.374‰的虚银两。虚银两并非实物，仅是作为宝银的价值符号和折算标准而存在，代表白银发挥货币职能，用作记账单位和清算标准。市面上流通的各种成色的宝银，需以纹银为依据进行比较，计算出流通价值。而各地又根据不同的商业习惯产生互有差异的虚拟银两，作为商贸活动的银两标准。各种通用货币在使用和流通过程中，需要经过货币兑换，即换算成通用平码所表示的银两，才能参与国内各埠的直接和间接汇兑，实现商品和资金的流通。各重要商埠通用的货币、平码及汇兑换算行市，成为国内汇兑中一项重要的程序。

上海通用货币主要是上海本埠银炉所熔铸的二七宝银，其成色为986.819‰，比标准银（即纹银935.374‰）高5.5%，即每百两应升水5.5两。通行的宝银，普通重漕平50两左右，按以上比率，须加升水2.75两。故上海元宝又称为"二七宝"。但无论华洋交易，上海皆以标准银除以0.98而成的"九八规元"作为虚拟记账单位。③ 商业流通中，宝银按固有重量，

---

① 纯银成色为1000‰，足银成色在990‰以上，纹银成色在930‰以上，标准银成色在900‰。
② 库平是中央和地方财政税收核算单位，漕平为漕粮改征银两折色所用的计算单位，公码平为调拨银款和汇兑的计算单位，钱平为钱业通用的重量单位。这些都为政府法定的平码。其他各地平码各异，计算方法更加繁杂。
③ 关于"九八规元"的来历，《辞源》（商务印书馆，2009）、《日用百科全书》（商务印书馆，1934）以及马寅初等都有过详细的解释。按照《日用百科全书》的解释，上海开埠前，商业多集中于南市，且以豆为大宗。牛庄与上海豆行交易甚繁，现银缺乏。故凡收现银者，须九八折扣。从买豆者方面，凡欲买豆时，手中如有现银，即用九八除之，折成可实用之数，记账时也按折成之数记录。这一方法得到普及后，成为一种虚银两制度，故有"九八规元"（又名"豆规元"）之说。中外通商后，外国人因中国银两换算复杂，采用豆规元为记账单位，并得以推广。

加公估局所批之升水（高者每双批升水 2.75 两，低者每双批升水 2.65 两），折成标准银之两数，再以 0.98 除之，得规元之两数。[①] 另外，流通于上海市面的还有银元、银角、铜元等货币。

汉口通用货币主要是公估二四宝银，是一种五十两重之大宝，在上海每宝可升水 2.8 两，在汉口只升 0.4 两。因扣去二两四钱，故名为公估二四宝银。各省宝银来汉，均需由公估局估定。如果是碎银小钱，均需重化方可通用。其次还有大清银币、新币、英洋及北洋、铜元及台票、小银元、中行钞票、交通钞票、外国银行钞票等流通于市面。汉口的通用平码为估平、九八平九八兑、四四库平、盐库平四种。估平 980 两等于洋例 1000 两，估平 1044 两等于库平 1000 两，估平 974 两等于九八平九八兑 1000 两。[②] 洋例银是对内对外贸易最通行的虚拟银两，并无砝码银色。自汉口开埠以来，外国商人因为不熟悉内地各色银两，要求汉口商人参照上海规元，以估平宝银 980 两升成洋例 1000 两，以为标准。相沿成习，成为一种虚拟的划一银两，并得以通用。

天津通用行平化宝银，即行化银。行化银如上海规元、汉口洋例银一样，只是一种转账核算的虚拟银两。市面上实用之银为白宝，行化银的成色较白宝，每千两耗银 8 两；较上海二七宝银，每千两耗 6 两。

币制的紊乱、银两名目的繁多、成色的不一，使国内汇兑也如国际汇兑一样，有了汇兑平价之说。汇兑平价，原指各国采用金本位的时代，一国本位货币第一单位所含的纯金量与他国本位货币第一单位所含纯金量的比例。银两时代，各地银两运送到外地，需由当地公估局对成色、重量进行重新评定。本地公估局对一单位的银两成色、重量的估算与外运地公估局对同一银两成色、重量估算的比值，即为两地的汇兑平价。银元的汇兑平价则需视两地洋厘是否平价，即按银汇平价计算的两地洋厘的等值比例，如果两地洋厘等值，则有银元汇兑平价。但洋厘一般因银元供给而变动，洋汇难有汇兑平价。[③] 汇兑平价会随着银根松紧及汇票供求关系的变化而上下波动，形成汇兑行市。以上海、天津、汉口为例，天津行化银 1000 两合上海规元

---

① 马寅初：《何谓九八规元》，《钱业月报》第 3 卷第 12 期，1923，第 15 页。

② 《汉口通用货币及其汇兑计算法》，《银行周报》第 2 卷第 15 期，1918 年 4 月 23 日，第 13～16 页。

③ 李恭楷：《论津沪汇兑》，《银行周报》第 5 卷第 39 期，1921 年 10 月 11 日，第 7～8 页。

1059.70 两，此即上海、天津间的汇兑平价。上海和汉口间的平价为汉口洋例 1000 两合上海规元 1034.45 两。① 上海作为全国金融中心，与各地形成直接或间接汇兑网络。各地对上海的直接或间接汇兑，通称为申汇。全国汇兑市场皆以申汇作为国内汇兑的标准（详见表 2）。

表 2　全国主要城镇通用货币、平码及申汇汇兑平价

地名	通用货币	通用平码	申汇汇兑平价
北平	公足银、站人龙洋、袁头币（即大头洋或光洋）、当十铜元、各银行钞票	公码平	1000∶1057.63
张家口	蔚州宝、袁头币、北洋、站人、中交银行券	口钱平	1000∶1100.34
洛阳	库宝、街市周行银、银元、铜元、中行钞票、交通钞票	洛平	
周口	二八宝足银、北洋、站人洋、铜元、制钱、中行钞票、交通钞票	口南平	
滕县	北洋、站人、新币、中行钞票、铜元票等	滕库平足银	
漯河	足色银、北洋及站人、中行钞票、交通钞票	漯河平	
营口	炉银、现宝、北洋、新币及站人、小银元、中行小银元券、中行钞票、交通钞票等	营平、库平	
济南	高白宝银、袁头币、北洋、站人、龙洋、当十铜元、各银行钞票	济平	1000∶1078.50
青岛	公估足银	胶足平	
龙口	高宝银、北洋及站人洋、新币、小洋、中行钞票、铜元、羌帖	黄平、海关平、库平、常关平	
济宁	山东高边二七宝、北洋及新币、中行钞票、交通钞票、小洋、铜元及铜元票	宁平、一六库平	
周村	高边足银、北洋及站人洋、新币、中行钞票、交通钞票、铜元、青银等	村库平、村钱平	平价村库平 1000∶规元 1100.3
烟台	马蹄银、银券、银圆、大洋券、铜货、铜货纸币、小洋券等	曹估、烟估平	1000∶1045（票贴法）
潍县	高宝银、北洋、站人洋、中行钞票、交通钞票、羌帖、制钱等	潍市平	潍平 925∶规元 1000
南京	龙洋、站人、英洋、中行钞票、交通钞票	陵平二七银	1000∶1068.7
镇江	镇二七宝银、袁头币、龙洋、墨洋、毫洋、铜元、制钱、中交钞票	二七镇平等	1000∶1073.5
扬州	扬漕平银、银元、角洋、铜元、中行钞票、交通钞票	扬漕平、盐库平、扬二七平	凭镇江行市计算，扬二七平 1000∶规元 1071.1

---

① 曲殿元：《中国之金融与汇兑》，第 143～145 页。

续表

地名	通用货币	通用平码	申汇汇兑平价
清江浦	龙洋、新币、英洋、小洋、铜元、中交两行钞票	二五浦平	1000:1059①
淮安		二六宝平	1000:1062.77
苏州		补水	1000:1075.5
宁波	过账洋、现洋	过账洋	
杭州	袁头币、龙洋、墨洋、毫洋、当十铜元、中交钞票	市库平、杭平	
无锡	龙洋、北洋、新币、小洋、铜元、中交钞票、外国银行钞票		
宜昌	银两、银元、银元票、银票、铜元	宜平、洋例	宜平 1000: 规元 1037②
沙市	沙平九九银、龙洋及新币、中行钞票、铜元、台票、沙票	沙平银	1000:1053.1
长沙	光洋、常洋、双铜元、中国银行五省通用券	估平、光洋	
贵阳	票银、巧水银、银元、新币、中行钞票、小洋	公估平、贵平	1000:1066
九江	现宝、英洋、龙洋、新币、中交钞票、铜元、铜元票等	估平、漕平等	
南昌	盐封库平银、银元、中行钞票、民国银行钞票、民国银行官票	库平、九三八平	
芜湖	袁头币、龙洋、北洋、墨洋、毫洋、铜元、中交钞票	二七漕平	1000:1073.5
重庆	足色票银、三七周行银、川币、新币、小洋、铜元、制钱、军票、中行钞票等	九七平、钱平、沙平等	
成都	川票色银、川洋、小洋、新币、军用票、中行钞票、铜元等	九七川平、川库平、盐库平、渝钱平	
西安		陕议平	
三原	袁头币、站人、北洋、铜元、中国银行五省通用券	湿布平	1000:1078.97
昆明	袁头币、滇币、当十铜元、当二十铜元、各式钞票	滇平	1000:1055.55
广州	本省铸双单毫洋、香港双单毫洋、中行大小洋券、各外国银行钞票、新币、光英等	九九七司马平、九九四平、库平	
福州	台伏、英洋、龙洋、仗洋、小洋等	台捧（虚拟两）	741.6:1000
汕头	直平七兑票、光英洋、毫洋、站人光洋、中行钞票	九九三五直平银	
厦门	龙洋、新币、杖洋、英洋、小洋、大平银	厦市平	
琼州			
长春	大翅宝银、中行大小洋券、交通大小洋券、小洋、大洋、吉黑两省官帖、铜元、外国货币	宽平	

注：①因清江浦到上海没有直接行市，只有借助于镇江得以转移。例定行市是间接汇兑的行市。
②宜昌对上海的汇兑需借助汉口行市转移，汇兑评价为间接汇兑数。

资料来源：《银行周报》1918 年第 2 卷第 1～6 期、8～16 期、18 期、20 期、22～24 期、26 期、29 期、32～35 期、38 期、40 期、46～47 期、50 期，以及 1919 年第 3 卷第 1 期、第 10 期中的《××通用货币及汇兑换算法》相关文章；《中国各省钱业调查》，《钱业月报》1921 年第 1 卷第 3 期、第 1 卷第 4 期；《上海之国内汇兑》，《社会月刊》1930 年第 2 卷第 1 期；赵应坡、刘啸倦：《汇兑须知二》，《商业杂志》1927 年第 2 卷第 10 期；中国人民银行总行参事室编《中华民国货币史资料》第 1 辑（1912～1927），上海人民出版社，1986，第 692～700 页。

三　国内汇兑计算法

国内各地因银平色差之不同和通用货币的繁杂，内汇如外汇一样，有了行市且形式复杂。汇兑途径有用银两、银元、钱码等；计算方法有称燥者、有称耗者，有称票贴者、有称扣水者，有不以千百为单位者；论洋厘则有变动者，有固定者；汇兑行市有以本地银两为表示者，有以他处银两为表示者。国内汇兑计算缺乏整齐划一的方法，大体归类如下：

1. 银汇（银两之间的汇兑）

银汇指汇出地和汇入地都以通用银两核算的汇兑方式，如洋例对规元，北平公码对规元，行化对规元。国内各埠大宗贸易仍以银汇为主。银汇行市多由各地银行公会（所）根据各地银钱行市和申票行市计算公布，如张家口申汇公式为

$$\frac{应汇规元 \times 西平千两合口钱平}{津申票行市 \times 西平千两合口行化} = 在口应交口钱平两数$$

扬州申汇公式则为

$$应汇规元数 \times 镇申票行市 \times 扬平合镇平数 = 应交扬二平两数$$

2. 洋汇（银元之间的汇兑）

洋汇指汇出地和汇入地都以银元结算的汇兑方式。洋汇行市则由各地银行总分行根据银汇行市和各地洋厘行市决定。洋汇大体程序为：以拟汇入地的汇兑银元数为基准，按照汇入地的银元行市（洋厘）折算成当地的银两数，再按照当地的银汇行市（如申票行市、津票行市、汉票行市）将汇入地的拟汇银两数换算成汇出地的银两数，最后按照汇出地银元行市（一般指洋厘），折算为汇出地需交的银元数。

以天津、汉口与上海为例。例如，在上海欲汇天津银元 1000 元，则在沪应交银元多少？已知：上海津汇每行化千两汇规元 1060 两，天津洋厘行化 0.675 两，上海洋厘规元 0.72 两。换算过程如下：

$$应汇津洋数 \times 津洋厘 \times 申津银汇行市 = 在沪应交规元数$$

$$在沪应交规元数 \div 上海洋厘 = 在沪应交银元数$$

即

$$\frac{应汇津洋数 \times 津洋厘 \times 津申银汇行市}{申洋厘} = 应交申洋数$$

代入已知数据，得

$$1000 \times 0.675 \times \frac{1060}{1000} \div 0.720 = 993.75①$$

反之，若从天津汇上海一定量的银元，则在天津应交银元多少？即天津申洋汇，需先将拟汇上海的银元数乘上海银元行市，换算成应汇规元数，再按照津申票银汇行市换算成在津应交的行化两数，最后按照津洋厘行市，换算成在津应交的银元数。

而天津申洋汇的公式则为

$$\frac{应汇沪银元数 \times 上海银元行市}{津申票行市 \times 津洋厘} = 在津应交银元数$$

又如，汉口银元汇往上海银元，须知汉口银元与洋例银之间的市价即汉口洋厘，上海银元与规元之间的市价即上海洋厘，以及汉口申票的市价。换算过程为：以拟汇上海银元数为本位，参照上海洋厘行市将拟汇上海银元数换算成规元数，以汉口申票行市乘之，得相应的洋例银两数。再以汉口银元行市除之，得到需交的汉口银元数。汉口申洋汇公式为

$$\frac{应汇沪银元数 \times 上海银元行市 \times 汉申票行市}{汉口银元行市} = 在汉应交银元数$$

3. 银洋互汇（银两和银元之间的汇兑）

与洋汇相比，银洋互汇直接以拟汇入地的银两数为基准，按照银汇行市（如申票行市、津票行市、汉票行市）将汇入地的拟汇银两数换算成汇出地的银两数，最后按照汇出地银元行市（一般指洋厘），折算为汇出地需交的银元数。例如，有人欲汇上海规元千两，在洛阳应收银元多少呢？前提条件：申票 1020 元，即欲汇上海银元 1000 两，在洛阳需收银元 1020 元。上海洋厘 7 钱 3 分。换算过程：以规元 1000 两为本位，以上海洋厘行市 7 钱 3 分除之，得上海银元 1369.86 元，再以申票行市 1020 乘之，则得在洛阳应收银元 1397.26 元。公式如下：

---

① 《上海之国内汇兑》，《社会月刊》第 2 卷第 1 期，1930 年 7 月，第 25～26 页。

$$\frac{应汇上海两数 \times 申票行市}{上海洋厘行市} = 在洛阳应交银元数$$

代入数字，得

$$\frac{1000}{0.73} \times \frac{1020}{1000} = 1397.26①$$

天津申汇公式为

$$应汇规元两数 \div (津申票行市 \times 津洋厘) = 在津应交银元数$$

汉口申汇公式为

$$应汇规元两数 \times 汉申票行市 \div 汉洋厘 = 在汉应交银元数②$$

4. 称燥与称耗

由银两成色引起的差异，采用升耗法，或者称燥与称耗法。如果银两成色较高，则在兑换过程中需升水（称燥），成色低者则需耗水（称耗）。如南京钱庄实用银以漕平二七银为标准，每百两足兑无升耗。银色稍高者，如二七五钱每百两升一钱，二八银每百两升二钱；稍低者如二六五银，每百两耗一钱，二六银耗二钱，二五五耗三钱，二五耗四钱。③

清江浦通用二五浦平，浦平与规元之间没有直接行市，需按照镇平得以转移。每镇平千两合浦平1015两，其行市往往称燥若干两。如称燥10两，则浦平1025两（加10两），才合镇平1000两，则浦平的银洋互汇申汇公式为

$$\frac{应汇规元两数 \times (1015 + 称燥丙数)}{浦洋厘} = 在浦应交银元数$$

而淮安申汇，则习惯称耗法。淮安通用二六宝平，二六宝平与规元没有直接行市，需以镇江为转划。二六宝平1000两合镇平平价990两，其申银汇公式为

$$\frac{应汇规元数 \times 镇申票行市}{990 - 耗若干两} = 在淮应交二六宝平两④$$

---

① 《洛阳之通用货币及其汇兑计算法》，《银行周报》第2卷第8期，1918年3月5日，第19～20页。
② 《上海之国内汇兑》，《社会月刊》第2卷第1期，1930年7月，第17页。
③ 《南京钱业之概况》，《钱业月报》第1卷第2期，1921年3月15日，第8页。
④ 《上海之国内汇兑》，《社会月刊》第2卷第1期，1930年7月，第17～18页。

5. 扣水法与票贴法

由银两重量引起的差异，常用扣水或者票贴法。沙市沙平对汉口的洋例平价为沙平 1000∶洋例 1022.45，如果升水 2 两，即沙平千两仅值洋例 1020.45 两。[①] 西安通用陕议平，规元每千两合陕议平 952 两，陕议平贵，汇兑趋顺，需扣水几十两，西安申汇公式如下：

$$\frac{应汇规元两数 \times (952 - 汇水)}{西安洋厘} = 在西安应交银元数[②]$$

票贴法的原理同扣水方法相似，只是各地使用习惯不同而已。潍县通用银两为潍平，潍平 925 两合规元 1000 两。汇兑时，用票贴法。若加票贴 2 两，则潍平 925 两合规元 1002 两。潍平之价常年比规元高，所以加票贴时，以潍平较贵表示。申汇公式为

$$\frac{应汇规元两数 \times 925}{(1000 \pm 票贴) 潍洋厘} = 在潍应交银元数$$

烟台票贴则是烟估较贱表示法。烟台通用平码为曹估或烟估平。烟估平每千两合规元平价 1045 两。其申汇计算要采用票贴法。申汇公式为

$$\frac{应汇规元两数 \times (1000 \pm 票贴)}{1045 \times 烟洋厘} = 在烟应交银元数[③]$$

6. 汇水

两地间的汇水往往引起汇价的上下波动。汇水多由两地平色高低、期口淡旺、月息大小、路途远近等因素影响决定。国内银行汇兑，汇水的计算除去特殊情况下酌量增减外，主要有两种衡量标准：一以两地运送现金所需费用核算，一以两地洋厘之差价和汇兑市价计算。[④]

现金运费由两地路途远近、运送方式及其他各项费用决定。如上海运银两到天津，每千两所需费用如下：轮船水脚 2.5 两，码头捐 0.3 两，保险费 0.7 两，津贴下车脚 0.140 两，公估费 0.350 两，木箱 0.175 两，车力 0.050 两，利息 0.570 两，合计 4.785 两。即由上海运银到天津，每千两汇

① 《上海之国内汇兑》，《社会月刊》第 2 卷第 1 期，1930 年 7 月，第 17 页。
② 《上海之国内汇兑》，《社会月刊》第 2 卷第 1 期，1930 年 7 月，第 18 页。
③ 《上海之国内汇兑》，《社会月刊》第 2 卷第 1 期，1930 年 7 月，第 16 页。
④ 还有一种较为普遍的衡量标准为以汇款收解日期相差之利息为计算指标。现交汇率低于对交，迟交汇率高于对交。

水约 5 两。上海运现洋到天津，每千元所需费用如下：运费 4.35 元，车力及木箱 0.30 元，保险费 0.37 元，利息 0.57 元，合计 5.59 元。即由上海运现洋到天津，每千两汇水约 6 元。[1] 其他各地的运输机关及运费如下：无锡运输金银到沪、宁、常、镇、苏等地，如由沪宁铁路承运至上海，运费银元为每千元 1.4 元；至南京每千元 1.1 元。凡钱庄运现，照章折纳半价，中、交两银行则缴纳四分之一。[2] 琼州系一岛屿，故运输皆由轮船，运费如下：广州，银元每千元运费 5 元；香港，银元每千元运费 4 元。[3] 现以两地洋厘和汇兑行市为标准，举例说明汇水计算过程。

例：由周口汇天津 1000 元，应加汇水多少？已知周口银元行市为六八三，即每银元一元合口南平银六钱八分三厘，即 0.683 两；津票行市为八两，即每口南平银 1008 两合天津行化银 1017.07 两；天津银元（天津洋厘）为 0.693 两，即六钱九分三厘，即银两换算银元的行市。换算过程如下：

以周口银元 1000 元合口南平银 683 两为本位，以津票行市 1008 除之。再以津汇例平数目 1017.07 乘之，即得天津行平化银 689.14 两。再以天津银元行市 0.693 两除之，得银元 994.43 元。再以周口银元 1000 元数相减，则得周口汇津，每 1000 元应加汇水五元五角七分。计算如下：

$$1000 - \left(1000 \times \frac{683}{1000} \div \frac{1008}{1000} \times \frac{1017.07}{1000} \times \frac{693}{1000}\right) = 5.57[4]$$

保定对上海没有直接汇兑，需由天津转划。申汇公式为

$$\frac{应汇规元数 \times (1000 + 由保定到天津的汇水)}{津申票行市 \times 津洋厘} = 在保应交银元数[5]$$

7. 例定行市与固定洋厘

汇兑平价会随着银根松紧及汇票供求关系的变化而上下波动，形成汇兑行市。各地汇兑换算有着自己独特的习惯用法。但有些地方如福州、周村等地习惯采用例定汇兑行市及汇兑平价的固定数目，作为汇兑换算的标准进行

---

[1] 杨荫溥：《杨著中国金融论》，第 440～442 页。

[2] 《无锡之通用货币及汇兑计算法》，《银行周报》第 2 卷第 46 期，1918 年 11 月 26 日，第 16～17 页。

[3] 《琼州之通用货币及汇兑计算法》，《银行周报》第 2 卷第 51 期，1918 年 12 月 31 日，第 16 页。

[4] 《周口之通用货币及其汇兑计算法》，《银行周报》第 2 卷第 3 期，1918 年 1 月 15 日，第 15～16 页。

[5] 《上海之国内汇兑》，《社会月刊》第 2 卷第 1 期，1930 年 7 月，第 14 页。

计算。汇兑换算中多采用货币兑换的固定数目，或以汇兑平价为标准，或以固定洋厘参与汇兑换算。如福州通用钞票台伏与通用平台捧之间的换算固定为台伏每元银7钱，台捧与规元间的例定算法为七四一六，即每规元1两合福州台捧0.7416两（七钱四分一厘六），台捧银741.6两为计算申汇公式之基础。此价永久不变。申票行市如为七二七五，即台捧741.6两汇规元727.5两。台捧汇上海规元的公式为

$$\frac{应汇规元数 \times 例定数目741.6}{申汇行市} = 应交台捧数$$

同时，台伏汇上海的公式为

$$\frac{应汇规元数 \times 741.6}{台捧741.6两合规元数 \times 0.7} = 应交台伏元数①$$

周村直接以汇兑平价作为标准，参与国内汇兑计算。周村的汇兑平价为村库平1000∶规元1100.3。周村的申汇直接以此平价为标准。公式为

$$\frac{应汇规元数 \times 村申汇行市（规元1100.3两合村库平银若干两）}{1100.3 \times 村洋厘} = 在村应交银元数②$$

洋厘行市有涨有落，带来汇价变化。洋厘涨，表示银元对银两比价上升；洋厘跌，表示银元对银两的比价下降；银元与银两之间的比价固定，即洋厘价固定。如重庆洋厘固定为七钱一分，成都洋厘参照重庆，也固定为七钱一分，济南洋厘固定为七钱，江西抚州洋厘外行固定为0.736抚纹银，同行固定为0.7355抚纹银。如济南的洋厘固定为7钱，其申汇公式为

$$\frac{应汇规元数 \times 济申汇行市（规元千两合济库平银若干两）}{0.7} = 在济应交银元数③$$

8. 间接汇兑

间接汇兑，以几个重要的城镇为转移。如常州、无锡、宜兴、溧阳皆以苏州为转移；扬州、盐城、东台、泰县、清江浦、淮安则以镇江为划汇之地；保定、张家口、大同等地则以天津为转划地；宜昌、沙市、长沙、贵阳则以汉口为间接转划地；成都以重庆申汇市场为标准。

---

① 赵应坡、刘啸倦：《汇兑须知（二）》，《商业杂志》第2卷第10期，1927年10月11日。

② 《上海之国内汇兑》，《社会月刊》第2卷第1期，1930年7月，第15～16页。

③ 《上海之国内汇兑》，《社会月刊》第2卷第1期，1930年7月，第15页。

有的间接汇兑以转移地的洋厘和申汇市场为标准，有的以当地洋厘为标准，有的以第三方洋厘行市为标准。常州以苏州为转划地，常州洋厘以苏州补水纹表示，表示每元合补水纹若干。常州申汇以苏申汇市场为标准，采用常州洋厘。而宜兴则以苏申汇市场为准，洋厘则以常州洋厘代之。宜兴申票行市以苏州申汇为标准，而洋厘则以常州洋厘为标准，其申汇公式为

$$\frac{应汇规元两数 × 苏规元行市}{常州洋厘} = 在宜应交银元数①$$

贵阳对上海的汇兑，需以汉口为转移，以公估平为标准的银元洋厘汇兑行市：

$$\frac{应汇规元两数 × 汉申票行市}{汉洋厘 × 汉洋汇行市（由贵汇汉）} = 在贵应交银元数②$$

大同对上海的申汇需经天津转划。前提是须知津洋千元合同洋若干、津申票行市及津洋厘行市。公式为

$$\frac{应汇规元数 × 津同洋汇行市}{津申票行市 × 津洋厘} = 在同应交银元数③$$

成都对上海的汇兑，需以重庆申汇市价作标准，洋厘固定为七钱一分。申汇公式如下：

$$\frac{应汇规元两数 × 渝申票行市 × 渝蓉汇率（重庆九七平千两合成都九七平千两）}{固定的洋厘即 0.71}$$
$$= 在成都应汇银元数④$$

扬州对上海并无直接汇兑，以镇江为转移。扬州申银汇公式为

$$应汇规元数 × 镇申票行市 × 扬平合镇平数（扬平 1002.4∶镇平 1000）$$
$$= 应交扬二七平两数⑤$$

上述举例都以申汇为代表。因各大商埠汇兑行市都以申汇行市为转移，与上海进行着直接或间接汇兑（详见表3）。如果是上海汇往外埠，汇兑换算的基本原理不变，只是计算方式在乘、除法方面倒过来即可。如济南申汇

---

① 《上海之国内汇兑》，《社会月刊》第2卷第1期，1930年7月，第10页。
② 《上海之国内汇兑》，《社会月刊》第2卷第1期，1930年7月，第20～21页。
③ 《上海之国内汇兑》，《社会月刊》第2卷第1期，1930年7月，第17页。
④ 《上海之国内汇兑》，《社会月刊》第2卷第1期，1930年7月，第19页。
⑤ 《上海之国内汇兑》，《社会月刊》第2卷第1期，1930年7月，第10页。

$$\frac{应汇规元数 \times 济申票行市}{固定洋厘即 0.7} = 在济南应交银元数①$$

上海汇济南：

$$应汇济南银元数 \times 济银元行市 \times 济申银汇行市 = 在上海应交银元数②$$

其他可以类推。

表 3　全国主要城镇申汇换算公式

地名	洋汇（在本埠应交银元数）	银洋互汇（在本埠应交银元数）	银汇（在本埠应交银两数）
北平	$\dfrac{应汇上海银元数 \times 上海银元行市}{北平申票行市 \times 北京银元行市}$		
天津	$\dfrac{应汇上海银元数 \times 上海银元行市}{津申票行市 \times 津洋厘}$	$\dfrac{应汇规元数}{津申票行市 \times 津洋厘}$	
保定		$\dfrac{应汇规元两数 \times (1000 + 汇水)}{津申票行市 \times 津洋厘}$	
张家口			$\dfrac{应汇规元数 \times 西平千两合口钱平}{津申票行市 \times 西平千两合行化}$
大同		$\dfrac{应汇规元数 \times 津同洋汇行市}{津申票行市 \times 津洋厘}$	
洛阳		$\dfrac{应汇规元数 \times}{申票行市上海洋厘行市}$	
周口	应汇规元数 × 周申票行市		
滕县		$\dfrac{应汇规元数 \times 申票行市 \times 滕平足钱盘}{北洋钱盘}$	
营口		$\dfrac{应汇规元数 \times 营申票行市}{炉银重量 \times 营口小洋价}$ $= 在营应交小洋$	
济南		$\dfrac{应汇规元数 \times 济申票行市}{固定洋厘即 0.7}$	
青岛		$\dfrac{应汇规元数 \times 青申票行市}{青洋厘}$	
济宁		$\dfrac{应汇规元数 \times 济宁申票行市}{济宁洋厘}$	

---

① 《上海之国内汇兑》，《社会月刊》第 2 卷第 1 期，1930 年 7 月，第 15 页。

② 赵应坡、刘啸倦：《汇兑须知（二）》，《商业杂志》第 2 卷第 10 期，1927 年 10 月 11 日。

续表

地名	洋汇（在本埠应交银元数）	银洋互汇（在本埠应交银元数）	银汇（在本埠应交银两数）
周村		$\dfrac{\text{应汇规元数} \times \text{村申票行市}^{①}}{1100.3 \times \text{村洋厘}}$	
烟台		$\dfrac{\text{应汇规元数} \times (1000 \pm \text{票贴})}{1045 \times \text{烟洋厘}}$	
潍县		$\dfrac{\text{应汇规元} \times 925}{(1000 \pm \text{票贴}) \times \text{潍洋厘}}$	
镇江		$\dfrac{\text{应汇规元数} \times \text{镇申票行市}}{\text{镇洋厘}}$	
扬州			$\dfrac{\text{应汇规元数} \times \text{镇申票行市} \times}{\text{扬平合镇平数}}$
清江浦		$\dfrac{\text{应汇规元数} \times \text{镇申票行市} \times (1015 + \text{燥两})}{\text{浦洋厘}}$	
淮安			$\dfrac{\text{应汇规元数} \times \text{镇申票行市}}{990 - \text{耗若干两}}$
苏州		$\dfrac{\text{应汇规元数} \times \text{苏规元行市}}{\text{苏洋厘}}$	
常州		$\dfrac{\text{应汇规元数} \times \text{苏规元行市}}{\text{常洋厘}}$	
宜兴		$\dfrac{\text{应汇规元数} \times \text{苏申汇}}{\text{常洋厘}}$	
宁波		$\dfrac{\text{应汇规元数} \times \text{甬申票行市}}{\text{现洋合过账洋数}}$	
杭州		应汇规元数 × 杭申票行市	
衢州		应汇规元数 × 杭申票行市 × (1000 + 汇水)	
绍兴		以杭州申汇或者宁波申汇为转移	
无锡		应汇规元数 ÷ 规元行市	
汉口		$\dfrac{\text{应汇规元数} \times \text{汉申票行市}}{\text{汉洋厘}}$	

续表

地名	洋汇(在本埠应交银元数)	银洋互汇(在本埠应交银元数)	银汇(在本埠应交银两数)
宜昌		$\dfrac{应汇规元数×汉申票行市}{台票千文合洋例}×\dfrac{台票千文合宜平}{宜洋厘}$	
沙市		$\dfrac{应汇规元数×汉申票行市}{沙平千两合洋例×沙洋厘}$	
长沙		$\dfrac{应汇规元数×汉申票行市×洋例}{千两合估平×估平千两合光洋}$	
贵阳		$\dfrac{应汇规元数×汉申票行市}{汉洋厘×汉洋汇市}$	
九江		$\dfrac{应汇规元两数×浔申票行市}{浔洋厘}$	
南昌		应汇规元数×南昌申票行市②	
芜湖		$\dfrac{应汇规元数×芜申票行市}{芜洋厘}$	
重庆		$\dfrac{应汇规元数×渝申票行市}{固定洋厘0.71}$	
成都		$\dfrac{应汇规元数×渝申票行市×渝蓉汇率}{固定洋厘0.71}$	
西安		$\dfrac{应汇规元数×(952-汇水)}{西安洋厘}$	
三原		$\dfrac{应汇规元数}{1078.97×(1000-汇水)×原洋厘}$	
昆明		$\dfrac{应汇规元数×规元千两合滇平}{昆明洋厘}$	
广州		$\dfrac{应汇规元数}{港申票行市}×港纸每元合兑毫$	
福州	$\dfrac{应汇规元数×例定数目741.6}{申汇行市}$	$\dfrac{应汇规元数×741.60}{台捧741.6合规元数×0.7}$	
汕头		$\dfrac{应汇规元数×例定直平银数}{申票行市×光英与直平银数目}$	
厦门		通用银元,申汇以规元千两合银元若干计	

注：①村申票行市指规元1100.3两合村库平若干两,村库平1000两合规元平价1100.3两。
　　②南昌通用银元,南昌申票行市指规元千两合南昌银元数。

资料来源:《上海之国内汇兑》,《社会月刊》第2卷第1期,1930年7月;赵应坡、刘啸倦:《汇兑须知(二)》,《商业杂志》第2卷第10期,1927年10月11日;《银行周报》第2卷第1期、2期、3期、8期、9期中《××通用货币及汇兑换算》相关文章。

四 汇兑计算公式的研究意义

各埠通用货币千姿百态、通用平码各有差异，货币兑换行市以及商业习惯的不同，决定了汇算公式少有整齐划一的方法。难以划一的汇算方法一定程度上钳制着国内大宗贸易的往来汇算和商业流通，对国内大一统的金融市场体系流通性的构建形成一定障碍。各地通行的各种制钱、铜元、兑换券以及发行的各种通用货币与银元之间的行市涨落不停，影响内汇之变动，使内汇难以稳定。同时，埠际汇兑换算需视两地间不断变动的洋厘涨落而定，以及以洋易钱或者以钱易洋的货币汇兑，又给国内大宗贸易的往来带来了烦琐性。

因汇兑换算公式中包含两地银元与银两行市、两地汇票行市、本地其他通货与通用平码的换算行市等银根松紧、钱市行情及各种用银习惯，体现出各埠传统的货币兑换习惯及货币资金集中、调拨和换算、运转流通状况等金融信息。各埠间的通商汇算涉及通货、银平色差、平码的换算及各地的商业习惯用法，决定了各地汇兑计算公式具有通货圈的地域特征。如保定、张家口、大同、漯河等地申汇计算公式皆以天津为转划地；宜昌、沙市、长沙、贵阳则以汉口为间接转划地；常州、宜兴皆以苏州为转移；扬州、清江浦、淮安则以镇江为划汇之地；成都以重庆申汇市场为标准。汇兑换算构成要素中的洋厘、汇票行市的选择，都是当地或者区域商业习惯和金融联系的反映，是各地直接或间接汇兑的直观表现形式。

汇兑是异地商贸活动不可或缺的重要组成部分。上海凭借其独特的自然地理位置，成为近代中国进出口贸易和国内各埠转口贸易的转运枢纽，自然成为国内汇兑的终点。从以上汇兑计算公式中可以看出大部分城市对上海有直接的汇兑行市，而部分城镇以几个重要的城镇为转移。各地申汇的直接与间接汇兑公式，体现汇兑路径的变化和汇兑体系的形成过程。从申汇公式中可看出，各地申汇市场是上海内汇市场的重要组成部分。上海对全国金融市场具有强烈的辐射和回归能力，它既是全国资金活动的出发点，也是回归点，引导着全国的资金流向。此外，天津、济南、青岛、烟台、镇江、汉口、重庆、宁波、苏州等内地各埠是这一支流上的各个支点，连接各自转汇区域，形成全国金融网络的层级性和立体性。汇兑公式侧面代表了资金流动的金融网络，最直观地描述了近代中国金融市场圈形成中的空间集聚程度和形态的形成与变化过程。汇兑体系所体现的金融流通关系，常伴随各埠货物与原料的转运关系。这种资金转动关系与商号间直接的现银流动，共同形成了一地乃至全国的金融流通方式，并与国内贸易网络形成一定的对照和耦合关系。

（作者单位：南开大学经济学院；山西大学晋商学研究所）

凯恩斯经济思想与近代中国经济学的发展（1920～1949）[*]

宋丽智　　邹进文

约翰·梅纳德·凯恩斯是经济学界最具影响力的人物之一，他活跃于20世纪上半叶，是西方资本主义国家应付经济大萧条、实现国家和社会治理政策及思想转型的枢纽人物。虽然凯恩斯同中国没有什么直接的接触，但是他对中国的许多问题都给予了关注。[①] 1912年，凯恩斯在《经济学杂志》上撰文评论了中国学者陈焕章的著作《孔门理财学》（哥伦比亚大学博士学位论文，1911），指出中国学者（如明初叶子奇）很早就懂得"格雷欣法则"和"货币数量说"。1918年，在反对德国赔款问题上，凯恩斯援引强加于中国的"庚子赔款"为先例。1937年，他还敦促英国和美国在日本不愿放弃对中国的侵略时中断与日本的全部贸易关系。1941年，凯恩斯建议对中国进行经济援助。[②] 由此，凯恩斯的传记作者罗伯特·斯基德尔斯基在

---

* 本文是国家社科基金一般项目"海外留学生与中国经济学的发展研究"（12BJL016）、教育部人文社会科学研究青年基金项目"20世纪30年代中国经济思想的转变与发展研究——基于世界经济大萧条冲击的视角"（12YJC790161）和中南财经政法大学高校基本科研业务费资助项目"西方经济理论在近代中国的传播与发展：1840～1949"（2722013JC012）的阶段性研究成果。

① 凯恩斯对中国金融的了解来源于他的朋友——汇丰洋行的董事查尔斯·艾迪斯爵士，对中国政治和社会的了解则通过另一个朋友，曾在中国服务过的英国领事官员阿吉·罗斯。参见〔英〕罗伯特·斯基德尔斯基《凯恩斯传》，相蓝欣、储英译，三联书店，2008，中文版序第5页。

② 以上史实参见 *The Royal Economic Society: The Collected Writing of John Maynard Keynes*, London: Macmillan Press LTD, 1983, Ⅺ 521－527, ⅩⅥ 321－322, ⅩⅩⅧ 82, ⅩⅩⅦ 44。

《凯恩斯传》的中文版序中总结道：凯恩斯"确实是中国的一个朋友"。①
1946 年 4 月 21 日凯恩斯逝世后，《金融周报》于 1946 年第 18 期（1946 年
4 月 21～27 日）迅速予以报道："凯恩斯爵士于四月二十一日以心脏病不
治，与世长辞，享年六十二岁。"同年，中国学者发表了多篇悼念凯恩斯的
文章。②

但是，近代中国是如何看待凯恩斯的经济思想呢？又是如何对凯恩斯的
经济思想做出回应来促进近代中国经济学的发展的呢？从目前掌握的文献来
看，国内理论界对于上述问题并没有给予足够的关注，与此相关的资料较
少。本文以凯恩斯出版的且在当时中国产生一定影响的三部著作：《论货币
改革》（*A Tract on Monetary Reform*，1923）、《货币论》（*A Treatise on Money*，
1930）和《就业、利息与货币通论》 （*The General Theory of Employment,
Interest, and Money*，1936）（前两部著作集中阐述凯恩斯的货币思想，第三
部著作则转为关注整个宏观经济的运行及政策建议）为线索，以 1936 年
《就业、利息与货币通论》的出版为分期界限，系统梳理了凯恩斯经济思想
的发展转变对于中国经济学界的影响，从经济思想史的角度评析凯恩斯经济
思想与近代中国经济学发展的内在联系，以期为中国近代经济史研究提供新
的视角和思路。

一　混沌中的摸索：1920～1936③

最初，凯恩斯是以货币金融专家的身份进入中国人视野的。《论货币改
革》和《货币论》两部著作的出版引发了欧美货币金融讨论的高潮，同时，
也潜移默化地影响着中国的货币金融思想。《论货币改革》针对英国一战后
遗留的货币失调现象提出了一系列批评和建议，认为主要依靠市场机制的作

---

① 〔英〕罗伯特·斯基德尔斯基：《凯恩斯传》，相蓝欣、储英译，中文版序第 5～6 页。
② 这方面的文章如穆惜珍的《悼凯恩斯先生》（《经济周报》第 2 卷第 17 期，1946 年）、性
　初的《悼凯恩斯》（《财政评论》1946 年第 4 期）、向冰的《凯恩斯在经济学上的贡献》
　（《励行月刊》1946 年第 2 期）。
③ 需要补充说明的是，本文之所以选择 1920 年为研究的起始点，是因为陶孟和与其夫人沈性
　仁于 1920 年合译《欧洲和议后的经济》（凯恩斯著 *The Economic Consequences of the Peace*，
　1919），并被纳入《新青年丛书》第六种出版。这是目前所见资料中，中国学者对于凯恩
　斯著作的最早反应。但是，该译本在当时并未引起其他中国学者的广泛关注，影响甚微。

用，并辅以英格兰银行货币政策的温和调节，就可以稳定物价、克服萧条，恢复英国经济的均衡和繁荣；《货币论》则将《论货币改革》中的货币数量论加以修订，增加一些以往认为被忽略了的因素，扩展成为"货币价值的基本方程式"；并以此为理论基础，论述了物价水平的稳定和经济的均衡，开创了货币经济学的新体系。

1925 年，《晨报副刊》（国际版）第 6 期和第 7 期连续刊登了凯恩斯的文章《英国币价与生活》（上、下）。1931 年 1 月，《中行月刊》书评栏目中介绍了凯恩斯的《货币论》一书，这是目前笔者所见文献中中国人所做的最早的关于凯恩斯著作的书评。书评作者卢逢清将凯恩斯译为"经尼斯"，[①] 他对《货币论》评价较高，指出："经氏此书之取材结构，博适周密殆无复加，在货币论著界中，可称发前人所未发最成功的尝试。"[②]

此时，国人正在开展对于货币金融思想的探讨论争，主动寻求中国货币体制改革的有效途径以在金融货币方面达成自救，来应对其被动遭受的世界经济大萧条及西方各国经济复兴政策的冲击。在这场论争中，凯恩斯的货币思想，特别是通货管理思想，受到了应有的重视，并在实践中得以运用。《交行通信》杂志"现代经济情报·国际经济版"两次报道了凯恩斯要求发行国际通货的提案，虽然未加评论，但是足见当时凯恩斯在国人货币研究领域中是具有一定影响力的。[③]

（一）凯恩斯货币思想的理论性解读

自 1930 年凯恩斯发表《货币论》以来，货币学的内容和研究对象发生了根本性的变革，以往主要分析货币的职能和本位制的货币学已经不足以处理现实的货币问题。而中国学者在货币理论的研究方面更为滞后。胡寄窗指出："有的货币学家曾承认自己还看不懂凯恩斯的《货币论》，是无足为怪的。"[④] 原因大致有两个：其一，我国 30 年代前后以货币学闻名的学者大都

---

① "经尼斯"为凯恩斯的译名之一，其他译名如硁斯、凯衍斯、凯因斯等。
② 卢逢清：《书籍介绍：〈货币论〉》，《中行月刊》第 2 卷第 7 期，1931 年，第 75 页。
③ 参见《现代经济情报（四）：国际新通货（国际经济）：世界经济会议之提案，英国硁斯氏之主张》（《交行通信》第 3 卷第 1 期，1933 年，第 54 页）和《现代经济（九）：硁斯氏之幽默语（国际经济）》（《交行通信》第 3 卷第 3 期，1933 年，第 29 页）。
④ 胡寄窗：《中国近代经济思想史大纲》，中国社会科学出版社，1984，第 454 页。

是在 20 年代前后从国外学习的旧的货币学内容，主要还是分析货币的职能与本位制问题；其二，由于职务变动关系，凯恩斯的《货币论》写作并非一气呵成，而是数年来散文集结而成，前后并不连贯，他的思想也常处于发展变动之中，本来是支持货币数量说，最后却创立了储蓄与投资均衡说。因此，中国学者对凯恩斯的货币思想进行理论性解读非常困难，处于在混沌中进行摸索的状态。其中的代表人物有杨端六、王烈望、袁贤能等。

　　真正拉开学习、推荐凯恩斯货币思想帷幕的是国立武汉大学金融学专家杨端六。他给予凯恩斯及其著作《货币论》以极高的评价，指出："凯衍斯新出的这部货币论是货币著述中之别开生面的巨作。凯衍斯为英国新进经济学界之泰斗。"①

　　通过仔细研读，杨氏总结道："他全书的纲要是在用货币政策促进工商业的繁荣。"② 同时，杨氏也在反思中国的货币制度，他将货币制度划分为五个等级。中国的货币制度只属于第一级，即采用两种以上的金属作为货币，在国家行政、法律不统一条件下，货币之间相互兑价无法维持；第二级货币制度是指国内行政、法律统一，国内货币兑价稳定，但国际汇兑失衡，例如欧洲各国；第三级是指国内币值稳定，国际汇兑平衡，但货币购买力会发生变化，例如第一次世界大战前的英国和战后的美国；第四级是指货币购买力也达到稳定的状况，杨氏认为当时西方和中国讨论的货币学就是在这第四级内解决货币如何稳定购买力的问题，而凯恩斯的《货币论》也最为关注这一级货币制度；第五级货币制度要求能够满足人类的主观欲望，颇具理想化色彩。由此可见，杨氏高屋建瓴地分析了凯恩斯的货币思想，基本上把握了凯恩斯意图管理通货的政策主张，并能够联系中国实际情况，认识到中西货币制度的差异以及中国货币制度改革的大致前进方向。

　　时任上海和重庆交通大学副教授、上海商学院教授的王烈望认真研读了凯恩斯的《货币论》，总结道："砳斯之经济思想，变动极快，往往前后判若两人。"③ 他深入地剖析了凯恩斯由主张金本位制度到放弃金本位制度的

----

① 杨端六：《读凯衍斯货币论》，《国立武汉大学社会科学季刊》第 2 卷第 2 号，1931 年，第 375 页。

② 杨端六：《读凯衍斯货币论》，《国立武汉大学社会科学季刊》第 2 卷第 2 号，1931 年，第 384 页。

③ 王烈望：《砳斯之通货管理理论》，《经济学季刊》第 6 卷第 2 期，1935 年，第 86 页。

主要原因。一战以后国际形势发生极大变化，世界金融霸权左右国际政治关系，黄金逐渐集中于美、法两国，战争赔款成为国际经济发展的重大障碍。货币制度的目的在于稳定对外汇价和安定国内物价，而当二者不可兼得时，安定国内物价则成为首选。而在金本位制度下，国内经济与国际经济联动，国内物价受国际影响较大，无法安定，因而"砝斯思想敏捷，观此情形，深觉金本位已无恢复之必要，遂毅然倡言废止金本位，实施通货管理制"。① 那么，什么是通货管理制呢？王氏认为："管理货币乃系一种受政府管理之纸币，此种纸币含有一客观之价值标准，国家以管理方法，使此种纸币或合于其客观之价值标准，或离开其客观之价值标准。"② 并且指出，凯恩斯认为管理货币制度是与当时政治经济状况最为切合的货币制度，因而《货币论》中所讨论的货币就是管理货币。

民初经济学界曾有"南马（寅初）北袁"之称。"北袁"即毕业于美国纽约大学的袁贤能博士，他主要阐释了凯恩斯的储蓄与投资均衡说，认为凯恩斯的《货币论》最大的贡献是修正了投资与储蓄的关系，投资是可以大于或者小于储蓄的。"他的结论就是以为储蓄若与投资相等，那是（如正统派所说）好的。不好的结果（经济恐慌），并不是因为储蓄和投资太多（如 Hobson 等所说），乃是因为储蓄与投资不平衡。换言之，就是储蓄大于或小于投资的缘故。"③ 同时，袁氏也坦陈凯恩斯的储蓄和投资都具有特别抽象的意义，与普通含义不同，这反映出《货币论》本身定义的模糊性。袁氏进一步指出，凯恩斯的贡献在于提出储蓄和投资的失调决定了物价波动和商业周期的产生。为了使储蓄和投资二者平衡，最重要的条件就是一国银行"不能专为自身计而定利率的高下"，"也并不是要一个固定不变的利率"，"不过是要一个适中的利率，能使一国的储蓄，完全都用于投资方面去"。④

由于《货币论》的论著方式是在分析经济界各种现象的基础上，用代数方程式表示经济变量之间的关系，因此，中国学者也投入大量精力研究书中的方程式，如银行利率公式、投资储蓄公式、货币数量变动公式、物价公

---

① 王烈望：《砝斯之通货管理论》，《经济学季刊》第 6 卷第 2 期，1935 年，第 86 页。
② 王烈望：《砝斯之通货管理论》，《经济学季刊》第 6 卷第 2 期，1935 年，第 91 页。
③ 袁贤能：《砝斯著货币论》，《经济学季刊》第 6 卷第 2 期，1935 年，第 172 页。
④ 袁贤能：《砝斯著货币论》，《经济学季刊》第 6 卷第 2 期，1935 年，第 174 页。

式等。但是，正如上文所指出，由于凯恩斯所提出的新概念本身就非常模糊且前后不一致，同时中国学者对于金融理论的认识有限，所以在理解上具有较大偏差，所作探讨混沌艰涩，缺乏统一的思路和具有代表性的观点。

总的看来，这一时期中国学者对于凯恩斯货币思想理论的研究的特点是比较片面、不成熟、各自为政，如同盲人摸象。学者们的观点良莠不齐且漏洞百出，基本上无法形成系统的理论。

（二）凯恩斯管理通货思想在中国的实践

中国近代货币制度落后，货币流通混乱以及货币受制于外国侵略者的问题，在清朝和北洋政府时期虽历经讨论筹划却始终依然如故，货币危机成为长期困扰中国的难题。伴随着世界经济大萧条，西方国家纷纷放弃金本位制度，试图将危机转嫁给中国等弱国。1934 年 6 月，年产银量占世界总产量66％的美国宣布实施《购银法案》，授权其财政部可以高价购买国外白银，此举造成世界银价飞涨，中国汇价因此而激升，大批白银外流。如何改革币制、整顿金融，成了空前迫切的问题，关于中国币制改革的讨论和筹划掀起了新的高潮。

尽管对于凯恩斯的《论货币改革》和《货币论》两部著作中的理论理解非常有限，但是国人果断地在凯恩斯众多的货币思想中选择了其管理通货思想，并积极付诸实践。如果将此期中国学者对于凯恩斯货币思想的理解比作盲人摸象的话，那么对于其管理通货思想的发现和认识无疑成为其中最大的亮点，引起国人执着的追捧和切实的运用。主张中国采用管理通货制度并正式明确讨论如何在中国实践的首推顾翊群，唐庆增、姚庆三、赵兰坪、杨荫溥、张素民、谷春帆等也先后撰文表示支持，他们的讨论对中国法币政策的实施起到了直接的舆论推动和决策参考作用。

较早评述凯恩斯管理通货思想的学者是唐庆永，时任上海商业储蓄银行分行经理、三江大学教授。1932 年 7 月，唐氏撰文指出，凯恩斯的管理通货思想"虽可谓之纸币本位政策，而对于纸币背后物价——金，却始终未尝抛弃，仍留作为准备之用"。[1] 反观中国，唐氏也认识到，在中国信用制度不健全、中央银行发展落后的局面下，凯恩斯的这一主张完全是一种理想

---

[1] 唐庆永：《废两改元与纸币政策》，《银行周报》第 16 卷第 30 号，1932 年，第 24 页。

化的纸币政策。所以，他主张中国发行纸币的原则一定是要有银块作为准备金，因而本质上是主张银本位制的。

1933 年 4 月，顾翊群发表《再论美国购银之危险性》一文，举述西方国家放弃金本位，实行管理通货制，挽救了生产和贸易，以此说明我国也应该实行管理通货制。他在文中指出：“昔英国银行实业两界，对于 J. M. Keynes 氏所主张之通货管理制，避之若浼，今则歌颂不已。我国因美国购银，采用斯制，愚信利多于害。”① 1933 年 9 月，顾翊群再次撰文，从理论上进一步论证了世界和中国为什么都要采取通货管理制度，并系统性地阐释其关于实行管理通货制度的思想，认为政府可以通过货币数量的控制来维持物价的平衡。但需要指出的是，此时顾翊群主张的“管理通货制”并不是严格意义上的发行不兑现纸币，这仅仅是一个过渡期，其最终目的是实现金本位。顾翊群指出：“主张管理货币之学者，并不反对金本位，且认为将来世界必须实行管理制之金本位。不过在今日情况之下，金之价值，受国际影响太大，难以管理……故不得不改用便于管理之纸币，为自了之图。”② “管理货币制之目的，即在借货币之管理，以维持物价之平衡。”③

虽然顾翊群的管理通货思想最终目的仍然是实现金本位，但是中国学术界还是给予其以极高的评价。马寅初认为这是稳定银价的四个重要方策之一。④ 何廉在提出应对美国抬银运动的对策时，几乎原话复述了顾翊群提出的管理通货思想。⑤ 赵兰坪也认为，顾翊群是最早提倡“管理通货制”者。⑥ 由于顾翊群的详细介绍、分析及应用，使得凯恩斯提出的管理通货论在中国得到了广泛传播。从此，“管理通货”成为中国经济学界的一个重要名词，中国学者们发现了当时世界货币思想与理论的制高点，为国民政府的法币改革提供了重要的理论依据。1935 年法币改革获得成功，中国的货币流通秩序得到整饬，阻止了白银的大量外流，使中国货币完全摆脱了世界银价涨落的影响，解决了困扰中国经济发展的一大现实难题。同时，法币改革实现了

① 顾翊群：《再论美国购银之危险性》，《银行周报》第 17 卷第 12 号，1933 年，第 8 页。
② 顾翊群：《中国货币应如何安定》，《银行周报》第 17 卷第 36 号，1933 年，第 11 页。
③ 顾翊群：《中国货币应如何安定》，《银行周报》第 17 卷第 36 号，1933 年，第 12 页。
④ 马寅初：《中国经济改造》，《马寅初全集》第 8 卷，浙江人民出版社，1999，第 509 页。
⑤ 何廉：《银价问题与中国》，《银行周报》第 18 卷第 10 号，1934 年，第 15 页。
⑥ 赵兰坪：《最近吾国经济论战之回忆》，《时事月报》第 14 卷第 2 期，1936 年，第 95 页。

中国货币的真正统一，废除了以"银"为本位制的货币制度，还基本解决了中国币制长期落后、混乱和不统一的问题，使中国币制顺应世界潮流，一步跨入世界现代币制行列。这一重大的实践上的成功，夯实了中国近代金融学体系的基础。

二　追赶西方经济学的新步幅：1936～1949

1936 年，凯恩斯出版《就业、利息和货币通论》（以下简称《通论》）一书，对《货币论》的观点做出了重大修正，《货币论》"遵循传统路线，把货币看作是供求通论以外的一种力量"，《通论》则"着重在研究何种决定力量使得总产量与总就业量改变；至于货币的技术细节，虽然在经济结构中占有重要而特殊的地位，本书却略而不论"。凯恩斯认为"本书之作，对于作者是个长时期的挣扎，以求摆脱传统的想法与说法"，他特别提醒读者"旧说已深入人心。所以困难不在新说本身，而在摆脱旧说"。[①]《通论》侧重于对全社会总供给、总需求、投资和消费等总量的分析，提出加强国家对经济的干预、增加公共支出、降低利率、刺激投资和消费等宏观经济政策，以实现充分就业，对近现代西方经济理论及各国经济政策均有重大影响。该书在西方出版以后，很快引起中国学术界的关注，成为中国近代经济思想变迁的重要转折点。

该书甫一问世，英文版便在中国上海、汉口等城市出售，巫宝三、陈岱孙等人先睹为快。1936 年 9 月，留法归国的财政金融家姚庆三即在中国经济学社上海年会上运用《通论》的观点与对手辩论。[②] 1941 年，王兼士在《金融导报》上连续发文 10 篇译述凯恩斯的《通论》。随后，国内经济管理类杂志上连续刊登了凯恩斯的《论货币改革》《货币论》的译述。[③]

随着凯恩斯的《通论》在中国影响日盛，更加深入地研究凯恩斯经济

---

① 凯恩斯：《就业利息和货币通论》，徐毓枬译，商务印书馆，1997，原序。

② 参见孙大权《中国经济学的成长：中国经济学社研究（1923～1953）》，三联书店，2006，第 277 页。

③ 参见钟淦恩《凯恩斯的货币理论》，《经济汇报》第 7 卷第 10～12 期，1943 年；曹茂良译《凯因斯货币论》第二编《货币之价值》，《湖南省银行经济季刊》1943 年第 2、5 期，1944 年第 6 期；邝鸿译《货币改革论》，《储汇服务》1948 年第 80～86 期。

思想也成为当时中国学者们的必然选择。他们由只关注凯恩斯货币思想，特别是管理通货思想，转变为关注凯恩斯的宏观经济思想，包括货币思想、财政思想、就业思想等，并将其与西方传统经济学、马克思主义经济学相比较，体现出中国学者对凯恩斯经济思想认识的不断深化。

（一）中国近代新货币理论体系初步建立

如前所述，中国 20 世纪 30 年代前后以研究货币学闻名的学者大都是在 20 年代前后从国外学来一些旧货币学内容，因此他们大多看不懂在货币理论发展史上具有革命性意义的凯恩斯的一些著作，他们翻译或自撰的许多货币学著作虽命名为"新货币学"，其内容不脱旧的货币学体系。40 年代以后，中国开始有不少货币学著作关注凯恩斯货币理论，有的还以凯恩斯思想为基础建构自己的货币理论体系。

在中国近代货币理论发展史上，姚庆三是较多且较早介绍西方货币理论的知名学者之一。他对凯恩斯的货币理论甚是推崇，认为其必将成为今后新经济学的柱石。他说："现代货币学者之在我国最负盛名者当首推凯恩斯。"[①] 1937 年 6 月，姚庆三撰文《凯恩斯货币理论之演变及其最新理论之分析》，用 11 个专题详细阐述了凯恩斯的货币思想：货币改革论中之凯恩斯、货币论中之凯恩斯、世界经济恐慌与凯恩斯、凯恩斯就业理论之出发点、消费天性、公共建设政策、低廉资金政策、储蓄与投资、关于低利政策之其他问题、高利政策是否可防止恐慌、物价问题。1938 年 9 月，姚庆三将该文稍加整理，收入其《现代货币思潮及世界币制趋势》一书中出版，进一步加强了推介、传播凯恩斯经济思想的力度。虽然姚庆三对于凯恩斯的新货币理论和实践大多"述而不作"，但他对凯恩斯货币理论的引介无论从及时性还是全面性、系统性上都属一时无二。[②]

较早对凯恩斯的货币思想进行深入评论的中国学者是陈国庆，陈氏本科毕业于清华大学经济系，师从著名经济学家陈岱孙和袁贤能，而后在天津达仁学院就读研究生。读研期间，他撰写了专著《凯因斯氏的货币理论及其

---

① 姚庆三：《凯恩斯货币理论之演变及其最新理论之分析》，《国民经济》1937 年第 1 卷第 2 期，第 57 页。
② 张家骧主编《中国货币思想史》（下），湖北人民出版社，2001，第 1047 页。

演变》。据目前所掌握资料看来，这是我国最早研究凯恩斯理论的专著。①
1940 年，他指出："凯因斯先生的一般理论推翻了传统的价值分配论与货币
理论的分野，他把价值与价格打成一片，造成一部一般理论或是全体出产与
雇佣的理论。至少在方法方面，他自己也这样承认，已经跳出传统的经济学
的范围，而步入另一个崭新的境地。"② 因此，陈国庆是在理解《通论》思
想的基础上阐述凯恩斯的货币思想，更为客观、深刻，在一定程度上达到了
同时代西方学者所能达到的理论高度。

陈国庆认识到《通论》中的经济思想主要围绕总产出进行论述，而货
币理论阐述的目的也在于为总产出服务。他探讨了《通论》的三个立足点：
消费者倾向、资本边际效率和利率论，讨论了消费者、投资者的心理法则和
消费函数，并在此基础上论述了货币理论中的流动性偏好问题、货币的供给
与需求问题、银行如何控制货币量问题等。他非常清晰地指出：货币扩张会
降低利率、刺激投资、提高收入，并在其中正确运用了乘数理论。但是他没
有论及劳动力市场和总需求如何影响产出和就业问题，所以，陈国庆更加关
注和熟识的应该还是凯恩斯的货币思想。

此时，中国学者已经以凯恩斯专著"三部曲"的出版为划分标准，将
凯恩斯货币思想的发展分为三个阶段：第一阶段为"现金余额说"，完全信
奉由英国剑桥大学教授 A. 马歇尔和 A. C. 庇古提出的货币数量论；第二阶
段为"货币价值的基本方程式"，是对于传统货币数量论的修正，将利率、
现金余额以及各种物价的决定联系起来；第三阶段则为"物价的一般理
论"，对货币数量论持反对意见。③

在众多研究的基础上，40 年代后半期，中国陆续出现以凯恩斯货币思
想为基础建构自己的货币理论体系的货币学著作，中国近代新货币理论体系
初步建立。这一体系有别于以往主要分析货币的职能与本位制的旧的货币学
体系，能够为处理现实的货币问题提供更多的参考和指导。

---

① 遗憾的是，就目前研究文献搜索情况，无法找到陈氏这一专著，因此本文主要关注陈国庆
同期在《经济学报》发表的论文《新经济理论与新货币理论》。陈氏侄女婿（未经证实）
在回忆录中曾提及陈国庆与凯恩斯的私人交往："凯因斯曾为此亲笔致函作者，称赞他在东
方从事这项研究工作难能可贵的精神及取得的成就。"（参见 http://edu.ifeng.com/
gundong/detail_ 2011_ 03/21/5274675_ 0. shtml，2013 年 8 月 30 日访问）
② 陈国庆：《新经济理论与新货币理论》，《经济学报》1940 年第 1 期，第 211 页。
③ 参见钟淦恩《凯恩斯的货币理论》（上），《经济汇报》第 7 卷第 10 期，1943 年。

1944 年，马寅初出版著作《通货新论》，着重分析稳定币制的问题，借此评述费雪、马歇尔、庇古、凯恩斯主张的货币数量说的异同。他所强调的货币的需求强度、预防意外支出、交易利益、生产和消费以及心理因素等，与凯恩斯就业理论中的一些必要因素如货币的需求弹性、货币的边际效用、货币偏好等，有着惊人的相似。[①]

作为中国研究西方凯恩斯主义的著名学者，刘涤源 1945 年出版的《货币相对数量说》一书以凯恩斯的货币理论来建构其货币相对数量说，引入了均衡的概念，考虑到生产弹性、时间因素及货币流通速度对货币数量与物价关系的影响。正如著者在该书自序中所说的："采用凯恩斯所主张的未达充分就业之假定前途，将数量说改为'货币相对数量说'，使数量说能符合凯恩斯在其就业概论中的新结论。"[②]

此外，留学英国伦敦大学、剑桥大学，亲炙过凯恩斯讲课的藤茂桐在其1945 年出版的《货币新论》一书中亦介绍了凯恩斯的货币理论，认为"凯氏的理论，在于探讨短期均衡，并非分析动态经济程序"。[③] 对于凯恩斯的投资与储蓄恒等、利息理论、倍数理论等思想都进行了介绍和评析。

同样留学英国剑桥大学的樊弘，于 1947 年出版《现代货币学》一书，将货币理论的发展分为"货币价值研究时期"和"货币经济研究时期"，后一时期的研究范围宽广，"现代货币学的领域与动态经济学的领域几乎没有什么区别"。[④] 樊弘认为凯恩斯的货币理论属于货币经济理论，并重点介绍了其投资储蓄理论和利润利息理论。

除了肯定凯恩斯货币理论的观点外，民国时期亦有批驳凯恩斯货币理论的中国学者，这方面的代表性人物是著名的自由主义经济学家、伦敦政治经济学院经济学博士蒋硕杰。1943 年，他就在《经济学刊》上发表《论投机与收入的稳定性》一文，对凯恩斯的流动偏好理论进行批评。在该文中，他对凯恩斯有关投机性货币需求如何能够使投资冲击转化为支出波动的说法提出挑战。他认为要使该项说明在逻辑上前后一致，就要坚决转回到流量分析，特别是转回到经由银行系统产生的威克塞尔货币调节机制。其明确含义

---

① 参见马寅初《通货新论》，商务印书馆，1944。
② 刘涤源：《货币相对数量说》，中华书局，1945，自序。
③ 参见张家骧主编《中国货币思想史》（下），第 1084 页。
④ 樊弘：《现代货币学》，商务印书馆，1947，自序。

是，凯恩斯的收入—支出理论不应该和流动偏好的货币与利息理论结合在一起，而应该和罗伯逊式的可贷资金理论联系起来。在该文中，他采用 20 世纪 20 年代大繁荣时期和 1929 年股票市场崩溃时的美国统计资料来支持自己的论点。[①] 中国学者能够在国际著名经济学期刊发表批驳凯恩斯货币理论的学术成果，说明中国学者对于凯恩斯经济理论并非盲从，而是有批判的吸收与借鉴。

（二）中国近代财政思想的新发现

凯恩斯虽然没有财政学专著问世，但他的《就业、利息和货币通论》的出版却标志着西方财政理论的"革命"，完成了传统财政学向现代财政学的过渡。凯恩斯扩大了政府职能，形成了"大政府"的主体特色，政府不再仅仅充当"守夜人"的角色，而应积极干预社会经济活动。凯恩斯一反传统财政理论中的"就财政论财政"，转而"就经济论财政"，从而使财政活动带有"功能性财政"的特征。

当时，与国际经济学界联系紧密的中国经济学界对西方财政理论的这一革命性的变化很快做出了反应。姚庆三的《现代货币思潮及世界币制趋势》一书专门辟两节"公共建设政策之理论"和"公共建设政策之例证"，介绍了凯恩斯财政理论和财政政策。

在财政理论方面，姚庆三主要介绍了凯恩斯财政理论对传统的平衡预算理论的冲击。他认为传统的平衡预算理论以每一年度预算平衡为目的，而当时的财政新思潮则以长期预算平衡为目的。显然，他是赞成后者的，并试图用经济周期理论加以解释。在经济衰落时期，政府税收减少，同时又应积极推进公共建设，以增加就业人数，致支出反而增加，所以预算必难平衡，赤字在所难免，但此种亏空可以用繁荣时期的预算盈余来弥补；在经济繁荣时期，政府税收既可增加，同时因失业人数减少，公共建设亦可从缓进行，使得支出反而减少，因此预算不但可以平衡，且或反有盈余，此种盈余即可用于抵偿衰落时期的财政赤字。所以，从短期看，预算不平衡，财政不健全；

---

① Tsiang, S. C., A Note on Speculation and Income Stability, *Economica*, Vol. 10 (1943), pp. 286 - 296.

而从长期看，预算可以达到平衡，财政是健全的。[①]

在财政政策方面，姚庆三主要介绍了受凯恩斯财政思想影响的美、德、意等国实施的公共建设政策，认为这些国家通过公共建设促进了经济发展，解决了就业问题，中国应该仿行。他指出："罗斯福总统挟美国丰富之资金，以实现其复兴计划，固无足奇，而贫困如德、意，竟亦能完成其伟大之公共建设，何哉？盖德、意两国在独裁政治之下，其政府当局能以坚决之毅力，抛弃自由放任之传统政策，而采用有计划之统制政策固耳。我国失业问题之严重，甚于德国，而荒地太大粮食不能自给，尤酷似意国；公共建设既可解决失业问题，又可发展国民经济，德、意两国之经验，不亦足资吾人之取法乎？"[②] 姚庆三还主张运用公债来推动公共建设。他建议学习德、意两国，设立国民经济建设委员会以统筹公共建设特别预算，以公债政策作为筹款的主要方式，外加利用外资。他还熟稔凯恩斯的投资乘数财政理论，认为"社会所得之增加额亦必远较此项公共建设之原投资额为大，其倍数可称为投资倍数"[③]。这从一个侧面证明了增加政府投资的合理性，基本上把握了乘数理论的实质。总的看来，姚氏的财政政策基于凯恩斯财政理论和美、德、意等国的实践，关键点在于利用公共建设，即增加财政赤字，来推动经济建设，"这可能是中国最早的类似政策建议"[④]。

1940 年 3 月出版的《财政评论》上刊出由徐宗士撰写的《英国经济学家凯恩斯》一文，对凯恩斯在财政学上的贡献也给予很高的评价。文章一开篇就指出："假使我们要指出近代经济学界一颗最灿烂的明星，我们不能不推崇凯恩斯。"该文认为，"凯恩斯的学说，不但影响了英国经济政策，而且与各国现行经济设施，亦不无联系。美国罗斯福总统所行新政与亏空财政政策，以及德国国社党所行经济财政政策，不难于凯恩斯学说中找寻理论的依据"[⑤]。

1941 年，殷锡琪翻译了凯恩斯的著作《如何筹措战费》，由中国农民银

---

① 参见姚庆三《现代货币思潮及世界币制趋势》，国民经济研究所，1938，第 245～246 页。
② 姚庆三：《现代货币思潮及世界币制趋势》，第 249 页。
③ 姚庆三：《凯恩斯货币理论之演变及其最新理论之分析》，《国民经济》第 1 卷第 2 期，1937 年，第 74 页。
④ 参见孙大权《中国经济学的成长：中国经济学社研究（1923～1953）》，第 279 页。
⑤ 徐宗士：《英国经济学家凯恩斯》，《财政评论》第 3 卷第 3 期，1940 年，第 160 页。

行出版，被列为"世界经济名著选译"的第一种。而关于政府借债问题，曹国卿则批评了凯恩斯认为政府积极的财政政策会增加国民收入的理论。他指出："信奉凯恩斯学说的人，常以为政府之支出为达到充分就业的唯一方法。这种说法是有问题的。"① 他认为主要问题出在凯恩斯忽略了政府借款增加财政支出的时间因素，公式计算也存在问题，而政府的借款对象、用款对象等的不同也会对国民收入产生不同的影响。曹氏的观点在理论上是不能自圆其说的，但他提到的政府支出将会挤占私人投资空间这一理论与现代经济学中的"挤出效应"基本是相通的，这一点值得称道。

1936 年《通论》出版以后，中国几乎一直处于战争状态中，国家财政异常窘迫，并且通货膨胀十分严重，缺乏运用凯恩斯财政理论、政策的现实社会经济条件。因此，凯恩斯财政理论虽然较早就传播到了中国，但民国时期并没有对中国的宏观经济政策产生实际的影响。由于中国学者更多关注的是战时财政，无论战时税收论还是战时通货膨胀论均以筹集战费为主要目标，忽视了公共建设对于经济增长的促进作用。因而，此期凯恩斯财政理论并没有在中国付诸实施。

（三）中国近代就业理论的争鸣和阐释

从严格意义上说，凯恩斯《通论》的经济思想并不仅仅起源于 1929 年世界经济大萧条，而是更早地可以追溯到 20 年代英国经济的长期慢性萧条。② 在长期慢性萧条过程中，失业成为一个关系国计民生的重大问题，受到了凯恩斯的极端重视，因此《通论》的全称为《就业、利息和货币通论》。世界经济大萧条后，失业问题成为世界讨论的头号问题，也引发了中国学者的积极思考。

1946 年，关于"中国是否已经达到充分就业"问题，学术界再次展开了一系列的争论。③ 引起这场争论的代表人物是徐建平，他的观点是："就

---

① 曹国卿：《论政府借债与国民所得之增殖并评凯恩斯学说》，《学原》第 1 卷第 2 期，1947 年，第 74 页。

② 方福前：《从〈货币论〉到〈通论〉：凯恩斯经济思想发展过程研究》，武汉大学出版社，1997，第 37 页。

③ 早在 1942 年 10 月，杨叔进即撰文《"充分就业"理论与我国战时经济政策》，载于《经济建设季刊》第 1 卷第 2 期，第 92~108 页。文中指出中国学者已经在按照凯恩斯的理论讨论中国是否达到充分就业问题。

目前的中国就业情形讲，因为本国货的价格仍在上涨，固仍可从'货币的有效需求增加而就业量不增'来推论'业已充分就业'。"① 吴大业也支持中国已经达到充分就业的观点，表示："我们认定现在在通货膨胀之下，有效需要已经太多，达到'过分就业'。"② 并进一步指出："当有效需要（即社会总支出）增加时，就业反应已无弹性，即到了克因斯的充分就业。"③ 因为他们均认为当时中国的通货膨胀致使中国达到充分就业，因此，明确反对政府再借发行货币来刺激经济增长。

而主张中国没有达到充分就业的以徐毓枬、甘士杰、丁忱、桑恒康等为代表。徐毓枬是第一个真正从剑桥拿到经济学博士学位的中国人，也是亲炙过凯恩斯讲课的中国人，并在中国高校系统讲授凯恩斯的《通论》课。因此，研究凯恩斯就业理论的中国学者首推徐毓枬。他还是凯恩斯《就业、利息和货币通论》的最早翻译者，实际上早在1948年他的译稿就已经完成了，但是由于时局不靖，到1957年才由三联书店付梓，后由商务印书馆再版，列入"汉译世界学术名著丛书"，直到今天还在不断印刷出版。

针对"中国已经达到充分就业"论，徐毓枬于1947年在《经济评论》上连发两篇文章，从理论上加以辩驳。④ 徐毓枬指出当时确有一种理论认为通货膨胀可以达到充分就业，但需要一定的理论前提，如"（a）货币工资在未达充分就业以前，不随物价之涨而涨，但一达充分就业，则与物价作同比例的增加；（b）劳工间有自由竞争，雇主可以在最低廉时雇用工人，故在未达充分就业以前，已就业者怕未就业者竞争，不敢抬高货币工资；（c）通货膨胀对于消费倾向本身并无多大影响"。⑤ 因为这三个前提在当时的中国都不成立，因此虽然当时通货膨胀不能增加就业量，但是并不是因为已经

---

① 徐建平：《目前中国已达充分就业》，《经济评论》第2卷第2期，1947年，第8页。

② 吴大业：《有效需要过多还是不足？答徐毓枬先生》，《经济评论》第2卷第12期，1947年，第14页。关于过度就业问题可以参见吴大业《再论超充分就业与生产：答邵循恺先生》，《经济评论》第2卷第20期，1948年。

③ 吴大业：《就业与生产——并答李立中先生》，《经济评论》第2卷第8期，1947年，第6页。

④ 参见徐毓枬《目前中国是否已达到充分就业》，《经济评论》第1卷第22期，1947年和《再论目前中国是否达到充分就业：兼论增加生产之道》，《经济评论》第2卷第12期，1947年。

⑤ 徐毓枬：《目前中国是否已达到充分就业》，《经济评》第1卷第22期，1947年，第6页。

达到充分就业，而是因为在当时情形下，通货膨胀已经不是增加就业的一种手段了。

财政金融专家甘士杰的观点更加着眼于中国的现实问题，他指出凯恩斯的充分就业理论是建立在英美高度工业化的经济社会和自由放任的经济组织基础上的，与中国仍处于落后的农业社会，且人为统制因素过盛的局面有着天壤之别。中国农民占全国人口总数 80% 以上，并没有完全就业；新兴工业所提供的就业机会比重较小，且"人浮于事""毕业即失业"现象非常多。他指责通货膨胀和战争对于中国经济的破坏，并进一步表示政府强迫劳工增加工作、从国外输入新式生产设备、提高工人生活水准来增进效能等都可以使就业量大大增加，产量也因此可以增加。因此，中国并没有达到充分就业。①

由于中国现实具有相当的说服力，所以"中国没有达到充分就业论"占据了上风。"充分就业"之争表面上是经济名词之争，而实质上是对于西方经济理论学习研讨过程中因理解不同而产生的争论，归根到底是在讨论中国是否可以增加就业、如何增加就业，希望达到以增加就业来增加产出的目的。因此，这场争论虽然看似荒唐，但是确实具有相当的理论意义和现实意义。

为了更加明晰凯恩斯的就业理论，徐毓枬详细介绍了庇古的就业理论，前后对比，以作参照。② 他已经认识到凯恩斯就业理论不适用于中国现实，撰文专门从理论上介绍凯恩斯的就业理论，探讨在以私人企业为主的资本主义体系下为什么会存在短期失业现象。他正确阐述了摩擦失业、自愿失业和非自愿失业的概念和特点，并从资本边际效率和利率的决定理论入手，得出短期失业缘于投资小于储蓄的结论。他还将就业的变动理论引申运用到如何解释经济周期。最后，他肯定了凯恩斯的主张，即在维持以私人企业及个人主义为中心的资本主义社会的前提下，国家应该运用租税制度、利率以及其他方法来干预投资与储蓄。③

---

① 参见甘士杰《凯恩斯（J. M. Keynes）论充分就业：兼论中国目前是否已达充分就业》，《新中华》第 6 卷第 10 期，1948 年，第 44～49 页。

② 参见徐毓枬《就业通论以前的皮古教授之就业理论》，《社会科学》（北平）第 4 卷第 2 期，1948 年，第 29～54 页。

③ 参见徐毓枬《凯恩斯就业通论简述》，《社会科学》（北平）第 4 卷第 1 期，1947 年，第 91～108 页。

　　曾留学西欧的褚葆一撰文着重介绍了"供给创造其本身之需求"的"叟依（萨伊）法则"与凯恩斯"以市场之有效需求为其推论之核心"的就业理论的差异。他认为，凯恩斯在就业理论方面的最大特色是宏观分析，是"以整个经济制度之活动为其分析之对象"，而"以前各家之理论，每多着眼于局部经济机构之观察，对于细微末节不惜反复检讨，而于全局变动，及整个趋势反加忽视，致蹈只见树木不见森林之讥"，而凯恩斯"则跳出显微镜分析之限制，而用望远镜加以观察，向整体经济学（Macro-economics）迈步"。[①]

　　毕业于武汉大学经济系的万典武 1948 年发表《凯恩斯派与古典派关于充分就业的论争》一文，分析了凯恩斯与古典学派在充分就业方面的歧见。该文指出古典派首先假定充分就业已经存在，他们对失业问题不加讨论，认为只要市场完全而劳动又有完全的移动性，则充分就业的情形必然与静态均衡同时达到。而凯恩斯则以资本主义社会的经济衰退为背景，创造出因缺乏一般的"有效需求"而发生"非自愿失业"的学说，并提议以增加投资来刺激繁荣，使"非自愿失业"消灭，达到充分就业。[②]

　　1949 年获得哈佛大学博士学位的浦山在其博士学位论文《技术进步与就业》一文中秉持反新古典经济学的立场，归依于新崛起的凯恩斯主义，依据熊彼特的创新理论和凯恩斯的收入决定理论，建立了一个包含技术进步的模型，运用静态与动态比较方法分析技术进步对就业的各种影响。该文认为，"自从凯恩斯的《就业、利息和货币通论》出版以来，在劳动力就业的经济理论方面已经取得了许多进步。特别是作为凯恩斯理论重要贡献的消费函数的决定因素和作为近来所有动态商业周期理论基石的引致投资支出的决定因素这两大问题，无论是在理论构建还是在统计估计方面都取得了相当大的进步"。[③] 在该论文中，浦山多处征引凯恩斯《通论》一书的观点分析就业问题。

　　由于明显感受到凯恩斯就业理论不适用于中国现实，学者们更多的是从理论层面讨论这一问题，难免有纸上谈兵之嫌。但是，由于此间中国留学生

①　褚葆一：《凯恩斯氏的就业理论》，《实业金融》第 1 卷第 2 期，1948 年，第 11 页。

②　万典武：《凯恩斯派与古典派关于充分就业的论争》，《财政评论》第 18 卷第 1 期，1948 年，第 49～59 页。

③　浦山：《浦山集》，中国社会科学出版社，2006，第 2 页。

大量学成归国，成为讨论就业理论的生力军，因此讨论过程中所涉及的理论问题均属于国际上经济学的前沿问题。理论中的相关概念、逻辑关系、最终结论以及政策建议等均是讨论的对象，虽然不甚明晰，但中国学者确实在努力追赶国际上经济学发展的步伐，积极引进新的理论和研究范式来试图解决中国的经济问题。

（四）凯恩斯经济思想与其他学派经济思想的比较研究

在凯恩斯经济思想与其他学派经济思想的比较研究中，中国海外留学生是最为重要的一个群体。其中，曾于 1922～1927 年在美国纽约州立大学攻读博士学位的袁贤能、1937～1939 年在英国剑桥大学进修的樊弘、1947～1948 年在美国威斯康星大学攻读经济学硕士学位的雍文远等起到了主要的推动作用。当然，在国内攻读学位的老一辈经济学家，如胡代光等，也参与了相关研究。

雍文远是较早进行比较研究的中国学者之一。1945 年，他准确把握住西方经济学发展的脉搏，比较了哈耶克和凯恩斯的经济思想。他深入分析了二者理论上的差异，认为同样是解释经济衰退和失业增加，哈耶克用的是"投资过剩说"，而凯恩斯则用的是"投资消费不足说"，因而结论不同。并进一步表明态度，认为如果达到充分就业，哈耶克的理论是正确的；而如果没有达到充分就业，则凯恩斯的理论更加实用。他还分析了哈耶克的货币中立思想和凯恩斯的政府干预思想。他赞扬凯恩斯提出的国家对投资市场进行掌控的想法，认为在有效需求不足时，国家可以自行投资以弥补自由投资市场的不足，并评论道："此种公共投资政策如果运用得当，不仅可以提高一般就业水准，而且可以避免经济恐慌的发生。"[1] 在谈到中国的现实问题时，他认为中国当时的主要问题是通货膨胀下有效需求过剩，因而，西方的经济理论在中国并不能全面适用。他说："其实，要将西洋任何人的全部学说无条件的来解释中国战时问题，都是很危险的。"[2] 而解决中国问题的唯一出路就是遏制通货膨胀。雍氏的观点客观、辩证，不激不随，在中国的学术界

---

[1]　雍文远：《从海克与凯恩斯的一般理论谈到中国的经济问题》，《金融知识》第 4 卷第 1、2 期合期，1945 年，第 52 页。

[2]　雍文远：《从海克与凯恩斯的一般理论谈到中国的经济问题》，《金融知识》第 4 卷第 1、2 期合期，1945 年，第 54 页。

起到了良好的示范和推动作用。

作为马克思主义学者，樊弘比较了凯恩斯和马克思经济思想的异同；同时，作为曾在英国剑桥大学进修的学者，他还比较了凯恩斯和传统剑桥学派经济思想的异同。樊弘是以马克思经济思想为尊的，他直截了当地指出："诚然凯衍斯的研究始终亦尚未跳出马克思的巨掌之外。"① 立论基础是二者关于利润率与利息率的关系看法相同，且马克思主义所暗含的利润率大于、小于、等于利息率的思想涵盖了凯恩斯的思想。但是，樊弘同时也肯定了凯恩斯独特的学术贡献，认为其在马克思理论基础上，探讨了生产技术不变条件下的失业问题，具有相当程度的创新性。而马克思较凯恩斯伟大之处在于马克思认为不消灭资本主义，失业问题将是永远存在的，所以无产阶级必须要夺取政权。

樊弘认识到经济学的新旧理论是有传承关系的，而且会随着经济状况变化而不断发展完善，因此，他亦有兴趣继续比较凯恩斯和传统剑桥学派经济思想的异同。他通过分析剑桥大学教授罗博生（D. H. Robertson）与凯恩斯长约 10 年的争论，试图将两种思想融合在一起。他认为凯恩斯的学说虽然并没有在根本上推翻传统剑桥学派的能力，却是有益的补充；而传统剑桥学派的学说亦不能在根本上粉碎凯恩斯学说的攻势，却可以帮助凯恩斯的学说去解释其所不能解释的部分。所以，"更伟大的经济的理论，应当建筑在兼有二者之长而无其短的更高一级的基础之上"。②

袁贤能主要比较了凯恩斯和穆勒的经济思想，他借用樊弘的语气，开宗明义地指出凯恩斯的理论"亦始终未跳出弥尔（John Stuart Mill）的巨掌之外"。③ 可见，袁贤能是正统经济学的捍卫者，他认为凯恩斯的理论不是新发现，"根本只不过是正统学派的学说的推论罢了"，但同时他也肯定了凯恩斯的"小小贡献或修正"，即"在价格赶不上成本的时候，他补充了正统学派的学说的缺点"，承认了失业问题的存在。④ 袁氏的这一论断说明他没有真正理解凯恩斯的经济思想，没有认识到凯恩斯对于西方经济学的革命性意义。

---

① 樊弘：《凯衍斯和马克思》，《经济论评》（半月刊）1947 年第 8 期，第 3 页。
② 樊弘：《罗博生和凯衍斯》，《学原》第 1 卷第 6 期，1947 年，第 77 页。
③ 袁贤能：《凯衍斯与弥尔》，《经济评论》第 1 卷第 14 期，1947 年，第 14 页。
④ 袁贤能：《凯衍斯与弥尔》，《经济评论》第 1 卷第 14 期，1947 年，第 16 页。

　　胡代光已经充分认识到凯恩斯经济思想的价值，将其与亚当·斯密和马克思相提并论。并指出凯恩斯和马克思"已经做了正统派理论的叛逆"，"他们都根据另一种假定，建立另一种理论结构，以解析现社会的资本主义的生产活动"，虽然他们的理论本身未必完全正确，"可是他们却建立了不少正确的观念，提供了很多实际的建议，颇有耐人深思的地方"。①

　　1936年以后，不仅中国学术界围绕凯恩斯经济思想展开热烈的争鸣，而且当时中国大学经济系开始讲授凯恩斯经济思想的课程，如1938年上半年，迈克尔·林德赛（Michael Lindsay）就已经开始在燕京大学较为系统地教授凯恩斯的货币理论。②受此影响，当时大学经济系学生的本科毕业论文不少是以凯恩斯经济思想研究作为选题的，如武汉大学经济系1945、1946年毕业论文中有以下数篇研究凯恩斯经济思想：杨叔湘的《凯恩斯银行利率理论的分析与批判》（1945）；刘兆丰的《凯恩斯金融学说述评》（1945）；万典武的《凯恩斯利息学说的综合研究》（1945）；王善同的《论凯恩斯价格决定之理论》（1946）；何爱友的《凯恩斯货币理论述评》（1946）。③此外，一生致力于研究凯恩斯主义的刘涤源1939年获武汉大学经济系硕士学位的论文《货币相对数量说》亦是以凯恩斯经济思想为指引构建其货币理论的，该论文获中央研究院杨铨学术奖。南开大学1943年入学、1945年毕业的第七届研究生雍文远的毕业论文题为《皮古与凯因斯就业理论之比较研究》。④凯恩斯经济思想纳入大学经济系教育体系，是凯恩斯主义经济学在中国进一步传播的重要标志之一。

三　理论与现实：对凯恩斯经济思想的最终判断

　　凯恩斯理论在西方世界不仅引发了经济学的革命，而且在一定程度上改

---

①　胡代光：《凯恩斯与马克思》，《财政评论》第19卷第3期，1948年，第61页。

②　Paul B. Trescott, "How Keynesian Economics Came to China", *History of Political Economy*, Vol. 44, No. 2 (2012), pp. 344-345. 迈克尔·林德赛1937年就读于英国剑桥大学，聆听过凯恩斯的讲座，熟稔凯恩斯的学术思想。他接受庚子赔款的"中国文教促进基金会"项目，执教于燕京大学。

③　参见王经伟《民国时期经济学学位论文经济思想研究——以民国时期武汉大学经济学系学位论文为研究视角》，武汉大学博士学位论文，2013。

④　参见李翠莲《留美生与中国经济学》，南开大学出版社，2009，第287页。

变了资本主义的航向，发达资本主义国家纷纷运用凯恩斯经济理论来加强国家对经济的干预。在国际潮流的带动下，中国学者也敏锐地意识到其重要性，于是从探索认识凯恩斯的货币思想，并在法币改革过程中实际运用其管理通货思想，到辩争与中国现实有一定差距的财政理论、就业理论（总生产理论），再到将凯恩斯理论与正统经济学、马克思经济理论进行比较，可见中国学者对于凯恩斯经济思想的认识得到逐步深化。一部分学者是坚决支持凯恩斯经济思想的，但范围主要局限在其管理通货思想，如顾翊群等；一部分学者是坚决反对凯恩斯经济思想的，如蒋硕杰等；还有一部分学者在研读过程中有破有立，如雍文远、樊弘等。

其中，中国的海外留学生因为学习到了原汁原味的凯恩斯经济理论，他们的认识更加深化。他们中的大部分学者虽然没有直接参与凯恩斯经济理论的解读与分析讨论，但在其治学道路上直接追随了凯恩斯的分析方法。以在哈佛大学获得博士学位的中国学者为例，方善桂、谢强、王念祖、桑恒康等的博士论文中均大量运用了凯恩斯的逻辑思路和分析方法，这表明他们对于凯恩斯的经济理论已经非常熟识。①

还有一个较为突出的例证是关于国民经济统计问题。正是在凯恩斯创立的以总量指标为主要分析对象的宏观经济学中，由于更强调以国家为本位的数量分析和政策取向，所以，国民经济统计才被赋予特殊重要的地位和作用，成为政策选择的依据。在这一领域中，巫宝三成为领军人物，他编制过1933 年、1936 年和1937 年中国的国民所得，在联合国1948 年发布的《各国1938 ~1947 年国民所得的统计》中即采纳了巫宝三所提供的有关数据。

另外，曾留学哥伦比亚大学并获得硕士学位的统计学家金国宝于1948 年出版有《凯恩斯之经济学说》一书。②

随着凯恩斯主义风靡中国，许多中国经济学者除了解读凯恩斯经济思想、运用凯恩斯分析方法以外，也试图运用其理论来解决中国的现实经济问

---

① 邹进文：《近代中国经济学的发展——来自留学生博士论文的考察》，《中国社会科学》2010 年第5 期，第98 ~99 页。方善桂于1941 年获得博士学位，博士论文题为《经济周期和国际收支平衡》；谢强于1941 年获得博士学位，博士论文题为《1929 年的转折：主要周期理论检验尝试》；王念祖于1945 年获得博士学位，博士论文题为《工业化、货币扩张和通货膨胀：不发达国家工业化进程研究》；桑恒康于1947 年获得博士学位，博士论文题为《资本形成机制》。

② 因暂时无法获得相关资料，故内容无法得知，只能留待日后进一步发掘。

题，提出具有凯恩斯色彩的政策主张，如姚庆三主张设立国民经济建设委员会，运用公债来推动公共建设等。这些主张在理论上是恰当的，是可以推动当时经济发展的。但是事实上，这些主张并没有真正转换为现实政策。个中原因并不在于对凯恩斯经济理论认识上的欠缺，而是因为战争的频仍使中国政府更多关注战费的筹措，而不是经济的复苏及发展，这使得中国失去了实施这些政策的外部大环境。

从统制经济到战时经济，中国政府确实实施了政府干预措施，但是这与凯恩斯所提倡的政府干预经济思想是截然不同的。在近代中国，经济学者一般是以谋求国家富强这一国家主义目标为依归，国家主义成为早期中国经济学的基本价值取向。民国学者从19世纪前期的德国身上看到了自己作为工业欠发达国家的影子，深深受到德国历史学派国家主义色彩的感染。而南京国民政府的亲德政策正好与经济学的这一学术诉求桴鼓相应。因此，对于德国历史学派的研究和认可成为中国实行统制经济和战时经济的重要理论基础之一。所以，近代中国经济学的发展不仅仅是一个学术问题，而且是一个政治命运的问题，这是中国经济学形成过程的出发点与根本特征。[①] 相比之下，当时论述统制经济和战时经济的学者很少提到凯恩斯理论。因为凯恩斯在中国最初是被看成一个货币金融学家，他的国家干预理论同中国统制经济的兴起关系不大，只是他的管理通货论，对中国的金融统制产生了较为广泛的影响。[②] 而凯恩斯的经济理论与中国现实存在一定差距，与战时经济更是相去甚远，因此理论的发展受到现实的羁绊，在政策层面上所起作用较少。

基于此，一些中国学者认为中国与西方国家国情不同，对凯恩斯理论是否适用于中国提出了质疑。因此，中国学者对于凯恩斯经济思想的判断最终落实到其如何中国化问题。早在1940年代早期，哈佛大学经济学博士王念祖在写作博士论文《工业化、货币扩张和通货膨胀：不发达国家工业化进程研究》（*Industrialization, Monetary Expansion, and Inflation: An Introduction to the Study of the Process of Industrialization in less Developed Countries*）过程中，就对凯恩斯经济思想是否适用于中国提出质疑，他认为，西方国家的萧条是

---

① 严鹏：《中国经济学形成过程中的德国传统——德国历史学派与民国时期中国经济学的演化》，《演化与创新经济学评论》2011年第11期，第90页。

② 参见孙大权《中国经济学的成长——中国经济学社研究（1923～1953）》，上海三联书店，2006，第255页。

伴随着长期不景气的趋势和战后有效需求急剧下降而产生的，而中国等发展中国家的问题不是经济萧条而是通货膨胀，主要是因为这些国家必将以扩张货币的手段刺激工业化。当时王念祖的导师是有"美国的凯恩斯"之称的汉森（Alvin Hansen，1887－1975）教授，但王念祖在学术观点上"和他唱反调"，表现出极大的魄力和独立思考的能力。①

学者万一华也指出，中国学者在讨论政府贷款政策时，纷纷援用凯恩斯的理论，结果观点大相径庭，出现了中国是否已经达到充分就业的争论。他认为，解决这一争论的核心应该在于深入讨论凯恩斯理论是否能够中国化这一问题，并明确提出"凯氏理论不能硬套在目前的中国"。② 吴大琨也指出："有些凯恩斯的信徒们把凯恩斯的那一套'理论'已完全无条件地搬到中国来应用——这显然是不适用的。""与其把时间浪费在把充分就业的理论硬套进中国的社会里来，不如先集中精力来把一些凯恩斯的基本著作……翻译介绍进中国。"③

在凯恩斯经济理论中国化问题讨论中，最具代表性的人物是马寅初。1948 年 8 月，马寅初出版《财政学与中国财政——理论与现实》一书，在该书"自序"中，他就专门讨论了"凯恩斯的'一般理论'与凯恩斯学派的主张于中国是否适用"这一问题，可见其受重视程度。马寅初承认凯恩斯理论的巨大价值，但是他同时强调中国是一个落后的农业国家，因此，"不能以西洋最高最新的学说来用于中国"。④

马寅初总结出九个方面来证明自己的观点。第一，中国的小农经营与英美的工商业经营性质大不相同，农场中的劳力主要由家庭分子自行供给，经营主与劳动者结为一体，无所谓自愿失业与不自愿失业。第二，英美资本主义国家里储蓄与投资主体是不同的，他们的目标不一致，前者的目标在于利息，后者的目标在于利润，因为利害不一致，所以欲使投资等于储蓄就成为一个难题。而在中国农村，储蓄者就是投资者。第三，对于资本边际效率和边际消费倾向，马寅初也有不同看法。他认为美国经济已达饱和点，出现资

---

① 参见王念祖《我的九条命——王念祖回忆录》，中国财政经济出版社，2002，第 50 页。

② 万一华：《凯恩斯理论能中国化吗？》，《经济周报》第 6 卷第 9 期，1948 年，第 174 页。

③ 吴大琨：《介绍一本关于凯恩斯研究的专书》，《经济周报》第 6 卷第 17 期，1948 年，第 325 页。

④ 马寅初：《财政学与中国财政——理论与现实》，2005（1948 年初版），第 10～11 页。

本边际效率下降和边际消费倾向下降；而中国情形恰恰相反，中国的资本仍有较高的边际效率，而消费额只有增加，一时决无减少的趋势。第四，关于利率政策，他认为在极端的资本主义国家里，因为资本边际效率很低，必须要降低利率才可以促进投资。但是中国的农业经营是农民生存的支柱，即使没有利润也会继续经营，因而利率政策失效。第五，劳动力在英美是可流动要素，但在中国却没有什么流动性。第六，中国与发达资本主义国家都存在分配不均，但中国的分配不均是在地主与佃户之间，不在劳动力与资本家之间。第七，高度工业化的资本主义国家中，因贫富大相悬殊，富人用不了，贫人买不起，恐慌逐步地蔓延，最后波及全国，乃至影响全世界。在中国农业经济的现阶段，这样的恐慌，决不致发生。第八，在极端的资本主义国家里，经济萧条时期，政府用公共工程投资出面来救济，而经济繁荣时期，公共工程必须延缓，以待工商业渐趋萎缩时再行举办。但是中国百废待兴，没有一桩大规模的工程是可以随举随停的。第九，发达的资本主义国家利用财政赤字来推动公共工程，并利用公共工程的自偿力收回公债，不会产生财政危机。但在中国，当政治不上轨道的时候，财政赤字害多利少，会造成人力物力之浪费，徒饱私囊，未裕国帑。

马寅初从中国的现实出发，也即从理论的最初假定入手，来探讨凯恩斯理论的中国化问题，得出的结论是："凯恩斯的大著以及凯恩斯学派的学识移植于我国，实有格格不入之弊"。① 他的思路是正确而清晰的，代表了绝大多数致力于研究如何在中国应用凯恩斯理论的中国学者的主要观点。但是，他的观点也有偏颇之处，例如他指出："若再就与本国社会环境与历史背景毫无关系之外国学说加以详尽的讨论与争辩，实是一种精力与时间的浪费。"② 因为，尽管理论与现实是有差距的，但是对于先进理论的学习在一定程度上仍然具有前瞻性和指导性的作用。

新中国成立以后，在一面倒"大批判"的年代里，对凯恩斯经济思想的抨击与对马克思经济思想的崇拜式评析形成了鲜明对照。新中国成立后的头三十多年，中国学术界对于凯恩斯经济思想的解析误入歧途，梁小民先生

---

① 马寅初：《财政学与中国财政——理论与现实》，第 21 页。
② 马寅初：《财政学与中国财政——理论与现实》，第 16 页。

调侃道，这些解析"对我们认识它的反动性起了积极的作用"。[①]而国外学者对凯恩斯的研究，也有随经济思想潮流和经济风向变动的趋势。因此，凯恩斯理论在学术界经历了数次大起大落。学者管毅平指出："凯恩斯及其思想在我国的命运悲喜交集，悲在其或上天堂或入地狱，喜在其也能碰到以求实心相待的学人。"[②]相对于新中国成立以后凯恩斯经济思想遭遇的大喜大悲而言，中国近代学者在学习与运用凯恩斯理论过程中表现出的不激不随、客观辩证的精神确实值得钦佩。在倡导学术多元化的今天，各种经济理论的荣辱浮沉充分证明了一点，即随着经济、政治和文化等时代潮流的变迁，经济理论是不断发展变化的，其演进路径没有、不可能、也没有必要彻底地摆脱旧的经济学体系。因此，完全的批判与完全的接受似乎都是不妥的，有破有立、理论与现实相结合才是对待经济理论发展的正确态度。在一定程度上，中国近代学者在回应凯恩斯经济思想方面做出了表率。

通观全局，凯恩斯经济思想确实在近代中国经济学发展的过程中起到了无可替代的推动和提升作用，但遗憾的是，它在近代中国并没有像当时发达的资本主义国家那样转换成现实的经济政策。这与其说是理论界反凯恩斯理论占上风的结果，倒不如说是当时中国的客观环境使然。中国学者清楚地认识到在当时的环境下实务与理论不可同日而语，他们赞成亲德政府的一些政策选择的同时也追求、信仰西方主流经济理论，这就形成了理论与现实的割裂。这种割裂反映的正是这一时期中国经济学的内在张力，这是由当时中国在世界体系中实际的政治经济地位所决定的。

（作者单位：中南财经政法大学经济学院）

---

① 梁小民：《对"凯恩斯革命"的再认识》，《读书》1985 年第 3 期，第 28 页。

② 管毅平：《凯恩斯思想演变的轨迹》，《读书》2000 年第 4 期，第 94 页。

新式交通与近代城乡空间格局的变动

丁贤勇

近代以降，西力东侵，新式交通进入中国，以机械力克服自然力时代之局限，使原先的地理空间结构发生较大之变动。本人在《近代交通与市场空间结构的嬗变：以浙江为中心》等文中对其做过初步的探讨。[①] 从更宏观的角度来说，这种变动是如何发生的？其呈现的形态如何及其对城乡空间结构的影响又是什么？本文仅从海陆交通格局、水陆交通工具及对城乡空间结构的影响等方面做进一步的探讨。

一 海陆交通格局变化：出现海洋导向的交通格局

沿海（远洋）运输兴起，并逐步取代了以内河为主的内陆运输。

传统交通运输是以内河水上交通运输为主的：利用天然的或人工的河道，实现货物与人员往来，并在大江大河边形成人类大大小小的聚落。陆上运输因仅限于人力与畜力的运输，运输成本高，只起辅助作用。同时，水上运输，尤其是沿海地区的运输，因自然气候条件（如大风大浪）、制度安排（如清代闭关政策）等制约，也只是起补充作用（如上海沙船）。

原先南北运输主要是依靠大运河实现的，如 1793 年秋天的马戛尔尼、

[①] 丁贤勇：《近代交通与市场空间结构的嬗变：以浙江为中心》，《中国经济史研究》2010 年第 3 期。

1859 年春天的容闳①都走过大运河，沿钱塘江而上到达常山、玉山，再南下两广或到华中地区。及至近代，随着海上贸易与海外运输的发展，沟通中国南北的大运河—钱塘江水上运输，开始衰落。传统内河运输体系让位于沿海、外（远）洋运输。

人流、物流的流向发生了改变。一方面，以区域内部流动为主，转向区域外部的流动；另一方面，由内地乡镇流向沿海港口城市。而这一沿海、远洋运输的发展，由以往以区域性为主的运输，扩大到近代以来的区域间、国际贸易。宁波开埠后、杭州开埠前，"海禁既弛，甬江轮船四达便利，上游行旅率去对江之义桥临浦等镇，东出甬口，鲜有道江干矣"。② 从近代中国来说，大致上形成了沿海向内地，华南以广州为中心，华东以上海为中心，华北以天津为中心，呈扇形向内地辐射的状态。

上游与下游变化。就流域而言，河流下游近海。因交通变革，社会经济由从上游资源导向到下游市场导向转变。明清以来，钱塘江流域有新安、龙游和宁波三大商帮，有代表性地反映了这一变化。

以水上运输为主的传统交通，是以资源地为中心自上向下渗透。以钱塘江流域为例，明清具有代表性的十大商帮中有徽商、龙游商人两大商帮兴起于钱塘江上游的衢江和新安江。上游山地商人兴起，一是因为生存空间狭小，如龙游僻处浙西山区，徽州"七山半水半分田"。二是有一定的山地资源，可做走出大山以商代耕之资。在该地，"龙游料"成为钱塘江上优质木材的代名词。③ 傅衣凌说："徽州人为推销其手工业品及原料品，每于无意中获得不少关于商业上的经验，这当是徽商的原始。"④ 另外，便利的交通也是其兴起因素之一。上游徽、衢山区有兰江、新安江直下杭州，为土特产品的输出提供了便利。源于钱塘江上游两条最大支流的两大商人团体，携农业社会的资源优势，随波逐流渗透进下游地区社会，生根壮大，纵横天下，形成明清时期"遍地龙游""遍地徽"的独特格局。

---

① 〔英〕马戛尔尼：《乾隆英使觐见记》（下卷，刘半农译，中华书局，1916），第 1～148 页载，10 月 7 日，使团离京，沿大运河南下，11 月 21 日到达玉山，12 月 19 日抵达广州。另见容闳《西学东渐记》，中州古籍出版社，1998，第 108～110 页。

② 民国《杭州府志》卷 6《市镇》，1922，第 2 页。

③ 丁贤勇、陈浩译编《1921 年浙江社会经济调查》，北京图书馆出版社，2007，第 32 页。

④ 傅衣凌：《明清时代商人及商业资本·明代江南市民经济试探》，中华书局，2007，第 53 页。

在近代经济转型大背景下，就流域空间而言，新式交通对商帮的兴衰更替产生重要影响，上游山地商人走向衰落，下游口岸商人兴起或持续发展。近代以降，沿海和沿江各口次第开放，市场格局发生扭转，对外贸易主导了商品市场，商品的起点和流向发生倒转。市场在哪儿，资源、人才就在哪儿，上海成为国内市场的终端，成为国内外市场的联结点，而以上海市场为中心的下游宁波商帮，包括太湖流域之洞庭商帮，开始兴起。

商帮在形成之初，如果说上游商人凭资源优势，因资源导向渐成商帮的话，下游商人则凭市场优势，因市场导向转型成为商帮。到了近代，下游口岸的原材料的买方在交易中居有利地位，开始掌握市场交易的主动权。下游发达地区强势工业品（洋货）出现，进一步弱化了农副土特产品的产地优势。无论是新安、龙游商人，还是乍起乍落的湖州丝商，其衰落的主因是市场发生变化，即农副土特产品市场向现代工业品市场转变、国内市场向国际市场转变。如"价格方面，也因上海洋行的操纵，一般茶商，大体多受亏折"。[1] 产品定价权旁落。就上游地区交通条件改变的大背景而言，作为东南孔道的钱塘江水运优势，也在海运背景下逐渐丧失。加之在流域本身，20世纪初小轮航运现身钱塘江，1930年代衢州、徽州与杭州公路的开通以及浙赣铁路的建成通车，对外交通发生巨变。在买卖双方市场主动权的转换节点上，新式交通起了助推作用。

宁波凭临港临海的地理优势，在新安、龙游商人沉寂之时崛起。宁波地少人多，经商历史悠久，但大规模经商则是在西力东侵之后。作为中国最早开放的贸易口岸之一，开埠带来的商业文明，使宁波人拥闯荡天下之雄心，并利用下游口岸优势，南下北上，尤借上海之平台，成为独领风骚的地缘性商人群体，原本"无徽不成镇"为"无宁不成市"所取代。

二　水陆交通工具变化：陆上交通运输发挥主导性作用

近代交通变革，使流域贸易向区域贸易发展。

传统交通流域性特征明显。流域内部的水路，呈现出干流与支流不断向

---

① 何炳贤：《民国二十一年中国工商业的回顾》，《工商半月刊》第5卷第1号，1933年1月1日，"撰述"，第25页。

上分叉的树形水系结构。流域面积或支流的大小，决定了物资集散范围的大小和城镇面积的大小。钱塘江作为浙江的母亲河，杭州居其下游，犹如处大树之根部，以全流域为腹地；杭州又居钱塘江流域与太湖流域交接面上，它就有可能成为两大流域最大的城市。小流域间，也是通过干流与支流交叉的节点相互迂回，实现交流。沿江城镇兴起的主要区位条件，往往是在大小流域（干流）间交叉的节点或分叉点上。如桐庐、梅城、兰溪、金华、衢州等均位于两江或三江汇合处，从而成为沿江最主要的城镇。

　　新式交通出现后，大山、大河、大海等自然条件的限制逐步消除，不同地理单元间原先不便或不能逾越的障碍被慢慢克服，高山变坦途，天堑成通途，古老的自然形成的流域贸易局面开始被打破。1930年代，浙赣（杭江）铁路作为一条从钱塘江下游深入钱塘江上游内地的陆上交通干线，贯通钱塘江流域内部腹地，横切过了所属钱塘江大流域的浦阳江、东阳江、金华江、衢江各流域，冲进了相邻相背的赣江流域。其在打破流域贸易中的作用尤巨，并使市场出现重组。"浙江交通，向靠水道，近年公路铁路以次兴筑，交通组织大变。"① 比如沿线粮食的集散与运输，"无论上运下运之米，沿路各站均可上车，不独兰溪之米市黯然销沉，即衢县、金华之米市，亦化整为零"。② 又"金华火腿出东阳"，火腿原要沿东阳江起程西下，过金华江，向东北经兰江、富春江，约需一周，经约千里的弧形水路来到杭州，然后转运各地。铁路开通后东阳火腿在临近的义乌站就可登车，经半天时间，约走120千米，几乎是向北偏东的一条直线，到达杭州。这两条起点和终点相同行走方向相反的线路，环绕龙门山脉转了一整圈，形成一个标准的椭圆，在其周长上，水路约占2/3，铁路占1/3，铁路带来的在途时间和空间距离的缩短，变化至巨。这样，大大缩短了运输时间，降低了运输成本。

　　陆运取代了水运，成为内地主要交通运输方式。近代交通在工业革命背景之下，由自然力时代向机械力时代转变。轮船取代帆船，但是航道一般还是天然河道，只是量变；但火车、汽车等强势交通工具的发展，使陆上交通运输经历了一场革命，其空间结构发生巨变。

---

① 黄明：《浙江省推进农仓业之基础》，《浙江建设月刊》第10卷第4期，1936年12月，"论著"，第73页。

② 孙晓村等编《浙江粮食调查》，上海社会经济调查所，1935，第69页。

一方面，联系流域外部的弧形曲线式商路，被跨流域的直线取代。在自然力交通条件下，人们生产生活的空间活动范围往往以自然流域为主，沿着流域范围进行。流域间以山脉的山脊线作为分界线，流域的大小一般取决于山脉的大小，山脉的大小和山脊的高低，决定了人们相互交往的便利程度和往返密度。[①] 跨流域交往受到自然条件——诸如崇山峻岭等的阻隔，人们的交往无论是政治、经济、商业贸易、文化娱乐，还是婚姻嫁娶和民间信仰，均带有流域性质。流域间的经济文化与货物交流，一般要经过河流间的交汇点，相互迂回，得以实现。如浙赣交界处主要以仙霞岭山脉的山脊线为界，分为钱塘江和鄱阳湖（信江）相背的两个流域，"两大河道之源流，虽谷道遥遥相接，而山脉中梗，分流背向，故由浙入赣，或由赣入浙，旧时交通惟恃驿道，以相贯联，即近年汽车公路勃兴，而浙赣两省会间水陆仍无直达途径，不得不作改趋长江弧形之绕道"。[②]"盖就地理环境言，浙西南与赣东壤地相接，关系密迩。未通车前，因山岭横隔，交通梗阻，商旅往还，须绕道长江，既耗金钱，又费时日。"[③] 这就意味着浙赣两省的交通往往要通过钱塘江—大运河—长江—鄱阳湖的弧形绕道得以实现。

新式交通克服了大山大河大海等自然屏障的限制，不同地理单元间原本不便或不能逾越的障碍逐步消失，高山变坦途，天堑成通途，原本的曲线被简短直线所取代，自然形成的流域交往格局开始被切破。如浙赣"两省之货物往来，均舍弃水道而利用铁道，可以直达市场"。[④]"昔景德镇瓷器运至杭州，每担所需运费，高至一元八角，行程约需四十五日。倘循水路运至鹰潭，转由浙赣路运杭，每担运费只需一元二角七分，行程只需七日。"[⑤] 玉南段通车以后，杭州、南昌"轮轨既接，缩地有方，向之需旬日可达者，

---

① 与受大山高原等阻隔不同，在平原地带往往受大江大河大海的阻隔，形成相对独立的地理空间和行政空间。如受长江之隔产生的苏南、苏北，皖南、皖北，钱塘江南北的浙东、浙西之别，等等。

② 《本路未筑以前浙赣两省沿线各地之交通状况》，《浙赣铁路月刊》第2卷第8期，1936年1月，第9页。

③ 黄绍竑：《浙赣通车与两省经济提携》，《浙江商务》第1卷第5期，1936年5月15日，"论著"，第1页。

④ 朱惠清：《浙赣经济合作方案》，《浙江商务》第1卷第5期，"论著"，第88页。

⑤ 黄绍竑：《浙赣通车与两省经济提携》，《浙江商务》第1卷第5期，"论著"，第2页。

今则二十四小时足矣。"① 杭南旅运,"据铁路当局言,尚可缩减四小时,其难易迟速之差,不只霄壤"。②

另一方面,联系流域内部的树形分叉式商路,为铁路公路线所横切贯通。新式交通出现后,自然形成的流域贸易局面开始被冲破。1930年代浙赣铁路"路线所经,旧时交通不便,多数是大家公认为封锁的溪谷的腹地,文化经济,都很落后"。③ 作为从钱塘江下游深切到钱塘江上游的陆上交通干线,贯通钱塘江流域内部腹地,横切过了钱塘江所属的浦阳江、东阳江、金华江、衢江等小流域,并冲进了相邻相背的鄱阳湖流域。"打开了几千年艰阻的难关",④ 形成一条穿越连续舞动曲线中间的直线,小流域局限被打破,市场随之重组,流向发生改变。如杭江铁路通车后,"无论上运下运之米,沿路各站均可上车,不独兰溪之米市黯然销沉,即衢县、金华之米市,亦化整为零。……交通大变,各县之米,均可就近输出,不再受水道之束缚,是以一般米市,皆日趋衰落,无一足为重心者"。⑤ 又如杭州与徽州同属于钱塘江流域,一在江头,一在江口,杭徽公路的建设,杭徽间只要数小时即可到达。在215公里的杭徽线上,1930年代杭州创办有鸿飞、凤山两家公司,15辆汽车,承运茶叶等大宗物资。千百年来杭徽道上"十日上徽州"⑥ 的艰难困苦终成过去。

从沿江(水)地区发展,向沿线、沿海、沿边与沿江地区发展。陆上运输发展以后,对城镇体系有重大改变作用。过去,水运在浙江交通运输中居中心地位,陆路交通处于辅助地位,主要依靠大运量的水上运输,在大江大河边形成经济贸易中心。"从前国内贸易,重在民船运输,商业中心,常在河川沿岸,浙省之衢州兰溪拱埠,江苏之镇江扬州淮阴,其最著者也"。⑦ "浙江交通,向靠水道",全浙原有1050个市镇,"大抵均系昔日水道基础

---

① 《浙赣铁路联合公司总报告第二号(二十四年一月至六月)》,浙江省档案馆藏,档案号:L085-002-0590,第73页。

② 黄绍竑:《浙赣通车与两省经济提携》,《浙江商务》第1卷第5期,"论著",第1页。

③ 杭江铁路工程局编《浙东景物纪》,弘文印书局,1933,"弁言"。

④ 洛川:《十年以前》,《浙赣路讯》第54号,1947年9月2日,第4版。

⑤ 孙晓村等编《浙江粮食调查》,1935,第69页。

⑥ 叶家俊:《浙江省公路运输状况概述》,《浙江省建设月刊》第8卷第12期,1935年6月,"报告",第33页。

⑦ 黄九如:《浙江省文化地理概要讲义》,浙江省地方自治专修学校,1931,第31页。

之交通网所形成"，"近年公路铁路以次兴筑，交通组织大变"。① 陆运开始逐步取代水运成为江南地区最主要的运输方式，汤寿潜说，"今则商业大势，由河流贸易时代，一变而为铁道贸易时代"。② 近代浙江除了沿海兴起个别新兴城市以外，铁路沿线城镇出现飞跃式发展，并逐步取代原先沿河城镇交通中心之地位。沿线（铁路、公路）、沿海、沿边城市开始兴起，而原先沿河（包括运河）城市开始衰落（当然所有城市均在水边），如淮阴与蚌埠。在浙江，海门兴起，金华发展，湖州、严州、盐官等衰落，旧严州府梅城相当地市级城市地位的消失与水运衰落相关。

三　交通社会作用加强：对中西东西城乡等空间结构的影响

近代交通出现后，世界市场对中国的影响逐渐加大。这虽不能简单地认为中国已开始成为世界市场的一部分，但其中有近代交通的革命性作用。

茶叶贸易是中西贸易的缩影，从中可以看到中国在此次经济全球化中地位的沉浮。此前，世界茶叶价格向来以中国为风向标，基本取决于上海、福州、汉口等通商口岸茶叶的供应状况，外商一般要通过茶栈以及中国商人才能了解到详细情况；加之路途遥远，运输没有保障，因此伦敦须经常屯积大量存货。而新的通信技术产生后，伦敦可以随时了解中国的茶叶行情，并派人直接来华采办；苏伊士运河通航后，航程大大缩短，特别是与此同时轮船替代帆船成为远洋运输中的主要运输工具。伦敦再没有必要大量囤积茶叶，而完全可以根据国内需求来决定存货多少。这直接促成了茶叶的"贸易革命"。

原先中英之间单向航程约需 120 天时间，往返则需 240 天，并听命于季风风向的自然安排。不仅如此，原来伦敦的需求信息要带至上海同样需要120 天，其实就是一年一个来回的生意。现在，地理航程缩短了 1/3，海底电缆完成了东西方的即时通信，航速又从风帆驱动的自然力时代进入了煤电能驱动的机械力时代，单程时间约减少为原先的 1/3。中西贸易从原来的一

---

① 黄明：《浙江省推进农仓业之基础》，《浙江建设月刊》第 10 卷第 4 期，1936 年 12 月，"论著"，第 73、75 页。

② 汤寿潜：《东南铁道大计划》，政协浙江省萧山市委员会文史工作委员会编《汤寿潜史料专辑》，1993，第 495 页。

年一个来回，一变而为一年多个来回。其结果是伦敦从此不必囤积大量茶叶以备市场之需，需要什么、需要多少、何时需要，伦敦商人发一个电报后，四五十天就能收到来自原本遥远东方的货物，茶叶囤积的地点一变而为上海等中国口岸城市，华茶从卖方市场一变而为买方市场。同时，茶叶等商品的定价权也开始丧失。原先，华茶从产地到达口岸以后坐以待沽；而现在，产品主导一变而为市场主导，需要多少、所需规格以及价格多少等，市场的选择余地大大增加，比如"浙江、广东、九江、汉口各处，洋商茶栈林立，轮船信息最速，何处便宜，即向何处收买，故闽茶必恃洋商，而洋商不专恃闽商"，致使茶叶等出口产品的定价权旁落。近代以降，新安商人、龙游商人衰落的主因是市场发生变化，农副土特产品市场向现代工业品市场转变，国内市场向国际市场转变。"价格方面，也因上海洋行的操纵，一般茶商，大体多受亏折。"① 商品定价权由中方转到英方，由卖方市场到买方市场，国内市场开始从属于世界市场。

交通变革，同样加大了国内沿海地区与中西部地区的差距。近代江南沿海的东侧相对内陆的西侧较为发达，新式交通方便了东侧都市及国外商品和工业品的输入，造成西侧及农村逆差的加大和手工业的破产。杭州与上海相比是如此，在杭申、湖申的内河运输中，"小轮船除运载旅客外，还拖带货船，但运输的货物以上海过来的为多，从湖州到上海的极少，有时往往空船返航"。② 杭州与浙江中西部相比也是如此，如杭江铁路"沿线无大宗出产品，仅少量之农产物及牲畜输出，尚不足与输入之制造品相抵，故货运下行多而上行少。各类货物吨数及进款，亦以制造品为独多，次为农产物及牲畜"。③ "向西运的货多，自玉山东运的货却少。……水路东运的竞争力，亦较西运为强，何况东运的农产货物的负担力又远不如西运的工艺品呢？"④ 新式交通便利了都市工业品的倾销，与工业品相比，农副土特产品价低量小，农村更陷于入不敷出之境。"数十年来内地与都市之贸易，常居入超地位，都市之运输机制品者，只知吸收内地之金钱，同时内地之生产者，苦于

---

① 何炳贤：《民国二十一年中国工商业的回顾》，《工商半月刊》第 5 卷第 1 号，1933 年 1 月 1 日。
② 丁贤勇、陈浩译编《1921 年浙江社会经济调查》，第 241 页。
③ 杭江铁路工程局编印《杭江铁路工程纪略》，1933，第 156 页。
④ 《浙江铁路公路考察随笔》，洪瑞涛：《铁路与公路》，交通杂志社，1935，第 266～267 页。

无法以挽回既溢之漏卮，以致农村贫瘠，每况愈下。"① 如浙江和江西在农业时代，相对封闭的地理条件及其自然条件基本相同，到了近代，两者的差距扩大。

在城乡关系的影响上，和东部与西部关系有一致之处。交通变革同样起到了重大促进作用，交通中心（城市）配置资源，城市集聚功能加强。

上海成为江南大区域的中心城市后，"自清季开海禁以后，我国对外贸易中心，渐集于上海，于是浙省外洋贸易，转趋衰落"。1909 年沪杭铁路通车，从长远看，铁路开通有利于杭州发展，但与上海相较，地位却进一步下降，"杭州在沪杭铁路未通以前，因有运河之便，为浙皖苏赣各省货物转运之中枢。其后沪宁铁路告成，运河运输，受一打击。杭关贸易，亦不及往日之胜"。② 并且，与江南其他城市一样，杭州也纳入上海经济腹地之内。《杭州关十年报告》记载，"本埠工厂所用原料，皆需取给于上海，而制造物品又视上海以为出路"。报纸所刊国际新闻，"多由沪上大报转录而来"。③ 原属杭州的经济腹地重新切割，如嘉兴、湖州，"水陆交通均称便利，因与上海相距甚近。故虽有沪杭铁路与京杭国道及苕溪运河之交通，而与杭州发生之经济关系，反不如上海为密"。④

汽车等陆上运输主要在大中城市周围及主要城镇之间起较大的沟通作用，这样一批城镇新纳入杭州腹地范围。"省境以内及与邻接省市间之交通，日见便利，而泰半集中于我杭市。故其最初目的，虽非专在繁荣杭市，而杭市将因之更臻于繁乐，似无可疑。"⑤ 杭州的核心腹地和基本腹地均得以加强。作为杭甬间的绍兴，其腹地被杭州与宁波分割。在绍兴，"无论水道陆路，在交通上东至曹娥，渡江即可通宁波，西至西兴，过钱塘江即至杭州。但赴宁波需时较久，至杭州则为时较短，故虽介于两较大都市之间而与宁波所发生之经济关系，不如杭州之甚。"⑥ 绍兴人因"与杭州连界，相距极近，自汽车路筑成以后，交通益形便利，故相率至杭，或以资本牟利，或

① 《从省际贸易说到沟通机制品与土产品》，《大公报》1936 年 10 月 2 日。
② 实业部国际贸易局编《中国实业志·浙江省》乙编，第 79、82 页。
③ 徐蔚葳主编《近代浙江通商口岸经济社会概况——浙海关、瓯海关、杭州关贸易报告集成》，第 718、826 页。
④ 实业部国际贸易局编《中国实业志·浙江省》丙编，第 3 页。
⑤ 吕贤浚：《杭州市分区计划》，《杭州市政季刊》第 1 卷第 1 号，1933 年 1 月 31 日，第 4~5 页。
⑥ 实业部国际贸易局编《中国实业志·浙江省》丙编，第 61 页。

以劳力求食，即乡村之农夫农妇，皆于秋收后，至杭佣工，视为副业，春耕时复回原籍，从事农业或其他原有之职业"，[①] 而"市面钞币，照杭汇市价为涨落"。[②] 不仅杭州切割了绍兴所属的经济腹地，并且绍兴自身也部分地成为杭州的经济腹地。在诸暨，"自杭江铁路成，商业虽见衰落，因内地货物，皆直接运往杭县，不复由诸暨转辗"。[③] 仅一江之隔原为绍兴府属的萧山，"自萧绍公路、杭江铁路，先后通车，交通便利，居民贸易，多趋于杭……城市遂益形落寞"，[④] 成为杭州最直接的腹地。位于萧绍间的衙前，"本来是很热闹的，后来渐渐衰败起来，到了现在，已经不像一个市镇，变成一个乡村了"。[⑤] 杭州核心腹地的拓展，亦抵消了原有腹地丧失的损失。谭其骧说杭州"最近五十年，沪杭浙赣两路通车，交通日便；而手工业受外国及上海机械工业的影响，日就衰微，得失略相抵"。[⑥]

生活方面，城居与乡居原先并无根本上之优劣，到了近代随着交通条件改善，反差加大，城乡关系随之发生巨变。

总之，技术改变了世界，改变了生活，改变了城乡空间结构。

（作者单位：杭州师范大学历史系）

---

① 《杭州市各业统计》，《浙江新闻》1934 年 11 月 5 日，第 13 版。
② 实业部国际贸易局编《中国实业志·浙江省》丙编，第 67～68 页。
③ 《浙江诸暨之物产及工业原料品调查》，《工商半月刊》第 5 卷第 10 号，1933 年 5 月 15 日，第 29 页。
④ 萧绍、绍曹蒿、蒿新长途汽车公司编《越游便览》，汉文正楷印书局，1934，第 7 页。
⑤ 质秀：《衙前站及衙前地方的情形》，《浙江省道萧绍段三月刊》第 2、3 期合刊，"报告"，第 11～12 页。
⑥ 谭其骧：《杭州都市发展之经过——三十六年十一月三十日应浙江省教育会等之邀在本馆讲演》，《浙江民众教育》复刊第 1 卷第 3 期，1948 年 4 月 1 日，第 5 页。

何为主流？何为边缘？

——五四运动前后的马寅初

吴敏超

马寅初是民国时期著名的经济学家。1915 年初，马寅初获得美国哥伦比亚大学博士学位后回国。1916 年，34 岁的马寅初被聘为北京大学商科教授，五四运动爆发时任北京大学教务长。直至 1927 年南京国民政府成立后，他离开北大南下。在北大 11 年的教授生涯中，马寅初运用西方经济学理论分析中国各种现实经济问题，勤于著述、善于演讲，与工商界、金融界接触频繁，成为中国最具影响力的经济学家。

以往有关马寅初的研究有两个重点：一是传记和纪念性质的文章，侧重于呈现马寅初批判孔宋官僚资本、提倡"新人口论"的传奇经历，颂扬其高贵品格；二是从经济思想史的角度探讨马寅初在统制经济、货币财政、对外贸易、工业化等方面的学理思想。[①] 这些研究都强调了马寅初作为优秀个体的独立人格与专精思想。而今，我们可以尝试换一个角度，将这位深具时代影响力的学者，放在民国时期更为广阔的历史语境中，探讨在新文化运动、西方经济学传入中国的过程中一位经济学家的经历与贡献。由此，

[①] 前者的代表作有杨建业《马寅初传》，中国青年出版社，1986；徐斌《天地良知——马寅初传》，浙江人民出版社，2008；彭华《马寅初全传》，当代中国出版社，2008；马寅初纪念馆编《走近马寅初》，上海三联书店，2008。后者的代表作有周石峰、易继苍《马寅初"统制经济"学说及其历史语境》，《福建论坛》2004 年第 3 期；黎建军《抗战前马寅初对外贸易思想研究》，中国财政经济出版社，2004；蔡志新《民国时期浙江经济思想史》第三章第二节"马寅初的经济思想"，中国社会科学出版社，2009；孙大权《马寅初在民国时期的主要经济思想》，《浙江树人大学学报》2012 年第 2 期等。

可体察一个入世的知识分子对社会潮流与时代变迁的因应及其自身的历史地位。

一　北大风云：教务长的任职与卸职

1916 年，马寅初进入北京大学任教。不久之后，蔡元培从海外归来，于 1917 年初正式就任北大校长，开启了北京大学的"蔡元培时代"。蔡元培与马寅初有同乡关系。马寅初生于浙江绍兴，长于嵊县，蔡元培是绍兴人，从嵊县到绍兴，不过百里之遥。在现代行政区划上，嵊县即属于绍兴地区，两人可谓是真正的老乡了。蔡元培对北大进行了一系列革新，马寅初是积极的合作者与受益者。1917 年 12 月，马寅初担任法科经济门教授，[①] 成为北京大学经济学、金融学学科领域中的核心人物。检阅当时北京大学的日刊、月刊，可知马寅初对于教职非常尽心。在学生培养方面，他严格考试制度，亲自前往考场监试，并要求诸位教员严行监察；他还提出废止法科毕业论文，改为"审定译名"，以提高法科学术翻译著作的质量，得到校方赞同。[②] 在学校事务上，他参加了蔡元培发起组建的"进德会"，为甲种会员，并担任学生储蓄银行主席、《北京大学月刊》轮值总编辑、北京大学审计委员会委员长等职务。

从 1917 年蔡元培掌校到 1919 年五四运动爆发的两年多时间里，马寅初不仅奠定了在经济门学科中的领导地位，而且在校方决策层迅速崛起。1918 年 10 月，马寅初当选为教授评议会评议员。当时的北大采取蔡元培提倡的"教授治校"方针，教授评议会在全校事务中起决定性作用。1919 年 4 月 8 日，马寅初当选为北大教务长，成为仅次于校长的重要人物。马寅初的当选，除了个人学养与努力外，与其浙江籍的身份，并获得蔡元培的支持密切相关。三年后，胡适在日记中揭示了此次选举教务长的"内幕"："蔡先生遂以废学长之名去仲甫（指陈独秀——引者注），教务长之议遂实行。当时原议教务长只限于文理二科合成的本科，而不管法科。尹默（指沈尹默——引者注）又怕我当选，故又用诡计，使蔡先生于选举之日打电话把

---

① 《北京大学日刊》1917 年 12 月 22 日。
② 《北京大学日刊》1918 年 5 月 17 日、6 月 14 日、6 月 15 日。

政治、经济两系的主任加入；一面尹默亲来我家，说百年（陈大齐）等的意思不希望我第一次当选为教务长。他们明说要举马寅初（经济系主任）。我本来不愿当选，但这种手段是我不能忍耐的；当时我声明要推举俞星枢（俞同奎——引者注），开会时我自己先声明不当选，举出星枢来。当时景阳（秦汾——引者注）不曾投票，故结果为星枢与寅初各三票，蔡先生加寅初一票，遂举寅初。"①

由胡适的分析可知，此次北大选举教务长的主要原因，是蔡元培想去除陈独秀的文科学长之职。当时北大的文理两科较有势力，法科较弱，设在三院。蔡元培1918年曾提出，大学专设文理两科，偏重学理研究，法科、工科、商科等应用性研究可分离出去，成立独立的专科大学。② 这应是预先设计的教务长在文理两科中产生的主要考虑因素。文科教授中，在新文化运动中声望日隆的胡适，无疑是最具竞争力的人选。北大原有的浙江籍教授、颇有声势的章门弟子，显然不愿教务长之位由非浙江籍的胡适担任，故而有了与章门弟子联系紧密的沈尹默，登门拜访胡适，劝其放弃之举。票数相当的俞同奎与马寅初都是浙江人，蔡元培在关键时刻投了马寅初一票。

当时的马寅初，因母亲过世回浙江老家已有半月，并不在选举现场，且教务长之议本计划在文理科中产生，最后在法科中产生，事属偶然，应当说马寅初并没有为谋得这一职位而主动活动。从胡适日记言辞可知，他表达的是对沈尹默的极度不满，并无针对马寅初之意。1919 年 4 月 16 日，回到北大的马寅初正式就任教务长。③ 这是他 1916～1927 年间在北大担任的最高行政职务。不过，马寅初在五四运动爆发前夕担任此职，加上北大错综复杂的派系之争，以及北京教育界与政府之间不甚融洽的关系，注定了他即将面临极为严峻的形势。

北大是五四运动的摇篮，北大受到五四运动的冲击也格外大。为了抗议政府当局拘捕北大学生，蔡元培于 5 月 9 日辞职离京。④ 蔡元培在辞呈中表

---

① 曹伯言整理《胡适日记全集》第 3 册，台北，联经出版公司，2004，第 655 页。
② 蔡元培：《大学改制之事实及理由》，高平叔主编《蔡元培全集》第 3 卷，中华书局，1984，第 130～131 页。
③ 徐斌、马寅初编著《马寅初年谱长编》，商务印书馆，2012，第 40 页。
④ 王世儒编《蔡元培日记》（上），北京大学出版社，2010，第 253 页。

示，一切校务委托工科学长温宗禹代行。① 为何蔡元培将校务交给温宗禹主持呢？原来，马寅初虽然担任了教务长，但设立教务长的初衷，正如胡适所说，是为了去除陈独秀文科学长的位置。当时工科学长温宗禹、法科学长王建祖等人的地位仍维持不变。由于北大正欲停办工科，将其归并到北洋大学，所以由处于弱势地位的温宗禹主持校务，不会遭到文理科的反对。事实上，蔡元培离开后的北京大学，原有矛盾凸显，不管是马寅初，还是温宗禹，都无力控制时局动荡中的北大。早在蔡元培离校的前一天，马寅初已致函蔡元培，提出辞去教务长之职。校长也将该函刊布于《北京大学日刊》上，请教授会成员于10日下午共同协商此事。② 由于蔡元培于5月9日离开北大，这次会议应未举行。

蔡元培离校后，如何维持北大被提上日程。1919年5月15日，北大评议会和教授会联合发布公告，表示要维持大学，挽回蔡校长，并选举王建祖、张大椿、胡适、黄右昌、俞同奎、沈尹默六人组成委员会，协同温宗禹共同处理校务。③ 随着形势的发展，要求蔡元培回校主持大局的声势日渐增大，这一要求不仅与北京大学一校有关，还与整个北京教育界，乃至五四运动的发展走向密切相关。北京教育界的知名人士汤尔和，北大教授马叙伦、沈尹默，以及江苏教育会的黄炎培、蒋梦麟等在局势变动中发挥了重要作用。④ 蒋梦麟后来成为各方势力均能接受的对象，代理北大校长职务。

马寅初虽未列名于委员会，但仍在挽蔡行动中发挥作用。如6月初，随着被捕学生的增多与事态的进一步扩大，马寅初、马叙伦等8位北大教师作为代表前往北京政府教育部请愿，面陈挽留蔡元培的决心，他们表示，如果蔡不留任，北大教员将全体辞职。⑤ 不过，对于当时的马寅初而言，蔡元培远在杭州，身处北大的他不免有势单力孤之感。6月17日，马寅初以对校务无所建树为由，再次提出辞去教务长职务。⑥ 此时，距马寅初正式就任教

---

① 蔡元培：《辞北大校长职呈》，《蔡元培全集》第3卷，第293页。

② 《北京大学日刊》1919年5月9日。

③ 《北京大学日刊》1919年5月15日。

④ 其间复杂的人事关系参见林辉锋《"五四"运动中的"留蔡助蒋"再探》，《学术研究》2007年第11期；何树远《五四时期北京教职员联合会挽蔡驱傅运动》，《中山大学学报》2011年第3期。

⑤ 《北京大学日刊》1919年6月8日。

⑥ 《北京大学日刊》1919年6月17日。

务长仅两个月。7月，蒋梦麟作为蔡元培的私人代表，赴北大行代理校长之职。9月，蔡元培回到北大，不过具体校务仍由蒋梦麟负责。1919 年 10 月 24 日，马寅初以患失眠症为由，向蔡元培提出辞去教务长之职，建议由俞同奎代理，又因俞同奎未同意，马寅初进一步提议由胡适代理。连经济系主任一职，马寅初也拟请黄伯希代理。① 胡适代理北大教务长一个多月后，随杜威出京演讲，马寅初再次提出辞职，遂由陶孟和代理教务长。1919 年 10 月 27 日，北大教授评议会举行选举会。排名靠前的教授得票情况为：胡适 60 票，蒋梦麟 52 票，俞同奎 52 票，马寅初 48 票，陶孟和 47 票。② 由此可见，五四运动后的北大格局，原来章门弟子的势力受到打击，以蒋梦麟、胡适、陶孟和等为代表的英美派教授，在北大事务中将扮演越来越重要的角色。

马寅初的教务长一职，由胡适、陶孟和先后代理后，于 1922 年正式改选。胡适以 4 票当选（共 11 票），陶孟和与当时的经济系主任顾孟余各得 2 票。③ 那么，五四运动前后马寅初与以胡适为代表的英美派教授关系如何呢？从目前所知的材料看，马寅初与胡适虽算不上特别亲密，但也相处得较为融洽。胡、马两人都在哥伦比亚大学获得博士学位，是真正的校友。胡适偶尔会去马寅初家吃饭、打牌，还曾一起逛公园。1921 年夏，马寅初逗留沪上任职于浙江兴业银行时，胡适恰为北大招生之事来上海。马寅初热心招待胡适吃饭，并将东南大学校长郭秉文介绍给他。马寅初回北京后，随着校外演讲与参与中国经济学社事务日渐增多，他与胡适的交往变少。不过，在 1928 年的一次小型聚会上，胡适还劝说吴稚晖和朱家骅援助马寅初此时正在浙江推行的禁烟活动。④ 1946 年 10 月，晚年的马寅初为女儿马仰兰赴美留学之事，专门写信请胡适帮忙，称呼胡适为"老友"。⑤ 可见，在五四运动后的较长时间里，胡适与马寅初之间保持着较为良好的私人关系。

1927 年 6 月，在浙江的蒋梦麟致信时在北大的胡适，希望他见到马寅

---

① 《北京大学日刊》1919 年 10 月 25 日。10 月 27 日的《北京大学日刊》上，刊有胡适的《代理教务长启示》。

② 《北京大学日刊》1919 年 10 月 27 日。

③ 《北大教务长改选结果通告》，《蔡元培全集》第 4 卷，第 192 页。

④ 《胡适日记全集》，第 2 册，第 561、578、597、726 页；第 3 册，第 208、214～215 页；第 5 册，第 136～137 页。

⑤ 耿云志主编《胡适遗稿及秘藏书信》第 31 册黄山书社，1994，第 594～595 页。

初时劝其南下、加盟浙江新政。此事较能反映蒋梦麟与马寅初、胡适之间的关系亲疏。蒋在信中写道："寅初兄想时会面……兄如晤时亦乞代为劝驾。"① 可想而知，蒋梦麟若与马寅初极亲近，自然会直接写信给他，事实上是蒋梦麟与胡适更亲近些，两人留美时都是杜威的学生，所以蒋梦麟会在写给胡适的信中请求其代为说服马寅初。而若胡适与马寅初的关系较为一般，就不可能"时会面"，蒋梦麟也不会在已经托人邀请马寅初的情况下，还请胡适出面劝驾。可见，马寅初与胡适、蒋梦麟等人之间，友谊常在，但并不密切，当是一种"和而不同"的关系。这或许和专业领域、个人兴趣爱好等有关。

新文化运动的兴起，与北大教授的活动密不可分。马寅初时任经济学教授，一度还兼任教务长，但他并未成为新文化运动的积极参与者，也未在名动一时的《新青年》杂志上发文。究其原因，极有可能与马寅初此时对经济以外的事务不感兴趣有关。纵观《马寅初全集》，他的所有著作几乎都属于经济、财政、金融理论与实务的范畴。马寅初的业余爱好除了强身健体外，对文学、历史、哲学等人文科学的兴致似乎并不浓厚，而胡适等人恰恰对这些学科非常熟悉、喜爱。马寅初的专长财政学，属于从西方引入的新学科，在当时的学术体系中尚处于萌芽地位，并未像从事文学、史学的教授那样受到广泛的尊敬与推崇。如文坛巨匠鲁迅，对于比自己年轻一岁的绍兴同乡马寅初就颇为看不起。1926 年 10 月，正在厦门大学任国文系教授的鲁迅，在写给许广平的信中谈道："马寅初博士到厦门来演说，所谓'北大同人'，正在发昏章第十一，排班欢迎。我固然是'北大同人'之一，也非不知银行之可以发财，然而于'铜子换毛钱，毛钱换大洋'学说，实在没有什么趣味，所以都不加入，一切由它去罢。"② 1928 年，鲁迅在自己主编的《语丝》周刊上，更是化名"褚冠"公开讽刺马寅初："有博士讲《经济学精义》，只用两句，云：'铜板换角子，角子换大洋。'全世界敬服。"③ 鲁迅的见解，自然包含了对马寅初学识的极大偏见。当时马寅初正研究中国币制，针对国内的币制混乱问题提出了统一铸币厂、废两用元等建议。这些建

① 中国社会科学院近代史所中华民国史组编《胡适来往书信选》（上），中华书局，1979，第436 页。
② 鲁迅：《两地书》，人民文学出版社，1973，第 146 页。
③ 褚冠：《拟预言》，《语丝》第 4 卷第 7 期，1928 年，第 38 页。

议富有建设性，在南京国民政府成立不久后——实现，他是对中国货币近代化卓有贡献的经济学家。

总之，马寅初在五四运动后退出学校管理层，一方面与当时北大及整个北京教育界的情势变迁与人事纠葛有关；另一方面，也与马寅初的学术专长和人际交往有关。[①] 历经"五四"风雨的马寅初，显然对于北大纷繁复杂的行政事务，以及北大与北京政府教育部的对垒颇有倦意。五四运动后，随着蔡元培逐渐淡出学校管理事务，马寅初连续多次提出辞去教务长之职，趋于退隐。此时，上海金融界对马寅初的盛情邀请，为他的生命经历开启了另一扇门。

二 南下觅新机：游走商学两界

1920 年 3 月，马寅初接受浙江兴业银行（该行总部设在上海）叶景葵的邀请，出任银行总办事处顾问。如到行视事，即有每月 400 元的高薪。[②] 相对于北京政府经常停薪之举，从一定程度上言，南下颇有经济上的诱惑，但更重要的还是上海等地的经济发展吸引了马寅初。[③] 1920 年 6 月，马寅初向北大请假一年，到上海、杭州等地考察经济实务。实际上，马寅初此次在南方待了 16 个月，所谓的考察，内容极其丰富。此行有两个值得一提的地方：一是马寅初的南下，与蔡元培赴欧洲考察教育的时间吻合。马寅初于 1920 年 7 月至 1921 年 10 月留驻沪杭。而蔡元培是 1920 年 10 月向北大师生作告别演说，刊出由蒋梦麟代理北大校长的启事，1921 年 9 月蔡元培回到北京。这应该不是巧合：马寅初的离校，颇有与蔡元培共进退之意。二是马寅初的沪杭之行，为他打开了一片作为经济学家的广阔天地。

经由第一次世界大战的契机，上海工商、金融事业均有较快发展。马寅

---

① 1926 年 11 月 4 日，时任清华教师的钱端升致函胡适，谈到清华校长需要由一位勇敢的学者来担当。有人提过马寅初，但他认为马寅初"是太好好的一个先生，恐怕整顿清华不起来"。《胡适来往书信选》（上），第 407 页。

② 《马寅初年谱长编》，第 50 页。

③ 据夏炎德回忆，"他之所以从北京转到上海，不是为别的，而是因为上海是全国经济中心，有很多的经济资料可供研究，在金融界工作比较容易接触这些资料，这是马老当时向北大同事的一位老友讲的，后来那位老教授又把这话讲给我听"。夏炎德：《马寅初先生所树立的光辉典范》，马寅初纪念馆编《走近马寅初》，第 35 页。

初在此如鱼得水，游走于商学两界。他担任了上海吴淞公学的教授，还与东南大学校长郭秉文一起创立上海商科大学（上海财经大学前身），马寅初担任教务长；他与上海工商金融界的王晓籁（浙江嵊县人，马寅初同乡）、穆藕初、李馥荪等建立联系，成为中华劝工银行、全国银行公会联合会的发起人，上海华商证券交易所的董事；他在浙江兴业银行、上海纱布交易所、暨南学校等地演讲，涉及中国币制、银行、信托公司、公债等热点问题。

正是马寅初逗留南方期间，北大经济系主任一职由顾孟余接替。① 如果说，马寅初辞去北大教务长之职，淡出校级事务，有人事竞争太过激烈、牵扯诸方面关系或"君子志不在此"之意，那么马寅初作为一代经济学家，失去北大经济系主任之职位，不免令人感到遗憾。1921 年 9 月 22 日，刚从欧洲考察教育回国的蔡元培，主持北大包括经济系在内的七系主任改选工作。经济系教授顾孟余和黄振声各得两票，尚在南方的原系主任马寅初得一票，蔡元培加投顾孟余一票后，由顾出任系主任。② 此时，马寅初离开北大赴南方已一年有余，若没有确定的归期，确实很难让系内同人投票给他。

倒是原来在北大德文系教书的顾孟余，与蔡元培有着非同寻常的关系。1906 年，顾孟余赴德留学，先后在莱比锡大学和柏林大学学习。蔡元培1907 年赴德游学，在莱比锡大学待了三年，两人在德国相识。1912 年初蔡元培担任南京临时政府教育总长，不久因不满袁世凯而辞职，再次赴德国游学。顾孟余陪伴蔡元培一起前往莱比锡大学，可谓朋友情深。③ 1916 年，顾孟余到北大任教。他虽然没有发表有影响力的专业著述，但博学多才，教学生动活泼，深受学生欢迎。在他 1925 年底南下广州从事国民党党务工作之前，一直担任经济系主任。从蔡元培的人际网络看，顾孟余比马寅初更为亲近。不过，马寅初显然并不太介意此事，1927 年蔡元培邀请他南下时，他欣然前往，与蔡共事。

1921 年 10 月，马寅初回到北大，成为无官一身轻的教授，参与校务有所减少。此时，他在京各校的演讲次数大大增加，演讲内容涉及当时的金融、财政状况，如介绍上海快速发展的交易所及相关金融状况，1921 年底

---

① 《北大数学等七系主任改选结果的通告》，《蔡元培全集》第 4 卷，第 82 页。《北京大学月刊》的编辑成员名单中也不再有马寅初（《蔡元培全集》第 4 卷，第 171 页）。

② 《蔡元培全集》第 4 卷，第 82 页。

③ 王世儒编撰《蔡元培先生年谱》（上），北京大学出版社，1998，第 149、150 页。

的太平洋会议与中国关税问题等。值得注意的是，对于五四运动后马克思主义与社会主义思潮的兴起，马寅初的态度有所保留。他认为当时中国人民面临的最大痛苦，不是资本家的压迫，而是军阀统治。由于中国的资本主义不甚发达，马克思学说距离中国现实太远。[①] 马寅初认为中国应该采纳德国李斯特提出的贸易保护政策。他从中国经济现实情况出发，鼓励国内资本主义发展，在国际贸易上采保护政策，反对在当时的中国实行马克思主义。

　　1922 年 6 月，马寅初再度南下，一边主持北大在上海的招生事宜，[②] 一边有在上海商科大学长期任职的打算。回望北京，那里不仅有北大教席，还有他在中国银行发行部的兼职。1922 年 6 月 26 日的《申报》，透露了马寅初在北京与上海之间的两难抉择："北京中行近电聘经济学家马寅初博士为发行部部长（即前之总司券），实行整理纸币。惟上海商科大学又拟聘马博士为教务主任，马博士因双方均有关系，两情难却，尚未定局。"[③] 实际上，马寅初从 1917 年 10 月开始，就担任中国银行顾问，到此时已有 5 年之久。1922 年 7 月，马寅初最终决定尽快北上，接受中国银行发行部部长之职。

　　从 1919 年五四运动发生到 1920 年 6 月马寅初请假南下、暂居上海，他逐渐淡出北大的行政管理事务。上海作为近代经济与金融中心，为热心经济实务的马寅初提供了最好的用武之地。马寅初的专长是货币银行学，他的学术研究及其成果发表，与当时上海金融事业的发展相得益彰。可以说，马寅初走出"北大同人"的小圈子，在上海乃至全国的经济金融界占得一席之地，影响社会舆论，产生了较大影响力。

三　振兴中国经济学社：联结学术界与社会

　　1922 ～ 1927 年，马寅初虽然主要在北京度过，但也经常南下上海，参与中国银行上海分行的相关事务、上海总商会的活动等。同时，马寅初的演讲范围进一步扩大，除北京外，在天津、上海、武汉、厦门等多地留下身影。他的演讲多在大学中进行，北京有北京大学、北京师范大学、清华学

---

① 马寅初：《评今日我国之讲社会主义者》，《马寅初全集》第 2 卷，浙江大学出版社，1999，第 35 ～ 40 页。

② 《北京大学日刊》，1922 年 7 月 15 日。

③ 《中行聘马寅初为发行部长》，《申报》1922 年 6 月 26 日，第 13 版。

校、民国大学、中国大学、华北大学、北京法政专门学校（1923 年升格为北京法政大学）、北京交通大学、北京农业大学、燕京大学等，上海有复旦大学、上海商科大学、光华大学等，南京有东南大学，武汉有中华大学、国立武昌商科大学、武昌师范大学等。1923 年 9 月，《马寅初演讲集》第 1 集问世，收入他在 1920～1921 年间的 44 篇演讲稿。此后，他相继于 1925 年 9 月、1926 年 3 月、1928 年 8 月推出《马寅初演讲集》第 2、3、4 集。① 正如演讲集出版者商务印书馆刊登的广告所言，《马寅初演讲集》风靡一时，主要论及当时中国亟待解决的货币改革、金融整顿、国地税收划分、关税、外债、公司制度等重要经济问题，受到读者的欢迎。② 马寅初于 5 年之内推出 4 本演讲集，每本演讲集均收有 40 多篇论文，足见马寅初用功之勤及对中国现实经济问题的广泛关注。虽然当时研究与传播西方经济学的学者已日渐增多，但马寅初用通俗易懂、激情澎湃的演讲，将西方经济学学理融入中国现实经济问题中，启迪民众、传播新知，其社会影响力与学院派论文相较，显然不可等而视之。

除了诸多演讲外，马寅初长期在中国银行兼职，与该行经理张嘉璈、宋汉章，以及上海商业储蓄银行总经理陈光甫等建立了密切联系。他还参加了中华教育改进社的活动，与知识界、教育界的知名人士黄炎培等有所往来。

更重要的是，1924 年 5 月，马寅初加入中国经济学社，与刘大钧、陈长蘅、卫挺生等经济学者结识，开始共同谋划中国经济学的发展之路。就个人与时代的关系而言，这无疑具有更为重要的意义。在他的领导下，中国经济学社成长为民国时期最著名的经济学术团体。③ 中国经济学社成立于 1923 年，由燕京大学经济系英籍教授戴乐仁等人发起，刘大钧担任第一任社长。1925 年 5 月，马寅初在中国经济学社第二届年会中被选为副社长。④ 在马寅初的推动下，上海分社成立并获得快速发展，1927 年的中国经济学社年会

---

① 《马寅初演讲集》第 1、2、4 集由商务印书馆出版，第 3 集由北京晨报社出版。
② 许涤新回忆："我在大学时代，就读了马老的《马寅初演讲集》……这四卷经济演讲集，在 20 年代的中国，产生了相当大的影响。"许涤新：《回忆同马老接触的日子》，《走近马寅初》，第 21 页。
③ 关于中国经济学社的研究，参见孙大权《中国经济学的成长——中国经济学社研究（1923～1953）》，上海三联书店，2006；郑会欣《简述中国经济学社的年会及其特点》，《中国社会经济史研究》2006 年第 3 期。
④ 刘大钧：《中国经济学社略史》，《银行周报》第 12 卷第 37 期，1928 年，第 29 页。

即在上海举行。此后，中国经济学社的活动重心转移至长江下游。1927～
1937 年，乃中国经济学社最辉煌的十年。每年的年会均如期举行，地点南
至广州，北到青岛，西达长沙，东及宁波。其余年会则集中在上海、南京、
杭州、无锡等经济发达的长江下游地区。会议规模经常超过百人，汇集国内
经济学家、企业金融家、政治人物与社会名流。他们在会上共同讨论与应对
当时重大的现实经济问题，探求社会发展道路，会后参观工厂、银行，接触
社会。这些活动，若没有马寅初竭尽全力地争取经费、不厌其烦地联络同道
与精心细致的工作，便很难顺利开展。在金城银行档案中保存的马寅初与金
城银行总经理周作民的 13 封来往信件中，可以发现马寅初对邀请周作民在
学社年会上演讲、会务日程变更、社员证书发放、缴纳会费的便捷办法等各
项事务，均亲自安排、一一阐明。① 在 1935 年底的广州年会上，刘大钧指
出："马寅初先生担任社长，征集基金，推进社务，不遗余力，故本社能有
今日，实受马先生之赐。"② 可以说刘大钧的这一评价，毫无夸张之嫌。

　　一部中国经济学社的发展史，事实上是一个现代知识分子群体的形成
史，也是一部中国经济学界与工商金融界的互动史，更是知识分子在国家转
折关头、危难之际，关注现实经济走向与社会发展的探索史。马寅初长期担
任中国经济学社社长，为维持和壮大这个全国性的民间学术团体殚精竭虑。
事实上，他也是希望借助中国经济学社的活动，能影响国家民族的命运。在
1938 年的一次演讲中，他谈道：

　　　　余素来主张研究经济之人，应与事业界有成绩之人互相联络，遇有
　　重要问题发生，可以共同探讨，使双方意见，不致相去太远。中国经济
　　学社，以三分之二之经济学者，与三分之一之事业界巨子，合组而成
　　者，其目的亦即在此。而其有利于国家社会，必非浅鲜。英国所以无大
　　革命发生，即因国内官僚（贵族包括在内）与思想界两阶级，地位不
　　相悬殊，英国执政之人，多与思想界接近，故适于国情之学说一经传
　　布，易为政府采择，革命潮流，遂可阻遏。以我国目前情形观之，有知
　　识之人，往往喜唱高调，与事实离开太远。中国经济学社同人，有鉴于

① 《战后经济复兴问题》，《马寅初全集补编》，第 488～493 页。
② 《中国经济学社第十二届年会纪事》，《经济学季刊》第 7 卷第 1 期，1936 年，第 202 页。

此，故将两类人才，合在一起，交换意见。则读书人之思想不致过于激烈，而事业界亦不致过于保守，社会秩序，始能安定。先求社会安定，而后可以言进步。革命系激烈的，流血的，进步是和平的，按部就班的。循序渐进，不激不随，此进步之真义也。[①]

可见，马寅初有鉴于知识界"喜唱高调、思想激进"的现实，希望通过经济学社的活动，加强经济学界与实业界、政界的交流，实现社会各方面精英阶层的合流，达成共识，以协调社会发展的步伐，避免出现剧烈变革与社会动荡，在循序渐进中获得持续、真正的进步。若细读马寅初的这段话，可以发现他对社会变革的认识，与当时主流知识界，如胡适、蔡元培、傅斯年等人的观点，是多么的一致。

唯其如此，才能解释马寅初在 20 世纪二三十年代的政治倾向。五卅运动爆发时，马寅初大力宣传不平等条约对中国经济的危害，不久之后转而对运动本身进行反思："仅手执打倒资本主义之旗帜，何补于实际。就经济而论，吾国目前所应提倡鼓吹者，一为资本——有形之物；二为人才。"[②] 马寅初认为只有积累资本与培育人才之后，抵制外货才有意义，社会发展才有可能，否则只能是空言打倒帝国主义，运动表面热闹，实际无补于事。也唯其如此，才能理解南京国民政府建立后马寅初的支持态度。

从 1916 年任北大教授至 1927 年离职南下，马寅初走过了从 34 岁至 45 岁的生命历程。可以说，这是一个人精力最充沛、事业最有成的时期。马寅初在北大的 11 年，正是新文化运动风起云涌、现代学术体系逐渐形成之时，他与蔡元培、胡适、蒋梦麟、陶孟和等诸多知名学者结识。在五四运动之前，他主要在北大校内授课，并任经济门（系）主任，一度还担任北大教务长之职。他与校长蔡元培之间建立起良好的合作关系，在北大校务中有占据主流之势。五四运动之后，他虽然仍为北大教授，但日渐走出象牙塔，关心中国现实经济情况，社会活动明显增多，成为中国当时非常活跃的经济学家。

从北大立场上言，五四运动后的马寅初并非校内主流教授，在新文化运

①　《战后经济复兴问题》，《马寅初全集补编》，第 285 页。
②　《五卅事件后中国经济上之损失》，《马寅初全集》第 3 卷，第 68 页。

动、五四运动的历史叙述中几乎没有地位可言，但从中国经济学的诞生与发展看，从经济学界与工商金融界的互动看，马寅初无疑是一位核心人物。第一次世界大战期间，中国经济快速发展，银行、证券交易所等新事物纷纷产生，马寅初从学术界走向社会，正是迎合了这种潮流。他充分利用经济学、财政学学科与现实经济的密切联系，召集同道，沟通社会各界精英，期待在激进与保守势力之间达到某种平衡，以和平、渐进的方式解决中国经济发展与社会进步的难题。不能不说，马寅初1920年辞掉北大各种职务，毅然南下16个月，与南方学界、工商金融界建立起广泛联系，较之坚守北大校园，是一种更为明智的选择。何为主流？何为边缘？这与马寅初个人经济学的学术专长、浙江籍的地缘人际关系有关，又与当时的经济发展需要与时势变迁有关。当我们用不同的角度与视野探究这个问题时，发现并非只有一种确定不移的回答。

（作者单位：中国社会科学院近代史研究所）

近代中国制度变迁"初级行动团体"导论

蒋清宏

制度是一个社会的博弈规则，或者更规范地说，它们是一些人为设计的、形塑人们互动关系的约束。① 制度通过设立各种约束来减少社会运行的不确定性，促使人类社会在一种相对规范的体系下运行，从而达到降低社会运行成本的目的。如果顺着这个逻辑对制度的外延和内涵进行设定，制度则是一种在特定时间、空间内对特定人群（制度从来就不是针对个体的）的约束总和。制度对特定社会人群的约束，客观上也必定是对特定人群的服务。"约束"与"服务"在本质上是统一的，两者并不冲突。作为人类的一种自我保护装置，制度从利益取向上类似蚕类的"作茧自缚"。蚕类的"作茧自缚"是为了更好地保护自己，人类的"作茧自缚"也是为了更好地规范人类的社会生活，从而也是为了更好地保护自己。

任何制度都受时空条件的限制，既不存在超越时间和空间的制度，也不存在对任何"人群"都进行约束的制度，制度只能约束特定时间、特定空间的特定人群。时间、空间和人群是制度存在的三个特定要素，而三个"特定"则是制度的内在规定性。这三个特定要素构成了制度存在和发展的"特定环境"。在这个特定环境里，三个要素互相制约、互相利用，构成制度的静态存在与制度的动态变化。在制度体系中，时间、空间、人群三个特

---

① 〔美〕道格拉斯·诺斯（Douglass C. North）：《制度、制度变迁与经济绩效》，杭行译，韦森译审，格致出版社、上海三联书店、上海人民出版社，2008，第 3 页。

定要素缺一不可，片面地强调一个要素或两个要素，都不可能取得对制度的完整认识。就时间要素而言，宋代的制度不可能约束明代人，明代的制度也不可能约束清代人，清代的制度也不会约束当代人。就空间要素和人群要素而言，法国的制度不可能约束英国人，美国的制度不可能约束加拿大人，日本的制度不可能约束中国人。也就是说，特定制度只能约束特定时间、特定空间的特定人群。反过来讲，特定人群也只会遵守特定时间、特定空间的制度，明代人不会遵从宋代的制度，清代人不会遵从明代的制度，民国时期的人们也会对清代的制度置之不理；英国人不会理会法国人的制度、加拿大人不会理会美国人的制度，中国人也不会服从日本的制度。诸如此类，不一而足。时间、空间等"自然条件"虽然是建构制度的客观要素，但这些客观要素对"特定人物"的主观行为往往形成"质性"影响，甚至决定"特定人物"的思维和行动，所以在制度研究中不应简单地把"特定时间"与"特定空间"作为"常量"对待，而应把它们与"特定人群"一起设定为制度建构过程的"特定变量"。正是在这些"特定变量"之间的高度适配才会产生制度变迁的历史环境。我们设定"时间""空间"为变量，并不抹杀"特定人群"在制度变迁过程中的主体作用，相反，"时间""空间"变量反而更加突出"特定人群"的主体作用。

由于存在着特定时间、特定空间和特定人群的高度统一，制度因而是一个标准的历史学范畴。从方法论意义上看，制度的历史性奠定了制度研究的基本学术规范，即制度只能在历史动态变化中进行研究。从某种意义上讲，制度的建构过程就是人类社会的演进过程。这样，制度演化过程构成了人类社会历史的主体，因此人类历史的宏大叙事可以纳入制度演变体系内进行整体性诠释，从而完成对人类社会过去、现在和未来的整体性认识。

人类对过去的认识、对现实的整体性认识，其实就是一种制度成本和制度收益的比较，即制度绩效的判断。这种判断分为两个层次，第一个层次是对现实制度绩效的审视，第二个层次是对未来制度绩效的预判。两者相互为用，不可偏废。只有在制度演化的框架内，才能更深刻地认识历史，更准确地把握现实，更科学地判断未来社会走向。制度打通了人类社会历史、现实和未来的"时间隧道"，从而实现了制度与历史的高度统一。

制度建构过程是制度从无到有、从不完善到完善的具体过程。总体而言，制度建构过程由制度设计、制度实施和制度检测等三个相互衔接、相互制约的主体环节构成；相应地，制度设计、制度实施和制度检验等构成制度研究的三个基本学术范畴。制度设计是制度建构的开始阶段，是制度实施和制度检验的基础；制度实施则是制度范畴的操作阶段，制度检验是制度创新的关键阶段。其实，制度检测阶段与实施阶段是同步的，制度从一开始实施就进入了制度检测阶段。在实施阶段中，制度不断与其约束对象进行"试错"性检验，以验证其效果。然后，根据制度检验的效果对既定制度进行修正和完善，并进行制度再设计，然后进行新一轮的制度实施和制度检验，完成新一轮的制度建构。由此往复，形成制度建构的动态循环过程，也即制度创新过程。因此，制度研究需要从制度设计、制度实施和制度检验等三个程序进行系统研究。

制度在特定时间、特定空间和特定人群中发生、发展和延续，正是由于制度的发生、发展和延续才使得历史具有传承性，即制度能够把现在、过去和未来有机联结在一起。因此，现在和未来的制度选择必定是由过去制度形塑的，也只有在制度演化的历史话语中，才能理解过去、品味现在、设计未来。制度的历史衔接功能是历史连续性的重要表征和深层内涵，是理解历史的重要参考标准。

新制度经济学理论是西方经济学界的重要理论创新，其概念、理论和方法逐渐渗入法学、经济学、社会学和历史学等诸多领域，制度经济学的方法论意义已然得到社会科学界的广泛认同，并努力诉诸学术实践。美国经济学家道格拉斯·诺斯（Douglass C. North）把新制度经济学的概念、理论和方法充分运用到其经济史学研究之中，创建并丰富了国家理论、产权理论、意识形态理论等制度变迁理论，制度变迁理论成功地对西欧经济史进行了重新解释，提出了制度是经济增长决定因素的重要结论，从而创立了以新制度经济学理论为基础的新经济史学。其重要著作《经济史中的结构与变迁》《制度、制度变迁与经济绩效》《西方世界的兴起》等既是经济史经典著作，也是新制度经济学的经典著作。经济史学理论与方法与新制度经济学理论与方法相互为用，既形成了经济学理论创新，也形成了经济史学理论创新。这是理论与历史相互为用进行学术创新的典范。

理论创新的目的在于应用，只有在持续不断的具体实证研究中反复进行检验，理论才有可能进行更高层次创新。在西方新经济史学理论体系中，"初级行动团体""次级行动团体""制度成本""制度收益"等新制度经济基本概念得到了充分运用，并以制度供求为核心构建了制度分析模型。然而，制度分析在近代中国历史研究中的应用还处于初级阶段，既不能满足中国近代历史学学术创新的需要，也不能建立基于中国经济实践的符合中国实际的新制度经济学理论。

我们将利用新制度经济学制度变迁理论的行动团体概念，从宏观角度尝试分析近代中国制度变迁的动力问题，也为中国现代化进程寻求新的理论注脚。

任何制度总是由特定人群的特定行动推动的。新制度经济学设置了两级行动团体。第一级为初级行动团体，第二级为次级行动团体。所谓初级行动团体，是指制度变迁过程中最先认识到制度变迁的预期收益大于预期成本，并在一定程度上支配制度安排创新进程的利益团体。所谓次级行动团体是指是用于帮助初级行动团体获取收入而进行制度变迁的团体。次级行动团体也是从自身利益出发参与制度变迁的，其利润目标的实现是通过社会的收入再分配来实现的。如果初级行动团体发现现有制度的改变能够带来潜在收入，则制度变迁的动力就将存在和持续。如果次级行动团体从改变现有制度中也可以分得一部分潜在收入，他们同样也有动力协助初级行动团体去推动制度变迁。制度变迁主体的主观愿望首先表现为制度需求，即初级行动团体和次级行动团体都可以从改变既有制度装置中获取收益，也就是说他们能够预见到新制度创造的收益比既有制度收益要大，或者说制度创新所付出的成本小于制度创新的收益。制度收益是初级行动团体和次级行动团体实施制度变迁行为的动力基础。

制度是近代中国历史变迁过程中的重要载体。那么，近代中国制度变迁的初级行动团体和次级行动团体由谁承担，如何判断这些行动团体的性质和行为动机呢？

制度变迁理论认为，如果初级行动团体可以发现改变现有制度能够带来明显的或潜在的收益，则制度变迁的动力就将会存在，旧制度被推翻的可能性就会越强；如果处于"跟风"状态的次级行动团体也可以从改变现有制度安排中分得一部分收入或潜在收入，他们同样也有动力协助初级行动团体去推动制度变迁。也就是说，制度变迁存在两级推动系统。

从近代中国制度变迁的实践看，西方资本主义列强、清政府高层以及"新知识精英群体"等先后充当了近代中国制度变迁的初级行动团体。

近代中国制度变迁的第一个初级行动主体是西方资本主义列强。从制度供给与制度需求角度分析，鸦片战争以前，中国的既定制度装置是闭关锁国，仅允许广州一地对外通商，这种制度制约了西方资本主义国家的商品输出，从而刺激了西方列强改变中国既有制度装置的原始动机。工业化就是从零散性手工生产向规模性机器生产的过程，在这个过程中，日益增加的工业产品的市场是世界性的，而不是束缚于民族国家之内，而中国正是世界市场的有机组成部分。晚清既定的闭关锁国政策形成西方工业国家开拓市场的天然屏障。1840 年英国发动的鸦片战争其实就是其改变中国闭关锁国政策的初次尝试，中英《南京条约》成为这次尝试的初步成果，并为此后通过战争签订不平等条约改变中国既有制度的主要模式。如果从制度变迁的模式判断，条约体系本身就是一种典型的强制性制度变迁，打破了只允许广州一地对外贸易的制度存量，改变了清政府"闭关锁国"的既有制度装置，成功地打开了工业制成品的中国市场。从成本、收益比较角度分析，西方列强自然是近代条约体系的最初受益者，清政府自然是制度成本的最初承担者。

从广义的制度层面讲，近代一系列不平等条约体系提供了制度变迁的基本保障，以此为依托，西方现代制度概念、理念和意识不断被输入到中国，在与中国既有制度冲突、和解、融合的过程中，近代中国既有制度装置不断被破坏和改装，从而形成"移植性制度创新"。"移植性制度创新"是近代中国制度变迁的基本特征。所谓"移植性制度创新"，就是通过中西方文化精英的介绍、传播和利用，把西方国家的"制度成品"直接安装在近代中国政治、社会、经济机体之上，通过与中国制度环境的不断调适形成的制度创新。"移植性制度创新"是近代中国制度变迁的主体模式，三权分立的国家行政机构、大陆法系的法律制度、现代海关行政管理制度、股份制企业组织等都是"移植性制度创新"的范例。在近代中国制度创新过程中，以英国人赫德为首的"客卿群体"始终充当海关制度变迁的初级行动团体，他们通过对其母国海关制度的借鉴与中国特定的海关监督制度相结合，在近代中国这个特定空间、在晚清这个特定时间内完成了中国海关现代化改制。当然，以赫德为首的"客卿群体"所进行的海关现代化改制，本质上是其母国利益在中国制度层面的延伸，因为从制度收益与制度成本的比较而言，他们清楚地知道海关改制可以更好地规范中国的进出口贸易，更顺利地完成西方资本主义国家商品向中国的输出。清政府只不过是分润海关改制的制度收益，即海关税收增加就是在一定程度上增加政府的财政收入，减轻了财政压力。

从理论与实践的适配情况看，虽然近代中国制度变迁的"理论原域"在西方资本主义国家，但"实践场域"却是在近代中国。因此，在近代中国的制度设计和制度构建过程中，西方新的制度理念纳入中国并与中国特殊国情适配，必定要经过一个长时期的"试错"过程。在这个"试错"过程中新的制度理念和制度装置不断得到修正，逐步与近代中国国情相适配，最终达到制度收益大于制度成本的制度创新。

而从战争赔款、对外借款等以海关税收为担保这个角度分析，近代中国所分得的制度收益远远低于西方资本主义国家所得到的制度收益。虽然近代中国海关是中国最早完成现代化改制的政府行政机构，晚清政府却承担了治权外让、丧权辱国的制度成本。当然，近代中国制度变迁的制度收益总体上大于制度成本，这也是诱使晚清政府逐步替代西方列强承担制度变迁"初级行动团体"的动力所在。

制度收益需要与新的制度环境不断契合才能节约制度实施的成本、产生更高制度收益，这就需要晚清政府主动担任初级行动团体，来巩固和规范新的制度收益，从而产生更大的制度收益。制度收益不断产生的过程，也是制度不断得到巩固的过程。相反，制度成本不断累积的过程，也是制度不断削弱的过程。随着由外力承担的"外生性次级制度创新"制度收益不断累积，晚清政府逐步升级为初级行动团体，制度创新模式由原来的"外生性初级创新模式"转化为"内生性初级创新模式"。1860年代随着条约体系逐步完善，由西方资本主义国家充当初级行动团体的"外生性初级制度创新"模式逐渐在中国产生制度收益，从而诱使清政府内部官僚阶层开始出现分化，从既有官僚体制中产生出具有制度变革冲动的"洋务派"官僚群体。但是，这种中央政府层面的"内生性初级创新模式"并没有取得显著成效。首先，"洋务派"官僚群体没有勇气冲破既有体制，从而缺乏全面的基层社会动员机制，没有获得大量的支配性社会资源，从而无法从这些社会资源中获取需要足够多的、有价值的社会信息；其次是由于当时制度变迁的主导权仍然把控在以慈禧为代表的"顽固派"官僚群体手中。这种由上而下的强制性制度变迁模式虽然没有取得成功，但"洋务派"充当初级行动团体的"内生性制度创新模式"已经表明以国家为主体的"内生性初级创新机制"开始了历史形塑，并在以后的历史进程中逐渐发挥重要作用，维新运动、晚清新政、北洋宪政和南京国民党政府的现代化制度建设都是国家层面的"内生性创新机制"在发挥作用。

在此期间，源于社会下层的"内生性制度创新机制"以 1851～1864 年的太平天国革命运动为典型。以洪仁玕为代表，虽然提出了若干制度创新理念，但随着运动的失败也就失去了实现的客观条件。然而，在镇压太平天国运动的过程中，却逐渐形成了清政府上层"洋务派"的制度变革力量。1898 年继"洋务派"而后起的"维新派"也实施了不同程度的制度变革，开始充当近代中国制度变革的内生性初级行动团体。其实，这一社会上层变革主体的出现并不偶然，而是在比较长时期内他们看到了来自西方列强制度变革的制度成本——主权外溢的危险，也看到了来自社会下层的太平天国革命运动制度变革的制度成本——丧失政权的危险。这样，双重风险促使他们认识到与其被动改变不如主动求变。洋务运动、戊戌变法、晚清"新政"先后成为以国家为主体的清政府主动求变的典型案例。然而，以清政府作为内生性初级行动团体的制度变革并没有在高层达成共识，八国联军占据北京，清政府最高统治者再次逃亡表明在晚清这个特定时空条件下，社会上层已经很难再动员起足够的变革力量，清政府作为制度变迁主体已经丧失提供新的制度产品的能力。

那么，晚清国家充当初级行动团体为什么会归于失败呢？

这是传统中国社会结构的固有矛盾使然。在传统中国，国家由"士农工商"四民社会构成，形成等级分明、流动有序的社会主体结构和运行机制。知识与权力高度衔接，掌握知识和权力的士大夫阶层构成社会重心，是当仁不让的制度变迁初级行动团体，主导着制度变迁的性质、结构与方向。在这个过程中，士大夫阶级成为帝国王权制度与社会宗法制度相互联系的中枢和纽带，是当然的社会重心。士大夫阶级所信奉的道统——儒家价值观——既是帝国官方政治意识形态，也是宗法家族社会共同的文化传统，知识体系与意识形态、宗教传统高度一致。士绅阶层既在朝廷辅助君王统治天下，又在乡野为道德表率与地方精英，引导民间社会走向。以士大夫阶级为重心的社会结构中，社会与国家浑然一体，不可分割。正是因为处于社会重心的地位，士大夫阶层担当着传统中国制度变迁初级行动团体，制定各种法规、制度，维护皇权统治与规范社会生活。社会内化了其作为初级行动团体的合法性与合理性。然而，进入近代以后，西方列强主导的近代条约体系势必要改变中国既定的传统制度体系。在这个改变过程中，士大夫阶层虽然政治权力在握，但显得力不从心。这是因为，他们既要维护既定的政治结构，又要适应条约体系的制度规范，从而需要新型知识结构。然而，士大夫阶层的知识更新能力明显不足，魏源的《海国图志》竟然成为他们认识外部世界的范本，可见其获取新知识路径的路径何其匮乏。诸多文献表明，对早已在西方国家普及的科学知识晚清士大夫阶层竟一无所知。显然，社会重心地位与知识结构落后的矛盾制约着这一阶层的制度创新能力，士大夫阶层已经不能适应历史发展的客观需要。这就在客观上形成社会上层变革主体的缺位。近代中国急需新的初级行动团体，构建新的社会重心，并以新的社会重心为中心构建新的制度体系。来自社会下层的社会变革力量——太平天国运动——早被镇压，而来自社会上层的制度变革力量在客观上也难以为继，这就造成了在传统中国社会二重结构中社会上层和社会下层制度变革主体的双重缺位。

在这种历史背景下，一个酝酿已久的崭新的社会变革主体正破茧而出，那就是在晚清教育改革体制下培育的"新知识精英群体"。这一群体的新鲜出炉预示着中国将发生惊天动地的巨大变革，因为与西方列强和晚清政府的目的不同，新知识精英要完成国家的重构。以辛亥革命为历史契机，新知识精英群体开始全面登上历史舞台，并在此后主导中国历史的变迁。由于充当近代中国制度变迁初级行动团体的"新知识精英群体"是一种基于知识结构质变的群体，这使得他们的制度变革也是制度质变。从辛亥革命参与者的年龄结构和知识结构来看，这些人正是晚清教育体制改革下培养出来的"新知识精英群体"。这一初级行动团体的初次制度变迁实践，就迥异于历史上历次革命的"改朝换代"模式，它既不是官府上层的政变，也不是底层民众的暴动，而是由新知识精英领导的"社会中间层"发起的一场政治革命。如果对"革命"概念进行分层，辛亥革命应该是最高层次的革命。

就在社会上层和社会下层两种社会变革力量"双重缺位"的历史时空内，晚清学堂教育机制培养出来的"新知识精英群体"新鲜出炉，开始担任初级行动团体。与西方列强满足扩大世界市场的需求不同，新知识精英群体要完成对国家和社会的制度重建；与清政府对既定制度的修修补补不同，他们要彻底推翻既有制度体系，建立新的制度体系。

　　新知识精英群体之所以能够成为制度变迁的初级行动团体，既有晚清教育体制改革的客观作用，也与西方列强和清政府作为制度变迁初级行动团体功能弱化有关。对于西方列强而言，随着中国民族、民主意识的觉醒，西方列强以条约体系为基础的制度设计功能弱化；对于清政府而言，其官僚群体知识体系的全面落后，并不具备充当制度变迁初级行动团体的智力基础。

　　新知识精英群体充当制度变迁初级行动团体的能量来自"新知识"的滋养。所谓"新知识"，是相对于中国封建教育体制下的"旧知识"而言，即从西方国家引进的先进的自然科学知识和社会科学知识。之所以对近代中国知识受体而言为"新"，是因为这些先进的自然科学知识和社会科学知识从未在中国存在过。即使这些知识在西方国家早已成为常识，但在近代中国仍然具有"新知识"的特征。"新知识"的受体就是"新知识分子群体"，其精英分子构成新知识精英群体。这些新知识精英群体凭借"新知识"谋求企业家、会计师、讲师、律师等新型社会职业，进而塑造新的社会身份和社会地位，获取社会认同。新知识精英群体以这些新型社会职业和社会身份为基础构建新的社会重心。这个社会重心既不同于旨在维护封建专制统治制度的官僚团体，也不同于民主意识模糊的普通大众，而是具有强烈的改变封建专制的民主意识。民主意识成为新型社会意识的重心，并在新型社会实践过程中强化，封建专制意识不断遭受冲击。一个具有民主意识的新知识精英群体的引导作用是空前的，各种民主团体在近代中国开始形成，他们培养公民意识，培育具有民主意识的意识形态。凭借这种崭新的意识形态，以辛亥革命为标志，新知识精英群体发动了一系列革命活动，并最终推翻了清王朝，建立了民主共和国。这是近代中国最大的制度变迁。而这种制度变迁迥异于历史上历次由底层民众发动的"换汤不换药"旧革命，而是国体、政体的根本变革。如果对中国历史上的历次革命进行结构性分层，辛亥革命是一种最高层次、最高级别的革命。而这种最高层次、最高级别正是由于新知识精英群体完成了知识体系的彻底更新。在此后的中国历史舞台上，新知识精英群体充当制度变迁初级行动团体的过程并不是一帆风顺，从历史实践看，每当这一进程出现顿挫，中国的现代化进程就要遭受不小的挫折，其历史教训深刻而令人警醒。新知识精英群体承担近代中国制度变迁的初级行动团体是一种历史的选择，尊重知识、尊重知识分子，相信知识、相信知识分子应该成为国人的共识。

　　我们上文结合历史实际初步分析了承担中国近代制度变迁的三个初级行动团体，从而论证了推动近代中国历史演进的人力要素所起的作用。如何把握理论与历史的关系，是任何社会科学学科都须面对的共同问题，理论是发现历史、论证历史的重要工具，历史是发现理论、检验理论、发展理论的"实验室"。新制度经济学、新经济史学等理论体系不应成为学术殿堂的"陈列品"，而应成为分析中国历史、现实和未来的有力工具。作为文明古国，中国既存的制度体系的演进过程为新理论的应用提供了广袤无比的历史空间，从而也为建立基于中国实践的制度变迁理论提供了无可比拟的学术资源。对中国现存制度及其演变的学术分析，势必成为中国社会科学体系的一个重要组成部分。制度理论与中国历史的有效结合，不但可以获取对近代中国历史更为合理的解释，而且可以萃取符合中国历史实际的制度理论。这应该是学术界应该把握的学术方向。

（作者单位：中国社会科学院近代史研究所）

口岸与内陆：长老会汕头教区
与五经富教区的比较研究[*]

胡卫清

近代教会不仅是信仰崇拜组织，从一定意义上说也是社会经济团体，各种教会事业的发展需要当地社会大量的人力和物力支持，因而当地社会经济条件是影响和制约教会发展的重要因素。一个众所周知的事实是，近代基督教会在华的传播大多是从口岸城市逐步向内陆地区拓展的，那么口岸城市教会与内陆教会尤其是乡村教会的关系是什么？它们所赖以立足的基础是什么？各自具有什么特点？厘清这些问题对于深化近代中国教会史的研究是有裨益的。笔者这里拟以长老会[①]在潮汕地区的汕头和五经富两个教区的发展为个案来回应上述问题。

---

[*] 课题研究获汕头大学文学院基督教研究中心资助，项目编号 CCSRF1315 - C。
[①] 英国长老会（Presbyterian Church of England），严格应译为"英格兰长老会"或"英兰长老会"，这里采用通说。1843 年该会组织大会（Synod）时就决定成立海外宣道委员会（Foreign Mission Committee）。1881 年英国长老会差会（English Presbyterian Mission，简称 EPM）在潮汕成立本土教会"潮惠长老大会"。1900 年，五经富成立长老大会，与汕头大会并立，潮惠长老大会遂改名为潮惠长老总会，1914 年该会参加长老宗合一运动，改名岭东长老大会，下设汕头中会和五经富中会，1927 年该会参加中华全国基督教会，改名为中华基督教会岭东大会，前述两会分别改名为汕头区会、五经富区会。1950 年，英国长老会将所有在华产业移交给岭东大会。本文为方便起见，以英国长老会指称差会，以潮惠长老会、中华基督教会指称本地教会，以长老会泛指差会和本地教会。

一　福老教会与客家教会

"潮汕地区"为近代之称呼，出现于 20 世纪初年，传统的说法是"潮州"。清康熙八年（1669）潮州府领十一县，雍正十一年（1633）领八县，析程乡、平远、镇平，另置嘉应州，与潮州分治。乾隆三年（1738），新设丰顺，共领九县，即海阳、潮阳、揭阳、饶平、惠来、大埔、澄海、普宁、丰顺，直至有清一代结束。① 广义的潮汕地区还包括惠州府的海丰、陆丰县。本地区的中心城市是潮州，它既是惠潮嘉分巡兵备道之治所，也是潮州知府之治所，同时还是海阳县治之所在。

潮汕地区是一个位于福州和广州之间的相对独立的次大区。根据施坚雅的研究，1843 年潮州府城是该区域第二大城市，其府城亦为全国五十大城市之一，人口在 10 万以上②。20 世纪初年时，府城达 20 万左右。③ 一说为 25 万。有清一代，它是整个岭东的政治中心，而在汕头 1860 年开埠之前，它还是该地区的经济和文化中心，其经济腹地不仅涵盖福建西部地区，也包括江西赣南地区。汕头开埠后，很快取代府城成为潮汕地区的经济文化中心。1921 年汕头设立市政厅，与澄海分治，1930 年设市，隶属广东省政府。④

本地区就民系而言，主要有福老和客家两大民系。福老并非潮州土著，大体来自福建，沿海岸线由闽迁粤，所以名为"福老"，实际从更早的渊源来说，系"间接徙自晋豫"，为"中原遗族"。客家也来自中原，只是移入潮州时间较福老晚，"凡土田肥沃之乡，水陆交通之会，已先为福老占据"，所以客家人播迁于山岳地带，"筚路蓝缕以启山林"。⑤ 以清代潮州府所辖论，大体揭阳县西部（今揭西县）、丰顺县大部和大埔县属于客家地区，其

① 饶宗颐总纂《潮州志》第 1 册，潮州市地方志办公室编印（内部），2005，第 28~30 页。

② 施坚雅：《十九世纪中国的城市化》，载施坚雅主编《中华帝国晚期的城市》，叶光庭等译，中华书局，2000，第 247、275、286 页。

③ J. Campbell Gibson, *Mission Problems and Mission Methods in South China*. New York, 1901. p. 120.

④ 汕头市地方志办公室编《汕头大事记》（上），汕头市地方志编撰委员会办公室印（内部），1988，第 126、161 页。

⑤ 饶宗颐总纂《潮州志》第 7 册，第 3046、3054 页。

余为福老地区。至于嘉应州，虽属客家地区，但为巴色会的传教区。就语言而分，则有潮州话和客家话两大方言体系。

近代基督教进入潮汕系沿海进入，所以福老地区首先接触到福音。1849年2月，巴色会传教士黎力基（Rudolf Lechler）进入澄海盐灶传教，三年后被地方官府驱逐。1856年英国长老会传教士宾为邻（William Chalmers Burns）进入潮汕，进行试验性的传教。1858年10月英国长老会要求宾为邻与在厦门传教的施饶理（George Smith）对调，正式将潮州府确定为该会的传教地区。由于长老会接管了巴色会在盐灶等地的宣教工作，所以该会以1849年作为福音入潮的纪念时间。1863年英国长老会又派吴威凛（William Gauld）医生来做医学传道工作。1869年10月卓为廉（William Duffus）抵汕头，1874年11月汲约翰（Rev. John Campbell Gibson）也来潮汕传教。[①]

长老会对汕头教区的重视收到了一定的成效。根据1869年统计，当时汕头教区已有按立牧师3名，平信徒传教士1名，本地传道助手10名，传教站及外间布道站（out-stations）13个，教堂13座，教友141名，慕道友25名，[②] 已经具备了一定的规模。1883年高似兰（Philp B. Cousland）到潮州府城传教，1888年进入城内，府城成为福老地区的第二个传教中心。1898年兰大卫（David Sutherland）前往汕尾，将该地辟为福老地区的第三个传教中心。

客家地区的传教稍晚于福老地区。1859年9月，施饶理在汕头为陈树铨（亦名陈开邻）施洗，这是长老会在潮汕首位施洗的客家人，[③] 后来成为潮惠长老大会的第一位华人牧师。[④] 1865年，汕头施饶理在一名客家助手的帮助下访问离汕头西南六十里客家边境的葵潭乡。1871年河婆创设了第一个客家礼拜堂。此后教会由河婆发展到五云洞，这是距离在河婆西北10英里的乡村，1875年开设了五云洞礼拜堂。同时又发展到河田，第一个信道的名叫彭廷珍，是当地重要人物。1883年汕头传教区共有33个礼拜堂，其

---

① Rev. H. L. Mackenzie, "A Sketch of English Presbyterian Mission at Swatow," *The Chinese Recorder*, Vol. VII (1876), pp. 33-34.

② "Statistics of Protestant Missions in China," *The Chinese Recorder*, Vol. II (1868), p. 62.

③ William Gauld and John C. Cibson, *The Chinese Highlanders and Gospel* (Edinburgh: Religious Tract & Book Society, 1882), p. 31.

④ 潮惠长老大会会议（1882年6月29日），汕头市档案馆藏（以下简称"汕档"），档案号：民国资料/C282长老大会记事册。

中三分之一在客家地区。

　　不过，此时英国长老会宣道会尚未派出专门的会讲客家话的传教士来客区，汲约翰于是学习客语，摄理6个客属礼拜堂。第一个客属传教士是吕约翰（John Ruthfurd），但同年又因患病而回国。直到1879年，纪多纳（Donald Macver，又名来爱华）奉派来华，客家教会才正式有传教士。1881年列威廉医生（William Riddell，亦名李威廉）来华，在客家地区经营医药事业。

　　上述两名客属传教士住五云洞，但该地偏僻，交通不便。1881年英国长老会决定以五经富为客属教会的中心，[①] 客家各礼拜堂原来附属于汕头，自此有了明确的地位。1882年传教士居住五经富，开辟五经富传教站。英国长老会之所以选择五经富做客家教会中心有多层原因。尽管五经富不是大市镇，它却有5个乡村连接在一处，位于人口稠密的山谷中。由五经富到汕头路程不远，交通便利，同时五经富处在通往客家地区三河坝、大埔的大路沿线上，这个地区长200英里，宽35英里，作为传教区是有很大的发展空间的。1882年底，客家区域内开设9个礼拜堂。成人教友达158名，其中有9名妇女。[②] 此后，客家教会的教会学校、医院等事业在五经富也逐步开展起来。

　　五经富从地理位置看属于客家南区，丰顺和大埔属于客属中区，传教士很早就到客家中区进行巡视，培植新堂会。1884年，纪多纳和丰约翰医生（John F. Mcphun）已在大埔县城开始宣教。不过，直到1902年传教士才驻扎于大埔县城南部的三河坝。大埔是客家地区的中心地带，由此可向北部客家地区发展开去。

　　自1881年潮惠长老大会成立起，福老教会和客家教会虽在统计上各自分开统计，但在管理体制上却统一由潮惠长老大会管理，随着教区扩大，堂会增加，举行大会时因"语言不同，商酌条陈殊多不便"，所以到1900年5月，长老会分立为两个分别以客家人为主体的五经富区长老大会和以福老为主体的汕头区长老大会，原之大会改名为潮惠长老总会。传教士亦分为两

①　D. MacGillivray ed. , *A Century of Protestant Missions in China*（1807 – 1907）（Shanghai：The American Presbyterian Mission, 1907）, p. 184.

②　Edward Band, *Working His Purpose Out*；*The History of the English Presbyterian Mission* 1847 – 1947.（Reprinted by Ch'eng Wen Publishing Company, Taipei, 1972）, pp. 213 – 219.

部分,组成两教士会,同时参加两区大会。① 总会只负责主持会规,进名考试,向外交涉,主持总会之宣道事业,收取两区会之感恩银、宣道银。其他权力则集中于两区会之手中,这个时期可称之为区会集权时期。在教士会方面,它已经敏锐地觉察到教会内外中国人的民族意识正在迅速增强,必须调整差会与中国教会、传教士与中国教会领袖的关系,它此时工作的重点应是加强传教工作的力量,同时加强对中国教牧人员的培训教育,以改变本地教会软弱无力的状态。② 在组织机构上,在原有的汕头教士会的基础上,1905年正式成立了分支机构——当地委员会。当地委员会与教士会是从属关系,当时,在汕头、潮州府和汕尾设有当地委员会。③ 当地委员会的设立加强了教士会对各地教会尤其是较偏远地区教会的管理。

1901 年后的一段时间里潮惠总会下属的两大会均有比较完整的统计,表 1 和表 2 分别是汕头大会和五经富大会的教务统计。

表 1　汕头大会教务统计一览表（1901～1924）

单位:人

| 年度 | 会友 | | 受洗孩童 | 教会学生 | | 神职人员 | | | 工作人员 | | 资料来源 |
	洁名成人	被禁成人		男小学生	女小学生	在任牧师	退任牧师	进名	长老	执事	
1901	2174	123	1049			7			30	69	汕档[(1)]
1902	2332	115	1130			10			34	64	汕档[(2)]
1903	2370	118	1185			9			33	71	汕档[(3)]
1904	2552	91	1314			9		2	35	77	汕档[(4)]
1905	2773	120	1505			7	2	2	48	81	汕档[(5)]
1906	2934	147	1566	906		6	3	3	53	97	汕档[(6)]
1907	3117	180	1757	630	377	8	2	2	44	103	汕档[(7)]
1908	3268		1893	740	423	10	1	1	45	116	汕档[(8)]
1910	3476	193	2209			6					汕档[(9)]
1911	3660	200	2428	697		7	6	5			汕档[(10)]

---

① 潮惠长老大会会议（1900 年 5 月 1～4 日会议）,汕档,档案号:民国资料/C283 长老大会记事册。

② John Steele to Mr. Dale, August 13th, 1906. PCEFM Archives Microfiche H – 10, No. 632.

③ Swatow Mission Council and Local Committees, 28, July, 1905. PCEFM Archives Microfiche, H – 10, No. 632.

续表

年度	会友		受洗孩童	教会学生		神职人员			工作人员		资料来源
	洁名成人	被禁成人		男小学生	女小学生	在任牧师	退任牧师	进名	长老	执事	
1912	3806	205	2627	667	497	10	4	3			汕档[11]
1913	3998	216	2759	828	685	11	5	3	88	122	汕档[12]
1914	4184	220	2962	803	593	11	5	3	80	119	汕档[13]
1915	4329	204	3136	747	724	11	3	3	92	125	汕档[14]
1917	4719	195	3510	1084	629	8	6	4	89	141	汕档[15]
1918	4878	201	3793	1496	578	7	7	3	85	148	汕档[16]
1919	4045	195	3871	1298	820	6	7	3	69	118	汕档[17]
1923	4577	205	3492	1901	487	6	8	3	107	208	汕档[18]
1924	5114	165	3668	2066	402	7	4	3	63	100	汕档[19]

注：进名系指通过考试获得牧师资格但尚未被聘任的神职人员。1906 年小学生未分男女，归入男小学生计算。1909 年无分区统计，只有潮惠长老总会的统计，即洁名成人 4527 名，被禁成人 256 名，受洗孩童 2775 名，小学生男 1110 名，女 489 名，牧师 12 名，退任牧师 5 名，进名 2 名。1918 年的原资料被禁成人系 6 名，受洗孩童 284 名，显然系当年新增之数，而非当年实际全部之数，故笔者处理该数据时将其与上年之数相加得出表中数据。

资料来源：（1）潮惠长老总会第 4 次会议（1902 年 5 月 7～8 日），汕档，档案号：民国资料/C287 潮惠长老总会记事册。

（2）潮惠长老总会第 5 次会议（1903 年 5 月 6～7 日），汕档，档案号：民国资料/C287 潮惠长老总会记事册。

（3）潮惠长老总会第 6 次会议（1904 年 5 月 4～5 日），汕档，档案号：民国资料/C287 潮惠长老总会记事册。

（4）潮惠长老总会第 8 次会议（1905 年 5 月 3～5 日），汕档，档案号：民国资料/C287 潮惠长老总会记事册。

（5）潮惠长老总会第 8 次会议（1906 年 5 月 2～3 日），汕档，档案号：民国资料/C287 潮惠长老总会记事册。

（6）潮惠长老总会第 9 次会议（1907 年 6 月 5～6 日），汕档，档案号：民国资料/C287 潮惠长老总会记事册。

（7）汕档，档案号：民国资料/C287 潮惠长老总会记事册。潮惠长老总会第 10 次会议（1908 年 5 月 13～14 日）

（8）潮惠长老总会第 11 次会议（1909 年 5 月 4～6 日），汕档，档案号：民国资料/C287 潮惠长老总会记事册。

（9）潮惠长老总会第 13 次会议（1911 年 5 月 3～5 日），汕档，档案号：民国资料/C287 潮惠长老总会记事册。

（10）潮惠长老总会第 14 次会议（1912 年 5 月 1～3 日），汕档，档案号：民国资料/C287 潮惠长老总会记事册。

（11）潮惠长老总会第 15 次会议（1913 年 5 月 7～9 日），汕档，档案号：民国资料/C287 潮惠长老总会记事册。

（12）岭东长老大会第 16 次会议（1914 年 5 月 5～7 日），汕档，档案号：民国资料/C287 潮惠长老总会记事册。

（13）岭东长老大会第 17 次会议（1915 年 5 月 4 ~ 6 日），汕档，档案号：民国资料/C287 潮惠长老总会记事册。

（14）岭东长老大会第 18 次会议（1916 年 5 月 3 ~ 4 日），汕档，档案号：民国资料/C287 潮惠长老总会记事册。

（15）岭东长老大会第 20 次会议（1918 年 4 月 30 日 ~ 5 月 2 日），汕档，档案号：民国资料/C287 潮惠长老总会记事册。

（16）岭东长老大会第 21 次会议（1919 年 4 月 29 日 ~ 5 月 1 日），汕档，档案号：民国资料/C287 潮惠长老总会记事册。

（17）岭东老大会第 22 次会议（1920 年 5 月 11 ~ 13 日），汕档，档案号：民国资料/C287 潮惠长老总会记事册。

（18）岭东长老大会第 26 次会议（1924 年 5 月 6 ~ 8 日），汕档，档案号：民国资料/C287 潮惠长老总会记事册。

（19）岭东长老大会第 27 次会议（1925 年 5 月 5 ~ 7 日），汕档，档案号：民国资料/C287 潮惠长老总会记事册。

表 2　五经富大会教务一览表（1901 ~ 1923）

单位：人

年度	会友		受洗孩童	教会学生		神职人员			工作人员		资料来源
	洁名成人	被禁成人		男小学生	女小学生	在任牧师	退任牧师	进名	长老	执事	
1901	780	30	268			3			23	54	
1902	837	50	334			3			23	54	
1903	897	40	431			3			21	51	
1904	972	40	437			3		5	26	54	
1905	1012	48	506			2	1	4	29	53	
1906	1060	62	523			2	1	4	23	40	
1907	1081	48	448	378		2	1	4	28	46	
1908	1122	73	656	335		3	1	3	33	67	
1910	1250	67	684	322		4	1	1	31	72	
1911	1341	65	769	381		4	1	1	28	67	
1912	1351	71	811	444		3	2	1			
1913	1400	86	834	646		3		1	27	67	
1914	1436	97	882	631		3	3	1	32	80	
1915	1515	105	948	757		2	4	2	29	70	
1916	1502	107	992	759	145	2	4	2	30	80	汕档[1]

续表

年度	会友		受洗孩童	教会学生		神职人员			工作人员		资料来源
	洁名成人	被禁成人		男小学生	女小学生	在任牧师	退任牧师	进名	长老	执事	
1917	1468	106	1023	804	72	2	3	2	31	84	
1918	1473	195	1079	845	222	2	3	2	30	85	
1919	1588	123	1106	1011	221	1	4	3	28	80	汕档(2)
1921	1690	137	1241	1946	275	1	3	3	40	70	
1923	1784	141	1193	1593	112		3	3	44	90	

注：1907 年之前的男学生数据及 1916 年女学生数据均缺，并非没有学生，实际是没有统计。资料来源与表 1 同者不列出。

资料来源：（1）岭东长老大会第 19 次会议（1917 年 5 月 1～4 日），汕档，档案号：民国资料/C287 潮惠长老总会记事册。汕头长老中会第 69 会议（1917 年 4 月 24～28 日），汕档，档案号：民国资料/C299 汕头长老中会议案簿。

（2）岭东长老大会第 24 次会议（1922 年 6 月 20～22 日），汕档，档案号：民国资料/C287 潮惠长老总会记事册。

对照表 1、表 2 数据，首先可以看出，无论从信徒人数、教会学校学生人数，还是神职人员和堂会管理人员看，以汕头为中心的福老教会力量都要远强于客家教会。参照其他资料，可以看出这种福老强、客家弱的教会格局一直没有改变。延续到 1949 年后。1950 年，岭东大会共有信徒 10474 名，其中福老教会信徒为 8499 名，客家信徒为 1975 名，[①] 前者人数是后者的 4 倍多。其次，从 1901 到 1923 或 1924 年之间无论是汕头区会还是五经富区会其教务的发展都呈现持续增长势头，其中最明显的是洁名成人的人数两大会均增加了 2 倍多，至于受洗孩童汕头大会增加了 3.5 倍，五经富大会则增加了 4.5 倍，教会小学学生人数也逐年增长。至于反映堂会管理力量的长老和执事人数尽管在一些年度有反复，但总体上还是在增加。唯一变化不大的是牧师人数，造成这种状况的原因主要有两个：一是牧师的培训与考核比较严格，时间比较长，不可能迅速增长；二是岭东教会尽管有五经富观丰书院和贝理神学院两所专门培养神职人员的学校，但都规模很小，难以大规模地培训学生，且因教会发展迅速急需传道人员，在校学习的学生通常难以学完

---

① 中华基督教会岭东大会所属堂会名称、地址、负责人及信徒一览表（1952 年），汕档，档案号：85/1/7。

全部课程，便出去布道，这些自然很难被按立为牧师。

自福老教会和客家教会分立后，两教会无论在思想上和行动上都是独立的，潮惠长老总会及后来的岭东大会缺乏有效的权威。作为中华基督教会的一个分支，岭东大会从来没有遵循它的原则，实行真正的合一。直到1945年秋季，汕头区会根据战时的经验，提出岭东大会应当成为教会政治的领导中心。岭东大会接受该决议，并采取行动，要求与英国长老会海外宣道会直接建立联系，取代以前通过教士会居间联络的方式。大会组成各种委员会以监督指导教会的各种行动，同时首次指派一位负完全责任的大会总干事，该职位由客家人郑少怀担任。[1] 汕头区会还讨论了将划分为四五个区会，客家则作为附属。对此，客属教会有传教士明确表示反对，他认为差会应当明确决定支持分开客家和福老的政策，这有助于促进大会真正的团结，这不仅关系到教会的将来，也与现在的财政、神学培训、教育等政策密切相关，"差会和传教士个人在未来20年左右的时间里应当努力促进大会的合一，其目标是将在这个地区只有一个教士会，在拨款和处理事务方面只与岭东大会而不是个别的区会发生关系。教会的力量集中在潮州、澄海、揭阳、潮阳县（包括在府城、汕头和五经富的堂会），西南部的普宁、惠来、陆丰和海丰（包括后来的汕尾）的堂会力量弱小、数量少，而且分散，差会应当提供职员去发展这些地区"，汕尾既是口岸，又是交通线，是一个适宜的中心。同时在潮州北部，中部和北部的客家地区教会也是弱小而分散的，应当派传教士进驻那里。[2]

二　教会的财政状况

衡量教会的实力，仅仅比较人数统计是不够的，财政状况也是非常重要的一个方面。在潮惠长老会成立初期，统计数据虽不完整，但大体可以看出福老教会的实力要强于客家教会。如1883年，福老教会用于聘请教牧的传

---

① H. H. Wallace, The Church in the Swatow Field, 1946, 6th Jannuary 1947, PCEFM Archives Microfiche H - 10, No. 754.

② Jas. Waddell," Lingtung Mission Council, Future Policy, 5th September 1945, PCEFM Archives Microfiche H - 10, No. 754.

道银捐款为 247 元，客家教会为 62 元。① 1885 年，福老教会传道银为 447 元，客家教会为 80 元。② 这种情况在 1893 年和 1894 年仍是如此。

表 3　1893～1894 年长老会财务状况一览表

单位：元，墨洋

地区	年度	传道捐	宣道捐	杂费	学费	合　计	成人信徒	人均捐
潮汕	1893	877	187	591	210	1865	1293	1.44
	1894	911	160	987	192	2250	1379	1.63
客家	1893	210	36	261	37	544	428	1.27
	1894	272	38	168	64	542	446	1.22

资料来源：John C. Cibson, "Native Church Finance", The Chinese Recorder, Vol. XXVL (1895), p.306. 原资料潮汕 1893 年人均捐为 1.31 元，1894 年捐款总额为 2251 元，客家 1894 年捐款总额为 543 元，表中数据系笔者根据各单项数据重新计算得出。

　　进入 20 世纪后，福老教会和客家教会财政统计相对比较完整，两会财政状况见表 4。

表 4　潮惠长老总会属区会捐款对照一览表（1901～1924）

单位：元

年度	汕头大会					五经富大会					资料来源
	信徒人数	各类捐款	人均捐款	其中传道捐	人均捐款	信徒人数	捐款金额	人均捐款	其中传道捐	人均捐款	
1901	2174	6223	2.9	2632	1.2	780	1868	2.4	677	0.9	汕档(1)
1902	2332	8617	3.7	2935	1.3	837	2042	2.4	650	0.8	汕档(2)
1903	2370	10276	4.3	3655	1.5	897	2870	3.2	984	1.1	汕档(3)
1904	2552	9582	3.8	4160	1.6	972	3054	3.1	863	0.9	汕档(4)
1905	2773	11941	4.3	4302	1.6	1012	2866	2.8	840	0.8	汕档(5)
1906	2934	12034	4.1	4755	1.6	1060	4333	4.1	870	0.8	汕档(6)
1907	3117	11272	3.6	4865	1.6	1081	3600	3.3	961	0.9	汕档(7)
1908	3268	11812	3.6	5088	1.6	1122	4718	4.2	1011	0.9	汕档(8)
1910	3476	13102	3.8	6181	1.8	1250	4122	3.3	1128	0.9	汕档(9)
1911	3660	13490	3.7	6041	1.7	1341	4558	3.4	1436	1.1	汕档(10)

---

①　潮惠长老会会议（1883 年 10 月 17 日），汕档，档案号：民国资料/C282 长老大会记事册。

②　潮惠长老会会议（1885 年 10 月 14 日），汕档，档案号：民国资料/C282 长老大会记事册。

续表

年度	汕头大会					五经富大会					资料来源
	信徒人数	各类捐款	人均捐款	其中传道捐	人均捐款	信徒人数	捐款金额	人均捐款	其中传道捐	人均捐款	
1912	3806	14130	3.7	6718	1.8	1351	4831	3.6	1381	1.0	汕档[11]
1913	3998	16101	4.0	7785	1.9	1400	4761	3.4	1180	0.8	汕档[12]
1914	4184	19223	4.6	8386	2.0	1436	4707	3.3	1354	0.9	汕档[13]
1915	4329	19939	4.6	9041	2.1	1515	6237	4.1	1415	0.9	汕档[14]
1916						1502	5815	3.9	1475	1.0	汕档[15]
1917	4719	24655	5.2	8258	1.7	1468	4989	3.4	1286	0.9	汕档[16]
1918	4878	25377	5.2	7708	1.6	1473	6017	4.1	1186	0.8	汕档[17]
1919	4045	22893	5.7	7918	2.0	1588	6573	4.1	1097	0.7	汕档[18]
1921		27023		9271		1690	6743	4.0	1827	1.1	汕档[19]
1923	4577	36667	8.0	10683	2.3	1784	10421	5.8	1727	1.0	汕档[20]
1924	5114			11146	2.2	1793					汕档[21]
1926	5450	45200	8.3	11300	2.1						期刊[22]

注：捐款金额均取整数，人均捐款保留到小数点后1位数。信徒均为领餐者，被禁领餐的会友不在此列。

资料来源：（1）潮惠长老总会第4次会议（1902年5月7～8日），汕档，档案号：民国资料/C287潮惠长老总会记事册。

（2）潮惠长老总会第5次会议（1903年5月6～7日），汕档，档案号：民国资料/C287潮惠长老总会记事册。

（3）潮惠长老总会第6次会议（1904年5月4～5日），汕档，档案号：民国资料/C287潮惠长老总会记事册。

（4）潮惠长老总会第8次会议（1905年5月3～5日），汕档，档案号：民国资料/C287潮惠长老总会记事册。

（5）潮惠长老总会第8次会议（1906年5月2～3日），汕档，档案号：民国资料/C287潮惠长老总会记事册。

（6）潮惠长老总会第9次会议（1907年6月5～6日），汕档，档案号：民国资料/C287潮惠长老总会记事册。

（7）潮惠长老总会第10次会议（1908年5月13～14日），汕档，档案号：民国资料/C287潮惠长老总会记事册。

（8）潮惠长老总会第11次会议（1909年5月4～5日），汕档，档案号：民国资料/C287潮惠长老总会记事册。

（9）潮惠长老总会第13次会议（1911年5月3～5日），汕档，档案号：民国资料/C287潮惠长老总会记事册。

（10）潮惠长老总会第14次会议（1912年5月1～3日），汕档，档案号：民国资料/C287潮惠长老总会记事册。

（11）潮惠长老总会第15次会议（1913年5月7～9日），汕档，档案号：民国资料/C287潮惠长老总会记事册。

（12）岭东长老大会第16次会议（1914年5月5～7日），汕档，档案号：民国资料/C287潮惠长老总会记事册。

（13）岭东长老大会第17次会议（1915年5月4～6日），汕档，档案号：民国资料/C287潮惠长老总会记事册。

（14）岭东长老大会第18次会议（1916年5月3～4日），汕档，档案号：民国资料/C287潮惠长老总会记事册。

（15）岭东长老大会第19次会议（1917年5月1～4日），汕档，档案号：民国资料/C287潮惠长老总会记事册；汕头长老中会第69会议（1917年4月24～28日），汕档，档案号：民国资料/C299汕头长老中会议案簿。

（16）岭东长老大会第20次会议（1918年4月30日～5月2日），汕档，档案号：民国资料/C287潮惠长老总会记事册。

（17）岭东长老大会第21次会议（1919年4月29日～5月1日），汕档，档案号：民国资料/C287潮惠长老总会记事册。

（18）岭东老大会第22次会议（1920年5月11～13日），汕档，档案号：民国资料/C287潮惠长老总会记事册。

（19）岭东长老大会第24次会议（1922年6月20～22日），汕档，档案号：民国资料/C287潮惠长老总会记事册。

（20）岭东长老大会第26次会议（1924年5月6～8日），汕档，档案号：民国资料/C287潮惠长老总会记事册。

（21）岭东长老大会第27次会议（1925年5月5～7日），汕档，档案号：民国资料/C287潮惠长老总会记事册；五经富区会自一九一八至一九四五年领餐人数传道银数表，汕档，档案号：12-11-42。

（22）吴刚峰：《二十五年来潮汕长浸两会研究》，《真光》第26卷第6号，1927年6月，第1～3页。

很显然，汕头大会无论是整体的财政规模，还是人均捐款各项数据基本都高于五经富大会。就信徒人数看，汕头大会一直是五经富大会的2倍多，人均捐款除个别年份外，汕头大会也高于五经富大会。必须重点强调的是，由于堂会捐款分为上缴大会部分和堂会本身留用部分，上缴部分除用于大会会议开支外，多用于平衡和扶植实力较弱的堂会，所以实力较弱的堂会一般对于后者会积极捐输，但对于前者则多敷衍以对，但传道银是用于聘请教牧的，形式上虽上缴大会，但都返还各堂会，所以各堂会对此捐款可以说是全力以赴，该捐款数以及人均捐款更能准确反映教会的财政状况。而从两大会的情况看，福老教会传道银总数增长更快，1923年比1901增长3倍，人均传道捐款也几乎增加1倍，而同期客家教会传道银仅增加1.6倍，人均传道捐则基本没有变化，这说明客家信徒的个体经济实力要远落后于福老教会。

在初步考察了岭东大会的一般财政状况后，还必须讨论基层堂会的财政状况，这样才能准确地分析教会的财政实力。岭东大会100多个堂会，要逐个讨论是不可能的。1928年岭东大会附录对各堂会的收支情况有很细致的统计，笔者进行整理后，具体情况参见表5。

表5 1928汕头区会各堂会人均捐款一览表[*]

单位：元

堂　会	洁名信徒	经费总额	人均捐款	其中传道银	人均传道银捐
盐　灶	291	2071	7.1	841.5	2.9
仙　洲	33	213.3	6.4	100	3.0
井　洲	52	310.1	5.96	146	2.8
伯特利	461	57512.7	124.8	2389.7	5.2
鸥　汀	31	137.1	4.4	58	1.9
汕　头	629	2658.8	4.2	1350	2.1
蓬　洲	21	108.6	5.2	20	1.0
潮　安	202	2278.8	11.3	1034	5.1
白水湖	62	447.4	7.2	209.4	3.4
埭　头	73	607.8	8.3	217.2	3.0
店　市	64	569.3	8.9	182.1	2.8
枫　口	84	459.6	5.5	218.2	2.6
桃　山	35	240.4	6.9	210	6.0
炮　台	53	1174.2	22.2	250	4.7
登　冈					
云　路	81	461	5.7	240	3.0
鹤　塘	94	691.5	7.4	273.9	2.9
广　美	66	388.9	5.9	240	3.6
京　冈	63	717.8	11.4	250.6	4.0
龙　港	69				
新　亨	58	430	7.4	130.5	2.3
香　港	57	3493.1	61.3	1481	26.0
上　海					
世　光					
自立堂小计	2579	74971.4	29.1	9842.1	3.8
登　塘	76	860.9	11.3	241.5	3.2
饶　平	12	42.9	3.6	22	1.8
柘　林	38	97.2	2.6	70	1.8
黄　冈	61	287.7	4.7	148	2.4
孚　山	78	560.7	7.2	306.8	3.9
后　宅	44	284.5	6.5	85	1.9
达　坑	32	178.1	5.6	42	1.3
石　头	56	255.6	4.6	72	1.3
凤　塘	45	287.37	6.4	110	2.4

续表

堂　会	洁名信徒	经费总额	人均捐款	其中传道银	人均传道银捐
庵　埠	57	177.2	3.1	102.3	1.8
彩　塘					
圭　湖					
新　饶	25	74.4	2.98	52	2.1
玉　溪	52	337.9	6.5	160	3.1
波　头	24	108.9	4.5	94.3	3.9
灶　埔	61	217.4	3.6	120	2.0
桑　田	3	190.7	63.6	81	27.0
龙　仔	39	283.44	7.3	140	3.6
新　寮	43	225.35	5.2	65.5	1.5
棉　湖	166	669.8	4		
东　寮	22	151	6.9	63	2.9
南　汾	7	24.7	3.5	5.2	0.7
沙　港	29	117.2	4	75.4	2.6
南　塘	6				
公　平		52		40	
坪　田		70.8			
大　安	74	489.8	6.6	130	1.8
田　心					
浮　任		156			
竹　桥	26	207.85	7.99	101	3.9
龙　湖	30	122.2	4	82	2.7
洲　渚	19				
碣　石	33				
汕　尾	40	117	2.9	86.4	2.2
遮　浪	10	55	5.5	28	2.8
捷　胜	19	66.7	3.5	22.3	1.2
海　丰		4.7		3.1	
东　海	17	167.6	9.9	33	1.9
南关埔	17	41.2	2.4		0.0
达　濠	22	99.84	4.5	57	2.6
甲　子	50	144.9	2.9	78	1.6
仙门城	27	135	5	80	3.0
贵　屿	22	219.5	9.98	70	3.2
溪　桥	11	70.9	6.4	34	3.1
龟　背	54	81.3	1.5	25	0.5

续表

堂　会	洁名信徒	经费总额	人均捐款	其中传道银	人均传道银捐
双　山	60	117.4	1.96	100	1.7
凤　山	15	56.4	3.8	38	2.5
龙　口	24	96	4	60	2.5
玉　窖	69	444.6	6.4	200	2.9
果　陇	75	69	0.92	50	0.7
顶　埔	61	20.1	0.3		
流　沙	52	187.8	3.6	140	2.7
鲤　湖	34	71.6	2.1	26.7	0.8
品　清	16	101.6	6.4	37.1	2.3
惠　来	15	32.8	2.2	21.2	1.4
澄　海	29	462	15.93		
长　美	25	104	4.2	80	3.2
东　山	15				
博　美					
隆　江					
店　市					
蔡　口					
流　隍					
仙　阳					
未自立堂小计	1937	9498.6	4.9	3678.8	1.9
合　计	4516	84470.0	18.7	13520.9	3.0
备　注		83690.27		13513.8	

注：从盐灶堂到世光堂为自立堂会。备注栏为原统计数据，且与笔者重新计算不符者。

资料来源：汕头区会会议（1929 年 5 月 7 ~ 11 月），汕档，档案号：民国资料/C404 岭东大会
汕头区会、五经富区会年录（1929 年）。

　　从表 5 看，为该年度总经费的人均捐款达到 18.7 元，这实在是远远高
于当时全国信徒的捐款水平。但是考虑到修建捐款是面向全社会乃至海内外
潮人的社会性捐款，虽然被计入各堂捐款之内，并不能完全反映堂会信徒的
捐款实情，且修建捐款非经常性捐款，也不能反映信徒一般情况下年度捐款
的情况，因此，在扣掉这部分高达 50761.5 元的捐款后，则信徒人均年度捐
款为 7.5 元，另外在教育经费方面，学费虽然缴交教会，但严格说来应为学
生家长的教育支出，还不能算作信徒对堂会的奉献，如果这一部分也扣除的
话，则年度经常性经费总额为 26073.15 元，人均捐款仅为 5.8 元。其中 24

个堂会捐款总经费为74971元，如果比照前例扣除修建捐款和教育捐款，则自立堂经费年度总额为18561元，仍占年度经常性经费总额的71%，人均捐款为7.2元，而64个非自立堂信徒人数为1937人，捐款经费在扣除修建捐款和教育款项后为7509元，人均捐款3.9元，这说明自立堂会在教会财政中起支撑作用。通过表5我们还可以看出，在信徒超过200名以上的堂会中除盐灶堂外，其余均为沿海城市教会，这与19世纪信徒主要集中于内地农村的情况形成鲜明对照①。而自立堂会中人均捐款最高者为伯特利，其次为香港堂会，如果剔除修建捐等非常规经费的话，则毫无疑问是香港最高。尽管在非自立堂会中桑田的人均捐款达到63.6元，比香港还高，但该堂只有3名会友，一二名富裕会友就可以将人均捐款数提得很高，因此不具可比性。

从表5中可以清楚地看出自立堂会与非自立堂会的巨大差别，这并非偶然现象。根据汲多玛的统计，1930年汕头区会共获捐款51770元②，当时有自立堂会28个，教友3147人，占总数的67%，平均每个堂会的教友为112人，教友年均捐款14.10元，非自立堂会62个，教友1538人，占总数的33%，平均每个堂会的教友为25人，教友年均捐款4.65元③。之所以出现自立堂会与非自立堂会各方面的巨大差别，是因为自立堂会大多设于经济条件比较好的城镇，而非自立堂会那样处于比较落后的乡村，还有一个因素就是20世纪20年代的岭东地区持续不断的社会动荡和连绵不断的战争，使不少教友流向汕头或出国，这就自然壮大了汕头堂会的力量，而削弱了其原所属堂会的力量。但从总体看，自立堂会的出现确实加强了本地教会的力量，调动了教友对教会的热情，教会自立成为本地教会发展的方向。

就分布而言，上述汕头区会自立堂会主要分布于韩江三角洲冲积平原和榕江下游，基本处于以汕头口岸为中心的近代经济圈内，就交通距离而言，在清季都在一日的行程之内。而相对距离更遥远的汕尾则无一所自立堂会。

五经富区会的财政收入情况参见表6。

---

① Joseph Tse - Hei Lee, *The Bible and Gun：Christianity in South China*, 1860 - 1900. （New York & London：Routledge, 2003），p. 72.

② 岭东大会第卅七次议案摘要，《岭东大会月刊》第6期，1932年5月，第1~2页。

③ T. Campell Gibson to P. J. Maclagan, 12 may, 1932. PCEFM Archives Microfiche H - 10, No. 695.

表6　1928年五经富区会信徒人均捐款一览表

单位：元

堂　会	洁名成人	捐款总额	人均捐	常年经费	人均捐	传道银	人均捐
五经富	232	953.32	4.1	499.32	2.2	322	1.4
岐　阳	46	74.52	1.6	74.52	1.6	28	0.6
水流埔	16	7.83	0.5	7.83	0.5	4.8	0.3
大　洋	20	95.036	4.8	27.036	1.4	15.66	0.8
南　山	18						
埔子寨	19	482.67	25.4	60.67	3.2	33	1.7
官音山	58	530.5	9.1	222.5	3.8	100	1.7
汤　坑	189	446	2.4	194	1.0	150	0.8
丰顺县	30	40.014	1.3	40.014	1.3	20	0.7
河　婆	123	638.66	5.2	303.66	2.5	150	1.2
五云洞	97	311.68	3.2	125.68	1.3	91.24	0.9
黄京埔	13	73.44	5.6	73.44	5.6	33	2.5
黄　塘	40	28.7	0.7	28.7	0.7	14.5	0.4
河　田	32	0.72	0.0	0.72	0.0		
螺　溪	17	30.5	1.8	30.5	1.8	20	1.2
上　护	7						
新　田	33	10	0.3	4	0.1	4	0.1
屯　埔	26						
三　溪	36						
八　万	21	81.58	3.9	81.58	3.9	49.23	2.3
梅　林	8						
三河坝	41	86.666	2.1	86.666	2.1	47.03	1.1
松　口	17						
大埔县	32	193.74	6.1	43.74	1.4	39.5	1.2
大　溪	10	34	3.4	34	3.4	32	3.2
松　源	8	56.5	7.1	56.5	7.1	53	6.6
黄富村	12	14.5	1.2	14.5	1.2	11.5	1.0
湖　雷	20	150.35	7.5	66.35	3.3	32.19	1.6
永定县	50	237	4.7	187	3.7	97.06	1.9
峰　市		190.32		10.32		8.32	
高　陂	14	138.95	9.9	138.95	9.9	88	6.3
竹木门	11	92.556	8.4	92.556	8.4	24.94	2.3
湖　寮	16	40.5	2.5	40.5	2.5	28.6	1.8
漳　溪		21		21		20	

续表

堂　会	洁名成人	捐款总额	人均捐	常年经费	人均捐	传道银	人均捐
中　都	8	5.09	0.6	5.09	0.6	2.44	0.3
六　甲	8						
武平县	6						
上杭县	78	159.8	2.0	109.8	1.4	51.2	0.7
庐　丰	26	44.08	1.7	44.08	1.7	15	0.6
罗　塘	46	337.534	7.3	261.934	5.7		
安　远	14	40	2.9				
门　岭	18	61.51	3.4	36.01	2.0		
金　鸡	48	119	2.5	35	0.7		
戏子潭	7	5.5	0.8	5.5	0.8	5	0.7
中心村	11						
麻　竹	29	10	0.3	10	0.3	10	0.3
窑　田	14						
隍　洞	16						
上　沙	15	4	0.3	4	0.3	3	0.2
红卢陂	10	6	0.6	6	0.6	5	0.5
大　麻							
华照楼	12						
梅　洋	10						
宫　厦	12	92.5	7.7	8.5	0.7	8.5	0.7
总　计	1700	5946.266	3.5	3092.166	1.8	1617.71	1.0

注：表中捐款数据系采用笔者重新核算之结果。

资料来源：五经富区会会议（1929 年 4 月 30 日至 5 月 4 日），汕档，档案号：民国资料/C404 岭东大会汕头区会、五经富区会年录（1929 年）。

与汕头区会相比，五经富区会没有将自立堂会专门列出来，其原因就是自立堂会太少。从上面汕头堂会的情况看，要成为自立堂会，其传道银当在 200 元以上才行，个别堂会尽管传道银很少，但或是分堂，如鸥汀、蓬州等，或与其他堂会联合聘请教牧，如井洲、仙洲等，除传道银基本能支付教牧薪水外，其他各项应负担之经费也必须达到区会要求才行。如果以此标准来分析，则五经富教区可能只有五经富一个堂达此标准，而河婆和汤坑如要自立，则必须与其他堂会合作才行。从表6中还可以看出，各堂力量是颇为悬殊的，其中信徒人数最多，捐款数最大的为五经富堂，其洁名信徒数为232名，约占区会总额的14%，捐款数合计为953.32元，约占16%，而人数最少的堂会则仅有6名信徒，捐款最少的堂会仅为0.72元，人均略为0.02元。就整个区会的情况看，总捐款5946.27元，人均捐款3.5元，如果扣除教育经费则区会的常年经费为3092.17元，人均1.8元，仅就传道银而言，只有1617.71元，人均0.95元。同汕头区会比较起来，这些数据都分别比其低许多。造成这种状况的原因应与五经富区会所属堂会多在贫瘠的山地，信徒经济力量比较薄弱有一定关系。

三　口岸与内陆

英国长老会各堂会大体沿主要河流和邮路分布。本地区主要河流有韩江、榕江、练江、黄冈河和龙江，其中韩江是广东省仅次于珠江的第二大河流，不过堂会分布最多的却不是韩江流域，而是榕江流域，榕江为该区域内的第二大河流。究其原因，应与韩江水流落差大，流速急，不便航行，而榕江水流平缓，便于交通有密切的关系。

根据范毅军的研究，自汕头开埠到1880年前汕头港的商圈范围可以覆盖到以南昌、长沙为终点的江西、湖南两省范围，1880年后随着鸦片贸易的式微，汕头港的腹地缩小到广东潮州府、嘉应州和惠州府东南共16个县，以及福建诏安、永定、汀州以及赣南为主的范围。[①] 汕头港的腹地范围基本与长老会在岭东地区的宣教范围相重合。中华基督教会岭东大会的地理区域包括广东东部讲福老话的全部，沿海口伸展，从闽广交界地区到海湾，以及紧邻该区域讲客家话的内地区域，从陆丰到上杭、包括永定、武平，并延伸到江西南部的会昌、寻乌、安远、信丰。港口的腹地范围恰恰是长老会传教力量的辐射范围。

从饶宗颐编纂的《潮州志》可以看出，清季汕头邮政局辖境邮局与长老会堂会点有很大部分的重合。

---

① 范毅军：《广东潮梅流域的糖业经济（1861～1931）》，《中央研究院近代史研究所集刊》第12期，1983年，第130页。

表 7　光绪三十二年（1906）汕头邮政局辖境邮局

潮州府	庵埠	揭阳	炮台	河婆	澄海	◎汕尾	金石	彩塘	樟林	◎碣石	达濠埠	潮阳
棉湖	普宁	黄冈	◎甲子	龙湖	浮山	蓬州	◎海丰	虎市	◎嘉应州	◎畲坑		
◎丙村	◎兴宁	◎老隆	◎龙川	◎新铺	隆江	◎鹤市下	松口	大埔	三河坝	◎岐岭		
◎长乐	◎镇平	◎南口	潮寮	东陇	◎永安	浮洋	◎长蒲	高陂	◎横流渡	留隍		
峡山	◎隆文	汤坑	丰顺	饶平	贵屿	葵潭	和平	五经富	惠来	◎陆丰	靖海	
◎平远	鲤湖	◎河田	◎大安	店仔头	鸥汀	外砂	◎和平县	◎公平	南洋	柘林		

注：表中标为灰色者同时也是潮惠长老会堂会点。前标◎的为潮州外邮局。
资料来源：饶宗颐总纂《潮州志》第 2 册，第 841～842 页。

表 7 中除去归属巴色会传教区的嘉应州和惠州府所属外，潮州府及惠州府东南（海陆丰）之邮局所在地绝大部分长老会都设有传教站或堂会点，其余长老会未设堂点的如樟林、浮洋美国浸礼会也在该处设有堂点。

从地域分布看，长老会堂会主要分布于沿海地区，尤其是河流冲积平原和海积平原上。[1] 不过，据研究本地区的平原面积仅为 3100 平方公里，仅占全部面积的 30%，而山地和丘陵地区则占 70%。[2] 沿海和平原地区大多是福老教会，而在山地丘陵地区多是客家教会。显然，在人口密度高的沿海和平原地区传教，其效益要高于山地丘陵地区。

从类型上分析，除了汕头堂（锡安堂）、伯特利堂和潮安等城市型堂会外，其余多以集镇和市墟为堂会所在地，可以称为集镇类堂会。后者的信徒虽然以农民为主，但并非纯粹意义上的乡村堂会，堂会的长老执事不少是有经济实力的地方精英，商业因素已经深刻影响到堂会的发展。当然，也有少数在自然村落设立堂会的，其中最有名气者为澄海盐灶堂，该堂会就设在盐灶村，该堂为福音入潮最早之教堂，长老会的教会领袖不少出自该堂，使该堂获得较多教会资源的支持，同时该堂也是汕头抽纱业的发源地之一，具有

---

[1]　中华续行委办会特委会编《1901～1920 年中国基督教调查资料》上卷，蔡咏春等译，中国社会科学出版社，1987，第 433 页。

[2]　黄挺、陈占山：《潮汕史》，广东人民出版社，2001，第 14～16 页。

强有力的经济支撑。

　　汕头市的汕头堂、伯特利堂可以说是沿海口岸堂会的典型，也是福老教会的核心堂会，其中伯特利堂系从汕头堂分离而出，而五经富堂则是内地堂会的典型，也是客家教会的核心堂会。就教会管理而言，汕头和五经富也分别是福老教会和客家教会的中枢所在。就发展速度和规模而言，后者远远落后于前者。仅仅从信徒看，五经富堂1928年洁名信徒为232名，1936年为272名，1950年为305名，而同期汕头堂分别是629名，788名和767名，伯特利堂分别为461名，738名和1222名。① 仅以1950年为例，当时岭东大会信徒总数为10474名，汕头堂和伯特利堂合计占总数的19%，而五经富堂仅占到3%。

　　口岸城市教会与内陆集镇型的巨大反差现象值得深入分析。

　　首先，必须从英国长老会的宣教战略和传教资源的分配来检讨。英国长老会的传教士多来自苏格兰"高地"，他们对于同样是"高地"的广东东部的客家地区有一种特别的情怀，相对于福老和广府人，他们对客家人有更多的认同。为此，英国长老会专门开辟了客家传教站，以揭阳五经富为基地，逐步进入北部客家地区，并将传教的范围扩展至闽西和赣南。但是，在山地和丘陵地带传教，成本甚高，进展缓慢，宣道会不可能在此投入太多资源。笔者根据相关的统计得出，从1905年到1945年，英国长老会派驻汕头传教站的教士会教士人数为五经富的2倍，一些年份甚至高达3~4倍。② 在预

---

① 汕头区会会议（1937年4月15~17日），汕档，档案号：民国资料/C406岭东大会汕头区会、五经富区会年录（1937年）；中华基督教会岭东大会所属堂会名称、地址、负责人及信徒一览表（1952年），汕档，档案号：85/1/7。

② "Report of the Foreign Missions , Submitted to the Synod, 1905. Presbyterian Church of England", PCEFM Archives Microfiche H－10, No. 2013；"Report of the Foreign Missions , Submitted to the Synod, 1910. Presbyterian Church of England", PCEFM Archives Microfiche H－10, No. 2017；"Report of the Foreign Missions , Submitted to the Synod, 1913. Presbyterian Church of England", PCEFM Archives Microfiche H－10, No. 2018；"Report of the Foreign Missions , Submitted to the Synod, 1915. Presbyterian Church of England", PCEFM Archives Microfiche H－10, No. 2019；"Report of the Foreign Missions Committee , Submitted to the Synod, 1916. Presbyterian Church of England" PCEFM Archives Microfiche H－10, No. 2020；"Report of the Foreign Missions Committee , Submitted to the General Assembly, 1925. Presbyterian Church of England", PCEFM Archives Microfiche H－10, No. 2022；"Report of the Foreign Missions Committee, Submitted to the General Assembly, 1936. Presbyterian Church of England", PCEFM Archives Microfiche H－10, No. 2025；"Report of the Foreign Missions Committee , Submitted to the General Assembly, 1937. Presbyterian Church of England", PCEFM Archives（转下页注）

算拨款上，汕头传教站也远远高于五经富。尽管自 1900 年起，汕头教士会与五经富教士会并立，但很显然，岭东英国长老会的传教重点是在福老教会。①

其次，必须从社会经济环境进行分析。五经富作为内地市镇，尽管与其他几个自然村相连接，但总人口不过数千，虽处于交通孔道上，但本身发展的空间有限。该地虽然也举办有医院、学校、神学院，但规模和水准远不能与汕头相比。且仅从宣教角度看，该地位于客家教区的南部，从五经富派遣牧师到客家教会的中部和北部巡视，全部巡视一遍，要耗时两个月左右。②通常一年只能在春秋两季各进行一次巡视。③

乡村社会经济的脆弱性在客家教会表现得特别突出，一旦出现旱灾和水灾自然灾害，庄稼歉收，则对教会冲击尤大。1943 年的灾害对客家教会的影响甚大。

尤为重要的是，由于僻处内地，五经富及周边地区一直存在一定的社会治安问题；在清末有盗匪问题；④ 国共内战时期，客家地区也受到革命运动的影响，毗邻五经富的海陆丰客属教会"有一落千丈之势"。⑤ 此后，共产党组织在该地区的活动一直较为活跃。在 20 世纪 40 年代后期，在客家地区传教的欧阳德牧师（R. A. Elder）检讨客家地区的宣教，他认为"时局不宁恶化了形势。中国的谚语说，大乱避乡，小乱避城。在这个地区政治冲突带来局

（接上页注②）Microfiche H－10，No. 2026；"Report of the Foreign Missions Committee，Submitted to the General Assembly，1939. Presbyterian Church of England"，PCEFM Archives Microfiche H－10，No. 2026；"Report of the Foreign Missions Committee，Submitted to the General Assembly，1940. Presbyterian Church of England"，PCEFM Archives Microfiche H－10，No. 2026；"Report of the Foreign Missions Committee，Submitted to the General Assembly 1941. Presbyterian Church of England"，PCEFM Archives Microfiche H－10，No. 2027；"Report of the Foreign Missions Committee，Submitted to the General Assembly 1945. Presbyterian Church of England"，PCEFM Archives Microfiche H－10，No. 2027.

① Lingtung（Swatow－Hakka）Mission Council，met in the E. M. M. House，Swatow，from May 20－24 and 26－31st，1947，PCEFM Archives Microfiche H－10，No. 756.

② The Hakka Church，Report of the Work in the Year 1943，PCEFM Archives Microfiche H－10，No. 749.

③ G. F. Mobbs，"Hakka Church Work Report，1947，"PCEFM Archives Microfiche H－10，No. 757.

④ 《揭邑侯勉励周管带之牌示》，《岭东日报》光绪三十年四月廿三日（1904 年 6 月 6 日），"潮嘉新闻"，第 1 页。

⑤ 李绍强：《海陆丰客属教会之近况》，《岭东大会月刊》第 4 期，1932 年 2 月，第 14 页。

势的一些不稳，'叛乱力量'转向更偏僻的乡村，在这里他们遭受到进攻威胁时很容易躲进山里。其结果教会里一些有影响的人移居到更有安全保障的城市。因此一些时候像五经富这样作为教会和差会的中心的乡村就变得过于脆弱和不稳定"。他指出，教会的力量继续集中在五经富，就不可能看到客家教会会友的显著增长，因为"统计显示的是负增长"，尽管教会和差会在五经富当地的影响很大，但该地只有150名初中生和几百名小学生，与此形成对照的是上杭有1000多名中学生，全县有3000多名小学生，而且尤为重要的是"在五经富很少能和地方官府、商人和教育家接触。可是只有这些人聚集在一起开会，才能计划如何去改善社会生活，减少疾苦，才能讨论行政、公正和人道法律问题，教会在这些领域应当有声音存在"，他的结论是，宣道会应当准许教士会去尝试开辟上杭传教站，五经富不适于作为传教中心。①

汕头自1861年开埠后，很快成为岭东地区的经济贸易中心和中外交往的门户。在此过程中，汕头市人口增长迅速，由开埠之前数千人渔村成长为一个具有20余万人口的地区中心城市，参见图1。

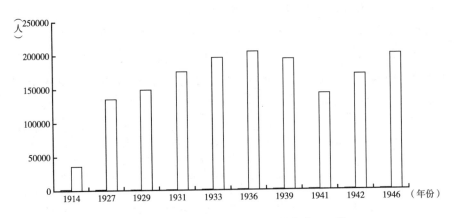

图1　民国时期（1914～1946）汕头市人口一览

资料来源：饶宗颐总纂《潮州志》第4册，第1643～1646页。

从图1可以看出，抗战前汕头市人口基本呈上升趋势，1939年汕头沦陷前后人口开始下降，到太平洋战争爆发前后人口有较大幅度的下降，战后

---

① R. A. Elder, "Hakka Church Work Report, 1947-1948," PCEFM Archives Microfiche H-10, No. 761.

又很快恢复。

开埠后汕头的经济贸易发展迅速，到 1933 年时汕头各类商号共有 3441 家，资本总额为 57684000 元，平均每家商号资本额为 16763 元，而潮州所属 10 县 1 区商号总数为 25292 家，资本总额为 26165700 元，尚不及汕头资本总额的一半，平均每家仅为 1034 元。就贸易额而言，同年汕头的贸易额为 692208000 元，而潮州属各县区仅为 209325600 元，尚不及前者的 1/3。[①]

汕头市强大的经济实力对教会经济有重大的影响，仅以汕头堂会为例，该堂在 1919 年崎碌堂分离之前，其捐款收入一直高踞于潮惠长老总会各堂之首，并在总会的总收入占到很大比例，参见表 8。

表 8　汕头堂会收入一览表

单位：元，%

年度	汕头堂收入	总会收入	所占比例	资料来源
1901	1306	8091	16	汕档[(1)]
1902	1424	10659	13	汕档[(2)]
1903	2480	13146	19	汕档[(3)]
1904	1336	12636	11	汕档[(4)]
1905	1431	14807	10	汕档[(5)]
1906	2003	16367	12	汕档[(6)]
1907	2400	14872	16	汕档[(7)]
1908	2469	16530	15	汕档[(8)]
1909	2551	18925	13	汕档[(9)]
1910	2834	17224	16	汕档[(10)]
1911	2636	18048	15	汕档[(11)]
1912	3426	18961	18	汕档[(12)]
1913	3362	20862	16	汕档[(13)]
1914	4194	23930	18	汕档[(14)]
1915	5001	26176	19	汕档[(15)]

①　饶宗颐总纂《潮州志》第 3 册，第 1299~1307 页。

续表

年度	汕头堂收入	总会收入	所占比例	资料来源
1916	5245			汕档[16]
1917	7881	29644	27	汕档[17]
1918	9158	31394	29	汕档[18]

资料来源：（1）汕头长执会会议（1902年2月28日），汕档，档案号：民国资料/C308汕头长执会记事簿。

（2）汕头长执会会议（1903年3月3日），汕档，档案号：民国资料/C308汕头长执会记事簿。

（3）汕头长执会会议（1904年3月25日），汕档，档案号：民国资料/C308汕头长执会记事簿。

（4）汕头长执会会议（1905年3月7日），汕档，档案号：民国资料/C308汕头长执会记事簿。

（5）汕头长执会会议（1906年2月27日），汕档，档案号：民国资料/C308汕头长执会记事簿。

（6）汕头长执会会议（1907年3月18日），汕档，档案号：民国资料/C308汕头长执会记事簿。

（7）汕头长执会会议（1908年4月3日），汕档，档案号：民国资料/C308汕头长执会记事簿。

（8）汕头长执会会议（1909年3月5日），汕档，档案号：民国资料/C308汕头长执会记事簿。

（9）汕头长执会会议（1910年4月5日），汕档，档案号：民国资料/C308汕头长执会记事簿。

（10）汕头长执会会议（1911年1月20日），汕档，档案号：民国资料/C289汕头长执会纪事册。

（11）汕头长执会会议（1912年4月17日）汕档，档案号：民国资料/C289汕头长执会纪事册。

（12）汕头长执会会议（1913年3月14日），汕档，档案号：民国资料/C289汕头长执会纪事册。

（13）汕头长执会会议（1914年4月6日），汕档，档案号：民国资料/C289汕头长执会纪事册。

（14）汕头长执会会议（1915年4月9日），汕档，档案号：民国资料/C289汕头长执会纪事册。

（15）汕头长执会会议（1916年4月18日），汕档，档案号：民国资料/C289汕头长执会纪事册。

（16）汕头长执会会议（1917年3月15日），汕档，档案号：民国资料/C289汕头长执会纪事册。

（17）汕头长执会会议（1918年3月21日），汕档，档案号：民国资料/C289汕头长执会纪事册。

（18）汕头长执会会议（1919年2月6日），汕档，档案号：民国资料/C289汕头长执会纪事册。

在潮惠长老总会100多个堂会中，汕头堂会占总会收入最低达到10%，最高达到29%，可以说是一枝独秀，这一数据背后反映的是汕头市的经济实力。

汕头堂会仅仅是长老会在汕头的一个堂点，实际上该会最重要的医院、学校等产业都集中在汕头，这些产业的维系和发展都须仰赖汕头地方社会的支持。以汕头福音医院为例，自该院初创，每年年度报告中一项重要内容就是公布该年度的医院收支情况，并公布各机构及"善士"（个人）捐款的名单与经费。早期多以英文公布，后来则同时用中英文公布，这固然是为了宣传捐款者的善举，同时也是让社会各界公开监督，以昭信守。如1869年的捐款中外国人捐款数为897元，其中，英美领事和海关税务司官员的捐款各捐款25元，在汕头的其他西方人也有捐款，中国人捐款数

为 200 元，多系商号捐款。[①] 1878 年汕头福音医院建设新院，西人捐款总数
1205 元，共有 45 人捐款。中国人捐款数 543 元，其中潮州道台张铣最多，
为 144 元，捐款的商号、银号 29 家，其余为个人捐款。[②] 此后该院捐款一
般不再分中外，而是一并公布。1915 年医院的捐款多为在汕中外商人及教
会人士的捐款。[③] 1918 年的捐款名单中既有太古洋行、怡和洋行和英美烟公
司等知名外国公司，也有英美等国领事官等在汕西人。[④] 这表明，英国长老
会传教士与在汕西人有良好的人际关系，汕头福音医院作为一所西式医院
有为在汕西人服务的功能。同时，通过捐款名录也可以看出，汕头福音医
院在本地官商阶层和上流社会也很有影响力，尤其是与当地商界人士建立
了密切的关系。

在 1905 年华英中学的建设中，长老会也得到了陈雨亭等著名商人的大
力支持，单是陈雨亭个人就捐款大洋 2 万余元。[⑤]

从长老会的相关捐款可以看出，英国长老会在汕头等地举办的各种
事业实际与潮汕对外贸易网络有密切的关系，商贸路线实际就是款项输
入的路线。由于香港在 19 世纪 50 年代后逐步形成的港叻暹汕贸易体系
中居于中转站的位置，港汕两地经济联系十分密切，从事进出口贸易的
港汕西人成为一个群体，这些人成为长老会事业的支持者，南澳大地震
时福音医院就向这一群体募捐 6000 余元，用于救灾。而潮汕本地商人则
是这一贸易体系的主要成员，在香港成为自由港后他们大批进入该地从
事贸易，早在 1868 年潮州商人就在香港成立了南北行公所，成为当地第
一个华商集团，也是当时最具影响力的同业组织。[⑥] 这些商人也是长老会

①　William Gauld, *Report of the Medical Missionary Hospital at Swatow, in Connection with the Presbyterian Church of England* (Hongkong: De Souza & Co., 1870), pp. 14 – 15.

②　William Gauld, *Report of the Medical Missionary Hospital at Swatow, in Connection with the Presbyterian Church of England* (Hongkong: De Souza & Co., 1878), pp. 14 – 19.

③　*Report of the Swatow Mission Hospital and of the Swatow Women's Hospital in Connection with the Presbyterian Church of England, for 1915* (Swatow: Kwai Fung, 1915), pp. 9 – 12.

④　*Report of the Swatow Mission Hospital and of the Swatow Women's Hospital in Connection with the Presbyterian Church of England, for 1918* (Swatow: Kwai Fung, 1919), pp. 21 – 24.

⑤　Agreement beteen Ch'eng Ch'eng Chia of the one part and the English Presbyterian Mission, Swatow, of the other, in regard to proposed Anglo – Chinese College, PCEFM Archives Microfiche H – 10, No. 631.

⑥　王绵长：《泰国华商：开创南北行及其对香港转口贸易的贡献》，《汕头大学学报》2003 年第 1 期，第 80 页。

慈善事业的重要支撑力量。1918 年汕头福音医院财政遭遇危机，入不敷出，近百家香港商行捐款大洋 2135 元，其中著名的乾泰隆行和元发行各捐款 100 元。"八二风灾"后旅港潮州八邑商会汕头赈灾团给福音医院捐款大洋 3000 元。[①]

　　汕头地区的抽纱业最初由传教士引进，并加以推广[②]，到 20 世纪 30 年代抽纱品已成汕头海关的大宗出口货物，其中 1935 年出口额为 4747712 元，占当年出口总额的 28%。[③] 不少教友因经营抽纱业而致富，他们往来香港、上海等地，不仅构成一个庞大的商业网络，而且在沪港两地自成一信仰团体，是两地潮人基督教会的创始者和骨干成员。如香港潮人初创的教会组织"潮人聚会处"就是由潮属从事抽纱业的会友发起成立，正式成立时命名为汕厦堂，第一次世界大战时一度停止，后来复会也是由从事抽纱业的会友发起的。[④] 上海的潮人教会也是这样成立的，曾经在担任岭东旅沪中华基督教会董事的赵资光从事抽纱业，在岭东教会内也很活跃，担任过汕头伯特利堂长老。[⑤] 这个基于相同信仰的同业群体成为长老会慈善事业的重要支持者。[⑥] "八二风灾"时，潮汕旅沪救济会（Swatow-Shanghai Relief Committee）的捐款高达 10214 元，[⑦] 该会有不少成员就是抽纱商人。抗战时期，英国长老会从英国募集到 150 英镑购买粮食，赈济潮州府灾民，[⑧] 但这笔钱显然远远不够，幸得"汕头抽纱联合会"（Swatow Embroidery Firms Association）捐出大宗款项，才保证为 200 户教外人士提供两星期一次的大米供应。[⑨] 截至 1941 年 3 月，汕头抽纱联合会实际捐款款 7000 元，救助对象增至 250 户，再加

---

① Reports and Accounts of the Swatow Mission Hospital and of the Swatow Women's Hospital in Connection with the Presbyterian Church of England, for 1926 &1927（1927），PCEFM Archives Microfiche H－10，No. 967.

② 中国海关学会汕头海关小组编译《潮海关史料汇编》，1988（内部），第 99 页。

③ 饶宗颐总纂《潮州志》第 3 册，第 1178、1212 页。

④ 李金强等：《基督教潮人生命堂百年史述 1909～2009》，香港商务印书馆，2009，第 52、58 页。

⑤ 赵资光：《本人详细经历》（1957 年 8 月 1 日），汕档，档案号：S007/1/53。

⑥ 在 20 世纪 20 年代，香港潮人生命堂和上海岭东旅沪中华基督教会隶属于汕头区会。

⑦ Typhoon Relief Accounts 1922－1925（1925），PCEFM Archives Microfiche，H－10，No. 667.

⑧ Letter from the Miss G. Burt to T. W. D. James, Kityang（August 8，1941），PCEFM Archives Microfiche，H－10，No. 743.

⑨ N. D. Fraser, "Annual Report on the Work in the Swatow Field, 1940,"（November 9，1941），PCEFM Archives Microfiche，H－10，No. 741.

上其他捐款，此项救济工作才得以继续。[①]

汕头对内陆地区信徒有强烈的吸附效应。汕头有独立的客语礼拜堂。当时局动荡，许多信徒就从内陆来到汕头。海陆丰农民运动时，大批信徒涌入汕头，其中就有不少客家地区的信徒。[②]

结　论

近代中国经济的二元结构特征对教会的发展具有深刻的影响。一方面是以口岸城市为中心的经济圈呈现高度的繁荣和发展，并形成对内陆腹地巨大的吸附效应；另一方面则是内陆地区经济长期的停滞和萎缩。这种状况也深刻影响到近代中国教会的发展模式。以汕头堂和伯特利堂为代表的口岸城市型堂会的快速发展实际与以五经富为典型代表的内陆集镇堂会的缓慢发展甚至停滞存在一定程度的关联，当大量的人力和物力资源集中到口岸城市堂会时，内陆乡村教会的衰败也就成为必然。当两种教会模式被不同的语言、民系和文化所固化时，教会发展的二元格局更加难以消解，教会实现合一的目标也自然更加困难。

（作者单位：山东大学历史文化学院）

[①]　华河力等：《潮安中华基督教会事工报告书》（1941 年 3 月 10 日），PCEFM Archives Microfiche，H－10，No.740。

[②]　《汕头中华基督教筹赈会征信录》（1928 年 9 月），PCEFM Archives Microfiche，H－10，No.681。

马根济与近代天津医疗事业考论

余新忠　杨璐玮

引言："谁人不识马大夫"

在中国近代的历史上，马根济说不上大名鼎鼎，但无疑是一位重要而有些影响的人物，2011 年 2 月，天津的一份主流报纸刊出的一篇纪念文章这样写道：

> 在还没有了解"马大夫纪念医院"之前，就听很多名人后裔提起过马大夫。尽管马大夫是位外国人，而且去世很早。但马大夫纪念医院却在天津人心中占有很重要的地位。时常会听一些老人说这样的话："那时的马大夫医院……"马大夫医院就像一个被人们珍藏在心里的老朋友，尽管已经远去，但情感依旧。[1]

这位马大夫并不姓马，而是指英国伦敦会（LMS）医学传教士马根济（John Kenneth Mackenzie），[2] 他在李鸿章的支持与帮助下在天津创立了被

---

① 苏莉鹏：《谁人不识马大夫》，《城市快报》2011 年 2 月 15 日。

② 马根济在日记中讲到了自己得名马根济的故事：我的姓是"马"，发音类似于"Mac"，名是"根济"，意思是我的根是"济"，表示救助和帮人解脱病痛。根是树木最重要的部分，中国人说一个人生活的目标就是他的根，因此"马根济"读音同 Mackenzie 差不多，表示"马"的"根"是"济"，救助人民。M. F. Bryson, *John Kenneth Mackenzie: Medical Missionary to China.* London: Hodder & Stoughton, 1891, p. 113.

誉为"近代中国最早的公立医院和医学院"的施医院（总督医院）和医学堂。

马根济在近代医学传教士中具有较高的声誉，同时他创办施医院以及医学堂的功绩使得他在近代西医传播历史和公共卫生史上具有不可忽视的地位。在现代的著述中，除了近代天津地方史的论著往往都会论及马根济及其创设的医学机构外，① 学界有关近代医学传教与天津医疗卫生事业的研究也多会对此给予一定的关怀和论述，② 而专门以马根济为对象的研究近来也开始出现。③

不过这类研究虽然数量不少，也呈现了不少的史实，但由于受研究视角和资料利用全面性等方面的限制，也存在一些错漏甚至相互抵牾之处，马根济在天津创办施医馆和医学堂的完整历史图景并未能得到比较清晰的呈现。故此，本文将立足史料，在以往研究基础上，希望通过对不同叙述脉络中相关记载的比对考证，尽可能对这一历史图景做一清晰的呈现，并进而分析这些被视为中国最早的公立西医院和医学院诞生的契机，探究这些认识是如何形成的。

---

① 例如齐植璐《李鸿章与马大夫医院》，王大川、陈嘉祥主编《津沽旧事》，天津市文史研究馆编，1994年，第149～150页；罗澍伟主编《引领近代中国：百年中国看天津》，天津人民出版社，2005，第83～85页；王家俭《洋员与北洋海防建设》，天津古籍出版社，2004，第103～109页；于学蕴、刘琳编《天津老教堂》，天津人民出版社，2005，第94～96页；周利成、王勇则编《外国人在旧天津》，天津人民出版社，2007，第147～151页。

② 这些研究既有期刊论文，也有学位论文，前者比如李传斌《晚清政府对待教会医疗事业的态度和政策》，《史学月刊》2002年第10期，第41～26页；何小莲《略论晚清西医的文化穿透力》，《社会科学》2003年第3期，第104～109页；何小莲《晚清新教医学传教的空间透析》，《中国历史地理论丛》2003年第2期，第95～103页；艾智科《晚清的中西医汇通思想及其走向》，《历史档案》2010年第2期，第120～125页；胡成《何以心系中国——基督教医疗传教士与地方社会》，《近代史研究》2010年第4期，第16～33页；后者如 Ruth Rogaski, *From Protecting Life to Defending the Nation: The Emergence of Public Health in Tianjin, 1859–1953*, Ph. D dissertation, Department of History, Yale University, Conecticut: 1996；金林祥《民国西医高等教育研究（1912～1949）》，华东师范大学博士论文，2005；于杰《近代西医群体研究》，吉林大学博士论文，2008；张璐《慈善、卫身、强国：晚清天津医疗慈善事业研究》，南开大学硕士论文，2009年等。

③ 例如李颖《伦敦会传教士马根济简论》，《中华医史杂志》2004年第24期，第221～224页；刘祺《马根济与西医在近代天津的传播（1879～1888）》，《历史教学》2008年第14期，第64～67页；袁媛《中国西医教育之发端：天津总督医学堂》，《自然辩证法通讯》2010年第1期，第63～69页。

一　现代有关马根济及其医疗事业一般性论述

在现有的著述中，有关马根济及其在天津的医疗事业，大体是这样叙述的。

马根济以医学传教士的身份于 1875 年抵达汉口，进行医学传教的工作，并于 1879 年调往天津，接手伦敦会在当地开办的小诊所。由于缺少药品，资金短缺，同时得不到地方士绅的支持，马根济在美国驻津副领事毕德格（W. N. Pethick）的帮助下，向李鸿章求助，却迟迟没有下文。后来因为成功治好了李鸿章夫人的病，得到李鸿章的赏识，在其支持与帮助下，在曾公祠开办诊所，影响力进一步扩大。

由于患者的逐渐增多，医院的承载能力也越来越显得捉襟见肘，为了增强医疗能力，并方便传教工作，马根济想兴建一所规模更大、设备更齐全的正规西医院，这一计划得到了李鸿章和其他官员以及地方精英的支持。李鸿章捐银 1000 两，天津各级官员以及地方士绅纷纷解囊，共筹得 4000 两白银。1880 年，医院在紫竹林后海大道建成，李鸿章亲自主持开幕仪式，并手书楹联一副："为良相，为良医，至此恫瘝片念；有治人，有治法，何妨中外一家。"新医院名为总督医院，津门称其为施医养病院。这一医疗机构被称为近代中国最早公立西医院。

施医院之所以冠以医院之名，有别于中国医疗机构中的医馆称呼，还在于其中的医学堂之设。为了满足传教的需要，马根济迫切需要培养本土医生来辅助自己，他得到了李鸿章的允许，从当时留美幼童计划终止后回国的青年中挑选学生成立了医学堂，这被称为近代中国最早的公立医学院。①

光绪十四年（1888 年），年仅 38 岁马根济积劳成疾，英年早逝。由于其在传教以及医学、公共卫生历史上的重要地位，马根济在当时就备受关注。他去世后，上海医学传教联合会议专门通过决议缅怀其在传教医学事业上所做的贡献，并出版了纪念文集 *Memorials of Dr. J. K. Mackenzie*。② 1891 年其同事布莱恩的夫人撰写的《马根济传》一书出版几周之内即销售一空，

---

① 以上叙述综合前揭各相关研究撰成。

② "Resolutions regarding Dr. Mackenzie," *The China Medical Missionary Journal*, vol. 2, 1888.

人们争先恐后地互相传阅。①

因为其重要的历史地位，无论在中国还是欧美马根济都受到一些学者的关注和探究。但是，由于资料与认识上的差异，双方笔下的马根济以及其创办的医疗机构却呈现不同的面向。

中国研究者倾向于描述马根济在近代医学传播中的重要作用，尤其是强调其创办了近代中国第一所公立医院与西医学堂的功绩，对于其传教工作基本上一笔带过，虽然大多提到总督医院演变为马大夫纪念医院并最终成为天津人民医院这段历史，但是对于马根济去世后中英双方围绕着总督医院产生的矛盾则一字不提。同时这些文献还存在许多相互矛盾的地方，对马根济本人以及施医院、医学堂的介绍也都存在一定问题。其中相当多的著述依据的几乎完全是中文资料，出现了一些张冠李戴、以讹传讹的情况，甚至于马根济（Mackenzie）的名字拼写都有错误。② 另外一些研究虽注意到英文资料，尤其是依赖布莱恩妇人撰写的《马根济传》以及罗芙芸的 "From Protecting Life to Defending the Nation：The Emergence of Public Health in Tianjin，1859 – 1953" 一文，但缺乏与中文资料的比照考订，也存在片面性。

而海外对马根济的研究，最具代表性的就是罗芙芸 "From Protecting Life to Defending the Nation" 中对总督医院的介绍，与中国学者不同，罗芙芸聚焦于这一新式医疗机构所体现出的权力关系，马根济同李鸿章之间的微妙关系以及 LMS 同清政府之间从若隐若现到最终爆发的矛盾。她主要依据的资料是《马根济传》以及当时马根济同伦敦会之间的通信往来。与中国学者回避中英双方的矛盾不同，罗芙芸详细叙述了随着马根济的去世，伦敦会以及清政府为了争夺医院控制权所引发的冲突。

而 Bryson 夫人的《马根济传》在被历史学者引用的同时，其本身也具有鲜明的叙事特点，同中国学者以及罗芙芸集中于其医学贡献不同，该书以传教为主线来叙述马根济的一生。《马根济传》中的马根济则首先是一位传教士，其次才是一名医生。他从小时候起就立志为传播上帝福音而奉献一生，他在中国所做的一切都是为了传教，除此之外别无所求。虽然 Bryson

---

① 李颖：《伦敦会传教士马根济简论》，《中华医史杂志》2004 年第 24 期，第 221 页。

② 王家俭的《洋员与北洋海防建设》一书中就将 Mackenzie 拼写为 Mackenzes；张维华的《马大夫纪念医院简史》（中国人民政治协商会议天津市委员会文史资料研究委员会编《天津文史资料选辑》第 38 辑，天津人民出版社，1987，第 149 页）一文则拼写为 Mackenjie。

夫人作为马根济的好友，对其自然非常熟悉，但是书中刻意将其描绘成无比虔诚的传教徒也在一定程度上遮蔽了事实的真相。

本文下一部分将试着对以往对马根济及施医院、医学堂叙述的矛盾之处以及相关史实做一考辨。

二　相关问题考辨

1. 医治李鸿章夫人

谈到为何设立施医院，几乎所有的研究叙述都会强调一件很富有戏剧性的事件——马根济成功治好了李鸿章的妇人莫氏，得到李的感激，正因为如此才有了后来创办医院、医学堂等一系列事件。

但是在纷纷认同这一事件的重要性的同时，现有论著的叙述并不一致，有的文章认为医治李夫人的是伊尔文（Irwin）医生而非马根济，正是因为伊尔文医生的成功才使得李鸿章爱屋及乌，因此帮助马根济筹建医院，[①] 而另一篇文章则说是李鸿章先请来赫维德小姐，马根济后来参与协助；[②] 也有些比较笼统地说，在马根济等西医的治疗下，李夫人的病得以痊愈；[③] 而另一些依据西文资料的专门性论文则指出，李鸿章在其夫人多方治疗无效而又病情危殆的情况下，接受了马根济和伊尔文为其治疗建议，有幸他们的治疗取得疗效，在马根济的建议下，又请北京女医生郝维德前来专门治疗，并终使其痊愈。[④] 那么情况究竟是怎样的呢？

关于这一过程，Bryson 夫人在其《马根济传》中有比较具体的叙述，即在马根济等人焦急等待李鸿章对他们谋求其对西医支持的批复时，毕德格获悉了李鸿章夫人身染重病，且似不久于人世，就建议李接受西医的治疗，李一开始并不同意，但后来在上帝的感召下，同意了这一建议。于是马根济和伊尔文两位医生在毕德格的陪同下前往相府，为李夫人诊治，有幸取效。在进一步治疗的过程中，马又举荐郝维德小姐前来协助治疗，经过一个月的

①　齐植璐：《李鸿章与马大夫医院》，载王大川、陈嘉祥主编《津沽旧事》，第 149 ~ 150 页。
②　周利成、王勇则编《外国人在旧天津》，天津人民出版社，2007。
③　袁媛：《中国西医教育之开端：天津总督医学堂》，《自然辩证法通讯》2010 年第 1 期。
④　李颖：《伦敦会传教士马根济简论》，《中华医学杂志》2004 年第 24 期；刘祺：《马根济与西医在近代天津的传播（1879 ~ 1888)》，《历史教学》2008 年第 14 期。

治疗，李夫人终获痊愈。① 由此可见，现有专题论文依据西文资料所做的叙述并没问题，不过若不能将其与中文资料做比对分析，恐怕仍有令人难以认同之感。

中文的资料对此记载并不多见，主要出现在当时的报刊之中。比如当时《申报》上的一则报道称：

> 直隶总督李爵相之夫人前月患病，势颇危殆。凡津城内外五吊请封、四名飞轿，自命为国手者，延请几遍，大率漫无把握，非以方探病，即以病试方，求其对症发药者，渺不可得。总共计之医经十七人而病益沉重。爵相概以庸医目之，因幡然变计，函致驻津美国副领事毕君子明请代延西医调治。此原不过尽人事以听天命，非敢毕有功也。乃毕领事为延英国某医士赴辕，不必望闻问切，只先用犀利银刀就夫人臂上剔皮挖肉穴一小孔，视种洋豆略，为深钜穴上插一玻璃管灌以药水，水性下注如泉，未几已浃髓沦肌，药性由外达内，时夫人病已剧，偃息在床，几于不动不息，至是腹中雷鸣。西医称有转机即退出，护士始审问病原，知因怒气而作，随用西国平肝散气之剂。药水每用不过一两匙，药末不过一刀圭，三两日后竟进饮食，现将霍然矣。②

稍后《万国公报》的报道对此也有类似而稍为简略的叙述，不过对延请的过程反较详细，称："乃毕领事为延西国二医士，一伦敦会医士麦艮泉，一驻津西医安温，又请驻京美以美会女医士同时赴辕。"③

这些报道虽为中文，不过大抵仍是西人的叙述，作为当事人的另一方，李鸿章本人对此言之甚少，目前仅发现在书信中对此事有所提及，在写给丁雨生的信中，他提到："夏间内子病危，赖男女三洋医治之立效。至今该医尚月贴数百金在津施诊，前所荐即其人也。"④ 这虽不过寥寥数语，却颇为明确地证实了西人的叙述大体不虚。显然，马根济等三人成功治愈李夫人之

---

① M. F. Bryson, *John Kenneth Mackenzie: Medical Missionary to China*, pp. 177-181.
② 《西医神迹》，《申报》光绪五年七月十三日（1879 年 8 月 30 日），第 2 页。
③ 《李爵相建立医院》，《万国公报》光绪五年七月二十七日（1879 年 9 月 13 日）。
④ 李鸿章：《复丁雨生中丞》（光绪五年十二月初一日），顾廷龙、戴逸主编《李鸿章全集》第 32 册，安徽教育出版社，2008，第 505 页。

重病之事，当无疑义。

不过值得注意的是，不同叙事中所表现的不同旨趣以及由此造成的细节差异。在前述中文报道中，我们看到的是对西医神奇的认同和赞赏，故不厌其烦地铺叙治疗的细节，并将李鸿章作为这一治疗过程的最初主动方，另外也在有意无意间贬低中医的无效。对于崇尚西医乃至西学，冀望中国西化的中外人士来说，这无疑是一次极佳的宣传事例，特别是考虑到李鸿章的尊贵和影响，他的主动态度无疑更能大大增强这一宣传的效果。不过稍作考量，这些报道的细节显然不无疑问，比如，以李鸿章的身份，主动延请西医的可能性似乎不大，而那些有关治疗的细节，似亦不无问题。[①]

与中文报道的意趣不同，主治医生马根济则并没有留下详细的记载，[②]根据 Bryson 夫人的描述，他没有叙述李夫人的病情、治疗的情况，而是在后来的回忆中将这一事件视为上帝对信徒的关照：在向李鸿章呈递信函后迟迟没有回音，他们只好每天在祈祷时念及此事，终于终于"煎熬中等待的日子结束了"。他在日记中说：

> 那天是八月一号，也是做礼拜的日子，由传教士和当地信徒一起祈祷和讨论。我们那天讨论的是主所说的"只要祈求，我就赐给你们"，我们也又一次在上帝面前祈求得到（开设医院）的答复，希望主能留意到我们进行医学传教的渴求。

> 戏剧性的是在他们祈祷同时，一位英国官员发现李鸿章因为妻子的病而苦恼，并劝说其请西医来治疗，一开始总督拒绝了此事，因为他认为以总督夫人的尊贵身份，切不可由洋人来治疗，但是在圣灵的指引下，他自己的理智终于占了上风。总督派人到租界邀请我和欧文医生前往医治。总督所派来人到达之时，正是我们当日礼拜之时，这正是主答

---

① 这些报道将马根济等人医治李夫人的情景活灵活现地叙述出来，不过值得怀疑的是，以李鸿章的身份，其夫人患病以及治疗的具体情形，又如何被媒体知晓，并详细描绘出来的呢？何况马根济也为了彰显上帝力量而对具体的治疗细节避而不谈。

② Ruth Rogaski, *From Protecting Life to Defending the Nation: The Emergence of Public Health in Tianjin, 1859–1953*, p. 118.

应了我们的请求啊！①

在祈祷的同时，英国官员发现了李鸿章妻子的病情，并劝说其采用西医治疗，并在祈祷之时派人来请马根济，这一细节显然过于巧合，不过无疑是在凸显上帝的力量。至少在 Bryson 夫人的笔下，马根济认为，之所以能成功医治李夫人，并非西医的神奇——"这并非我的医术所致，而是源于上帝的恩典"。② 根据这一叙述，马根济的成功乃是神的旨意，而李鸿章请用西医也不是出于他的主动，而是缘于毕德格等人的劝说和上帝的召唤。

这些叙述虽然在基本事实上大体无差，不过细节上各有不同甚至还相互矛盾。这些细节显然多有巧合与夸张甚至扭曲的成分，今人恐怕也无从非常确切地考证。不过其至少可以提醒我们，这一不无偶然性的事件，虽然毫无疑问成了马根济后来卓有成效地在天津展开其医疗事业的契机，但实际的意义和价值在不同的叙述脉络中却并不相同，即不同的人、不同文化赋予其意涵是不一样的，这也就是说，其最终能够发挥作用无疑跟当时特定的时代背景和当事人特定的意识分不开的。

2. 施医院的性质和运营模式

施医院（又称施医养病院）由天津士绅各界捐资筹建，马根济负责，但是在马根济去世后，伦敦会和清政府却因为医院的归属问题纠纷不断，那么，施医院的性质究竟如何，是否就如现代著述中所说的"近代中国第一家公立医院"③ 呢？

实际上，关于施医院的创建及归属，从一开始认识上就存在模糊空间，而中英双方则在这一模糊中各自解读，伦敦会一方将其视为伦敦会所属的医学传教机构，而中方则将其视为李鸿章倡导并捐资兴建，聘请马根济管理的慈善机构。如《津门杂记》中载有该医院建成时的勒石碑文：

> 津郡素称善地，育婴有堂，畜嫠有会，惠民善政，无不备举。独于施医一事缺如。蒙爵阁督宪李推民胞物与之怀，行济世惠人之政，俯念

---

① M. F. Bryson, *John Kenneth Mackenzie: Medical Missionary to China*, p. 177.

② M. F. Bryson, *John Kenneth Mackenzie: Medical Missionary to China*, p. 178.

③ 比如《引领近代中国：百年中国看天津》、《外国人在旧天津》等书中均称施医院为"近代中国第一家公立医院"。

民瘼，爰思拯救，乃延英医马君根济，假馆曾公祠，施医舍药。……中堂仁惠之心有加无已。念沉疴之屑弱，赴局艰难，悯宿疾之阽危，就医宜迩。乃复命于紫竹林医寓之旁，捐建养病院一所。每年经费悉出中堂恩施。①

　　从碑文不难看出，从中国人的立场来看，该医院不过是由中国众多官绅民共同捐建的诸多慈善机构的一个，其只是当时天津缺乏的医疗机构，并有外国人参与其中而已。而且对于马根济的贡献和中外合作的成分，中国方面是很认可的。据当时的媒体记载，新医院开张那天，举行了盛大开业典礼，李鸿章亲自出席，他在致辞中，"虚己不伐，归功众善"，称："此皆马君之热衷，诸公之玉成，予欣慕之至"。② 而且在为该院题写的楹联亦曰："为良相，为良医，只此恫瘝片念；有治人，有治法，何妨中外一家"。③

　　而对于中方官绅的资助和李鸿章的功绩，外国方面，也并不全然赞同。在《万国公报》有关天津医院的报道中，无一不将其视为李爵相的"德政"，并在新病院开院的文稿中，首先指出："天津养病院之设也，倡始于马君根济，助成于阖郡官绅，而始终作成者，合肥李爵相也。"④ 马根济也写道："天津施医院的建设费用完全来源于中国人的捐助而在此之前，绝大多数教会医院的建立却都是仰赖外国人资助，即使偶尔能获得来自中国的捐助，其所占比例也很少，几乎可以忽略不计。因此我们在天津的经历可以说是独一无二的。"⑤ 而医院运行经费也是由李鸿章承担，马根济也在日记中写道："我表示如果总督想对我有所回报，就恳请他支持我的医学传教工作。因此我虽然不领取工资，不过所有的医疗工作开销都由总督承担。"⑥ 在马根济去世后，清查账目时，伦敦会也承认"以马根济医士当年创设医

---

① 张涛：《津门杂记》卷下，天津古籍出版社，1982，第125页。
② 张涛：《津门杂记》卷下，第126页；《天津新建养病院开院记》，《万国公报》卷621，1881年1月1日。
③ 张涛：《津门杂记》卷下，第126页。
④ 《天津新建养病院开院记》，《万国公报》卷621，1881年1月1日。
⑤ Mackenzie, "North China.—New Hospital At TIEN‒TSIN", M. F. Bryson, *John Kenneth Mackenzie: Medical Missionary to China*, p. 383.
⑥ M. F. Bryson, *John Kenneth Mackenzie: Medical Missionary to China*, p. 183.

院，蒙中堂月给医院经费银二百两"。①

只不过对于马根济和伦敦会来说，李鸿章起到的是赞助人的作用，为的是答谢马根济医治好他夫人。显然，当时双方并没明确说李等人的捐助属于何种性质，而是处于一种模糊状态中，马根济和伦敦会有意将其视为私人的捐赠，而将医院视作教会医院，并将对医院创办当作自己传教事业的一部分；而中国方面，则因为是由官绅合力捐资兴建，故理所当然视为当官绅合办的慈善机构。

另一方面，对于医院是否行使着传教职能问题上，双方也是在模糊中各自解读。在伦敦会看来，这一点毫无疑问。马根济曾撰写《医学传教的福音传递》一文，详细介绍了施医院开展的传教工作，② 他同时强调，李鸿章本人完全知晓传教工作，称"总督大人知晓我的传教士身份以及我正在不遗余力开展传教工作。利兹先生的一名布道者定期来给病人传教"。③ 但马根济死后，天津官方则宣称，李鸿章并不知晓施医院在施医舍药的同时还进行传教，不然就不会支持兴办医院，这一说法还得到了当时将马根济引荐给李鸿章的毕德格的证明，他作证称李鸿章曾让马根济许诺不在医院中进行传教。④

缘于李鸿章对马根济等人的友谊与信任以及马根济对李鸿章的认同和依赖，使得双方都无意打破这种模糊状态而对医院的运作造成麻烦。一方面，马根济过于兴奋，以至于没有想到让政府保障传教事业会带来的结果。他知道没有李鸿章的资助，诊所就办不起来，同时他又不确定钱的来源。⑤ 另一方面，自己倡建的慈善机构由自己信赖的马根济经营，李鸿章可能也不愿太过度追究医院是否在进行传教。不过随着马根济的去世，这一模糊空间也就失去的存在的基础，很快就出现了双方争夺归属权的斗争。斗争的结果是出现了两家医院，伦敦会买回了建筑，并继续经营医院，但其中的医疗设施和

① 《津海关税务司为查马根济医院账目等札周馥等》，天津市海关、天津市档案馆编译《津海关秘档解译》，中国海关出版社，2006，第 256 页。

② Mackenzie, "The evangelistic side of a medical mission", *The China Medical Missionary Journal*, 1887, Vol. 1, pp. 5 – 8.

③ M. F. Bryson, *John Kenneth Mackenzie: Medical Missionary to China*, p. 182.

④ 参阅 Ruth Rogaski, *From Protecting Life to Defending the Nation: The Emergence of Public Health in Tianjin, 1859 – 1953*, p. 128.

⑤ Ruth Rogaski, *From Protecting Life to Defending the Nation: The Emergence of Public Health in Tianjin, 1859 – 1953*, p. 120.

马根济基金都归属天津地方政府，天津官府在又在原来建筑的对面建立了一所新的医院，由原来施医院中创设医学堂的学员来经营管理。

由此看来，马根济创设的施医院实际上是一个性质未明、中外合作的慈善机构，故而目前中文著述中所谓的中国最早的公立医院的说法并不确切。

3. 有关医学堂的源起与性质

1881 年清廷留美幼童计划因种种原因叫停，几百名正在美国留学的青年被迫返回，马根济上书李鸿章请求招收这些青年学习西医。因为他们在美国文化中成长，英语流利，将来可能成为优秀的西医，李鸿章同意其请求，成立医学堂首批招收八名学员。[①]

罗芙芸对于医学堂成立的介绍淡化了中文材料中强调的为政府尤其是北洋水师服务的目的，而她采用了"为上帝抑或为国家"这样的小标题来表示对建医学堂目的的疑问。在她看来，马根济提出建设医学堂的目的就是为了扩大基督教在中国精英阶层中的影响力，一个突出的例子就是医学堂每周日安排了圣经课程，"学员会受到医学和宗教的双重教育"。但清政府训练西医则是看到了西医对于西方以及日本军事上的显著作用。

现有的中文文献中，对于成立医学堂的原因，都一致赞同李鸿章军事上的目的，而对于马根济的诉求，则认为他为了培养助手，以便今后腾出时间去天津周边地区传教。[②] 或是马根济希望借此加深人们对西医的兴趣。[③] 不过这两种说法都不能说完全准确。

虽然建设医院和医学堂都是以治疗患者为宗旨，但是马根济的目标并不仅仅局限于此，Bryson 夫人曾就此指出：

> 从到中国的第一天起，马根济大夫就一直致力于在医院中进行传教工作，而不仅仅满足于医治病患。随着时间的推移，传教这一目标亦成为他所有工作的重中之重，这一点在其生命的最后几年尤为明显。[④]

---

① Ruth Rogaski, *From Protecting Life to Defending the Nation: The Emergence of Public Health in Tianjin, 1859 - 1953*, pp. 123 - 125.

② 刘祺：《马根济与西医在近代天津的传播（1879～1888）》，《历史教学》2008 年第 14 期，第 67 页。

③ 袁媛：《中国西医教育之发端：天津总督医学堂》，《自然辩证法通讯》2010 年第 1 期，第 68 页。

④ M. F. Bryson, *John Kenneth Mackenzie: Medical Missionary to China*, p. 230.

即通过同西化的年轻人接触，借此扩大基督教的影响力，因此与其说腾出时间传教，不如说这其实就是传教的一部分，而扩大西医影响力也只是传教的一个途径。

不过，为了得到政府，特别是李鸿章的允许，马根济不得不将其包装成一个为大清帝国培养医学人才的计划："我起草了一份请愿书，请求总督将其中八名学生交由我负责来学习医学，从而使他们将来被培养成为政府医官"。① 尤其是对于北洋水师的建设大有裨益：

> 伏思医之一事，固有益于民生，亦能裨乎军务，西国军营、战舰各置医官，盖营阵之间，士卒用命，猝受伤痍，允宜即时医治；战舰则游行江海，或染疾病，无处延医，有医官随之，则缓急有恃，而士卒之勇气自倍。②

这一点同李鸿章的想法不谋而合。他对学医馆章程各条"均尚允协"。③

显然，就根本的目标而言，李鸿章和马根济亦同样存在差异，尽管在实际操作层面李对于日常安排并没有过于在意，但马根济在章程中细致的规定，使得学员同传教士客观上形成紧密的联系④，从而便于马根济在传授医学知识的同时进行传教，这可能也是他提出开办医学堂的最大原因。不过与施医馆的性质存在模糊空间不同，医学堂从一开始就作为官府的一项工作在操作，在现存的李鸿章的公牍中，我们可以看到不少相关的文件，不仅经费、房屋等由他承担，招收规模、考试方式、学生津贴待遇、毕业分配、学习作息安排等马根济或海关道周馥等人提出申请，并由其审核批准。⑤

即使在章程上马根济拥有很大的自主权，实际上他也经常受到政府的干预，他曾写道：

> 我们还不能断言这一实验（医学堂）已经失败，从政府的角度来

① M. F. Bryson, *John Kenneth Mackenzie: Medical Missionary to China*, p. 230.
② 顾廷龙、戴逸主编《李鸿章全集》第 37 册，第 179 页。
③ 顾廷龙、戴逸主编《李鸿章全集》第 37 册，第 182 页。
④ 顾廷龙、戴逸主编《李鸿章全集》第 37 册，第 183 页。
⑤ 顾廷龙、戴逸主编《李鸿章文集》第 37 册《附录一·批札与咨文》，第 178~243 页。

讲，这些学员接受了三年的西式医学教育，学习西方医学课本，并得到了西方医生的检验。因此他们毕业后将成为清政府的一笔财富。同时从传教方面看，医学堂也不能算是失败，因为这些学员每周都会接受宗教熏陶，虽然不能说有直接影响，但我们已经欣喜的看到其中一些人已经皈依了上帝。①

马根济已然发现，医学堂的实际情况已经与其预期完全不同，但是他还是怀着强烈的传教热情作了积极的展望。罗芙芸认为马根济似乎不关心局势的复杂性，这或许是因为他的传教热情使得他看不透情况。不过也许马根济看到了现状，并且知道自己已无力掌控，只好采取听之任之的态度。有朋友曾问他："你会拒收李鸿章送来的学生吗？"马根济则回答："除非我主动要求，总督不会派来学生的。"被问到如何向李鸿章表达自己的意见时，他解释道："我从未为未来烦恼，未来在上帝的手中，船到桥头自然直。"② 显然，马根济在刻意回避其与李鸿章的分歧，因为他与李鸿章的关系是这一切的基础，他也不可能直接流露出反对态度，虽然他的传教理想在某种程度上来说已经破灭，但他只能乐观地继续下去。

因此，与施医院不同，称医学堂为中国最早的官办医学教育机构应无问题。

三　马根济医疗事业成功的契机

之前已经论述马根济去世后清政府同伦敦会对医院的争夺，反映出双方对于西方传教医院这一医疗机构的性质并未达成共识。同时中英双方对于医学堂的认识也不尽相同。一般来说，当时的中国人对西医普遍存在着排斥心理，那么马根济这样一个初到天津的传教士为什么能够在很短的时间内，相继成功地创办并运营天津施医院和医学堂这两个在中国近代史上颇具地位的医疗机构呢？究竟是怎么的历史契机成就了马根济的事业呢？

首先不无个人和偶然的因素。其中最关键的一个因素是，力主发展洋务、思想相对开明的李鸿章当时任职天津，担任直隶总督。而又恰巧此

---

① M. F. Bryson, *John Kenneth Mackenzie: Medical Missionary to China*, p. 353.

② M. F. Bryson, *John Kenneth Mackenzie: Medical Missionary to China*, p. 362.

时，李鸿章的夫人身染重病而久治不愈，这就为马根济等人利用西医治愈李夫人莫氏提供了契机，而马根济恰好又抓住了这一难得的机会。如前所述，这一事件很多具体的细节已经很难有定论，不过可以肯定的是，这件事对李鸿章产生了很大的触动，在此之后他在信函中反复提到西医技艺高超：在写给丁雨生的信中，李鸿章认为"今始知中国医术如政术，全是虚伪骗人。西国机器兵法，固高出华人之上，即医术亦相悬甚矣。外科较内科尤为神妙，如足疾沉疴，非若辈不起也"。并力劝丁雨生"务搭轮舟来津就诊，勿参以华医华药，必能霍然，不徒为谋干两江也"。① 而在与张佩纶的信中，李再一次提到马根济等人医治好其内子的恶疾，"洋人医药视中土较精，屡试有效。贤昆玉幸为采纳"。② 此事不仅在李鸿章心中确立了西医的地位，也为当时崇尚西学的中外人士宣扬西医的优长和"中医无效"提供了极好的素材，无疑在一定程度上为西医扩大其在中国社会的影响提供契机。不仅如此，这一事件还使得马根济建立起了与李鸿章这样权贵之间的私人友谊和联系，李鸿章多次让马根济为其友人同僚看病③，这无疑是马根济倡设施医院和医学堂的建议能够顺利得到李鸿章的全力支持的最直接的原因。

　　当然，马根济的医疗事业能够取得成功根本的原因还在于这一事业不但有现实的基础，而且符合各方面的利益。鸦片战争以后，随着中国民族危机的日渐加重，中国社会学习西方，"师夷长技以自强"时代意识日渐强烈。李鸿章等洋务派官员开始意识到学习西方的重要性，积极追求富强，一方面开办洋务企业，兴办军火工厂；另一方面谋划建立现代军队。而在对西方军队考察中，开始意识到军医的重要性。④ 与此同时，随着洋务运动的开展，除了兴办洋务企业外，一些由外国人创办或在外国人影响下创办的西学机构和报刊也开始越来越多地在上海、天津等一些沿海通商口岸出现，西方的科

---

① 李鸿章：《复丁雨生中丞》（光绪五年十二月初一日），顾廷龙、戴逸主编《李鸿章全集》第 32 册，第 505 页，安徽教育出版社，2008。

② 李鸿章：《致张佩纶》（光绪七年四月十九日），顾廷龙、戴逸主编《李鸿章全集》第 33 册，第 28 页。

③ 李鸿章：《致张佩纶》（光绪七年四月十九日、光绪七年四月二十二日、光绪七年四月二十三日），顾廷龙、戴逸主编《李鸿章全集》第 33 册，第 28 ~ 32 页。

④ 李鸿章：《医院创立学堂折》（光绪二十年五月二十三日），陈学恂主编《中国近代教育史教学参考资料》（上），人民教育出版社，1986，第 106 页。

学和文明渐渐成为一些趋新士人和官僚追寻的目标。西医作为西方文明的一部分，而且是非常重要的一部分，也随之日益增多地出现在中国社会中。随着西医的输入，西方现代医院模式也逐步为中国社会所熟悉。在此之前，英国人利文斯通（John Livingstone）和郭雷枢（Thomas Richardson Colledge）分别于 1808 年与 1827 年在澳门开设了诊所与眼科医院。澳门眼科医院随后大获成功，病人慕名而来。这促使美国传教医生伯驾（Peter Parker）于 1835 年在广州丰泰洋行租房开设眼科医局（ophthalmic Hospital at Canton）。类似于传教士马偕在台湾进行的拔牙表演，[①] 伯驾开办眼科医院也是因为当地眼病患者较多，专门治疗眼病会收到很好的社会效果。[②] 而从《中国丛报》上刊登的 15 份眼科医局的季度报告来看，先后有各阶层近 5000 名病人前来就医，眼科医局在当地产生了巨大的影响。广州眼科医局的成功，促使传教医生们成立了中华医疗传教会等组织，并先后在澳门、舟山、鼓浪屿、香港和上海等地开办医院诊所，[③] 中国社会对西方医院模式已不再陌生。而天津作为中国最早的通商口岸之一，很早就有大批传教士前来传教，津城百姓对于传教士利用西医治疗进行传教的方式已不再陌生。因此等到马根济来津，在天津兴建现代西式医院和医学堂已具备足够的社会基础。

毫无疑问，对于马根济等人来说，其创办医院是为了更好地传教，向中国民众"传播上帝的福音"[④]。而对李鸿章等官员和中国社会来说，医疗

---

① 参见傅大为《亚细亚的新身体：性别、医疗与近代台湾》，台北，群学出版社，2005，第 37～80 页。

② Peter Parker, "Ophthalmic Hospital at Canton: first quarterly report, from the 4th of November 1835 to the 4th of February 1836",《中国丛报》（Chinese Repository）第 2 册，广西师范大学出版社，2008，第 462 页。

③ 叶农：《新教传教士与西医术的引进初探》，《广东史志》2002 年第 3 期，第 36～43 页。

④ 在曾公祠行医一段时间后，马根济向李鸿章请求修建一所现代化的医院。他提出修建医院的原因有三：曾公祠条件有限，难以容纳更多病人；地处偏僻，患者就医困难；距离马根济寓所过远，来往不便。其实际动机还是围绕传教这一核心内容。实际上马根济承认曾公祠的医疗条件尚可，主要是在曾公祠就诊，无法让更多患者住院，这样就难以"同其沟通交流"，（M. F. Bryson, John Kenneth Mackenzie: Medical Missionary to China, p. 184.）无疑浪费了进行传教的好时机（Mackenzie, "The evangelistic side of a medical mission", The China Medical Missionary Journal, 1887, Vol. 1, pp. 5 - 8）；同样曾公祠距离教堂过远，自然会削弱传教的作用。因此"医院的建设对每一个传教医生来说都是极为重要的"。（Mackenzie, "The construction of hospitals", The China Medical Missionary Journal, 1887, Vol. 1, p. 18）

机构本来就是慈善事业的重要内容，而津城当时又恰好缺少这样机构。创办这样的机构，既可满足社会之需，还能被"万姓讴歌，四民感戴"，[①]彰显自己的德政。不仅如此，李鸿章还可借此表达自己对马根济等人的感激和展示与西人亲善以及开明、识时务的形象。而开办医学堂，还有利于现代军队的建设。显而易见，这些对双方来说都是件共赢的事。

毋庸讳言，中英双方在兴办上述医疗机构中的最终目标显然南辕北辙，但由于以上契机的存在，使得双方的力量汇合到一起，共同促成了它们的成立。而且也由于马根济和李鸿章的特殊关系，使得那些根本分歧在各自解读的模式空间暂时被搁置了。

四　余论：马根济的遗憾和成就

1888 年 4 月 1 日，年仅 38 岁的马根济病逝于其在天津的寓所，在华十余年间都忙于传教和医疗工作，并无著作存世，仅在 *The China Medical Missionary Journal* 上为后人留下了几篇文章。作为一名忠实而勤奋的医学传教士，他的使命不仅在于救死扶伤，更在于传播上帝的福音。虽然在当时一些专职传教士看来，医学传教士应该专注于医疗工作，本身不必直接参与传教，但是马根济坚持医学传教士自己必须进行积极传教，并用他们在医院的实践来说明如何去实施传教工作。[②] 在他留下了有限的文章中，除了一篇叙述总督医院的病情之外，其余的全部是讲授其传教理念与实践过程。而"The construction of hospitals" 一文则将中英两国的医疗卫生状况进行对比，认为双方的差距源于中国人不信基督的缘故，医学传教士因此要将福音传播给落后的地区[③]。从中可以看到，马根济首先是一名传教士，其次才是一名医生，其在天津所做的一切最终都是为了传教。如他在天津的继任者

---

① 《养病院碑记》，张焘《津门杂记》，第 125～126 页。
② Mackenzie, "The evangelistic side of a medical mission", *The China Medical Missionary Journal*, 1887, Vol. 1, p. 5.
③ Mackenzie, "The construction of hospitals", *The China Medical Missionary Journal*, 1887, Vol. 1, p. 18.

Roberts 医生所说，马根济将人的灵魂放在首位，肉体则次之。[1]

马根济短暂的一生无疑为后人留下了重要的遗产，不过他为后人的记忆及其在历史上的意义，似乎离他的本意和期待颇有些距离。他念兹在兹的传教事业并未因他的努力而取得显著的发展。如前所述，为了获得李鸿章的支持，他不得不模糊自己与李的根本分歧，以便能维系施医院和医学堂的运作和发展。在医学堂，尽管他尽可能地努力让学员和传教士保持接触，但收效似乎甚微，学员一旦毕业，他们便交由官府安排职务，没有一人按照马根济的设想继续走医学传教的道路，甚至没有培养出一个基督徒。首批八名学员，至 1885 年，共有六人完成学业，均被授予九品文官顶戴，领五品或六品衔，两人留校任教，四人派往陆军或海军任军医[2]。其中以第一名的成绩留校任教的林联在马根济去世后代表中国官方出面同伦敦会为了医院归属而交涉。[3] 在后人的记忆中，特别是在中国人的记忆中，马根济被纪念并不是因为他是传教士，而是由于其开创的医疗事业在中国历史上占据重要的地位。

当然这些遗憾只是针对马根济本人意愿而言的，并不影响他在中国医学史上的贡献和地位。马根济的历史价值至少有以下几个方面：首先他创办的医疗机构的余韵延续至今，施医院乃是今日天津相当重要的医院——天津人民医院的前身。其次，他利用历史赋予其特别的机遇和自身卓有成效的工作，成功将现代医学及其运作和教育模式引入官方的视野中，并最终为其所接受。虽然施医院还算不上是中国官办的西医院，但医学堂的官办性质十分明显。而且虽然施医院性质本身存在争议，在马根济去世后，中英双方一度为争夺医院所有权闹得不可开交，但是西方现代医院运作模式显然已经得到了清政府的认可，虽然不再资助伦敦会医院，但是在其对面建设了规模更大的西式医院——天津储药施医总医院。最后，马根济的努力无疑大大推动了西医在天津乃至在中国的发展[4]。

---

[1] F. C. Roberts, "A Double Cure", *The China Medical Missionary Journal*, 1891, Vol. 5, p. 18.

[2] 《毕乃德记天津医学堂》，朱有瓛主编《中国近代学制史料》第 1 辑上册，华东师范大学出版社，1983，第 491 页。

[3] Ruth Rogaski, *From Protecting Life to Defending the Nation: The Emergence of Public Health in Tianjin, 1859 - 1953*, pp. 126 - 130.

[4] 参阅刘祺《马根济与西医在近代天津的传播（1879~1888）》，《历史教学》2008 年第 14 期，第 64~68 页。

　　马根济创办施医院的历史由于资料与认识上的不对称、内容与书写方式的不协调，致使今天人们眼中的马根济虽然透着几分熟悉，但更多的则是陌生。幸运的是，随着更多资料的发掘与运用，随着学术研究精细化的推进，马大夫真正的历史正在向我们走来。

（作者单位：南开大学历史学院）

美国社会福音及其在中国的历史命运

赵晓阳

　　19 世纪大量西方传教士来到中国，只有一个目标："我们来这里，不是为发展这个国家的资源，不是为促进商业，也不仅是为提升文明，而是为了同黑暗势力作斗争，为了拯救罪人，为基督征服中国。"① 如何更加有效地让中国人接受基督、皈依基督，采取哪种传教布道方法，传教士之间并没有统一的认识。大部分传教士采取了传统的"直接布道"的方式，如街头布道、教堂布道、乡村布道、分发福音传单等，但他们的传教热情并没有得到中国人相应回应，有的只是冷漠、敷衍，甚至公开激烈的反对。一些传教士开始探索新的传教方法，为身处社会底层的中国人开办了免费医院和学校，想通过治病救人和书本教育来改变中国人对基督教的认识和看法。医学传教和教育传教原本是次要的、辅助性、非常规的方法，逐渐被英美传教士所广泛采用。后来，学界称采用直接布道方法的传教士为"保守派"，以内地会戴德生（James Hudson Taylor）为代表；称重视社会服务方法的传教士为"自由派"，以英国传教士李提摩太（Timothy Richard）为代表。方法的差异是保守派和自由派在传教方法上的不同，更重要的这些都是基于神学思想的巨大差异。一般来说，保守派在拯救观上强调个人灵魂得救，而自由派不仅关注个人灵魂的得救，也关注个人自身和整个社会的需要，因此，自

---

① *Records of General Conference of the Protestant Missionary of China*, Shanghai: American Presbyterian Mission Press, 1877, p. 32.

由派传教士更重视参加社会改革，热衷开展各种社会服务事业，如兴办各种学校、文化机构、报纸出版、医院等，介绍西方文化，力图通过这种方法来引导"中华归主"。在整个 19 世纪，保守派神学思想在中国占据主流地位。

但从 19 世纪最后几年，随着中国社会的剧烈变革和新的神学思想的引入，中国基督教传教状况发生了根本性改变，自由派神学思想逐渐对中国教会加深了影响，自由派传教士逐渐成为传教运动的主体，而引起这一变革的就是从 19 世纪下半叶在美国兴起的社会福音神学。

一　美国社会福音

社会福音是近代工业化和城市化的直接产物，作为一种基督教神学思想，产生于 19 世纪下半叶的美国基督教会。随着工业革命和城市化的迅速发展，随着大城市和工业大都会的形成，犯罪、贫穷、普遍酗酒、赌博、社会不稳定形成了新的罪恶之源，劳工不稳定局面的扩大从下至上威胁着整个社会。资本主义产生了传统社会没有的新问题，教会逐渐将神学的基础放在社会关心层面上来，开始强调对社会问题的关注，并尝试运用基督教的教义来解决这些问题。他们试图"把新型的资本主义法人制度置于他们所认为的上帝的审判语言之下……在居于主流地位的美国新教徒中，这种努力则意味着一种'社会福音'。"① 社会福音从传统神学所关心的渎神、酗酒、淫乱等个人伦理问题，转而研究社会伦理，从神学的角度来探讨失业、童工、福利、城市贫民等社会问题，探讨基督教福音的社会意义，"认为法人或商业制度必须而且也能够'基督教化'"。② 20 世纪之交，"社会福音"逐渐代替保守派神学并被广泛地接受，同时对个人的社会角色也进行了基本定义。当 19 世纪中产阶级新教强调个人救赎的个人主义概念时，社会福音宣称在地上建立上帝之国的集体性概念，新教徒对社会巨变的忧虑给他们提供了改革社会而不仅是个人改造的强大动力。

社会福音运动吸收了英国和欧洲大陆基督教社会主义的主张以及美国进

---

① 约翰·麦克曼勒斯：《牛津基督教史》，张景龙等译，贵州人民出版社，1995，第 340 页。
② 约翰·麦克曼勒斯：《牛津基督教史》，张景龙等译，第 340 页。

步的社会思想。19 世纪早期的新教徒主要从个人角度对社会问题表示关心，强调慈善事业和道德改良，社会福音派却把注意力聚焦在现代生活的社会层面，致力于社会正义的实现。一些教会建立了向城市群众提供社会服务的机构，在传教事业方面，也可强烈感到对社会工作的重视，农业传教、医疗传教和教育传教都有所发展。①

社会福音在美国盛行于 1870 ~ 1920 年间，出现了一些提倡社会福音的著名神学家，根据麦奎利（J. Macquarrie）的研究，美国的社会福音有三个派别，分别以格拉登（Washington Gladden）、饶申布什（Walter Rauschenbusch）和马休斯（S. Mathews）为代表。他们的神学观念各有特点，但其中最核心的一点就是在地上建成"上帝之国"（Kingdom of God），提倡"社会秩序基督化"（Christianizing the social order），把上帝的启示应用实现到社会政治经济的各个方面，改造人们生活和工作的社会环境。他们通过出版物、大型系列连续的布道集会，影响了男女青年会、圣公会、美以美会、公理会等差会，② 社会福音神学认为，只讲个人得救的福音是不够的，还需要传播改造社会的福音，把《圣经》所启示的"爱"和"公义"运用、贯彻于社会生活中，赞成社会改良，提倡教育、社会服务和社会政治改革，其目标是使社会秩序"基督化"，将基督的启示运用到社会经济等各个方面，改革民众生活和工作的社会环境。应该重建"基督世界失去的社会理想"，把"上帝之国"作为"基督教信仰的第一和最根本的教条"。在社会福音者看来，"上帝之国"观念可以等同于"地上之国"，等同于一种社会秩序，③ "使罪和救赎的教义从传统个人主义观念的束缚中释放出来"。④ 所谓社会福音，不仅包括宗教生活，亦包括经济生活、社会生活及政治生活。他们关心的"很少是属于个人得救的问题，而是关心整个社会或整个民族的得救问题"。⑤ 在他们看来，个人福音工作的确使许多人得救，但对社会环境的忽视致使它依然如故，许多得救的人因受不良环境和制度的影响而重新堕落，

---

① 威利斯顿·沃尔克：《基督教会史》，孙善玲等译，中国社会科学出版社，1991，第 650 页。

② "社会福音以在地上建立上帝之国为目的，在长老会、浸礼会、美以美会以及公理会、圣公会教徒的生活及事业中表现特别突出。"参见威利斯顿·沃尔克《基督教会史》，第 650 页。

③ 麦奎利：《20 世纪宗教思潮：1900 ~ 1980 年的哲学与神学之边缘》，何光沪、高师宁译，桂冠图书公司，1992，第 212 ~ 215 页。

④ 饶申布什：《饶申布什社会福音集》，赵真颂译，基督教文艺出版社，1956，第 17 页。

⑤ 饶申布什：《饶申布什社会福音集》，第 14 页。

再次跌倒。因此，离开了社会，个人得救是没有多大意义的。

对中国基督教社会产生重要影响的是饶申布什，他强调以"爱"作为社会经济生活的法则，甚至认为"上帝之国"的教义本身即社会福音。根据他的解释，所谓"上帝之国"，不仅包括宗教生活，亦包括经济、社会及政治生活。"上帝之国"的实现，乃是一切人类问题在基督精神统治下的合理解决，换言之，就是整个社会秩序的基督化。① 他毫不留情地抨击传统神学观念偏重来生教义、低估今世生活的观念，认为把今世当作泪之谷，当作上天堂或入地狱的一道入口，这都是社会福音所坚决反对的。饶氏神学体系是以"上帝之国"观念为中心的社会福音神学，在这一体系之下，一体性的社会观念代替了个人主义的宗教观，而"通过一体性的社会感的媒介所获得的宗教经验"被认为是品质极高的经验。宗教与伦理必须统一，使宗教成为指导社会道德生活的真实力量；救赎的范围必须扩大，社会性邪恶所引起的一切问题必须郑重地加以处理。所以离开了社会，个人得救是没有多大意义的，因为这种得救纵使可能，却不完全，亦难持久。饶申布什的目的显然力图使罪和救赎的教义从传统个人主义观念的束缚中释放出来。他不以抽象的言语来讨论圣洁，而是以人们生活中当前的具体情况为讨论对象。

19 世纪始于东部大专院校的"第二次大觉醒"是一场相对温和的宗教革新运动，这场宗教革新运动的最重要结果是加尔文教派（Calvinism）终结和福音派（Evangelicalism）壮大。加尔文教派强调人的堕落和不值得信任的陈旧观念，"是不能和正在上升的美国荣耀和工业革命带来的自我价值感相适应的"。② 为了让更多的人接受基督成为他们的救世主，像查尔斯·G. 芬尼（Charles G. Finney）和德怀特·L. 穆迪（Dwight L. Moody）③ 这样

---

① 许牧世：《饶氏社会福音集导论》，饶申布什：《饶申布什社会福音集》，第 12 页。

② William G. McLoughlin, *Revivals, Awakenings, and Reform: An Essay on Religion and Social Change in America, 1607 - 1977*, p. 101，转引自 Jun Xing, *Baptized in the Fire of Revolution, The American Social Gospel and the YMCA in China: 1919 - 1937*, Bethlehem: Lehigh University Press, p. 27.

③ 穆迪（1837～1899），美国基督教新教布道家。1856 年到芝加哥当鞋店营业员，用积蓄开办了一所"主日学校"，自任负责人。1861 年弃商，成为一名独立城市传教士。后参加基督教青年会，1867 年建造青年会大楼。同时到美英各地主领"奋兴布道会"，鼓吹"教会大复兴"，称之为"心灵奋兴"，或"灵性复兴"。曾在芝加哥创立"穆迪圣经学院"，并在故乡建立两所学校。

的宗教复兴主义布道家们，赞同情感否定教条，削弱了加尔文教派的严格教义，如宿命论、原罪、有限赎罪等。查尔斯·G. 芬尼认为，人类不是上帝已定计划的被动物体，而是能够在罪恶中选择善良道德的自由人，因此，罪恶能够从世界上被根除。复兴主义的年轻布道家德怀特·L. 穆迪同样提出了乐观、热爱上帝、人类自由意志和选择的观点。

二　社会福音与个人福音之争异

作为输入性宗教，基督教在中国传播的同时，也将西方基督教会一直存在的基要派或个人福音派与自由派或社会福音派之争带进了中国。19 世纪末，西方教会自由派受到"《圣经》批判学"及"进化论"的影响，对传统神学的超自然信仰产生怀疑，认为是迷信不符合科学的信条。他们否定《圣经》的神迹奇事、耶稣基督的神性、创造论、复活论等，同时主张基督教的使命是改革社会、复兴文化。个人福音派纷纷抨击自由派以理智为判断的最终权威，而将上帝的启示，变为个人的宗教经验。坚持传统神学观念，认为世人生活在罪恶充斥的社会里，与神为敌，他们的思想、情感和意志都跟随罪恶的本性，过着堕落的生活，走向沉沦灭亡的道路；应该严格相信《圣经》字面之义，以它为信仰道德的最高标准，并具有普世的价值。[1] "自由派的信息是社会福音，即是以基督教的爱与公义实行在社会上，将之改为天国。……故其虽有基督教之名，而实际上是渐进的社会运动。"[2] 个人福音派与自由派之争直接影响着西方国家的海外传教事业，[3] 许多来华传教士以中国为思考和实践对象，将西方的宗教理论在中国教会重演，深刻影响了中国基督教会的本土化方向和历程。

社会福音派认为中国本来迷信就够多了，基督教宣扬的那些奇迹"是

---

① 赵君影：《漫谈五十年来中国的教会与政治》，中华归主协会，1981，第 25 页；林荣洪：《王明道与中国教会》，中国神学研究院，1982，第 19 页；于可主编《当代基督新教》，东方出版社，1993，第 26~41 页。

② 赵君影：《漫谈五十年来中国的教会与政治》，第 124 页。

③ Joel A. Carpenter, Introduction, in Joel A. Carpenter, *Modernism and Foreign Missions*, *Two Fundamentalist Protestants*, New York: Garland Publishing, Inc. 1988, 转引自姚西伊《本世纪二、三十年代基要派和自由派之争与新教在华传教事业》，（香港）《道风汉语神学学刊》1999 年春卷，第 185 页。

经不起科学检验的"；① 应该把基督信仰的核心和权威规范为一种基督徒的生活和体验，而不是某些僵化的教义和固定的《圣经》经文。强调信、知、行的合一，宗教与伦理的结合，聚焦于耶稣人格和救恩的中国基督教本土化神学，为个人福音派基督徒在抗战期间的基督教精神实践奠定了深刻的思想基础，并提供了宗教力量，成为他们律己救国的指导、准绳和方向，希望通过自身参与救亡救国的努力来体现基督精神，见证上帝对中国的拯救，更渴望验证不是"多了一个基督徒，就少了一个中国人"的整个中国社会多年来对处于特殊保护层面的中国基督教会和教徒的评价。救亡救国历史任务的完成和《圣经》天国的超历史盼望的实现是互相关联的，他们走出了基督教会的圈子，与全民族抗战结合在一起。

个人福音派则认为人与人的社会已经完全沉沦，无可救药，也不值得救赎，只能追求个人的灵性；上帝已经抛弃了这世界，对人所进行的正当行为也存着敌意，美也是撒旦装作光明天使对人类的欺骗；② 信徒与非信徒毫无共同之处，没有任何合作基础，非信徒的善与恶并无区别，教会则圣洁无瑕；信徒的信仰不必见诸伦理道德行为等。③ 他们坚持"古老的福音"，甚至认为社会改革，普及教育、医疗工作"是好的"，"但不是福音"，甚至"可以毁掉福音"；④ 绝口不谈政治，"就是连'国家'和'社会'这两个名词，也难以启口"。⑤ "因信称义"被无原则地强化，上帝给不信他的人定罪，他的爱只是向着信他的人，这种曾经克服犹太民族狭隘性，宣传上帝面前世人一律平等并成长为普世人类的解放思想却成为限制中国个人福音派教徒、制造"信"与"不信"无妥协对立的神学根据。

从1907年基督教入华百年大会（China Century Missionary Conference）

---

① 文忠志：《出自中国的叛逆者：文幼章传》，李国林等译，四川人民出版社，1983，第124页。
② 丁光训：《中国基督徒怎样看待圣经》，《论圣经》，中国基督教三自爱国运动委员会、中国基督教协会，2000，第42页。
③ 汪维藩、季凤文：《中国基督教四十年》，《中国基督教三自爱国运动文选：1950~1992》，中国基督教三自爱国运动委员会、中国基督教协会，1993，第396页。
④ 这是中华内地会总干事 Henry W. Frost 的著名观点，中华内地会是信徒最多的福音派教会，见 Alvyn J. Austin, *Blessed Adversity: Henry W. Frost and the China Inland Mission*, *Earthen Vessels*, *American Evangelicals and Foreign Missions*, *1880 - 1980*, Grand Rapids: MI, William B. Erdmans Publishing Company, 1990, p.55.
⑤ 赵君影：《漫谈五十年来中国的教会与政治》，第157页。

的决议①中可以看出，福音的传播依然是传教的核心任务，但基督徒对今世的责任也得到承认；社会改造被巧妙地提出和肯定，产生了过去没有的与灵魂拯救的福音传播之间的微妙平衡维持。面对中国社会风起云涌的革命运动和各种迫切的现实需要，基督的福音只有通过把上帝之爱化为具体的社会服务和社会改造才可以显示其在中国现实环境中的价值，才可以应对民族主义及其社会潮流的挑战，才可以为中国人所接受，拯救"意味着满足人的各种物质与灵性的需要，我们的任务因此是协助在中国建立一个基督式的社会秩序"。②

随着传教条约的废除和民族主义的觉醒与高涨，基督教社会与中国传统社会老死不相往来的界限被打破，传教已无法成为一种孤立且受特殊条约保护的宗教活动，它必须顾及与民族主义的对话，必须面对中国强调世俗生活的本土文化的问题。中国基督教本土化不但是保证中国基督教生存和发展的方向性捷径和佳径，也是逐渐趋于成熟和独立的中国基督教会无论是主动还是被动地接近中国现实愿望的体现。中国基督徒在世俗地位与神学修养上的提高产生了中国自己的思想家和神学家，产生了本土化要求和实现本土化的基本力量，使中国基督教本土化具有实际操作的可能性。

20 世纪 20 年代，中国基督教历史上出现了以与中国传统文化相结合为特征的第一次中国基督教本土化意义的神学探讨。突出表现在两个方面：（1）中国基督教是以信、知、行相结合为特色，宗教与伦理、敬虔与道德、同上帝密契与为众生服务相结合的宗教；（2）中国的人文主义传统使中国基督教突破了西方神学框架，一切思考均集中于耶稣的人格和他的救恩，或以之救世，或以之律己。③ 1922 年中华基督教全国大会已明确指出"设法使全教会教友，都做社会服务的功夫……使家庭、经济、政治、教育、实业、

---

① "教会的差传是为了以言行，借助一个活生生的和普遍存在的基督社会来向普天之下的万民传扬神子人子和我主耶稣基督的福音，并使在基督中启示的上帝的荣耀的知识照亮全世界。我们所期待的目标不仅仅是某个种族或个人灵魂的未来救赎，而且还包括宣传一种当下的、有效的解决办法，以驱散那笼罩着这世界的人类罪孽、痛苦和愚昧的黑暗。""教育、医疗和慈善机构是不可缺少的……它们的传福音目的必须经常得到强调。"引自 Records, China Century Missionary Conference, Shanghai: Methodist Publishing House, 1907, pp. 364, 550。

② Present Aim of Christian Missions in China, A Symposium, Chinese Recorder, September 1920, p. 821.

③ 汪维藩、季凤文：《中国基督教四十年》，《中国基督教三自爱国运动文选：1950～1992》，第 392 页。

商务，简括些说，社会上种种生活，都得重生。无论教会须付何种代价，有何种牺牲，这个鹄的，是必须要达到的。"① 公开提出将基督教的教义应用到政治、社会、学术和经济问题上。

1921 年，在基督教青年会的邀请下，著名社会福音派神学家和传道人富司迪（Harry Emerson Fosdick）来华访问。1930 年，来自美国北浸会、公理会、长老会等教会的一些平信徒对中国、日本、印度和缅甸的新教传教事业进行了系统的调研，1932 年出版的 *Re-thinking Missions，A Laymen's Foreign Missions Inquiry after One Hundred Years*，② 全面清楚地阐述了平信徒中激进自由主义分子对当时传教状况的评价，主张以社会服务和其他宗教的合作代替传统的福音布道工作。报告一经问世，即招致个人福音派的猛烈抨击。

社会福音把基督信仰的核心和权威规范为一种基督徒的生活和体验，而不是某些僵化教义和固定的《圣经》经文。《圣经》的权威存在于基督徒的灵性生活对其价值的切身体验，其权威性必得与当代人的实际经验相结合的检验。他们力图依据目前的社会环境和需要，以及科学的发现把《圣经》中的"启示真理"改造为符合自然与社会现实的真理。对社会福音派来说，那些自上古和中古传下来的信息只有经过改造才可以适应迅速变化的中国社会，基督的福音只有通过把上帝之爱化为具体的社会服务和社会改造，才可以显示其在中国现实环境中的价值，才可以为中国民众所接受，才能与在中国日益流行的西方各种世俗思想流派相竞争，③ 才可以应付各种社会潮流的挑战。上帝的拯救意味着满足人的物质与灵性的各种需要，社会福音派的任务就是协助在中国建设一个基督式的社会秩序。个人福音派坚定地认为，福音是上帝所启示的，因此它的正确性不容置疑，《圣经》文字的字面意义必须作为真理而被接受。只有这种神示而且绝对正确的福音才是基督信仰的准绳，他们必须毫无妥协地以捍卫《圣经》的真理性和对抗自由派为己任。

随着国民政府政权的建立和稳固，国家权力开始有步骤地加强对社会各

---

① 《基督教全国大会"教会的宣言"》，邵玉铭编《二十世纪中国基督教问题》，台北，正中书局，1980，第 565 页。

② 缪秋笙、徐宝谦、范定九译，中译本题名《宣教事业评议》，商务印书馆，1934。

③ W. M. Deans, The Problems of Modernism in Our Mission Work, *Chinese Recorder*, May 1908, p. 260，转引自姚西伊《本世纪二、三十年代基要派和自由派之争与新教在华传教事业》，（香港）《道风汉语神学学刊》1999 年春卷。

个层面的控制，不允许任何宗教发展出国家控制以外，或足以和国家政治相抗衡的独立力量。同时，政府又频频召手，希望宗教界归入国家政府的行列中来，以基督教适应国民革命与国家建设的要求。教会也认为"中国幅员广大，决不能事事都倚靠政府进行"，提出教会应作政府的先驱的观点。① 基督教社会和中国现实社会的界限进一步被打破，使中国基督教本土化不仅仅局限于神学探讨的层面上，而是付诸具体实践，不仅在社会现代化进程，甚至在日常生活及行为中，对中国人的思想与行为施加影响，体现基督教精神和生活方式，使基督福音借助世俗化的手段在中国社会逐步本土化。社会福音强调国家救赎、社会救赎与中国传统文化中集体利益优于个人利益具有一致性，在一定程度上缓解了一些基督徒如何将爱国与爱教统一起来的思想压力。

三　余论

《圣经》的真理和基督的福音是不受时空限制的，而神学的思考却不能脱离基督教会所处的现实环境和文化传统。20世纪30年代，空前深重的民族战争使真正神学意义上的本土化理论失去了继续探索、实践的时间和空间，中国基督教会一直存在的个人福音派和社会福音派两条神学路线和由此为神学基础的两种传教观念逐渐各自强化、分化，加上外国传教士不同神学观念、差会利益和各国政治势力的推波助澜，已无法共同维持传播福音与社会参与之间的平衡，瓦解了中国基督教会的相对团结和彼此容忍。②

面对深重的国难家仇，基督福音和社会责任的认识的严重分歧，难以和谐的对立神学课题——个人福音与社会福音、属灵与属世、教会与世界、神的儿子与神的仇敌使个人福音派与社会福音派的神学本土化思考和实践背道而驰，都向各自极致的方向发展，抗日战争成为中国基督教神学思考和实践的分水岭。

---

① 《晏阳初博士演讲录》，见邵玉铭编《二十世纪中国基督教问题》，第514页。
② 王成勉：《基督教合作运动之困境："中华全国基督教协进会"之研究》，张启雄主编《20世纪的中国与世界论文集》，台北，中研院近代史所，2001。

作为中国基督教本土化运动中的重要组成部分，社会福音和个人福音的差异和争论，深深影响了中国教会的发展和生存。当基督教会适应新中国社会秩序和管理时，便产生非常强烈的反应。①

（作者单位：中国社会科学院近代史研究所）

---

① 赵晓阳：《割断与帝国主义的联系：基督教革新三自运动的初始》，《中共党史研究》2009年第 3 期。

马相伯对非基督教运动的回应
（1922～1927）

薛玉琴

　　20世纪20年代，在中国发生了一场声势浩大的非基督教运动（以下简称"非基运动"）。非基运动发生后，中国基督徒知识分子进行了积极的回应：一方面他们站在护教的立场，发表众多翼教的言论，指出非基运动的错误方面；另一方面，他们也从非基运动中反思并反省基督宗教与中国文化、中国教会的本色化等问题，"在文字上检讨基督教会的弱点"，从理论与实践层面努力探索基督宗教"中国化"的路径，谋求收回中国教会自主权。本文即以马相伯为例，探讨当时基督徒知识分子对这一运动的态度与看法。

　　马相伯（1840～1939），原名建常，后改名良，字相伯，江苏镇江人，出生于天主教世家，是中国近代著名的宗教家、教育家与政治活动家。之所以选择马相伯作为研究个案，主要在于：第一，马相伯是中国近代天主教界有崇高声望的领袖人物，清末民初即有"南马北英"之说（"英"指英敛之——笔者注）。民国初年，为维护"信教自由权"，马相伯领导宗教界人士发起反对在宪法中"定孔教为国教"的运动。因此，他的言行具有一定的代表性。第二，马相伯是中国基督徒知识分子中最具科学与哲学素养的人。早年在徐汇中学及耶稣会初学院期间马相伯主修过数学、物理学以及天文学等自然学科，著有《度数大全》等著作，中国科学社创办人之一杨杏佛就曾在他九旬寿庆时褒赞过这样的话："中国科学之发展，皆华封鼓吹之力"；在神哲学方面，他曾编著过《新史合编直讲》，翻译过《四福音书》，他对反基督教一方一些言论的回应与驳辩应该说较为有力并有思想深度。第三，选择以马相伯为个案的分析，也为我们深入考察非基运动复杂的政治、思想背景提供一个重要的视角，同时在一定程度上反映出 20 世纪 20 年代中国知识分子在中国社会发展道路选择上的思想政治分歧。

一

自 1900 年义和团运动之后，基督教在中国经历了近 20 年发展的黄金时期，到 1922 年非基运动的爆发，又重新陷入困境之中。1935 年，基督徒知识分子赵紫宸在《中国民族与基督教》一文中曾简略地概述了 20 世纪上半叶国人对于基督教的态度变化以及教会因此面临的不同处境。他说："二十余年之前，欧战之前，基督教在中国，颇有一点号召的力量。社会人士，听说基督教能救国，听说西洋的富强是因为有基督教，自然要求参加信受；然不久欧战爆发，中国的新文化运动又继而突起，一个水泡泡顷刻之间，被一阵风吹得连影子都没有。不旋踵反基督教的运动弄得'半岭天风有啸声'。"① 这段话比较准确地道出了非基运动发生的背景与第一次世界大战的爆发、新文化运动的兴起之间的关系。第一次世界大战的爆发，一方面使得西方在华传教团体遭受资金的困窘，无力恢复战前在华的影响力；② 另一方面因大战的爆发和它所造成的巨大灾难，更使西方文化固有的弊端暴露无遗，因而在西方的思想界流传着"西方的没落"之说，同时也使本来对学习西方文化抱有热情和希望的一些中国人产生了怀疑和动摇，"西方文化还值不值得中国学习"便成了战后中国思想界关切的焦点，在这种思潮下作为西方文化的代表基督教自然成了人们受怀疑的对象。

1915 年，新文化运动的兴起，更助长国人对于"宗教问题"的怀疑态度。因为新文化的理念即在于"对于一切旧思想、旧伦理、旧制度、旧学说，皆加以价值上的重估"，这种"重新估定一切价值"的"评判的态度"乃是一种充满怀疑精神的态度。正是在这种态度之下，本国固有的"孔教"，乃至西方的基督教皆在人们的怀疑与"评判"之列。有学者曾作如是阐述："虽然新文化运动的锋镝主要是指向传统的儒教，但是，这场运动的

① 邵玉铭编《二十世纪中国基督教问题》，台北，正中书局，1980，第 279 页。
② 〔美〕赖德烈：《基督教在华传教史》，雷立柏等译，香港道风书社，2009，第 579 页。

人文主义内涵使之与欧洲历史上的文艺复兴以及 18 世纪以来的启蒙运动一样，在本质上是一场世俗化的运动。它宣传科学，当然不可能承认宗教的创世之说；它主张民主，当然不可能将从基督教教义衍生出来的等级森严的教会制度视为天经地义；它否定中国自己的'孔教'，当然没有理由把 19 世纪以来经西方人文主义思想家严厉批判已经失去灵光的基督教看作神圣不可侵犯。尽管新文化运动思想家的视线主要集中在国内，集中在清除传统文化的'罪孽'和为建筑近代文明所作的各种努力之上，但新文化运动的人文主义本质必然会启迪近代趋新国人对基督教'神'文化作一番较深层次的思考认识，这是新文化运动发展的必然逻辑。"① 宗教史家王治心说得更透辟。他说，新思潮运动实是中国的文艺复兴，所以它不单是影响到中国整个的文化，亦与基督教有莫大的关系。"陈独秀所著《基督教与中国人》，胡适所著《不朽》，蔡元培所著《以美育代宗教》，都足以表现新思潮运动对于宗教的态度。同时，对于中国思想界发生重要影响的外国人，莫过于美国的杜威与英国的罗素两博士，他们应中国教育领袖之请，来华演讲。杜威主张实验主义，罗素主张经济的社会主义，同样对于基督教有反对的态度。杜威以宗教不当占学校课程之一部，罗素提倡男女自由同居，都是给新思想运动以莫大影响。胡适是杜威的学生，所以以实验主义做他的思想中心，处处叫人抱着'为什么'的怀疑态度。宗教是感情的产物，不能用'为什么'的理智来分析；以为凡不能以理智分析的所谓形而上部分，都是非科学的；非科学的东西，都在排斥之例；只有科学才是万能的。六个人中（是指发起新文化运动的北大六教授即陈独秀、钱玄同、沈尹默、刘复、胡适及周作人），影响最大而最速的，莫如陈独秀的唯物主义、胡适的实验主义，其次则钱玄同的疑古。当时青年学生界，莫不跟着他们跑。非基同盟，不可谓非新思潮运动中的一种结果。"② 因为反基督教的理由，"大都是以马克思的唯物史观，与信仰科学万能为出发点，后来才走到反帝国主义的路上"。③

王治心认为非基运动发生的背景除了新思潮的运动以外，还有"外交上的反应"。他说："当 1919 年欧战告终，巴黎和会的结果，激起了极大的

① 杨天宏：《基督教与民国知识分子——1922～1927 年中国非基督教运动研究》，人民出版社，2005，第 42 页。
② 王治心：《中国基督教史纲》，上海古籍出版社，2004，第 226、227 页。
③ 王治心：《中国基督教史纲》，第 227 页。

思潮，国内的学生界以及商人，因外交上的失败，有非常激昂的舆论，对于世界各国，都笼统地表示怀疑而至于抱恨，以为非我族类，其心必异。加上五卅、六二三惨案，觉得凡属外人，莫不是帝国主义，都是不怀好意而来的。非基同盟，又不可谓非这种民气所造成的结果。"① 虽然王治心是站在护教的立场来叙述这段历史的，对非基运动"多少带一点排外的色彩"颇有微词，但从中不难看出这样的事实，因巴黎和会中国外交的失败激起国人民族主义情绪的高涨，从而引起五四运动的爆发，也促使新文化运动在此之后发生了变质及转向，由前期的注重思想启蒙、文化革命重新返回到政治革命上来。因此之故，作为西方文化的代表基督教也就不再被国人当作救国的工具，而遭受被抛弃的命运。有学者曾这样分析中国教会在五四新文化运动前后的两难处境："作为一个宗教和伦理的体系，基督教似乎可以取代儒家思想的地位，或是填补了儒家思想留下来的空缺；同时作为西方文化的一部分，基督教也很容易得到某一个程度的注视。但是在国族主义日渐高涨的中国，基督教和帝国主义的关系往往受到指责。"② 美国著名宣教史家赖德烈在《基督教在华传教史》中描述说："在一九一四之前，全国的许多地方，教会似乎就是新思想的唯一代表。"但到了非基运动爆发之后，"现在它只代表了一种生活方式，除它以外还有许多其他的彼此竞争的生活方式，而且教会因为和西方的帝国主义和资本主义被联系到一块，所以它常常被视为一个保守的和反动的力量。激进主义（radicalism）的浪潮和暴风席卷了教会"。③ 正是在五四运动之后政潮与思潮相互激荡的时代背景下，于1922～1927年爆发了为期六年的非基督教运动。

二

非基督教运动大致经历了如下三个阶段：第一阶段（1922.3～1922.6），以1922年4月4日世界基督教学生同盟在北京国立清华大学召开第十一届大会为导火线，促使上海、北京等地学生发起成立"非基督教学

---

① 王治心：《中国基督教史纲》，第227页。
② 吴利明：《基督教与中国社会变迁》，香港，基督教文艺出版社，1981，第3页。
③ 〔美〕赖德烈：《基督教在华传教史》，第593页。

生同盟"“非宗教大同盟”等组织，并通电全国学界，抗议世界基督教学生同盟在清华开会，随后，广州、南京等地纷纷成立反基督教组织，由此形成声势浩大的全国性的非基运动。第二阶段（1924.5～1925.4），1924 年 4月，广州圣三一学校开除学生领袖，非基督教运动再度爆发。当时正逢国共合作，国民革命的气氛浓烈，国共两党领袖对非基运动多持积极支持的态度，他们还将非基运动引向反对教会教育、收回教育主权的目标之上，使反教运动带上了更加鲜明的反对“帝国主义”侵略的政治色彩。第三阶段（1925.5～1927.4），1925 年“五卅”惨案发生以后，全国的民族主义和反帝情绪掀起了新的高潮，6 月上海召开的全国学生第七次代表大会上，通过了《非基督教运动的决议案》。从 5 月至年底，全国教会学校学潮迭起，许多期刊开始刊载激烈的反基督教文字。迫于舆论压力，北京政府教育部于1925 年 11 月 16 日颁布公告，做出了一些规定，限制基督教对于中国教育的渗透。此后，非基运动的目标非常具体，它要求教会学校向中国政府注册立案，并遵守中国有关教育法令。“五卅”惨案发生时，正值北伐时期，各地的非基运动曾经一度出现过破坏教堂、驱逐教士的事件。直到 1927 年，国共分裂，国民革命趋向低潮；1928 年又发生“济南惨案”，举国反日的情绪日益高涨，非基运动才逐渐沉寂。①

在以上三个阶段中，非基运动的目标各有侧重，参与非基运动的团体和个人也具有十分复杂的政治和社会背景。张钦士在《国内近十年来之宗教思潮》一书“序”中曾作粗略的划分：“积极从事攻击基督教及其事业的团体，表面上自然是‘非基督教大同盟’，但在它背后，自然有许多团体活动，最显著者有三：其一为共产党，其二为国民党，其三为国家主义的团体”。② 除此之外，民初的一些自由派知识分子如胡适、蔡元培的反教立场和言论，则起到了铺石开路和推波助澜的作用。③ 因参与非基运动的社会成分不同，因而反教者言论之内容与理论依据也呈现五花八门的样态。针对此种状况和特点，基督徒知识分子在进行回应时并非全面出击，而是有选择作针对性反驳。例如，基督新教徒谢扶雅即依据不同社会团体的特点及反教者

---

① 参见顾卫民《基督教与近代中国社会》，上海人民出版社，1996，第 405～407 页；杨天宏《基督教与民国知识分子》，第 105～374 页。
② 张钦士选辑《国内近十年来之宗教思潮·序》，燕京华文学校，1927。
③ 顾卫民：《基督教与近代中国社会》，第 408 页。

言论划分派别，并表明对各派的看法。1925 年，他撰文说："查考这次国内非基督教运动，概可分为三派：一是以国家主义为前提，而攻击教会学校，其主张教育与宗教分离之原则，固大有可表同情之处。二是从共产主义的眼光来抨诋基督教，说它是资本帝国主义的走狗。这个有事实具在，有社会公评，恕我这里不下批判。三是从学理上，从中国民族性上，来批评基督教本身的价值，其结论是基督教思想太狭隘，教义近乎迷信，离开人事而邈言天道，与中国无益有损。我个人对于第三派的非难基督教，认为最有研究的价值，认为中国目下的当前大问题，凡属国人，理应起来开诚讨论。"① 谢扶雅的这一回应立场与态度大体代表了当时基督教会中有识之士的观点和看法。考察马相伯对这次非基运动的回应言论，基本持相同的立场与观点，认为相信无神论的共产主义派是"过激党"，其攻击基督教的言论多限于政治定性，充满正义义愤和声讨斥责，根本不值一驳。他并讥讽国内新进之士每以科学家自居，"仅拾西人唯物论者之唾余，迎合青年学子之心理，而为一己饭碗计"。② 即如另一基督徒知识分子徐宝谦所说："共产主义派反对基督教之势力，虽极凶猛，然其所持的理由，却极浅薄。因以经济解释人生，虽含有大部分的真理，然决不足以包括人生的全部。"③

对于以国家主义为前提而攻击教会学校，主张收回教育主权这一派团体，马相伯向来是持同情及坚决支持的态度。早在 1903 年，他在依托法国耶稣会创办震旦学院时，为该校规定的三条原则中，其中之一即是"不谈教理"；④ 1905 年，他率领学生与"震旦"决裂，另立复旦公学，此举就是为了维护教育自主权。⑤ 毫无疑问，在非基运动期间，马相伯对于教会学校参与当时的民主爱国运动之举不仅予以积极鼓励，并发为声援、加以正确指导。1925 年，广东爆发"沙基惨案"后，岭南大学对外联络会代表陈荣特地北上至南京宣传粤案真相，并就此次事件征询马相伯的意见，马相伯则诚

---

① 谢扶雅：《基督教新思潮与中国民族根本思想》，张西平、卓新平编《本色之探——20 世纪中国基督教文化学术论集》，中国广播电视出版社，1999，第 34 页。

② 漱梦：《读马公相伯五十年来之宗教感言》，《天津益世主日报》1923 年第 40 期。

③ 徐宝谦：《反基督教运动与吾人今后之应采方针》，张钦士选辑《国内近十年来之宗教思潮》，第 453 页。

④ 马相伯：《从震旦到复旦》，宗有恒、夏林根编著《马相伯与复旦大学》，山西教育出版社，1996，第 171 页。

⑤ 朱维铮主编《马相伯集》，复旦大学出版社，1996，第 1287～1299 页。

恩提出"对外永远实行经济绝交""对内扩充军备""注重实际之组织"三条建议，为当时的反帝运动出谋划策。①

三

至于上文谢扶雅所说的第三派，姑且笼统地称之为"学理派"。其实当时反对宗教、非难基督教的重要学理依据是科学主义，那些反教者最基本的观点是宗教与科学进步不相容。然而，"在西方，是先有发达的科学，再有科学主义的出现；在中国近代，则是先有科学主义"。② 所谓科学主义，虽与科学有至为密切之关联，却并不是一回事，它是由于过分推崇科学及其方法而造成的一种思想或哲学上的信仰。"科学主义最本质性的特点就是将科学神化，相信科学是万能的，既认为科学可以理所当然地占有对物质世界的解释权，同时还要求科学排它地独占对社会、人心乃至生活的意义与价值的知识学意义上的话语霸权"。③ 非基运动中的科学主义，实际上是新文化运动之"科学与民主"口号的激进思想的衍生物。

早在 1917 年陈独秀在《再论孔教问题》一文中就郑重提出"以科学代宗教"的主张。④ 与此同时，蔡元培则提出"以美育代宗教说"，与陈独秀的倡导彼此呼应。这种以科学本身或现代意义上的教育（美育）来取代宗教的倡导，在新文化运动初期虽然并非特别针对基督教的，但是，到了稍后的非基督教运动时期，则逐渐演变为"科学"名义之下的反宗教宣传。然而，以陈独秀为代表的新文化运动的旗手们大多是研究政治或人文学科，而对自然科学缺乏专门及精深的研究，而且是在反孔运动实际上是在整个时代的"反传统主义"和"偶像破坏运动"的政治与社会背景下提出"科学"这一概念的，因此，他们所使用的"科学"概念并非是指在西方近代社会发展过程中"科学"的本真含义，即人类运用理性进行解释世界、认识世界，而是带有明显的准宗教信仰的特征，"是在传统价值破毁之后重新思构

---

① 《马相伯请国人注意三事：与岭大代表之谈话》，《天津益世主日报》1925 年第 34 期。
② 叶仁昌：《近代中国的宗教批判——非基运动的再思》，台北，雅哥出版社，1988，第 60 页。
③ 孙尚扬、刘宗坤：《基督教哲学在中国》，首都师范大学出版社，2011，第 38 页。
④ 陈独秀：《独秀文存》，安徽人民出版社，1987，第 91 页。

宇宙、世界和社会的秩序及相互关系并赋予它们以意义的观念系统"。① 汪晖在《科学的观念与中国的现代认同》一文中指出，"陈独秀的'科学'概念虽然完全指称现代自然科学和社会科学，但其使用范围却主要在伦理道德和信仰的领域。'科学'在此是作为建立合理的人生原则、社会秩序和信仰的有效武器而被运用的"。② 他还指出，陈独秀的"科学"概念及其运用方式对于那一时代的知识分子来说具有普遍意义。很显然，陈独秀笔下的"科学"已变成了"科学主义"。那么，在这一"科学"名义之下所提出的反宗教理论或言论是很难令具有深厚科学素养的马相伯心悦诚服的。

　　1922 年，也就是在非基运动爆发的那一年，马相伯利用《申报》诞辰 50 周年之际，撰写了一篇长文《五十年来之世界宗教》，详细论述了科学与宗教的关系。其基本观点是：宗教与科学，"一贯信仰，一贯见知"，各守范围，不但不相冲突，而且还可以互相为用，互相促进。马相伯通过列举自 1872 年起 50 年来"科学名家者"的宗教信仰状况及其言论来证明宗教与科学的和谐统一。他分别从算学科、天文科、物理科、化学科中"选录其享大名者"数百人，统计的结果十之八九皆笃信基督宗教。③ 马相伯还举例说，研究数学、天文学、物理学科的科学家更易信受基督教。如利物氏（A. dela Rive）死前谏友曰："今日之天文与物理两科，最易引人认识造物真主；其无神派殆绝无而仅有！"④ 马相伯对此解释说研究数学、天文学、物理学的人"习于理论，见理必信；信理既深，深信教理之真，自不难矣"。他最后概括说："合前后观之，科学之引人认主，彰彰矣！言与宗教不相容者，非科学家之言，更非科学名家之言，益彰彰矣！"⑤

　　马相伯认为，科学与宗教两者之间是相互促进的关系。一方面，研究科学不但促使科学研究者对于宇宙的观念更为统一，对上帝奇妙而不可究诘的作为更起敬仰之心，而且科学的发展有助于宗教信仰中迷信成分的消除。他列举英国著名物理学家、发明家凯尔文（Lord Kelvin，1824～1907 年，现译为"开尔文"）的事例，来说明科学与宗教信仰之间的关系。他说开尔文一

---

① 《汪晖自选集》，广西师范大学出版社，1999，第 242 页。
② 《汪晖自选集》，第 246 页。
③ 朱维铮主编《马相伯集》，第 424 页。
④ 朱维铮主编《马相伯集》，第 417 页。
⑤ 朱维铮主编《马相伯集》，第 424 页。

生研究范围极其广泛，在热学、电磁学、流体力学、光学、地球物理、数学、工程应用方面都做出了杰出贡献，就是这样一位在世界科学界享有极高声誉的科学家，晚年致书于 University College Christian Association 基督会之学林说："谓生命之原，不原于全能之造物，余实不能赞同此科学。科学盖不能不认有造物之全能在，吾人所以有活命，能动作，能生存者，岂恃槁木死灰之物性？夫亦恃有造物礼物之元尊！人不研寻物质，与物生物死之原动则已；不然，科学之昭示吾侪，不啻三令五申，实有一无上神能，统治一切，裁制一切，质学动学化学等之力作焉。诸君勿懼为思想自由人也，如果殚精以思之，则科学将责令君等，坚信有造物主，造物主乃宗教之根宗（疑为"真宗"）！夫然后知科学之学理，不惟不劝阻人，反劝导人以信从宗教者也。"① 马相伯解释说，所谓"真宗"，即万事万物，万美万善，万理万法所宗，即科学追求的大本大原。精究科学，当应研问。②

　　另一方面，宗教或基督教对于科学研究也起到了很大的助益作用。科学与宗教都是包含着信仰在内的知识体系。"科学起于信，信天然有律可束，有理可寻，有必然的程序，有简易的统系而已"。③ 也就是说在开展科学研究活动之前，必须先验地确信在事物之间存在着因果关系或规律，这个信念是一种典型的宗教信念，它本身在成为科学研究的条件之前是无法验证的，但是如果没有这种信念，一切科学活动都将成为不可能。正如怀特海所说："我们如果没有一种本能的信念，相信事物之中存在着一定的秩序，尤其是相信自然界存在着秩序，那末，现代科学就不可能存在。"④ 而基督教思想正可引导人们研究外界的事物，用哲学与观察来证明宇宙中的秩序。深受传统的亚里士多德主义与托马斯主义影响的马相伯，不仅强调宇宙间一切现象的秩序与规律，而且认定世界的秩序和规律是"上帝"加以安排的结果。⑤他引用法国有机化学家吴安子（C. A Charles-Adolphe Wurtz，今译"孚兹"，1817～1884 年，著有《化学原理的历史》《化学哲学讲义》《原子学说》等）的言论加以说明，他说："吴本耶教，后归景教，往往演说曰：'天地

① 朱维铮主编《马相伯集》，第 418 页。
② 朱维铮主编《马相伯集》，第 563 页。
③ 燕京研究院编《赵紫宸文集》第 1 卷，商务印书馆，2003，第 47 页。
④ 〔英〕A. N. 怀特海：《科学与近代世界》，何钦译，商务印书馆，1959，第 4 页。
⑤ 朱维铮主编《马相伯集》，第 150、151 页。

间万变之有因，万象之有序，科学能昭示尔也；至所以有序有因之故，是故也，不在万物之身，而在万物之外，先有以象其象，变其变，而后统万以成其序，统万以总其因，世无以名，名之造物'。"① 马相伯列举此例的目的不仅要说明基督教可以增强人们对自然有序观念的认识，同时也想表达这样的一个观点："自然本身就是宇宙间根本的大谜，科学研究的结果只能发现第二步的原因，不能得到第一因。在这个第一因面前，科学不得不保持缄默。科学之止境即是宗教之起点。"② 马相伯正是通过这样的方式把人们引向那个科学不能得到，宗教却能给人以情感与精神慰藉的作为宇宙第一因的上帝。

　　值得一提的是，马相伯在该文结尾处针对中国社会信仰状况及国民性特征特别指出两条教训，其中之一，他自问自答道："遍搜科学立名者，我国无一焉。此何以故？盖科学之道，贵求其所以然；既得所以然，又贵执此所以然，以御其所然，而征诸实事实用也。无奈我国名词无因果称，称因果尚由梵译，世俗大都作行为上之报应解，不思报恶于行恶者，是两件事，非如烟之于火，是一件事；故火是直接的所以然，行恶是间接的所以然。"③ 因此，马相伯说："我国因无确定名词以称其所然，与所以然，由是不独学问无精当之了解，工艺无新颖之发明，切而言之，所谓'人生究竟'者茫然，父诏兄勉，不外'吃饭''吃好饭'而已！但吃饭是为养生；岂养生是为吃饭乎？扩而言之，所谓'天下国家'者更茫然，家不问儿孙之教养，国不问人民之幸福；于是失教失养者遍国中，丧财丧命者遍天下，天下又不问孟子所言人性有同然；同然故平等。……可见法律之下，人皆平等；孰能已不正而正人！而天下不问也，更不问宗教所言。人性之所以同然，所以平等者，以同为造物元尊之所造，所造既同一人性，必同一究竟；究竟断不在今世之富贵，今世之赏报。……若复扩而言之，所谓天地万物者，愈益茫然，自周秦以来，诸子之说，《律》、《历》、《天官》、《日者》、《龟策》等书传，其足以当科学之一顾者有几？风水命相，岂科学也哉？士大夫方迷信而不已，则其责宗教以迷信，殆亦推己及人之道欤？"④ 在这里，马相伯不仅对中国文化的过度世俗化、民间百姓多神教（其实是拜物教）的信仰状况以

---

① 朱维铮主编《马相伯集》，第 421 页。
② 孙尚扬、刘宗坤：《基督教哲学在中国》，第 47 页。
③ 朱维铮主编《马相伯集》，第 424 页。
④ 朱维铮主编《马相伯集》，第 425 页。

及士大夫们迷信风水命相的风俗习惯痛加针砭，实际上也隐含指出中西文化的差别所在，中国因没有受到宗教的激荡与启迪，不仅发展不出近代科学来，也产生不了民主、平等的政治观念，致使中国文化长期以来处于静止、相对自足的状态。①

其实，对于近代科学为什么不在中国产生这个问题，是20世纪20年代初即"科玄论战"时期多数知识分子关心与讨论的问题。例如，冯友兰即从中国哲学中寻找答案，认为中国所以没有近代自然科学，"是因为中国的哲学向来认为，人应该求幸福于内心，不应该向外界寻求幸福"。② 如果从文化价值系统来看，用当代学者余英时的话说，中国是属于内在超越的文化类型，这种内倾文化注重人文领域内的问题，故不积极地激励人去对外在世界寻求系统的了解；而西方文化则属于外在超越型，它注重人文领域以外（自然）或以上（宗教）的问题，它的外倾精神有助于系统科学的发展。③ 张东荪则认为，中国根本上没有因果观点的科学文化，却只有辩证观点的史观文化。前者用"因果"这个范畴以发掘自然界内"物"的秘密，通过研究自然界的物以求得一定法则，以便操纵为人生之用；后者是用"辩证"这个范畴以窥探人事界内"事"的含义，而整理历史的事却并不是在于求真，乃只在于垂训。④ 与之相反，西方思想的根源却包含两个源头：一是希腊文明，其主知主义思想后来发展起来便成为科学；另一则指希伯来的宗教文明。他指出，这种文明对西方人生活上很有影响，例如，许多大科学家对于宗教，不但不反对，同时还有虔诚的信仰。他分析说："往往有些科学家对于所研究的虽则常本其不知足的心而猛进，却同时又像中国的理学家或道学先生那样乐天而知命地生活着。可见单纯的不知足是不能使人生活下去。且单知人生目的是求幸福亦势必令人都误会为求个人的私利。总之，人生只是率欲望而前进不已，亦是不行的；抑止欲望固然是不行的。所以西洋有希腊文明以推之，又有宗教的文明以挽之。在这一推一挽之间，他们得了进步又得了安慰。"⑤

---

① 参见张汝伦编选《理性与良知——张东荪文选》，上海远东出版社，1995，第319～331页。

② 《冯友兰学术自传》，人民出版社，2007，第176页。

③ 余英时：《中国思想传统的现代诠释》，江苏人民出版社，1995，第22、23页。

④ 张汝伦编选《理性与良知——张东荪文选》，第319～331页。

⑤ 张耀南编《知识与文化——张东荪文化论著辑要》，中国广播电视出版社，1995，第396、397页。

同样，哲学家贺麟也对基督教文明在西洋文明中占有重要的地位予以肯定，对西洋文明中宗教与科学相辅相成的关系大加赞赏。他解释说，中国知识分子反对基督教，认为基督教与科学相对立，"这是因为他们过分夸大了在西方世界里宗教与科学的表面上的冲突及他们对迫害异端的憎恶。他们由此认为，中国最缺乏的是科学和科学精神，而不是宗教的或神学的教条。但实际上，客观事实告诉我们，传教士是第一批最早把科学知识传送到中国来的……基督教成了激起科学想像，引起科学的兴趣和研究科学最好的能动之源。""而在中国，几乎没有人以宗教的热情和献身精神去研究科学或反对科学。我们没有科学，因为我们没有科学的殉道者。我们之所以研究科学，是因为它有用；西方人对科学的研究是为其无私利的内在价值及其宗教的意义（毕达戈拉斯第一个把科学看作献身的对象）"。因此，他总结说："宗教有精诚信仰、坚贞不二的精神；宗教有博爱慈悲、服务人类的精神；宗教有襟怀广大、超脱尘世的精神。基督教文明实为西方文明的骨干。其支配西洋人的精神生活，实深刻而周至，但每为浅见者所忽视。若非宗教的知'天'与科学的知'物'合力并进，若非宗教精神为体，物质文明为用，绝不会产生如此伟大灿烂的近代西洋文化。"[1]　三位哲学家从不同层面阐述了宗教与科学的关系，与马相伯的观点相互参证，可看作对当时非基运动中持"宗教违反科学"理论观点的一种回应。

四

以上叙述的是马相伯在非基运动第一阶段中的回应。随着民族主义与共产主义思潮的兴起，1924 年春夏之际，以广州圣三一学校开除学生领袖为导火线，非基运动又再度爆发。1924 年 8 月，上海一些青年在"反对帝国主义大同盟"运动的影响下，以《民国日报》副刊为阵地，并刊行《非基督教特刊》等出版物，发表大量的反教文字，直斥"基督教是帝国主义底先锋，外国帝国主义侵掠中国的手段"。[2]　如果说 1922 年春的非基运动其或之前的讨论宗教阶段尚偏于理性方面，运动的形式"只见诸言论且泛论一

---

①　贺麟：《文化与人生》，商务印书馆，1999，第 8 页。
②　张钦士选辑《国内近十年来宗教思潮》，第 377 页。

切宗教"，而到 1924 年起的第二、第三阶段的非基运动不免偏于感情与意志方面。在基督徒知识分子看来，这一阶段的反基督教运动的实质在于"共产主义者，则借反对教会之手段，为主义的活动。在国家主义者，则借反对教会为排外之表示"。[①] 马相伯大体也持相同的看法。在真正的民族主义运动面前，马相伯毫无疑问是一个爱国者。问题的关键是，在 1924～1927 年的非基运动中，反教者并非取批评研究的态度，对基督教作判断。相反，在马相伯看来，反教者所持的理由不是与客观历史事实不符，就是误解或曲解了基督教。客观地说，由于西方基督教的各派教会从清朝末年以来在传播问题上依附于政治与军事，尤其是与西方列强对中国的侵略纠缠在一起，造成大多数中国人无法仔细辨析作为一种文化形式的基督教思想体系与体制性的基督教组织的关系，随着近代民族主义的形成，更加无法以理性的态度区分基督教与帝国主义的关系。城门失火，殃及池鱼。从本质上来说，20 世纪 20 年代发生的这场非基运动，只不过是把反对基督教当作反帝国主义的手段之一。[②] 可以说，这场运动成就了反帝和民族主义的一段辉煌，但在思想史上却留下了一些负面影响。所以，此一阶段的马相伯还是义无反顾地站到翼教的立场，对一般"无知无识""漫无纪律"、盲从武断的非基人士及青年学生进行不客气的教训。

1924 年，当看到了上海《非基督教旬刊》中署名"榖宜"的反对基督教的文章后，马相伯特地作了一篇《〈尤其反对基督教理由〉书后》一文。文中他对反对基督教所列举的理由，如科学与宗教冲突、基督教在欧洲挑拨起战争，以及"宗教是束缚自由的""宗教是麻醉民众的鸦片"等观点与论调一一加以驳斥。马相伯从历史事实出发，举例说明基督教非但没有挑拨起战争，而且也未阻止科学。他并从客观事实出发举例论证传教士对于科学的贡献。他说："德于青岛之设观星观象台也，尚就正于徐汇教士矣。香港之观象台，虽称先进，亦降心以相从矣。"他进而诘问道："彼重科学如彼，我轻科学如此，子将谁师乎？……科学烛光也，无国界之分也，何子读科学而独恨基督教之为科学也？基督曰：我乃光也，行善者爱光，光昭己善也，行恶

---

①　王治心：《五卅事变与教会之影响》，《中华基督教会年鉴》1925 年第 8 期，第 27 页。
②　周作人：《关于非宗教》，《周作人自编集——谈虎集》，北京出版社，2011，第 269 页。

者恨光，光彰己恶也。子试思，基督之言是耶？抑子恨基督之言是耶？"①

　　马相伯再次重申了科学讲理、宗教叫人去恶为善，两者各守范围、两不相妨的观点。1926 年，他在自己主办的《天民报》发刊词中，对当时盛行的"科学万能"的论调加以严厉批驳。他举例说，"譬如本报亦有科学一门，自巴士道（Louis Pasteur，今译"路易·巴斯德"，1822～1895，法国微生物学家、化学家，近代微生物学的奠基人。——笔者注）究析微生物，医学之进步可惊，但吾可预言，绝不能使长人之人，更长一肘。""自电气之功用日新，化学之发明亦日新，但吾亦可预言，竭科学之万能，一砂之微，火之，磨之，粉之，风之，扬之，不能使归于无有，则其不能使无有者自无而有也，更不待言矣。……一切机械之动也，皆借天生之力，如重力、涨力、弹力，及磁电等力定矣，竭科学之万能，绝不能使无其力而有其动者也。至于死树死兽，虽欲借活树活兽之生机，亦无由借矣。此无他，以化学之法借之，适所以死之。可见树之生也，兽之活也，不在化学权限之内，然则死生有命，不在科学万能之化学医学，况所以善其死生者，若道德，若宗教，更不属科学之范围。以故凡言形下之科学愈发明，形上之真道德、真宗教愈无用者，皆呓言也、梦话也。"② 他在与友人通信中更进而反驳说："中国之学者，拾西人科学之唾余，动曰迷信，试问我国水旱淯灾，科学有法以救济之否？无法，是科学非万能也。"③

　　可以说，马相伯对"科学万能"论调的驳斥，是 20 世纪中国罕见的对于西方近代科学文化进行现代性反思的学者之一，也是对当时有"科学崇拜"思想的五四一代人的当头棒喝。早在 1919 年，与马相伯思想引为同调的梁启超在《欧游心影录》中就对"科学万能"之说进行了反思与质疑。他指出"科学万能"的迷误在于它导致了"纯物质的纯机械的人生观"，"在这种人生观底下，那么千千万万人前脚接后脚地来这世界走一趟住几十年，干什么呢？独一无二的目的就是抢面包吃，不然就是怕那宇宙间物质运动的大轮子缺了发动力，特自来供给他燃料"。他质问道："果真这样，人生还有一毫意味，人类还有一毫价值吗？"④ 梁启超的质疑更体现了马相伯

---

①　朱维铮主编《马相伯集》，第 454 页。
②　朱维铮主编《马相伯集》，第 473、474 页。
③　朱维铮主编《马相伯集》，第 446 页。
④　梁启超：《饮冰室专集之二十三》，载《饮冰室合集》专集第 5 册，中华书局，1936，第 12 页。

思想的可贵。可贵之处在于，马相伯虽然倡导与追求科学与科学精神，但他并不把科学视为解决一切人类问题的万能钥匙，借用美国著名汉学家约瑟夫·阿·勒文森评价梁启超的话说，就是他"承认科学的价值而又关心定出它的活动范围"。① 他们的反思与质疑是对当时中国思想界出现的"科学代替宗教和旧哲学"危机的一种挽救和矫正。

除此之外，马相伯对相信唯物史观者所持的"宗教是束缚自由的""宗教是麻醉民众的鸦片"等论调也进行了批驳。他认为持这种论调的人，是误解了宗教的真精神。因为对于"我从何来？""我往何去？"这类与人有切身关系的严重问题，是科学所不能解决的，唯有宗教能解决人生问题。对于"宗教是束缚自由的"这一问题，马相伯认为应从"相对的"和"绝对的"两种角度予以讨论。按相对的观察："'自由'应有相当范围，所谓'不以规矩，不能成方圆'是。例如，目的在上，尽有往上追求的自由，可是并没有往下堕落的自由。不然，散漫无稽，任何事，不能办，何况要求解决人生问题呢？故合理的自由，循正理研究。"他说，按绝对的观察，"人生究竟，不为穿衣吃饭或传种。有些胎中就死，有些夭折而死，究竟为甚么？科学家应用各种科学方法，不能消灭一粒砂子，因为物质是不灭的。那么，更不能从无有而创造一粒砂子。因此，我们可以体会造物主造天地神人万物，是人所不能自由或不信的。……所谓'宗教'非他，即人对于造物主的问题。欧西文字 Religion 即有'再束缚'的意义，谓既束缚以性法，性法者'齐之以礼'之'礼'，而又'率性之谓道'，'修道之谓教'，故宗教加以束缚，正示人以规矩，成人之美，不成人之恶，使人享有应有的真自由，而且不妄想不能有的假自由。"②

对于第二个问题"宗教是麻醉民众的鸦片"，马相伯从耶稣基督的人格说起，认为基督教能够流传久远，必定有它的原因。他认为，基督圣教具有普世救赎的意义，"宗教对于民众，真理教化人生，使人心悦诚服，是对于造物主的钦崇，而自动来克己服礼，以救世主之心为心，唯造物主之命是从。故牺牲一切的一切，都是反本归原，所谓人事尽矣！毫无'麻醉'意义，极为显明"。③

① 〔美〕约瑟夫·阿·勒文森：《梁启超与中国近代思想》，刘伟等译，四川人民出版社，1986，第286页。

② 朱维铮主编《马相伯集》，第563页。

③ 朱维铮主编《马相伯集》，第564、565页。

五

上文所述是马相伯从学理的角度以及历史的事实对当时反基督教的理由与论调进行的驳斥。最后，马相伯又从政治的角度对反基督教运动的动机予以揭示。他指出，"有人借恨基督，恨美国"，恨美国传教士在中国宣传亲美的气氛。他认为这条恨的理由实在是幼稚可笑。因为"人爱本国是理所当然"，"须知美国人，宣传亲爱空气，并不为过，过在中国青年，一听宣传，便个个去做顺民。这才是天生的汉奸"。① 其实，在这段话的背后，流露出马相伯对当时一般政治上不成熟、失去冷静判断的青年学生，盲目听从苏俄的共产主义宣传从而参与非基运动的非理性行为表示强烈的不满，同时他也隐含指出，当时非基运动的政治实质是一些反教的知识分子与青年学生把反基督教作为宣泄民族主义、国家主义情绪的符号对象。他的话确是一语中的。1920 年代爆发的非基运动之所以由最初的"讨论宗教""反对一切宗教"发展到矛头直指基督教，关键就在于俄国布尔什维克党企图通过中共发起非基运动以排挤、打击美国基督教青年会在中国的影响力，争取中国青年对布尔什维克主义的信仰。有学者已研究指出，1922 年的非基运动不是一次自发的运动，是在俄共（布）与共产国际远东局、青年国际的指导下，由中国共产党发起并领导，也包括国民党等组织成员参与的政治斗争。② 其政治动机是欲借非基运动以打击西方在华宗教势力，尤其是美国基督教青年

① 朱维铮主编《马相伯集》，第 455 页。

② 陶飞亚：《共产国际代表与中国 20 年代的非基督教运动》，陶飞亚、梁元生编《东亚基督教再诠释》，香港中文大学出版社，2004，第 470 页。其实，据共产国际执委会远东处派往中国工作的全权代表利金的档案资料载，1922 年 5 月，利金就中国工作情况向共产国际执行委员会远东处提交的报告就称："中国共产主义组织在 12 月～4 月这个时期的工作，除了出版和正在进行的鼓动工作外，还有以下几个方面：1. 纪念卡尔·李卜克内西被难一周年活动；2. 声援香港海员大罢工；3. 上海的新年鼓动活动；4. 非基督教活动。其中，无论就成绩的重要性，还是就其意义而言，最引人注目的是非基督教运动。""整个非基督教运动只是掩护，背后有布尔什维克操纵。运动的主线确实是我们的共产主义小组和社会主义青年团，非基督教学生同盟不过是一个合法的掩护，使我们得以广泛而公开地进行宣传罢了。"而且还称，"非基督教青年同盟的鼓动工作规模之大，出乎任何人的想象。……不仅基督教代表大会取消了，而且非基督教运动发展成由我们的中央执行委员会主导的强大的社会浪潮。"载利金全宗 514，目录 1，案卷 20，第 35～40、52～63 页。转引自李玉贞译《中共成立前后的一些情况（三）》，《党的文献》1996 年第 6 期。

会在中国的影响，唤起中国青年的民族主义情绪，最重要的可以在青年学生
中扩大中共的影响，进而扩大布尔什维克主义在中国的传播，使中国"走
俄国人的路"，而非"美国人的路"。① 因为自民国建立至 20 年代初美国基
督教传教事业尤其是基督教青年会在华的发展正值鼎盛时期。从 1913 年爱
丁堡续行委办会（Edinburgh Continuation Committee）主席穆德博士（John
R. Mott）访华，② 以及 1911 年至 1918 年四度来华的北美洲基督教青年会东
亚巡回干事艾迪博士（Sherwood Eddy）两次访华在中国所受到的欢迎程度
可见其一斑。1914 年 9 月，艾迪两度来华，在天津、北京等 12 个城市演
讲，赴会人数逾 12 万人次。许多地方均由政府官员亲自接待，并任主席；
甚至令各学校停课二日，俾学生能赴会听讲，可见其轰动。③

　　基督教在中国影响的扩大，就是美国生活方式和社会制度在中国影响的
扩大，青年学生倾心美国文化想走美国人的路，这无疑对中国"走俄国人
的路"是一种巨大的阻碍。基督教作为亲美情绪的制造者，也就成为中共
在青年学生活动中的一个竞争者，自然也成为俄共的对手。其实，早在
1920 年 11 月罗素来华讲演时，就对当时俄国布尔什维克党鼓吹世界革命的
目的看得比较透彻了。他在做《布尔什维克与世界政治》这一主题演讲时
就说道："俄国对于东方的态度，是应当注意的；我要警告诸君，布党对于
东方受压制的国家说，我帮助你们伸张自由权，但实质上我恐怕他们是想假
这种美名，为伸张布党自己的势力起见。"他还指出，"布党煽动的手段极
厉害；……他们在阿富汗、印度、波斯等处用种种方法来煽动，明则鼓吹爱
国心，暗则传播布尔什维克主义。"④ 不过，以当时的社会政治文化等环境
来看，俄共在中国传播布尔什维克主义与青年之倾向辩证唯物论自不足怪。
即如贺麟在剖析辩证唯物论所说："因为当时青年情志上需要一个信仰，以

---

① 早在 1920 年 9 月威廉斯基·西比利亚科夫就国外东亚民族中的工作向共产国际执行委员会
　的报告中就称："我们在远东的总政策立足于让日本、美国和中国发生利益冲突，即利用各
　种手段激化他们之间的冲突。"载威廉斯基全宗 495，目录 154，案卷 2，第 2～5 页。转引
　自李玉贞译《中共成立前后的一些情况》，《党的文献》1996 年 5 期。

② E. C. Lobenstine, "The Missionary Conference of 1913", *China Mission Year Book*, 1913,
　pp. 68－69.

③ 详参戴伟良《艾迪布道始末记》，《中华基督教会年鉴》1915 年第 2 期，第 119～128 页。

④ 袁刚、孙家祥等编《中国到自由之路——罗素在华讲演集》，北京大学出版社，2004，第
　23 页。

为精神的归宿，行为的指针。辩证唯物论便恰好提供了一个主义的信仰，不能从实用主义那里得到。"①

问题的关键是俄共这种只顾目的不顾手段的策略原则是不为一般人所认可的。20 年代初在中国发起的非基运动就是一个明证。哲学家傅铜就曾引罗素评俄国共产主义的话说，这次非基运动是"感情色彩太重""排外的意见太深"，是"宗教的非宗教运动"而非"科学的非宗教运动"。② 梁启超在《评非宗教同盟》中在高度评价非宗教运动"是国民思想活跃的表征""是国民气力昂进的表征"的同时，也表达了对非宗教运动的不满之处，他说："我以为许多'灭此朝食'、'铲除恶魔'一类话，无益于事实、徒暴露国民虚骄的弱点，失天下人的同情。至于对那些主张信教自由的人加以严酷的责备，越发可以不必了。"对此"宜有一番切实的反省"。③ 周作人更是从维护思想自由的角度公开发表反对非基督教、非宗教同盟运动的宣言。④ 基督徒知识分子简又文等人也认为非基督教运动破坏了信仰自由的原则。他们指责非宗教同盟"专以攻击和扫灭与己不同的信仰为宗旨，不许异己者各信其所信"，他们不是采取"自由宣传的手段"来传播自己的主张，而是采取"向万万信教的人毒骂诅咒，公然挑战"的方式来推进运动。"所有这些态度和行动不是二十世纪自由信仰、自由思想的中国所能容忍的。"⑤ 以上无论是基督徒知识分子还是非基督徒知识分子，他们的看法恰好都说出了马相伯的心声，也反映了以马相伯、梁启超等人为代表的自由主义知识分子在面对民族主义运动面前所表现出的理性态度、自由精神以及以目标与手段相统一的观念与方法处理问题的思维方式。

综上所述，马相伯对于非基督教运动的回应具有一定的理论深度与思想价值。他的回应态度与立场，不仅有力地维护了"信教自由"的宪法原则，维护了思想自由等现代政治价值观与理念，而且他对于宗教与科学关系的阐

---

① 贺麟：《五十年来的中国哲学》，商务印书馆，2002，第 67 页。
② 傅铜：《科学的非宗教运动与宗教的非宗教运动》，张钦士辑《国内近十年来之宗教思潮》，第 256 页。
③ 梁启超：《评非宗教同盟》，张钦士辑《国内近十年来之宗教思潮》，第 269 页。
④ 参见张钦士选辑《国内近十年来之宗教思潮》，第 199 页；周作人《思想压迫的黎明》，《晨报》1922 年 4 月 11 日。
⑤ 参阅杨天宏《基督教与民国知识分子——1922 年～1927 中国非基督教运动研究》，第 160、161 页。

释，对于"科学万能"论调（"唯科学主义"教条）的驳斥，对于"自由"真正内涵的正确理解与阐说，对于"宗教"概念的诠释，在真正的科学精神与民主自由意识尚未形成与普及的近代中国，无疑具有思想启蒙的积极意义。而且，他对于非基运动的政治实质揭示得也是非常深刻的，从中可以反映出马相伯对于苏俄与美国不同的政治态度，同时也在一定程度上反映了20世纪20年代中国知识分子在中国社会改造和发展方式与道路上形成了明显的思想政治分歧。换言之，对于作为宗教家的马相伯来说，无论从哲学的立场还政治的立场，他是不可能赞同布尔什维克主义的唯物史观、阶级斗争学说和无产阶级革命理论，他更愿意看到人类通过互爱互助、社会改良的手段而非"极权统治、阶级斗争"达到社会进步、人民幸福的理想目标。[1]

（作者单位：杭州师范大学人文学院）

---

[1] 参见马相伯《世道人心由于同化力说》，《天津益世主日报》1924年第8～15号。

循道公会在温州的医疗事业

李新德

一 医务传教在 20 世纪的中国

医务传教、教育宣教是福音传教工作的重要组成部分；医务传教最主要目的在于让病人相信，身体康复与基督教所宣扬的灵魂拯救是密切相关的。新教传教士的在华医务传教工作始于 1835 年。"医治病人是我们的座右铭"（Heal the sick is our motto），最早来华从事医药传教的美国基督教新教传教士伯驾（Peter Parker）如是说。①

医务传教士（medical missionary）是指完全能够胜任医务工作的按立牧师或非神职传道人，而非指仅有一些医学知识不得已给人治病的传教士。②加拿大传教士、医生启尔德（O. L. Kilborn）是这样定义医务传教士的："他（她）是位具有献身精神的基督徒劳动者，是位热心、聪明的圣经研究者，他（她）到海外之前熟悉基督教事工。他（她）是位合格的执业医生，受过正规的医学课程训练，在国内通过资格考试。他（她）有拯救异教徒的强烈使命感，甘愿长期致力于把福音传到地球上黑暗的角落。"③ 美国传

---

① G. H. Choa, "Heal the Sick" was Their Motto: The Protestant Medical Missionaries in China (Hong Kong: The Chinese University Press, 1990), p. xiii.
② Ibid., p. 19.
③ O. L. Kilborn, "Medical Mission Work in China", The Chinese Recorder and Missionary Journal 32 (April 1901): 178.

教士郭斐蔚（F. R. Graves）强调，医务传教工作不仅仅基于慈善考量，它有一个坚实与不可妥协的根基那就是宗教基础，唯此才能成功地实施医务传教工作。[1] 莱奇米尔·泰勒（Lechmere Taylor）在《何谓医务传教士》一文中也指出，"医务传教士首先应是福音传教士"。[2] 最为系统探讨医务传教工作之性质、目的的当数汉口教会医院院长代敬心（W. A. Tatchell）于1917年发表的一篇题为《医务传教的性质与目的》的文章，代敬心强调，医务传教工作的终极目标是"拯救一个人的肉体与灵魂"。[3] 吴义雄认为，医务传教是新教来华传教士根据中国的政治和文化情况，所总结出来的一种传教方法。即由传教差会派遣受过医学专业训练的医生，到作为传教对象的国家，开办医院、诊所以及医疗教育机构，以协助传教士的传教活动为目的，以向所在地居民提供义务性医疗服务为主要活动内容。传教士医生的行医送药活动，与传教士布道、派发宣传品、举行宗教仪式等活动相辅相成，但并不把医治对象接受或信仰基督教作为提供医疗服务的前提。[4] 由于受中国传统文化的影响，在华医务传教工作初始阶段困难重重。所谓的医院通常是租用流传闹过鬼的民房，要说服病人在这样的房子里住下来很不容易，而门诊常在庭院里进行；受一些谣言的鼓动，医院常受到不明真相的人的攻击。不仅如此，当时的医务传教没有专门的护士，医生训练中国助手又因缺乏教材和合适的术语翻译，困难很多。到了19世纪后半叶，在华医务传教工作飞速发展，在1900年义和团运动之前，中国当时有近300家教会医院。[5]

二　偕我公会在温州的早期医疗事工

循道公会温州、宁波两教区的历史最早可追溯到19世纪中后期英国偕

---

[1] Bishop Graves, "The Basis of Medical Mission Work", *The Chinese Recorder and Missionary Journal* 36 (March 1905): 127.

[2] Lechmere Taylor, "What is a Medical Missionary?" *The Missionary Echo* 27 (1920): 191.

[3] W. A. Tatchell, "The Nature and Purpose of Medical Missions", *The Chinese Recorder and Missionary Journal* 48 (December 1917): 788 – 789.

[4] 吴义雄：《在宗教与世俗之间——基督教新教传教士在华南沿海的早期活动研究》，广东教育出版社，2000，第300~301页。

[5] E. T. A. Stedeford, "The Changed Conditions of Medical Missionary Work in China", *The Kingdom Overseas* 4 (1936): 230.

我公会在宁波和温州两个传教中心的活动时期。1907 年，在英国的圣道会、美道会和偕我公会合并成为圣道公会，在华的各传教差会也相应进行了整合。圣道公会在华的传教区先后计有：宁波教区、温州教区、华北教区与云南教区。1932 年，英国循道会、循原会和圣道公会合并成英国循道公会，这样循道公会在华传教区先后计有：华南教区、西南教区、温州教区、宁波教区、湖北教区、湖南教区和华北教区。相比较偕我公会宁波教区，以及原英国循道会华南教区、湖北教区，温州教区发展较迟。但到 1899 年，温州教区信徒人数已超宁波教区；到了 1948 年，温州成为循道公会在华信徒人数最多的一个教区，信徒人数达 19484 人，而同时期的宁波教区人数为3945 人，华南教区 5315 人，西南教区为 17925 人，湖北教区 4747 人，湖南教区 3185 人，华北教区为 1079 人。①

　　不管是偕我公会的宁波教区或是温州教区，他们都非常重视医务工作。1888 年的偕我公会年度报告中曾这样评价燕乐拨（Robert Swallow）在宁波的医药传教："燕医生的医务工作对他福音传教工作帮助越来越大。"② "通过神迹宣教是使徒时代的通常作法，我们替代神迹宣教的方法是医药传教"③ 偕我公会温州教区传教士苏慧廉（William Edward Soothill）如是说。偕我公会在温州开办的医院雏形即是苏慧廉为鸦片吸食者设立的治疗所。后来随着规模扩大，增加了一些病床，逐渐形成了"我们的第一家医院"，④也是历史上"温州第一座西医院"。⑤ 传教士在温州把给百姓治病与布道结合起来，在医院有了一定的规模后，传教事业也得到了快速的发展。1891年海和德来温，他曾在曼切斯特医院读过六个月的医学课程，这样苏慧廉就能够专心教会事务，而海和德接管了医务工作。⑥ 与此同时，在温州海关工作的劳里（J. H. Lowry）医生也自愿在空闲时来帮忙，或在诊所里面工作，

①　Forty-third Report of the Home and Foreign Missions of the United Methodist Free Churches, 1899 (London: Andrew Crombie, 1899), p. 24; Signs of Victory, the Report of 1948, being the 163rd of Methodist Missions (London: Methodist Missionary Society, 1949), p. 49.

②　Thirty-second Report of the Home and Foreign Missions of the United Methodist Free Churches, 1888 (London: Andrew Crombie, 1888), p. 2.

③　William Edward Soothill, A Mission in China (London: Oliphant, Anderson & Ferrier, 1907), p. 149.

④　Ibid., p. 171.

⑤　温州市志编纂委员会：《温州市志》，中华书局，1998，第 474 页。

⑥　William Edward Soothill, A Mission in China, pp. 154 – 155.

或协助苏慧廉他们宣教。不管是海和德或是劳里，毕竟不是温州教会里的专业医生，"我们下一项重大的举措是获得全职合格的医生"①，苏慧廉对此信心满满。1893 年底，霍厚福（Alfred Hogg）医生来温，在温州学习了一年的语言之后，他接管了诊所。霍厚福也因此成为首位来温的医务传教士，霍厚福的到来，使得温州教会医疗事业得到快速的发展。早期偕我会的医务工作对传教事业有着重要的促进作用。1895 年偕我会年度报告中说："霍厚福的医务工作对福音传教帮助很大。"② 1896 年偕我会年度报告称：（宁波教区）燕医生与（温州教区）霍医生的医务工作极大地改变了当地人对传教士传教工作的态度，认为在中国"医务工作是福音传播最有效的手段之一"。③

三　定理医院的建立

后来在苏慧廉的朋友华克登（A. J. Walkden）牧师介绍下，来自英国大雅茅斯（Great Yarmouth）的约翰·定理（John Dingley）捐资 200 英镑建造了一座医院，这就是 1897 年所建定理医院的由来。④ 医务传教士霍厚福成为定理医院的首任院长，在霍厚福的带领下，定理医院发展迅速。偕我公会 1897 年年度报告中称霍厚福医生为当时"方圆 600～800 平方英里范围内惟一一位合格的基督徒医生"。⑤ 医院创办当年，门诊病人达 5723人次，到了 1905 年，门诊病人达到 11630 人次，住院病人 740 人次，而同时期偕我公会宁波教区医院因医生交接等原因，门诊病人仅为 922 人次。⑥1896 年 10 月 24 日，霍厚福与内地会女传教士巴兹利（Bardsley）小姐结

---

① Ibid.，p. 155.

② *Thirty - ninth Report of the Home and Foreign Missions of the United Methodist Free Churches，1895*（London：Andrew Crombie，1895），p. 8.

③ *Fourtieth Report of the Home and Foreign Missions of the United Methodist Free Churches，1896*（London：Andrew Crombie，1896），p. 13.

④ Ibid.

⑤ *Forty - first Report of the Home and Foreign Missions of the United Methodist Free Churches，1897*（London：Andrew Crombie，1897），p. 12.

⑥ *Forty - second Report of the Home and Foreign Missions of the United Methodist Free Churches，1898*（London：Andrew Crombie，1898），p. 12；*Fiftieth Report of the Home and Foreign Missions of the United Methodist Free Churches，1906*（London：Andrew Crombie，1906），pp. 46，28.

婚，霍厚福的岳父巴兹利先生也非常慷慨，赠送新成立的定理医院一整套解剖模型。[1] 1901 年霍厚福离职，并退出为之服务多年的偕我公会海外差会。[2] 同年 9 月鲍莅茂（W. E. Plummer）医生接替霍厚福来温。有关定理医院的建筑布局、日常诊疗活动、诊前宗教活动，以及自鲍莅茂开始的医生带徒弟医学教育模式，苏慧廉在其回忆录中均有详尽的介绍。[3]

四　白累德医院的建立

随着教会医院的声名远播，来看病的人越来越多，原来的医院设施远不能够满足患者不断增加的需要，于是，曾在偕我公会宁波传教区捐资建医院、来自英国大雅茅斯的白累德（Henry Blyth），又在温州捐资创建了一座新医院。鲍莅茂医生曾于 1906 年撰文详述白累德医院的外观设计与楼层分布情况。白累德医院由来自英国绍斯波特（Southport）的 G. E. Bolshaw 设计，其外观模仿伦敦盖伊（Guy）医院的建筑格局，分主楼与两翼，主楼三层，两翼两层，占地面积为 11040 平方英尺。主楼底层的前部为小礼拜堂与候诊室，后面为大楼入口与主楼梯。二楼为男童病区，分私人单间与普通病房，同时设有宽广的通道连接两翼。其后面是手术室，有通道与男病区、女病区直接相连。主楼的三楼计划建成 VIP 病房，为家境殷实的病人提供服务。西翼全部为男病区，东翼的二楼为女病区，底层从南端起分别是诊室、药房，衣帽与床上用品储藏室，教室与医生办公室。消毒塔的底层分为两部分，较小的房间为检查眼睛的暗房，较大的那间为门诊病人换衣服的地方。在主楼入口的两边，还有两个附属的屋子，一个是门房，一个是药店。[4] 该医院于 1906 年 1 月 30 日建成，定理医院随即并入，鲍莅茂医生成为白累德医院的首任院长。在白累德医院落成典礼上，苏慧廉曾就医院宗旨以及医院职员等应尽义务作如下说明：

---

[1] *Forty – first Report of the Home and Foreign Missions of the United Methodist Free Churches*, *1897*, pp. 11 – 12.

[2] *Forty – sixth Report of the Home and Foreign Missions of the United Methodist Free Churches*, *1902* (London: Andrew Crombie, 1902), p. 13.

[3] William Edward Soothill, *A Mission in China*, pp. 156 – 161.

[4] Dr. Plummer, "Wenchow new hospital", *The Missionary Echo* New Series 1 (1906): 169 – 172.

一本医院设立之宗旨：归荣上主、拯救下民、宣扬圣道、超拔灵魂。

二本医院职员人等应尽之义务：慈和待人、乘机宣道，谨行修身、为众人法。医人身疾、并医灵疾，时引世人，至主圣侧。①

不管是偕我公会在温州的早期医疗实践，或是白累德医院的建立之宗旨，苏慧廉一直强调，医治病人身体与拯救病人灵魂同等重要。苏慧廉把路加福音9：2中的一句话作为医院的信条："差遣他们去宣传神国的道，医治病人。"苏慧廉在其书中写道："很难想象，还有什么事能比我们医院的工作更像耶稣所作所为，因为是耶稣基督把天国福音的传布与医治病人结合在一起。"苏慧廉与偕我公会同道的目的就是："竭尽所能，病人得到治疗，福音得以传布。"②

在刘廷芳所记《苏会牧温州医院落成演说文》中，苏慧廉就教会医院的缘起及历史进行了说明，从中不难看出温州早期西式医院的发展史，同时也可窥见苏慧廉为筹建白累德医院所付出的艰辛：

二十余载前，予寄踪此间，宣扬圣道。时有慕道者数人，有阿芙蓉癖，就予求治。予未尝肄业医学，姑取数种西药医之，颇得效，此后踵门者众，欲辞不得。适新任会牧海君来瓯，海君较予稍明医理，于是命来戒者，寄宿予寓所旁小舍中。后小舍不能容，乃于城西圣堂之旁添设数椽，为病者寄寓，并于彼施医焉。予第一次回国时，商诸总会。延霍医生来温，总理其事。因求医者日众，狭隘不能容，乃致函英吉利总会，募捐设立新院。该处有定理君者，捐银两千余元，爰购郡城瓦市巷基地一片，建筑医院。霍君返国后，包医士乃来温接任其事，今已五载。其间来院求医者，三万三千零九人。宿院者，二千零五十六人。迩来该院又不敷用。癸卯岁予返国时，商诸总会，总会以乏款为辞予乃请总会准予在该处各支会众等募捐，总会又不允。予乃致书某富翁，而彼

① 刘亶生（刘廷芳）述《苏会牧温州医院落成演说文》，《通问报：耶稣教家庭新闻》第191回，1906年，第1页。

② William Edward Soothill, *A Mission in China*, p. 162.

复函曰：未之能行。山穷水尽，不得巳，草稿登伦敦某报，凉夜残灯，默求神助而已。不料此稿一列该报，即影随行至，翌日予于邮筒中得函，展阅之，则署名者乃白累德君，七十老翁也。自谓愿捐银二千五百余元，并邀予过彼一晤。时予启程回华之期，即该礼拜四也。予于礼拜二搭火车至彼，至则告以建造医院，非此区区二千余元所能成。是晚该处有聚会，予乃赴会演说，略陈浙温布道情形。翌日早餐后，白君邀予散步海滨。浩日东升，海云飞舞，京空澄远，层汉无阴。白君忽告余曰：此医院愿以一肩任之。乃出荷包中一纸示余曰：某处建造会堂，需助银若干；某处设立恤孤会，某处设立学堂，某处布道，某处建造医局，需助银若干。近日入项，几不敷出。若能准分数载以出此欵，则甘尽力以负此任。予曰：今日造一段，明年筑一所，如之何其可。既而白君慨然曰：某处有器具等件，其典之以所得之银建造该院。苟蒙主恩得保余年，不难珠还合浦。于是独捐金二千六百五十镑，合墨银一万六千九百余元。汽笛一声，重洋万里，予乃束装与慷慨捐施之白累德君来瓯购地兴工，客腊始成，计费墨银二万余元。①

　　苏慧廉回忆说，单 1905 年，温州教区教会医院的门诊病人就达到 12000 人次，住院病人有 700 人之多，施行了 400 例手术。② 而到了 1906 年，教会医院的门诊病人就达到 17370 人次，住院病人有 740 人之多。③

　　1911 年，鲍莅茂医生曾著文介绍白累德医院的日常运营以及在医院里福音传布的情况：1910 年白累德医院门诊病人达 21836 人，住院病人 1487 人，另有来医院买药者 8175 人。同期手术病人 301 人，其中全身麻醉手术 152 人，局部麻醉手术 115 人，无麻醉手术 34 人。"上个月，我很高兴地从五位传道人那里得知，那些首次在病房里听福音的病人，后来很多都成了基督徒。"鲍莅茂继续写道，"每天早上，我妻子在女性病区，我则在男性病区讲道，我们还要求助手把我们所讲的内容再次讲给那些乡下来的病人听。"鲍莅茂还就他写文章时白累德医院里的 68 名住院病人来院作以统计

①　刘亶生述《苏会牧温州医院落成演说文》，第 1 页。
②　William Edward Soothill, *A Mission in China*, p. 157.
③　D. MacGillivray ed. *A Century of Protestant Missions in China* (Shanghai: The American Presbyterian Mission Press, 1907), p. 133.

分析：7 位来自温州城区，21 位来自永嘉县，包括距离温州 10 英里以内的郊区；11 位来自乐清地区，6 位来自玉环岛，11 位来自瑞安城和周围地区，6 位来自平阳县，1 位来自处州（今丽水）、2 位青田、1 位台州。①

自 1914 年起，施德福（E. T. A. Stedeford）医生接替鲍莅茂成为白累德医院的负责人，直至 1950 年代循道公会差会撤离温州。施德福早年毕业于爱丁堡医学院，受过良好的医学训练。正是施德福主持医院期间，白累德医院得到迅速发展，成为当时圣道公会在华五间医院中规模最大的一个。② 循道公会温州教区报告中称，虽然遭遇两次世界大战、两次国内革命，然而正是由于施德福本人的高超医术、慈爱、奉献与忠诚，使得白累德医院在浙江省内声名远播。③ 施德福医生不仅医术高明，而且乐善好施，在温州百姓中的口碑很好，以至于温州百姓将其宅旁巷弄改称为施公里，并立坊纪念。后来白累德医院的医生汪起霞、施德福一手培养起来的医生陈梅豪、郑求是曾回忆说，施德福工作认真负责，遇有贫困病人，给予经济帮助；施德福在温工作期间，还先后创办了私立白累德护士职业学校（1929 年）、私立白累德助产职业学校（1934 年），为温州本地培养一批高质量的护理人才。④

从 1919 年的年度报告中我们得知，白累德医院当年的门诊病人 28000 人次，住院病人 1700 人次，而整个医务团队只有一名外国医生、两个中国助手，七名学生和两位传道人，并没有专职护士。在教会医院自养方面，施德福不无自豪地说，整个医院每年的运营经费中，只有 7% 来自英国差会，剩余部分均在温州本地解决，医院门诊、治疗收入占了其中的 80%。⑤

到了 20 世纪二三十年代，白累德医院一直保留着苏慧廉时代的传统，即将医疗与传教密切结合起来，在救治病人身体的同时，按传教士的说法，也拯救病人的灵魂。他们在向门诊病人布道的同时，坚持向住院病人布道。

---

① W. E. Plummer, "Our Medical Work at Wenchow", *The Missionary Echo* 18（1911）：141，142.

② *The United Methodist Church*, *Report of the Missions*, *1923*（London：The United Methodist Publishing House，1923），p. 37.

③ The Methodist Missionary Society, *Facts about Wenchow*, 1927, MMSL MG1078, SOAS Library Archives.

④ 汪起霞、陈梅豪、郑求是：《施德福与白累德医院》，《温州文史资料》第 3 辑，浙江人民出版社，1987，第 143 页。

⑤ *The United Methodist Church*, *Report of the Missions*, *1920*（London：The United Methodist Publishing House，1920），p. 30.

在 1924 年的年度报告里，施德福这样写道：

> 假如你早上来我们医院进入小教堂，你会发现我们的病人在候诊并在那里听福音布道。走进偌大的门诊室，我们的中国助手坐在那里给病人开处方。来到门诊室尽头的一个小房间，你会看到我们的病人在接受身体检查。左边是我们的药房，我们的学生在给病人配药。①

白累德医院英国籍护士薛美德（B. Petrie Smith）在 1930 年的年度报告中说："除每天向候诊的门诊病人布道外，每周三次的病房宣教活动一直进行着。病房宣教活动由参与主日崇拜的传道人和其他教会成员轮流主持。"②

五　白累德医院的护士教育

在 1922 年护士裴悟（Louisa Ball）来温州之前，白累德医院并没有专职护士，医院多是聘请中国人当护工。护理工作甚至由传教士家属担任，如苏慧廉的女儿谢福芸（Dorothea Hosie）曾自述，自己 17 岁时曾在白累德医院充当护士工作。③ 施德福在 1922 年圣道公会年度报告中说："裴悟小姐的任命将大大缓解医院外籍员工的不足，让医院的护理工作走上正规，但培训和管理一位医护人员是件不容易的事情。我们感觉裴悟小姐能胜任其职，我们也热切希望我们的总会能再任命一名护士与她一起工作。"④ 除外籍护士外，白累德医院也有了几位浙南地区最早的中国籍护士，她们分别是：叶兰珍、朱德音、陈舜华、施子哲。⑤

到了 20 世纪 30 年代，白累德医院不仅办有护士培训学校，而且于 1934 年创办了白累德助产职业学校，后来两校合称"白累德医院产科护士

---

① *The United Methodist Church*, *Report of the Missions*, *1925*（London：The United Methodist Publishing House, 1925），p. 85.

② *The United Methodist Church*, *Report of the Missions*, *1931*（London：The United Methodist Publishing House, 1931），p. 98.

③ Dorothea Hosie, Brave New China（London：Hodder and Stoughton, 1938），p. 193.

④ *The United Methodist Church Report of the Missions*（London：The United Methodist Publishing House, 1922），p. 37.

⑤ 叶德荣等：《大事记》，《温州市第二人民医院百年院史》，1997。

学校"，施德福亲任校长，为浙南地区培养了一大批医护人员。白累德医院的护士学校最初创办于 1929 年，在中华护士会（Nurses' Association of China）的支持下，起初在护士任若兰（N. B. Raine）指导下学习，后来由护士薛美德指导。经过四年的系统学习，有 4 名学员通过了当时中国的护士资格考试，1933 年 5 月 12 日，白累德医院举行了隆重的首届护士毕业典礼。当时的一则新闻报道说："我们温州白累德医院创造了历史，在艺文中学受训的护士学校首批学员在毕业典礼上获得了学位。仪式在学校教堂举行，我们尊贵的客人，施德福博士、护士薛美德以及两位中国医生都分别发表讲话，学位由施德福博士亲自授予。4 名毕业生、11 名在校生出席。"[1]关于温州白累德护士学校，循道公会温州教区传教士爱乐德（W. Roy Aylott）的夫人、时任白累德医院护士长斐良性（Phyllis M. Fieldsend）曾有专文记述。爱乐德夫人称：护士这一职业在温州的出现，大大改变了中国人的观念。在没有护士之前，病人多是由家人或朋友陪护，中国人逐步接受了护士护理这一工作；除此，医院收治病人的能力也大大增加。在护士学校初办的头三年，因受中国传统文化的影响，来学习护理的申请者很少；但"到了 1934 年 7 月，情况大大改观，我们从 22 名申请者中挑选了 6 位成为我们的学员；1935 年 1 月的情况类似"。护士人才的培养也大大提升了医院的护理环境，从 1935 年 2 月起，白累德医院的所有病区病人都换上了统一的病号服装与床单。爱乐德夫人还强调，护士教育不仅要关注学员的身心健康，还要注重基督徒精神在她们品格培养中所起的作用。[2] 施德福在一篇文章中指出，在 30 年代的中国越来越多的女孩从事护士这一职业大大改变了中国人的传统观念，"几年前一个年轻的女性在男病区从事护理工作会遭众怒，而现在却是很平常的事情"。施德福还认为，护理工作的最根本之处是像基督徒那样工作，如果她不是基督徒，就很难成为一位优秀的护士。[3]

薛美德也曾专门撰文论及护士人才的培养。按照当时中国政府的要求，护士学校必须在政府那里注册，进入护士学校就读的学生必须具有初中文凭。而白累德医院护士学校的申请者多只有高小文凭，年龄太小又不适合马

---

[1] "Nurses' Graduation Ceremony at Wenchow", *The Kingdom Overseas* 1 (1933): 188.

[2] Mrs. Aylott, "Our School of Nurses at Wenchow", *The Kingdom Overseas* 4 (1936): 91 – 92.

[3] E. T. A. Stedeford, "The Changed Conditions of Medical Missionary Work in China", *The Kingdom Overseas* 4 (1936): 231 – 232.

上进行护士职业培训，怎么办呢？白累德护士学校的做法是：给那些只有高小文凭的女孩子增开两年的预备课程，使她们通过考试达到护士学校的入学要求。这样，白累德护士学校先后于 1938 年、1939 年和 1940 年招收了三届预科生，人数分别是 15 人、15 人、14 人。薛美德她们认为，举办这样的预科班是她们的一种责任，不仅仅使学员获得有关专业与公民方面的知识，同时也可以让这些学员认识基督教、接受基督教的影响，培养她们的品格。①

施德福、斐良性以及薛美德，他们不约而同地都将护士教育与基督徒的品格联系起来，强调基督教精神对护理工作的影响。事实上，白累德医院的护士培训与医疗工作一样，都是医药宣教工作的重要组成部分。

时任循道公会温州教区区长孙光德（Irving Scott）指出，尽管在 20 世纪 30 年代温州地区已经出现了多家医院，但是，白累德医院的病人并没有减少，这是因为白累德医院的医生、护士的医术与护理技能在整个温州地区甚至比邻的福建地区闻名遐迩。② 施德福也曾撰文指出，护士这一职业的出现应是医疗领域发展最有趣、最具意义的一种现象。在此之前，护理病人（病人亲属外）常被认为是仆人的工作，而现在受过中学教育的女孩子接受护理培训。③

从 1922 年到 1940 年代末期，英国循道公会先后选派裴悟、薛美德、任若兰、斐良性、窦维新（Dorothy Annie Dowson）等数名护士来到温州，像薛美德、窦维新又分别病逝于中土，并长眠于中国这块土地上。薛美德 1922 年来到温州，长期在白累德医院从事护理与护士培训工作，曾担任白累德医院护士长多年，日本轰炸温州期间，她坚持留守医院，照顾病人。薛美德 1940 年 10 月 3 日病逝于上海，葬于上海虹桥公墓；1940 年 10 月 27 日，温州白累德医院为其举行了追悼大会。窦维新 1937 年来温州，曾任白累德医院护士长多年，1942 年 11 月 22 日去世，同年 11 月 27 日温州教区为其举办隆重的追悼会，葬于永嘉瓯北马岙村牙郎桥山上。在循道公会官方的档案中，很少有她们的记录；今日温州百姓又对她们知之甚少。薛美德、窦维新等英国护士为温州医学现代化做出了重要贡献，她们不应该被遗忘。

---

① B. Petrie Smith, "Training Chinese nurses", *Kingdom Overseas* 9 (1941): 3–4.

② I. Scott, "Concerning our Wenchow District", *The Kingdom Overseas* 4 (1936): 111.

③ E. T. A. Stedeford, "The Changed Conditions of Medical Missionary work in China", *The Kingdom Overseas* 4 (1936): 231.

六　余论

1949 年 8 月，白累德医院护士职业学校、助产职业学校与天主教温州教区董若望医院护士班、瓯海医院医师职业学校合并为温州私立高级医事职业学校。8 月底，白累德医院院长施德福即将离任回国，他召集医院 11 名医护骨干开会，提请他们选出院长，续办白累德医院。经推选，汪起霞任院长，陈梅豪、郑求是任副院长，白累德医院结束了教会办院体制，进入集体办院时期，医院脱离教会，废止诊前宗教活动。1953 年 1 月 10 日，温州市人民政府接办白累德医院；1954 年 10 月 6 日，白累德医院改称温州市第二人民医院。①

虽然内地会在温州开教早于循道公会（偕我公会），但在教会医疗事业发展上，循道公会遥遥领先。内地会于 1880 年曾在温州办有小型医院，但随着医师稻惟德（Arthur William Douthwaite）的离去，内地会在温州的医疗事业也随之终止。同样面对鸦片吸食者，曹雅直（George Stott）及其夫人曹明道（Grace Stott）等内地会的宣教士怎样做的呢？"不吃任何药物，相信上帝""跪下来祷告"。② 这里并不否认他们也对吸食鸦片者和其他病患者辅以药物治疗，但他们始终未能像苏慧廉所在的循道公会那样，在温州建一间像样的西式医院，并影响至今。从早期鸦片吸食者的救治所，到后来的定理医院、白累德医院，以及白累德护士职业学校、助产职业学校，循道公会所办的医院与护士教育机构不仅通过治病救人在百姓中树立了良好的形象，同时也在温州现代化进程中扮演着重要角色。"教会医院在慈善事业中占首位"，③ 循道公会在温州教区的医疗事业确实如此。

---

① 汪起霞、陈梅豪、郑求是：《施德福与白累德医院》，《温州文史资料》第 3 辑，第 145 ~ 147 页。

② Grace Stott, *Twenty – Six Years of Missionary Work in China* (London: Hodder and Stoughton, 1898), p. 193.

③ *The Christian Occupation of China; a general survey of the numerical strength and geographical distribution of the Christian forces in China*, made by the Special committee on survey and occupation, *China continuation committee, 1918 – 1921* (Shanghai: China Continuation Committee, 1922), p. 36.

附表一　定理医院病人数据统计表

年度	门诊病人（Out - Patients）	住院病人（In - Patients）	备注
1897	5723		同时期宁波偕我公会医院门诊病人 9800，住院病人 476
1898	12708	206（男 166 女 40）	吸食鸦片者有 6 人，手术 26 例
1899	11000	?	
1900～1902	—	—	未有统计数据
1903	10119	578（男 448 女 30）	手术 189 例
1904	12160	738（男 630 女 108）	
1905	11630	740	

附表二　白累德医院病人数据统计表

年度	门诊病人（Out - Patients）	住院病人（In - Patients）	备注
1906	12285	923	
1907	11683	924（男 702 女 222）	
1908	14728	1245（男 986 女 259）	同时期宁波圣道公会医院门诊病人 3343，住院病人 381
1909	18347	1463	
1910	21836	1487（男 1164 女 523）	手术 301 例
1911	22000	?	
1912	17236	1232	
1913	18664	1360	
1914	16034	1377	病人住院时间平均 20 天
1915	16456	1448	病人住院时间平均 23 天
1916	25009	1618（男 1213 女 405）	
1917	25548	1418（男 992 女 426）	病人住院时间平均 26 天全身麻醉手术 297 例
1918	21848	1444（男 1071 女 374）	同时期宁波圣道公会医院门诊病人 2479，住院病人 320
1919	28000	1700	
1920	30780	1664（男 1176 女 488）	
1921	35508	1759（男 1274 女 485）	
1922	36460	1679（男 1187 女 492）	
1923	35772	2029	
1924	38129	2412（男 1744 女 668）	
1925	37509	2838（男 2055 女 783）	
1926	37902	3014（男 2128 女 856）	

续表

年度	门诊病人(Out – Patients)	住院病人(In – Patients)	备注
1927	36877	3219	
1928	39436	3283(男 2271 女 1012)	
1929	37920	3873(男 2610 女 1263)	手术 768 例
1930	—		
1931	29165	3824(男 2608 女 1216)	洪水、动乱的影响
1932	25993	3294(男 2270 女 1024)	手术 720 例
1933	29737	3121(男 2061 女 1060)	手术 536 例
1934	31740	3042(男 2009 女 1033)	手术 643 例
1935	36479	3243(男 2121 女 1122)	手术 610 例
1936	40385	3409(男 2232 女 1177)	手术 723 例
1937	45077	3456(男 2166 女 1290)	手术 761 例
1938	56682	2436(男 1214 女 1222)	手术 319 例
1939~1942	—	—	因战事,未有统计数据
1943	76711	3161(男 1716 女 1445)	手术 652 例
1944	76711	3161(男 1716 女 1445)	手术 652 例
1945~1947	—	—	未有统计数据
1948	52629	3570(男 2013 女 1557)	手术 772 例
1949	58091	?	

(作者单位:温州大学外国语学院)

近代杭州的教会学校与传教士家族

俞　强

　　一百多年前，西方传教士不远万里，跨越重洋，来到杭州。他们除了带着使徒的激情前来传播基督福音之外，还给杭州带来了近代文明，开启了近代杭州与世界交流的大门。"跨海"与"造桥"这两个词很形象地展现了西方传教士来华的精神和他们在中西文化交流中做出的贡献，那就是，西方传教士斩风破浪，跨越了中西方地理上的隔阂，怀着一种炽热的宗教热情和使命感来到杭州，客观上为近代中西文化交流搭建了一座沟通的桥梁。

　　西方来华传教士在中国近代历史上是一批很奇特的人群。他们一方面是近代中西文化交流的主要媒介之一。当时从西方蜂拥来华的除了传教士之外，还有外交家、军人、海员和来华做贸易的商人、企业家。正如法国历史学家居伊·布罗索莱所言："凯撒、上帝和玛蒙，这大胆的'三体圣灵'在冒险恶魔的诱使下，以一种不可思议的效率精心设计出了上海。"① 这句话套用到杭州这个城市也是恰如其分的。另一方面，这些西方传教士也是中国社会近代化的驱动力之一，给中国社会带来了西方先进的文明和技术。早期美国教会史学派的重要代表人物，致力于研究近代中国基督教史的著名教会史学家赖德烈（Kenneth Scott Lateurette）就预见到："未来的历史学家将发

---

① 〔法〕居伊·布罗索莱：《上海的法国人（1849～1949）》，牟振宇译，上海辞书出版社，2014，第1页。

现，在华传教是过去三百年中最重要的运动之一。"① 费正清（John King Fairbank）则总结说："在 19 世纪的中西关系中，新教传教士是研究最少，而又最有意义的人物。"② 近年来历史学家出版的大量成果已经证明，研究在华传教事业是了解中美关系的关键钥匙，然而，"这一工作不过刚刚开始"。③

一　近代杭州的教会学校

传教士们来华传教往往把教育作为传播福音的手段之一，所以，传教士在所到之处都建立教会学校。这在客观上也促进了中国近代新式教育的发展。杭州有三所著名的教会学校，其中两所教会中学，一所教会大学。

一所教会大学指的就是之江大学，其英文名为 Hangchou Christian College，前身是宁波崇信义塾（Boy's Boarding Scool），1845 年由美国基督教长老会麦嘉缔（Divie Bethune McCartee）等人创办。1867 年（同治六年）崇信义塾从宁波迁到杭州，先在皮市巷，后迁至大塔儿巷，改名为育英义塾（Presbyterain Boy's School）。1897 年，育英义塾正式改名为"育英书院"（Hangchow Presbyterian College）。1911 年 2 月迁入新校舍，因地处钱塘江湾曲处，成"之"字形故取名之江学堂。1914 年，升格为之江大学（Hangchow Christian college），成为中国近代史上著名的 14 所新教教会大学之一。现时的浙江大学的渊源亦可追溯至此，在此不再赘述。

两所教会中学是指蕙兰中学和宏道女中。蕙兰中学，英文名 Hangchow wayland academy，旧址位于上城区建国中路 70 号。清光绪二十五年（1899），美籍传教士甘惠德（W. S. Sweet）在石牌楼淳佑桥东埭购地建校，招生兴学，校名蕙兰中学堂。学制初为五年，后改为四年，1923 年改为六年。1937 年日军侵华，学校被迫停办，1945 年复校招生。1927 年以前

① Kenneth Scott Lateurette, *A History of Christian Mission in China* (The Macmillan Company, 1929), p. 5.

② S. W. Barnett & J. K. Fairbank ed. *Christianity in China: Early Protestant Missionary Writings* (Cambridge Massachusetts: Harvard University Press, 1985), p. 2.

③ J. K. Fairbank, "Introduction", in Kathleen Lodwick Com., *The Chinese Recorder Index: A Guide to Christian Mission in Asia, 1867 - 1941* (Wilmington, Del.: Scholarly Resources, 1986).

历任校长均为外国人担任，历任外国校长为密拉特（1905）、慕珥（Moule，1909）、葛德基（Earl Herbert Cressy，1915）、葛烈腾（E. H. Clayton，1923），之后始由中国人担当校长。1903 年，应美国基督教北浸礼会女差会华东支会的请求，招收女生，开杭州中学堂男女同校之先河。后女生迁往珍珠巷，取名"蕙兰女学堂"。与贞才女学、育才女学合并，成为私立弘道女子中学。1951 年学校同前浙大附中合并成立杭州市第二中学。原惠兰中学的大部分建筑已拆毁，现仅存惠德图书馆、"树人数德"碑、"惠兰学堂"碑座、小铜钟等。惠德图书馆在学校大操场附近，坐南朝北，为三开间三层西式建筑。建筑平面呈长方形，通面阔 16.80 米，通进深 9.80 米。清水砖作。悬山两坡顶，顶上辟老虎窗五座。现该建筑已粉饰一新，辟为校史陈列馆。①

弘道女中英文名 Hangchow Union Girls'school，旧址位于今学士路上的浙江大学医学院附属妇产科医院内。弘道女中根据其英文名直译为"杭州协和女子中学"，实际上是由三所教会女学合并而成。弘道女中的历史最早可以追溯到 1867 年杭州第一所女子学校——贞才女学。1899 年，北长老会创办育才女学；1902 年，北浸礼会创办蕙兰女学；1912 年，贞才、育才、蕙兰三所女学合并一校，定名为弘道女中；1916 年，弘道女中新校正式迁入在当时的新市场（今学士路旧址）；1928 年移交给中华基督教会华东大会和中华基督教浙沪浸礼会两个中国团体接办，更名为私立弘道女中，分为高中、初中、附属小学和幼稚园。1952 年，弘道女中解散合并（并入省立杭州女子中学和惠兴女中）。②

二　杭州传教士家族与教会学校的关系

在这群奇特的人——西方来华传教士当中，有的传教士是兄弟相携、夫妻相守、父子相扶一同来到中国，成为近代中外文化交流史上一道独特的风景线，在这里我们可以称其为传教士家族。到杭州的传教士家族非常多，也

---

① 参见俞强《跨海与造桥——在老照片中探访近代传教士在西湖的足迹》，《杭州文博》2013年第 1 期，第 67 页。

② 参见沈建中《走近司徒雷登》，山东画报出版社，2009，第 55 页。

对杭州的近代中西文化交流和社会近代化做出了不少贡献。他们与杭州的近代教会学校有着千丝万缕的联系。

在中国近现代史上著名的司徒雷登（John Leighton Stuart）就是出自杭州的美国传教士家族——司徒家族。司徒家族除了司徒雷登，在杭州的还有其父亲司徒尔（John Linton Stuart）、母亲玛丽·霍顿（Mary Louisa Horton）、弟司徒华林（Warren Horton Stuart）。司徒尔于 1840 年 12 月 2 日出生在谢尔比维尔，先后就读于宾夕法尼亚州的华盛顿－杰弗逊学院和肯塔基中央学院。后又入普林斯顿神学院攻读神学，其间受到在华传教士倪维斯（John Livingstone Nevius）的中国来信的鼓舞，立志海外传教。1868 年，司徒尔接受新成立的南长老会海外执行委员会的委派前往中国。[①] 南长老会是 1861 年美国南北战争时期长老会一分为二而形成的，在海外的第一个传教站点就是在杭州。司徒尔在杭州由于水土不服和持续不断的劳累，健康状况越来越恶化。南长老会决定让他回美国休养。在回国的日子里，司徒尔的身体恢复了健康，又认识了女友玛丽小姐。很快两人结为伉俪。1874 年夏天，司徒尔和玛丽·霍顿刚度完蜜月，便又接受美国南长老会的差遣一起来到中国杭州。[②] 在司徒尔夫妇来华之前，南长老会就在杭州购地兴建了两间平房作为传教之所。落成之日，浙江布政使卢定勋还赠送"胡郝礼拜堂"木匾一块。后来，在小礼拜堂的附近又兴建了多栋传教士住宅，建筑用地也扩充至 80 余亩。久而久之，杭州人就称礼拜堂和传教士住宅所在的小巷叫"耶稣堂弄"，沿用至今。[③] 1875 年，司徒尔夫妇在杭州天水堂负责传教事务。在适应中国的新生活不久，对办学抱有浓厚兴趣的司徒夫妇便先后开始筹建新的学校。玛丽·霍顿在美国时，在其父亲的影响下曾在美国亚拉巴马州创办了一所以自己名字命名的私立女子学校，并亲自担任校长。司徒雷登在回忆录中记述了其父母在杭州兴学的经历："我父母除了在城市贫苦阶层和乡下的农民中做传播福音的工作外，对兴办学校也抱有兴趣。我父亲办的一所男子学校，后来给布道团关闭了，布道团的成员认为他的正经职责是传教而不是搞世俗性的教育。不过，我父亲把几个尖子学生挽留了下来，为他们提供了

---

① 〔美〕司徒雷登：《在华五十年：司徒雷登回忆录》，程宗家译，刘雪芬校，北京出版社，1982，第 3 ~ 4 页。

② 〔美〕司徒雷登：《在华五十年：司徒雷登回忆录》，第 5 页。

③ 沈建中：《走近司徒雷登》，第 15 页。

继续学习的机会。在后来的许多年间，他们成了布道团里出色的中国工作人员。我母亲办事则更为成功。她帮助创办了中国的第二所女子学校，学校的人数和影响不断扩大。她任该校校长多年。后来，这所学校并入了杭州有名的基督教协和女子学校（即前文提到的弘道女中）。"① 司徒雷登的母亲玛丽·霍顿，就是杭州第一所女子学校——贞才女校的创始人。1867 年，玛丽·霍顿在皮市巷创办了"贞才女校"并担任校长。玛丽·霍顿凭借在美国的办学经验，把学校办得有声有色。学校的基本入学条件就是不许缠足，缠足者要放脚，不许包办婚姻。学校不收学费，还免费提供食宿和衣物。后来，1912 年贞才女校同其他两所教会女子学校合并成立弘道女中。1890 年，玛丽·霍顿为了促进女生在德、智、体、群各方面的全面发展，在贞才女校创立了第一个中华学校女青年会。② 1908 年它正式更名为杭州基督教学校女青年会。1922 年更名为杭州基督教女青年会，并由美国女青年会捐赠一幢二层花园洋楼作会所，占地约 4 亩。1923 年全国女青年会第一次代表会在杭州召开，当年成立了中华基督教女青年会全国协会，女青年会运动也由此在全国蓬勃发展。1947 年世界基督教女青年会第一次代表大会在杭州召开，有 25 个会员国参加，当时会上有蒋夫人宋美龄致辞欢迎。这也是中国第一个和唯一一个举办过这样大型国际会议的女青年会市会组织。

司徒尔在杭州传教 46 年，直到 1913 年 1 月在杭州病逝，享年 73 岁。安葬于杭州九里松墓地。司徒尔病故后，玛丽·霍顿搬去北京与大儿子司徒雷登同住。1925 年去世后，按照中国人的丧葬习俗，遗体被运送回杭州，葬在杭州九里松司徒尔墓地旁。

在中国近现代教育史和外交史上赫赫有名的司徒雷登就是司徒夫妇的长子。司徒雷登 1876 年 6 月 24 日出生于杭州耶稣堂弄传教士寓所里。司徒尔夫妇为了感谢南长老会海外部执行干事约翰·雷登·威尔逊博士（John Leighton Wilson）的媒妁之恩，特意为他们的长子取名约翰·雷登。③ 司徒雷登自小就生活在杭州，在刘廷芳、谢景升撰写的《司徒雷登年谱》中就记载了他"（两岁时）乳媪俑仆、均系华人，牙牙学语，即操杭音"。④

---

① 〔美〕司徒雷登：《在华五十年：司徒雷登回忆录》，第 7 页。
② 参见沈建中《走近司徒雷登》，第 16 页。
③ 参见沈建中《走近司徒雷登》，第 19 页。
④ 刘廷芳、谢景升：《司徒雷登年谱》，《文史资料选辑》第 83 辑，中国文史出版社，1982。

11 岁时返回美国弗吉利亚上学。求学期间，受到"学生志愿国外传教运动"的影响，立志于传教。1904 年，他结婚后偕妻子艾琳·罗德（Aline Rodd）回到杭州，成了第二代南长老会传教士。在杭州期间，司徒雷登在湖山堂从事传教事工。湖山堂建立于 1920 年，美国南长老会传教士贝恩德（Rev. G. W. Painter）及当时在杭州的一众教友在众安桥建造湖山堂，以此追念司徒尔牧师，可惜的是湖山堂在 1977 年下半年被拆除。司徒雷登在杭州除了传教之外，也非常热心教育事业。他还在当时教会创办的弘道女中和冯氏女中等女子学校中任教。① 1897 年，美国南北长老会决定合作办学，司徒雷登就曾以南长老会代表的身份参与到杭州育英书院的建立和管理当中去。1908 年，他到南京金陵神学院教授希腊文。1910 年，担任南京教会事业委员会主席。1919 年，司徒雷登到北京筹建燕京大学，并出任校长，为该校的发展壮大做出了不可磨灭的贡献。经过他与同人们的不懈努力，到 1930 年代，燕京大学已发展成为中国最享学术声誉的教会大学之一。司徒雷登也因此成为名噪一时的教育家，被誉为"燕京大学之父"。1941 年太平洋战争爆发，司徒雷登拒绝与日军合作，被日军羁押在集中营里，直到日本投降后获释。1945 年，抗日战争取得胜利。国共代表谈判期间，由中共代表周恩来向美国特使马歇尔推荐，司徒雷登担任美国驻华大使。在大使任内，司徒雷登曾经访问过他的出生地——杭州，受到当时担任杭州市市长的周象贤的热情接待，并被授予杭州市"荣誉市民"的称号。1962 年 9 月 4 日，司徒雷登因病在美国华盛顿医院逝世，享年 86 岁。司徒雷登的愿望是把遗骨安葬在他的第二故乡中国。46 年后，2008 年 11 月 17 日上午，司徒雷登的骨灰由傅履仁偕夫人安葬在杭州安贤园文星苑。美驻华大使雷德、驻沪总领事康碧翠、杭州市副市长佟桂莉等参加安葬仪式。

司徒雷登的弟弟司徒华林也与杭州和教会学校有缘。1880 年，他也出生于杭州天水堂美国南长老会来华传教士住宅里。后回美国读书，1900 年毕业，1907 年来华。1916～1922 年间担任杭州之江大学（Hangchow Christian College）校长。1919 年担任华东各大学联合会干事兼司库。1924 年任金陵神学院名誉教授。②

---

① 马时雍主编《杭州的寺院教堂》，杭州出版社，2004，第 280 页。
② 参见林昌建主编《浙江民国人物大辞典》，浙江大学出版社，2013，第 771 页。

其次是英国的慕氏家族。其家族成员来华传教士的阵容强大，声名显赫。著名的有兄慕稼谷（George E. Moule）、弟慕雅德（A. E. Moule）、兄之子慕天锡（Geoge Theodore Moule，1864－1942）和慕阿德（Arthur Christopher Moule，1873－1957）、弟之子慕华德（Walter Stephen moule）。慕稼谷和慕雅德是英国圣公会的传教士，兄弟俩出生于英国西南部多塞特郡一个著名的传教士家庭。慕稼谷出生于1828年1月28日。1850年毕业于剑桥大学基督圣体学院。1851年被授神职，担任其父亲的助理牧师。1857年，加入英国圣公会海外传教差会。1858年，慕稼谷来华，抵达五口开放之一的宁波。1861年，其弟在家中排行第六的慕雅德也被英国圣公会派往中国。当时刚从伊斯灵顿学院毕业的慕雅德，与新婚不久的妻子一道，辗转来到宁波传教。1864年，当时已经被任命为英国圣公会华东教区主教的慕稼谷率先进入刚刚开放的内地城市杭州。紧接着第二年，作为副主教和华东教区秘书的慕雅德也从宁波来到了杭州。他们兄弟俩可以说是首批进入杭州常驻的西方传教士之一。

慕氏家族成员中还有著名的汉学家，写过不少关于中国和杭州的历史地理及风土人情的书籍。慕稼谷著有《杭州纪略》（*Notes on Hangchow：Past and Present*），介绍杭州的历史、风土人情和传教活动。慕雅德著有《英国圣公会浙江传教使团的故事》（*The Story of the Chek－Kiang Mission of the Church Missionary Society*）、《新旧中国：来华三十年的个人回忆和观察》（*New China and Old，Personal Recollections and Observations of Thirty Years*）和《在华五十年：回忆与观察》（*Half a Century in China：Recollections and Observations*）三本具有回忆录性质的作品。此外，由于慕雅德在华适逢太平天国运动，还记录了关于太平天国的情况，著有《太平天国回忆录1861~1863》（*Personal Recollections of the Taiping Rebellion 1861－1863*）。慕雅德还详细观察和记录了中国和宁波的历史与现状，主要有《四亿人——关于中国和中国人的重要篇章》（*Four Hundred Millions：Chapters on China and the Chinese*）、《年轻的中国》（*Young China*）、《中华民族：关于中国的知识手册》（*The Chinese People：A Handbook on China*）、《宁波》（*Ningpo*）等。①

---

① 参见林吕建主编《浙江民国人物大辞典》，第778~779页。

慕天锡和慕阿德则经常在欧洲的顶级汉学杂志《通报》上发表有关杭州历史研究的文章。慕阿德于 1933~1938 年间还出任了剑桥大学的汉学教授。在笔者的搜检资料中，还发现了一段慕氏家族与杭州凤凰寺的一段往事。慕稼谷在杭州传教期间曾到访当时杭州的著名清真寺——凤凰寺，并且拓下一块阿拉伯文的凤凰寺碑文，寄给他儿子慕阿德。通过当时剑桥大学的汉学教授翟理思和阿拉伯语教授布朗的合作翻译，弄清了这块碑文的内容，厘清了凤凰寺的始末。见证了一段近代基督教与伊斯兰教在杭州相遇的一个历史事实。①

慕华德是慕雅德之子，毕业于剑桥大学。1888 年来华，在宁波担任圣公会创办的三一学院（Trinity College）的副监院。1898 年升为监院。1916 年三一学院更名为三一中学，慕华德继续担任校长，直到 1918 年辞去校长之职。②

1922~1923 年间的英国圣公会浙江传教使团年度报告高度赞扬了慕氏家族，文中这样写道："跟浙江传教使团相关最重要的姓名非慕氏莫属。作为主教和副主教的慕氏兄弟，即慕稼谷和慕雅德，在许多年中均是该传教使团在宁波和杭州这两个主要城市中的领袖人物。如果加上他们的妻子和儿女，我们可以数出慕家为圣公会传教事业做出了确切服务的十四位成员，更别提慕家成员在多切斯特、剑桥和德拉姆的关系和影响了。"

此外，还有费启鸿（George F. Fitch）和费佩德（Robert Ferris Fitch）父子。费启鸿是美国北长老会来华传教士。1870 年奉派来华，在上海南门清心堂传教。1872 年调往苏州设立北长老会传教站。1885 年调往宁波，巡视浙江教务工作。1888 年返回上海，担任上海北长老会主办的美华书馆（American Presbyterian Mission Press）的负责人，同时兼任《教务杂志》（The Chinese Recorder）总主笔，在职 18 年。1902 年，将美华书馆从苏州河南岸的北京路清源里迁往四川北路横浜桥。美华书馆得到极大发展，成为近代上海著名的出版印刷机构。1923 年，费启鸿病逝于上海。1925 年，美国北长老会将思娄堂迁往虹口窦乐安路（今多伦路）重建时，更名为鸿德堂，

---

① 参见拙文《发现与钩沉——传教士与杭州凤凰寺碑》，第二届基督教与伊斯兰教相遇国际学术研讨会，武汉，2013 年。
② 参见林吕建主编《浙江民国人物大辞典》，第 778 页。

以纪念其在华传教功绩。

费佩德乃费启鸿之子，1873 年出生于上海。从小随父母往来于上海、苏州和宁波等地。1890 年返回美国就学，在其父亲的母校俄亥俄州伍斯特学院毕业后，又到西部神学院接受了四年关于神学方面的培训。1898 年毕业后返回中国，先是在宁波北长老会创办的一所中学里任校长。1908 年，从宁波调到杭州的育英书院任教，并担任学校的重要行政工作。之江大学成立后，费佩德 1915 年和 1918 年曾两次返回美国举办巡回演讲，介绍教会在中国的教育事业，为之江大学的新校区建设筹募款项。1922～1931 年间担任之江大学的第四任校长，也是最后一任外籍校长。1931 年，国民政府教育部收回教育权，下令外籍人士不得再担任大学校长之职。费佩德改任为副校长，后又任杭州之江大学神学院教授兼名誉校长。著有《杭州－浙江游记》（*Hangchow－Chekiang Itineraries*）和《普陀山游记》（*Pootoo Itineraries*：*Describing the Chief Places of Interest，with A Special Trip to Lo－Chia Shan*）等书。[①]

三　余论

在中国近代教育史上，教会学校最直接的贡献就是把现代教育模式移植到了中国。几千年来，中国沿袭的官学、书院、科举等传统教育模式都与现代意义上的教育模式相去甚远，无法培养起适应近代社会发展的科学技术人才。而教会学校的出现和发展，为没有真正意义上的近代教育模式的中国塑造了仿效样板，使中国的近代教育迅速发生改变，推动其融入教育近代化的大潮中去。杭州的近代教育在这些教会学校的影响下也发生了翻天覆地的变化，并取得了丰硕的成果，影响至今犹存：之江大学的余绪——浙江大学在中国近现代高等教育史的地位显赫；蕙兰中学和宏道女中也为浙江乃至中国培养出许多杰出人才；继承了蕙兰中学校址的杭州第二中学依然是杭州的重点中学。

在中国教育近代化的过程中，这些传教士家族在杭州的近代社会和近代教育的发展中起到了积极的推动作用，充分发挥了西学东渐的桥梁

---

① 参见林昌建主编《浙江民国人物大辞典》，第 776 页。

作用。我们要重视对这些传教士家族和群体的研究。要对近代教会学校和传教士在教育中发挥的积极作用做出公允的评价。另外，近代杭州教会学校的建立和发展也推动了杭州新式学堂和教育制度的发展和变革，我们要充分认识其积极作用，进一步加强对教会学校历史的发掘，以更好地为现实服务。

（作者单位：浙江省社会科学院文化所）

边缘成中心：清末基督教
在台的汉番宣教策略

王政文

一 前言

教会史家赖德烈（Kenneth S. Latourette）称 19 世纪是"基督新教的世纪"（the protestant century），是基督教历史发展过程中"伟大的世纪"（the great century）。① 18 世纪启蒙时代，欧洲知识分子开始挑战上帝的权威，科学逐渐取得主导地位，西方世界开始"世俗化"，丢弃对绝对真理和死后生命的信仰。基督宗教虽正经历宗教与现代科学对立的挑战，这个过程并不代表宗教势力完全消逝，宗教势力借由教会的新方向，发展出更大的宗教热潮，德国的敬虔运动（Pietism Movement）、英国的福音复兴运动（Revivalism）、美国的大觉醒运动（Great Awakening）都掀起 19 世纪群众对宗教的热情。② 传教士反成为非西方现代化的媒介与传播者，随着西方的发展向外扩张。

19 世纪来华的长老教会，其传教的方式是先设立一个中心（Organised Station），然后由中心逐渐向外（Unorganised Station）扩散。1851 年英国长老教会选择附近有漳、泉两个重要城市的厦门为宣教中心；1858 年选择在

① Kenneth S. Latourette, *A History of the Expansion Christianity* (New York: Harper & Brothers, 1941), vol. vi, p. 33.

② 华尔克（Willston Walker）：《基督教会史》，谢受灵、赵毅之译，基督教文艺出版社，1998，第 774~820 页。

汕头设立中心，接着往达豪埔、澄海、庆春、潮州等地扩张；1865年选择台湾府为台湾南部宣教中心，然后向沿山地带扩张。有趣的现象是，边缘传教的效果来得比中心好，基督教在以汉人为主的城市或村庄中不易传播，但是在边陲社会中却发展较快，这个现象在台湾南部和北部的长老教会中都是如此。

本文将论述清末台湾的基督教，何以原本的传教策略是以汉人社会与城市为中心，但中心反而成为被排斥的边缘；被视为传教边缘的平埔人，反而多数成为基督徒；沿山的边缘村落，反而成为教会传教的重心。文中探讨为何传教士传教的对象首先是选择在汉人聚集的城市，平埔人村落何以未被长老会传教士当作优先目标。而传教士如何在接触的过程中，逐渐发现台湾汉人不仅难以接受基督教，甚至强烈排斥基督教；传教士如何进入平埔村落，进而决定以平埔人为传教的主要对象。文中将上述问题置于清末台湾汉人的社会网络与地方势力，及平埔人被同化或边缘化的社会处境中来观察，说明清末基督教在台的汉番宣教策略及改变的过程，解释"中心/边缘"的"汉/番"关系，以及基督教在"中心/边缘"的接触经验与过程。

二　传教对象的首选：汉人

1807年马礼逊（Robert Morrison）受伦敦宣教会（London Missionary Society）差派前往中国，成为新教在中国的第一位传教士。1847年11月，英国长老教会所差派的宾威廉牧师（William C. Burns）抵达香港。1849年2月，宾威廉与两位当地信徒在广东沿海进行七周的布道活动，展开长老会在中国的传教事业。1851年7月，宾威廉决定以厦门做为英国长老会在中国的第一个传教中心。① 1860年9月长老会驻厦门的杜嘉德牧师（Carstairs Douglas）与驻汕头的金辅尔牧师（H. L. Mackenzie）与信徒黄嘉智、吴文水一同来台访问淡水及艋舺等地，考察传教的可能性。

杜嘉德指出台湾"为福建漳厦一带来的移民，讲福佬话，而全岛也以

---

① Edward Band, *Working His Purpose Out: The History of the English Presbyterian Mission, 1847 - 1947* (London: Publishing Office of the Presbyterian Church of England, 1947), pp. 1 - 13.

福佬话为普遍。为了这个理由，且此地时有外国船只和当地人民接触，似乎应该由厦门已经建立的教会来担任传道工作。跨过海峡，仍通行着同样的语言，觉得很不平常。在大陆隔了一百哩，就使我们觉得言语不通了。因此，我们耳中似乎听到一种强烈的呼召：'到这里来帮助我们'，直到福音在这里发扬光大起来"。① 杜嘉德发现福佬话在台湾通行，并且也遇到了一些在厦门听过基督教信息的人，他开始建议英国长老会海外宣道会将台湾列为宣教区。

1864 年 1 月 2 日，首位将派驻台湾的宣教士马雅各（James L. Maxwell）医生抵达厦门，他开始努力学习福佬话，为来台宣教做准备。② 1864 年 10 月 5 日，杜嘉德选择在台湾南部展开宣教工作，带马雅各、仆人吴文水及两名信徒，搭乘德轮"CHUSAN"号抵达打狗（今高雄市），进行三周的访查。他们首先观察天主教道明会（Dominican）所设立的打狗前金天主堂，然后步行到台湾府；停留一周后再返回打狗，并拜访埤头（今高雄市凤山区），10 月 30 日返回厦门。马雅各在这次探访行程中，对台湾府人口稠密印象深刻，认为没有任何地方比台湾府更适合作为台湾宣教的起点。③

1865 年 5 月，杜嘉德再次与马雅各及三名福建汉人助手（陈子路、黄嘉智、吴文水），自厦门搭乘"META"号抵达打狗，同行的还有英国圣经公会的伟烈亚力（Alexander Wylie）及厦门会友李西霖、王阿炎。英国驻打狗领事郇和（Robert Swinhoe）建议马雅各在打狗传教，因为打狗有外国人居住且领事馆可以就近保护。但马雅各考虑府城人口众多，选择以府城为传教中心。④ 6 月 16 日，打狗海关税务司官员马威廉（William Maxwell）顶让在府城大西门外看西街租借的房屋给马雅各开设布道所兼医馆，正式开始在台湾宣教。⑤

---

① 1860 年 10 月 1 日，杜嘉德在"亚细亚"号上所写的信。引自赖永祥《教会史话》第 1 辑，人光出版社，1990，第 274 页。

② *The English Presbyterian Messenger*, April 1864, p. 123.

③ "Letter From The Rev. Carstairs Douglas," *The English Presbyterian Messenger*, February 1865, pp. 51 – 52.

④ "Letter from Dr. Maxwell（Amoy, October 31, 1864）," *The English Presbyterian Messenger*, February 1865, pp. 52 – 54.

⑤ 黄武东、徐谦信编《台湾基督长老教会历史年谱》，人光出版社，1959，第 4 页。

英国长老教会发现台湾与厦门语言相同，居民也多是福建漳厦一带来的移民，因而应该由厦门已经建立的教会来担任传道工作。府城是当时全台最大的市镇，是经济、政治、文化中心，因而选定其作为宣教起点。[①] 选择府城为传道中心，显然长老会来台传教的主要对象是人口多数且讲福佬话的汉人。

布道所开设后，马雅各也开始在布道所中设置医馆，借由医疗传教布道、分发真理单。最初医馆病患非常多，每天上午九点应诊直到下午两三点，有时到四点，每天有五六十人看诊，稀奇的洋教与神奇的医术很快在府城传开。[②] 由于马雅各使用奎宁，并进行白内障和切除肾结石的手术，速效的治疗方式吸引全岛各地病患前来，但也引起本地医生的敌视。城里开始散布谣言说外国人是在杀害汉人，取出脑浆和眼睛来制造鸦片。[③] 谣言激起群众的骚动。街上传言洋医挖人眼、吊人疤做药，城墙壁上贴出马雅各杀人匿尸于布道所厝内，杀病患、挖墓取尸体来入药，所以药效才会特别好的布告。来医馆看诊的病患，逐渐减少到每天 15～20 名。7 月 6 日，马雅各散步时遭到群众以石头攻击。7 月 9 日，街上聚满群众要拆布道所，吴文水进城报官。两个小时后台湾县知县张传敬劝马雅各离开府城，三天后马雅各离开台湾府，返回打狗。[④]

观察马雅各以医疗工作开启基督教在台的"路加之门"，[⑤] 他在府城看西街开设医馆传道行医，四天后就发生基督教来台的第一起"看西街"教案。多数解释倾向"帝国主义侵略"，认为台湾民风保守，外国军事干预、经济侵略及不平等条约，使人民有排外倾向，或者由群众对西医的误解产生的谣言与冲突解释。[⑥] 马雅各强烈怀疑幕后的主使者是府城的汉医，医馆免费看诊，再加上西医立即见效的效果，病人被马雅各抢走了，汉医不得不制

① 台湾基督长老教会总会历史委员会编《台湾基督长老教会百年史》，台湾基督长老教会，1965，第 7～8 页。

② 黄茂卿：《台湾基督长老教会太平境马雅各纪念教会九十年史（1865～1955）》，台湾基督长老教会太平境马雅各纪念教会，1988，第 29～30 页。

③ W. A. Pickering, *Pioneering in Formosa: Recollections of Adventures among Mandarins, Wreckers, & Head - Hunting Savages* (London: Hurst and Blackett, 1898), p. 78.

④ 黄茂卿：《台湾基督长老教会太平境马雅各纪念教会九十年史（1865～1955）》，第 30～31 页。

⑤ 基督教宣史称医疗工作为"路加之门"。

⑥ 蔡友兰：《十九世纪末西方医疗体系传入台湾遭遇之抵抗与冲突——从马雅各教案事件谈起》，硕士学位论文，台北医学大学医学研究所，2001，第 87～92 页。

造谣言甚至聚众滋事以保原来的生意。①

　　马雅各在府城的传教和医疗工作遭到排斥，暂时转往旗后（今高雄市旗津区）发展，但马雅各还是认为"挫折也有上帝的美意"，更指出"居民约二千之海边小村（打狗），并不是传道部（Mission）的选择。很自然地，岛之首都有七万居民的台湾府城才是真正目标，传教士也就受派前往该地"。② 1865 年 11 月，马雅各以 550 元向屋主吕逮永租旗后街仔内大竹里厝屋，契约载明"永远租给英医生马雅各代耶苏圣教"，"其厝屋内所有，听凭英医生马雅各撤改，随便起盖礼拜堂厝，传道理居住"。③

　　1867 年 12 月 13 日，首位驻台牧师李庥（Hugh Ritchie）与夫人抵达打狗。④ 1868 年"安平炮击事件"后，⑤ 英国领事吉必勋（John Gibson）的武力政策，使得基督教的传教权利得到地方官的背书。⑥ 1868 年 12 月 25 日，马雅各重返府城，在二老口（今台南市卫民街、北门路口）租屋作为传教根据地。他将打狗的医疗工作交给万巴德医生（Patrick Manson），将传教工作交给李庥，再度回到府城。⑦ 重新在马雅各念念不忘的府城中，展开传教工作。

　　19 世纪来华的英国长老教会，当时的传教方式是先设立一个中心地（Organised Station），再由这个中心向外（Unorganised Station）扩散。也就是先选定一个中心，由此将福音传出，然后渐渐扩大传教范围与活动，但不超过此中心的影响范围。像是 1842 年选择厦门作为长老教会宣教中心，因为附近有漳、泉两个重要城市。1858 年选择在汕头设立中心，然后往附近的达豪埔、澄海、庆春、潮州等地扩张。1865 年选择在台湾府建立中心准

① *The English Presbyterian Messenger*, November1865, pp. 358 – 360.
② 赖永祥：《教会史话》第 2 辑，第 11 ~ 12 页。
③ 《永远租给约据字》，台湾银行经济研究室编《台湾私法物权篇》第 8 册，台湾文献丛刊第 150 种，台湾银行，1963，第 1388 ~ 1389 页。
④ 黄武东、徐谦信编《台湾基督长老教会历史年谱》，第 7 页。
⑤ "安平炮击事件"起因于樟脑事件及 1886 年间一连串的教案及其间的交涉经过与误解。叶振辉：《安平炮击事件前夕的地方交涉》，台湾成功大学历史系编《台湾史研究暨史迹维护研讨会论文集》，台南市政府，1990，第 221 ~ 242 页。
⑥ 蔡蔚群：《教案：清季台湾的传教与外交》，博扬文化事业有限公司，2000，第 246 ~ 250 页。
⑦ 黄武东、徐谦信编《台湾基督长老教会历史年谱》，第 11 页。

备向外扩张。① 这样的考虑基于人口，选择人口稠密的城市为中心，逐渐向外扩张，因为人口集中，宣教的效果应比人口疏散的乡村来得好。我们可以发现，传教士传教的对象首先是选择汉人，认为人口稠密的汉人城市，最适合传教、最容易吸引信徒，但实际的工作却不然。

对清末台湾民众而言，基督教是完全陌生的，传教士刚来传教时，经常被当成是"和尚"。甘为霖（William Campbell）外出讲道，找不到地方过夜，地方头人或庙祝经常安排他住到庙宇中。② 本地传道师到庙口要传福音时，群众还以为是要宣讲圣谕，常常主动帮他们准备香案，请入庙中讲授道理，甚至有庙祝敲锣劝人来听讲。③ 但是当人们知道这是在宣传一种"没拜祖先"的宗教，开始知道这原来是"番仔教"，与所认知的既有社会价值观不相同时，对基督教的态度很快就会改变。在传教过程中，基督教逐渐引起地方人士的疑虑与困惑，传教士及本地传道师在街头分发福音单张时，起初被认为是在"化缘"，民众问要给多少钱，或拿到传单后加以退还。④ 群众开始发现这不是在化缘，是在传一种新的宗教。渐渐地当地方领袖感受到基督教势力，或是群众开始知道基督教禁止偶像崇拜，意识到与本地文化的差异时，排斥感很快产生。

三 传教对象的边缘：平埔人

17 与 18 世纪以来，汉人不断入垦，导致平埔人社会、经济与生活方式发生极大的变迁。平埔人由"生番"归抚为"熟番"后，生活逐渐由狩猎采食改变为依赖农作和租粟过活，虽然保有土地权利，但往往因为不谙水田稻作的经营而不得不将埔地委托汉人垦佃代为耕种，在官僚势力和汉人垦佃的货币经济影响下，平埔人的生活空间日益狭隘。⑤ 平埔人由主人逐渐变成

---

① Jas Johnston, *China and Formosa: The Story of The Mission of The Presbyterian Church of England* (New York: Fleming H. Revell, 1897), pp. 195 – 200. 赖英泽在《台湾基督长老教会百年史》中，将这种传教的方式称之为"远心"宣教方法。参见台湾基督长老教会总会历史委员会编《台湾基督长老教会百年史》，第 7 页。

② William Campbell, *An Account of Missionary Success in the Island of Formosa* (London: Trubner & Co., 1889), vol. II, pp. 520 – 521.

③ 《教会消息》，《台湾府城教会报》第 35 号，1886 年 5 月，第 25 ~ 27 页。

④ 《澎湖的消息》，《台湾府城教会报》第 48 卷，1889 年 5 月，第 34 ~ 35 页。

⑤ 陈秋坤：《从狩猎采食到租佃业主：岸里社人的空间与社会变迁，1700 ~ 1895》，郭肇立主编《聚落与社会》，田园城市文化事业公司，1998，第 131 ~ 154 页。

被殖民者，成为社会的边缘人物。至嘉庆、道光年间，平埔人必须迁移以解决所面临的生存压力。[①] 平埔人的迁移导因于生存的压力与地权的流失等问题。土地的转移过程中，包含汉人的投机取巧与强取豪夺，而赋税过重以致无力缴纳，各种劳役公差频繁，以及族群狩猎习性的改变，都与地权流失有关。1886 年刘铭传开办清丈改赋措施，更大幅度削减大租户阶级的土地权力，平埔人业主普遍遭受减租的损失。

清末基督教传入台湾时，大部分的平埔人已经被同化，薙发蓄辫、服饰、信仰崇拜、生活习俗、语言，差不多完全汉化。[②] 1865 年必麒麟拜访离府城九到十英里的新港，他发现 "这些平埔人的穿着打扮与汉人一样，且已经忘了他们老祖宗的语言……部落中大多数的族人已经往内陆迁移了，最远的甚至到东海岸去了"。[③] 甘为霖察觉到 "我们所停留的村庄都住着平埔番，也就是语言、服装跟本岛西部汉人一样的台湾原住民"。[④] 但这并不代表汉人与平埔人之间完全没有区隔，"汉" 与 "番" 之间对当时人而言依旧可以清楚辨识，平埔人依然遭到汉人歧视。长期的社会变迁下，平埔人不是被同化就是成为社会的边缘，从多数变成少数，社会地位日益低落。1896 年来台调查的日人田代安定，甚至把噶玛兰平埔人比喻为日本社会底层的 "秽多"。[⑤]

英国长老会海外宣道会最初认为应该把力量集中在汉人身上，毕竟汉人占了全岛居民的 90%。刚开始的时候，已经汉化的平埔人村落并未

---

① 19 世纪平埔人有四次大规模迁移：一、1804 年，彰化平埔人首领潘贤文结合中部岸里、阿里史、东螺、大甲、吞霄等社，越过中央山脉迁移到宜兰五围。二、1823 年，道卡斯、拍瀑拉、巴则海、猫雾拺、洪安雅等族群，集资换地迁移埔里。三、1824 年，噶玛兰人移居花莲、台东，而加礼宛社南移花莲奇莱、美仑等地。四、1830 年后，西拉雅人由荖浓溪上游越过中央山脉，沿新武吕溪东迁，并自枋寮经大武至台东，由恒春半岛沿海岸东迁，或乘船由海路至东部，逐渐迁往东台湾。李亦园：《台湾土著民族的社会与文化》，联经出版社，1982，第 49～76 页；温振华：《清代中部平埔族迁移埔里分析》，《台湾文献》第 51 卷第 2 期，2000 年 6 月，第 27～37 页；许达然：《十八和十九世纪台湾原住民社会变迁》，《第九届台湾与历史文化研讨会论文集》，台湾东海大学通识教育中心，2005，第 1～58 页。
② 黄茂卿：《台湾基督长老教会迪阶・观音山教会早期五十年史（1877～1927）：英国长老教会东部宣教》，观音山教会，1991，第 37 页。
③ Pickering, *Pioneering in Formosa*, pp. 115－116.
④ William Campbell, *An Account of Missionary Success in the Island of Formosa* (London: Trubner & Co., 1889), vol. I, pp. 226－227.
⑤ 台湾总督府民政部殖产科：《台东殖民地预查报文》，台湾总督府民政部殖产科，1900，第 62 页。

被长老会传教士当作优先目标。① 宣道会与最初来台的传教士认为平埔人天性见异思迁，行为和个性不会比汉人基督徒可靠。② 然而传教士实际的工作经验，意识到传教的结果是边缘比中心好，平埔人比汉人容易改宗信教。

1865 年 11 月，马雅各陪同安平海关职员必麒麟（W. A. Pickering）前往拜访府城东北十多英里的山地岗仔林（今台南市左镇区冈林里）、木栅（今高雄市内门区木栅里）等平埔人村落，受到该地平埔人欢迎。马雅各在府城的经验使他认为"单纯的番民也许比那些傲慢的汉人更容易接受福音"。③ 马雅各最初选择以台湾府为传教中心，却遭到社会群众的强烈排斥。马雅各再度回到府城后，经由必麒麟的介绍，有两名平埔少女 Niu－i 和 Ngauh－a 来到医馆帮佣，并将医馆后院开放给西拉雅人来府城时居住之用，还供应两餐，希望能透过他们将福音传进平埔人中。④ 1870 年后，马雅各与李麻到木栅、拔马（今台南市左镇区中正里）、岗仔林、柑仔林（今高雄市内门区沟坪里、永兴里）等平埔人村落传教。1871 年又到中部大社（今台中市神冈区大社、岸里）、内社（今苗栗县三义乡鲤鱼潭村）、埔社（今南投县埔里镇）、乌牛栏（今南投县埔里镇爱兰里）等地设教。平埔人教会成了驻台湾府传教士们的主要工作对象及范围。⑤ 马雅各在台的经验使他认识到"汉人太自负保守，相对的接触过的平埔族人却友善单纯"。⑥ 他转而决定将台湾府的宣教重心放在平埔人。

1975 年 6 月来台的巴克礼指出，在他来到台湾府城教会前"直到那时为止，府城以北教会所属的信徒全部都是平埔族，其中没有一个汉人"。⑦ "当时在府城以北，没有一个汉人的教会会员。信徒全部是平埔族人，嘉义

---

① 白尚德（Chantal Zheng）：《英国长老教会宣教师与台湾原住民的接触 1865～1940》，郑顺德译，顺益台湾原住民博物馆，2004，第 2 页。
② Band, *Working His Purpose Out*, p. 8.
③ Pickering, *Pioneering in Formosa*, pp. 116－118.
④ 《马雅各医生致巴克礼博士亲笔信函》，《台湾教会公报》1976 年 2 月 15 日，第 4 版。
⑤ 台湾基督长老教会总会历史委员会编《台湾基督长老教会百年史》，第 20～21 页。
⑥ 黄茂卿：《台湾基督长老教会迪阶·观音山教会早期五十年史（1877～1927）：英国长老教会东部宣教》，第 36 页。
⑦ 巴克礼：《台湾南部设教七十年的回顾》，《台湾教会公报》第 607 号，1935 年 10 月，第 1 页。

也设立一间布道所，可是没有汉人的信徒"。①

　　然而，这样的情形引起总会的质疑。当甘为霖的宣教工作越来越有进展时，总会却开始质疑他，为什么都是在偏僻的原住民小村落，为什么不到人口密集的汉人城镇传教，却选择偏远的地方。② 显然传教事工已多数集中在平埔村落，在府城附近及府城以北的教会几乎都位于山地。这也开始引起平地汉人的怀疑，汉人认为传教士轻视汉人而故意回避他们，因此传教士计划在嘉义传教，其部分的理由就是希望能够解除这种误会。③

　　后续来台的李庥，其传道重点就是平埔人。"他一年内旅行28次，路程长达1327英里，其中1041英里是用步行，280英里乘轿，一年总共在外面度过167天。"④ 1871年10月20日，李庥在信中提到他能区分"汉人、熟番、生番"之间的差异，并认为平埔人渴望听到上帝的话语，好奇地想知道天主教与基督教之间的差异。⑤

　　基督教在汉人为主的城市或村庄中不容易传播，但是在边陲社会中却有很大的发展。在北部传教的马偕（George Leslie Mackay）也遇到相同的状况。1796年汉人逐渐迁入兰阳平原，汉人与噶玛兰人接触后，噶玛兰人开始接受汉人的民间信仰。1873年10月，马偕首度造访噶玛兰，至1882年止共六度造访。在这六次行程中，马偕并不只是针对噶玛兰人，汉人的村落如头城、苏澳、南方澳、罗东、三结仔（今宜兰县宜兰市）、龟山岛，⑥ 也是马偕的造访重点，但在这些汉人村落，马偕遭到拒绝和耻笑。⑦ 1883年马偕再度来到噶玛兰，转以平埔人为传教对象。马偕首先到武暖社（今宜兰县礁溪乡光武村），但当地人没见过外国人，遇到马偕都逃离避开，他后来

---

① Thomas Barclay：《初代教会的信徒》，井川直卫编《巴克礼的心灵世界》，邱信典译，雅歌出版社，1997，第70页。

② William Campbell, *Sketches from Formosa* (London: Marshall, 1915), pp. 81–82.

③ 台湾基督长老教会总会历史委员会编《台湾基督长老教会百年史》，第23~24页。

④ "Letter 29 Dec. 1874," PCE/FMC Box 101 B, Overseas addenda, file 5. 转引自白尚德《英国长老教会宣教师与台湾原住民的接触1865~1940》，第12页。

⑤ 白尚德：《英国长老教会宣教师与台湾原住民的接触1865~1940》，第11~12页。

⑥ George Leslie Mackay：《马偕日记 I：1871~1883》，北部台湾基督长老教会大会、北部台湾基督长老教会史迹委员会策划翻译，玉山社，2012，第141、215、278、334、352、526页。

⑦ George Leslie Mackay, ed. J. A. Macdonald, *From Far Formosa: The Island, Its People and Mission* (New York: Fleming H. Revell Company, 1895), p. 220.

到番社头（今宜兰县壮围乡），遇见噶玛兰族的"夏芥辣"①"乌面""八宝龙"三人，三人表示"平埔人怕汉人及官方报复，所以不敢接待他们"。当晚邀请马偕到村里晚餐，吹海螺壳叫全村的人出来听马偕讲道，自此一村传一村。②1883 年便建立起 11 所礼拜堂，1884 年再建 3 所，1886 年至 1887年又建 9 所，1888 年再增加 5 所，到 1888 年止一共建立 28 所礼拜堂。③根据 1896 年台湾总督府的调查，噶玛兰人口有 2827 人，而从 1883 年到 1890年间，历年受洗的教徒达 2804 人，④噶玛兰人几乎全部改宗基督教。

显然，相较于汉人社会，基督教在平埔人中的宣教比较容易被接受，甚至有全村改信的状况。这样的情况如何理解？若将问题置于 19 世纪末汉人强势建构的社会网络，及平埔人被同化或边缘化的社会处境中来观察，平埔人改宗基督教的时空环境及背景将可以有更大的讨论空间和新意。

四　边缘成中心：平埔人的改宗

就族群分布而言，平埔人是清末台湾基督徒的构成主体。截至 1895 年止，西班牙道明会在台传教 36 年，共有信徒 1290 人，其中有 1/2 是平埔人；英国长老会来台传教 30 年后，共有信徒 1256 人，其中有 2/3 是平埔人；加拿大长老会截至 1892 年止的统计，传教 20 年后，共有信徒 1751 人，其中 3/4 是平埔人，⑤可见清末台湾基督徒中多数是平埔人。

1865 年至 1895 年英国长老会共派遣 20 位传教士来台，其中 7 位医生、8 位牧师及 5 位女传教士。⑥至 1895 年止，英国长老会共在台湾成立

---

① 夏介辣是宜兰汤仔城的平埔人，改宗基督教前是个"风流才子"，善唱管弦曲，演木偶戏。1884 年曾到淡水读神学，后从事传道工作。黄六点主编《台湾基督长老教会北部教会大观——北部设教百周年纪念刊》，台湾基督长老教会，1972，第 652 页。

② 北部台湾基督长老教会史迹委员会：《北部台湾基督长老教会的历史》，陈宏文译，人光出版社，1997，第 39~41 页。

③ 台湾基督长老教会总会历史委员会编《台湾基督长老教会百年史》，第 89~90 页。

④ 田代安定：《宜兰管内调查录》，《台湾总督府民政局殖产部报文》，台湾总督府，1896，第 323~325 页。

⑤ John R. Shepherd, "From Barbarians to Sinners: Collective Conversion Among Plains Aborigines in Qing Taiwan, 1859 - 1895," in Daniel H. Bays, ed., *Christianity in China: From the Eighteenth Century to the Present* (Stanford: Stanford University Press, 1996), pp. 131 - 132.

⑥ William Campbell, *Handbook of the English Presbyterian Mission in South Formosa* (台南: 教会公报社, 2004), p. xxxi.

37 个教会，受洗的成人信徒达 1445 人，领洗的儿童人数为 1297 人。[①]
1887 年南部共计 35 间教会，信徒人数 1348 人，前十大教会信徒人数占
全体信徒的 54.6%，其中除了排名第四的府城教会有信徒 73 人外，其余
9 间教会皆属平埔人教会。至 1902 年南部共 81 间教会，受洗的基督徒共
有 2930 人，其中平埔人有 1112 人，汉人 1818 人，平埔人占 37.95%。
前十大的教会也只有台南和牛挑湾属汉人教会，其余信徒皆以平埔人
为主。[②]

表 1　1887 年南部十大教会族群概况

教会别	信徒数	族群别
木　栅	118	平埔
大　社	114	平埔
乌牛栏	92	平埔
府　城	73	汉族
杜君英	61	平埔
拔　马	61	平埔
牛眠山	59	平埔
岩　前	57	平埔
柑仔林	53	平埔
冈仔林	48	平埔

前十大教会信徒数共计:736 人

南部 35 间教会信徒数总计:1348 人

　　资料来源：吴学明：《从依赖到自立——终战前台湾南部基督长老教会研究》，人光出版社，
2003，第 44 页。

　　加拿大长老教会自 1872 年至 1895 年，共派遣 5 位传教士来台，其中包
括 1 位医生和 4 位牧师。[③] 1891 年的统计指出，加拿大长老教会在台湾北部
共计有礼拜堂 50 所，本地传道师 52 名，传道学生 30 名，圣经宣道妇
（Bible women）24 名，汉人信徒 784 名，平埔人信徒 1821 名，信徒共计

[①]　1895 年领圣餐者为 1256 人，另有 189 人被禁领圣餐。《人数单——1895》，《台湾府城教会
报》，第 131 卷，1896 年 2 月，第 15 页。

[②]　吴学明：《从依赖到自立——终战前台湾南部基督长老教会研究》，人光出版社，2003，第
44~46 页。

[③]　台湾基督长老教会总会历史委员会编《台湾基督长老教会百年史》，第 473 页。

2605 名，学堂男女儿童计 150 名。① 其中，平埔人信徒占全体信徒的
69.9%。根据马偕 1895 年的报告，加拿大长老教会在台湾北部共有：封牧
的外国传教士 2 位，封牧的本地牧师 2 位，未封牧的本地传教师 60 位，圣
经宣道妇 24 位；经常来教会领受圣餐的教友 1738 位，其中男性 1027 位，
女性 711 位；设于教堂的施药所 60 个，医院门诊 10736 人次，信徒奉献的
宣教经费 2375 元零 74 分，奉献给医院的经费 264 元 1 角，外国人奉献给医
院的经费 269 元。② 可以发现在日据时代之前，无论基督教或天主教的信徒
都是以平埔人为主体，这种现象要到日据之后才有明显的改变。

　　1870 年 2 月，马雅各和马医生娘，与在医馆帮佣的 Niu - i 回他的故乡
木栅访问，并实施医疗传教。曾经受过医治及住过医馆的族人，发起改宗运
动，将近 50 个家庭放弃偶像，改宗基督教。3 月 1 日，就建立起一个临时
聚会所，4 月 11 日，建立木栅礼拜堂。马雅各夫妇前往参加献堂式，并实
施两个星期的医疗传道，每周约有 120 名的教友或慕道友来参加礼拜。木栅
信徒日增，约有 500 人在木栅礼拜堂聚会。8 月 7 日，李庥到木栅施洗信
徒，男 33 位，女 10 位，其中 4 位来自拔马（今台南市左镇区中正里）。12
月 13 日，拔马也建立一所新礼拜堂。1871 年 1 月 8 日，又设立柑仔林（今
高雄市内门区沟坪里、永兴里）礼拜堂，约有 100 位信徒出席聚会。③ 而
"这整个地区都被基督新教的传教士们走遍了，他们除了宣传基督教以外，
还赠给平埔番的穷人们免费的药物，使得他们从许多的疾病中得以缓和痛
苦"。④ 显然，透过人际关系网络，弱势的平埔人得到传教士物资及医疗的
帮助，这是平埔人集体改宗（collective conversion）的原因之一。

　　传教士发现"平埔族是一个相信万物有灵论的民族，有些甚至已经学
会台湾崇拜偶像的习俗。身为另一个种族，平埔族不仅受到身旁台湾人的鄙

---

① 《中国海关十年报》，1893 年。引自赖永祥、卜新贤、张美惠纂修《台湾省通志稿》卷 3
　《政事志外事篇》，台湾省文献会，1960，第 151 页。

② Mackay, *From Far Formosa*, p. 333.

③ 黄茂卿：《台湾基督长老教会太平境马雅各纪念教会九十年史（1865~1955）》，第 61~62
　页。在早期传教士的报告里，经常提到"山岗传道站"（Hill Station）或"山岗教会"
　（Hill Station），又称为"府城东方山岗教会"，所指的就是木栅、岗仔林、柑仔林及拔马，
　这四所位于府城东方的平埔人教会。赖永祥：《教会史话》第 3 辑，人光出版社，1995，第
　63 页。

④ Camille Imbault - Huart：《台湾岛之历史与地志》（台湾研究丛刊第 56 种），黎烈文译，台
　湾银行，1958，第 126 页。

视，也受到山里野蛮部落的鄙视，这些可怜被剥削且不识字的马来人，永远都不满意，只要能够把他们的生活改善过来，他们一切在所不惜。而汉人对自己的生活深表满意，根本不需要信奉基督教"。① 这样的看法更指向平埔人是为了改善生活，而改宗基督教。

对传教士而言，基督教在平埔人中获得了进展，但是当"汉人体认到他们所轻视的一群人竟然蜂拥的改宗基督教时，便会以更排斥的眼光来看待改宗的平埔人。"② 甘为霖便回忆："固定来番仔田（今台南市官田区隆田里，隆田教会）听道的约有 30 人，他们很穷困，常常受到邻近较富裕汉人的鄙视"。③ 相较下，经济能力较平埔人强的汉人，产生轻视平埔人的现象。

1883 年马偕带学生到兰阳平原，当时平埔人不敢信教，害怕死后会被挖眼取心。后因噶玛兰 36 社要在番社头聚会，马偕趁机讲道数天。酋长偕阿督听道又受马偕拔牙，遂改宗信仰基督教，并请马偕到打马烟讲道，将自宅当成教堂，劝社人除偶像敬拜上帝。1884 年 3 月 3 日，马偕在淡水创立"女学堂"。偕阿督的女儿偕阿云召集 36 社许多女子就学，偕阿云则担任舍监。第一届女学生绝大部分是来自宜兰的噶玛兰人，在这里就读学费、生活费全免。④ 对经济弱势的噶玛兰人而言，这是改善生活的机会。

詹素娟指出清末的噶玛兰人普遍贫穷，只有少数人拥有土地；多数人不曾受过教育、不识汉字，遭到汉人歧视与欺凌。基督教中在上帝面前所有族群无分轩轾的精神，抚慰了噶玛兰人的心灵。社会下层的噶玛兰人，在基督教世界里不再有族群分类，取而代之的是人人平等的"弟兄姊妹"关系。⑤ 社会地位低落的平埔人，长期被汉人歧视，但基督教补偿了平埔人长期受歧视而形成的自卑心理。尽管加入基督教不能使平埔人更富有，也不能提升在汉人社会中的地位，而且基督教中的"罪人"比汉人形容的"番人"好不

---

① PCE/FMC Box 125. 引自白尚德《英国长老教会宣教师与台湾原住民的接触 1865～1940》，第 26 页。

② Band, *Working His Purpose Out*, p. 122.

③ Campbell, *Sketches From Formosa*, pp. 84－85.

④ 黄六点主编《台湾基督长老教会北部教会大观——北部设教百周年纪念刊》，台湾基督长老教会，1972，第 652 页。

⑤ 詹素娟：《马偕宣教与噶玛兰族群空间》，许功明主编《马偕博士收藏台湾原住民文物——沈寂百年的海外遗珍》，顺益台湾原住民博物馆，2001，第 30～33 页。

了多少。① 但平埔人确实感到心理上的满足，他们可以轻视汉人是崇拜偶像的异教徒，而且不用屈服于汉人的强势文化。

处于边缘的平埔人，已经没有什么好失去了，相反，他们却可以从基督教中获得许多的资源。汉人和平埔人改宗的性质不同，汉人改宗是个人的原因，但平埔人是集体改宗。相同的是改宗者多是社会的边缘、底层，他们需要医疗照顾，需要靠"洋人"获得一些生活上的安全感或"靠番仔势"取得某些利益，他们都想要改善生活环境，都对原来宗教的神失望，而要改宗信仰。

五　平埔人改宗的社会网络

庙是民间信仰的祭祀中心，也是地方势力非官方组织的主要网络；地方势力也透过庙宇达成与群众之间的权力关系。相对地，教堂是基督徒聚会的所在，在社会意义上却代表着不同于地方传统势力的洋势力。地方庙宇是国家与社会之间上下意见的沟通管道，同时扮演政府和地方领导阶层建立权威与社会流动的场所。获有科举功名的士绅或者总理、董事、保正、管事等乡治代理人，以及领有官方牌戳的业户、垦户等地方精英，往往同时担负举办祭祀或庆典活动之责。地方精英依据在地方的"社会关系"（social connections）或"个人关系"（personal network），争取庙宇兴办祭祀的支持和资源，② 再透过祭祀的相关活动、募捐款、建庙、献匾、题字等累积地方声望和地位。这可以说明在汉人社会为什么族群和宗教经常结合而形成宗教组织，一个族群的文化经常与宗教体系结合在一起，以至于很难切割宗教资本与社会资本之间的差异。族群的社会价值、语言、生活方式等与所信仰的宗教密不可分，而当任何人企图脱离这个控制的系统，都将导致巨大的损失，付出社会代价。③

---

①　Shepherd, "From Barbarians to Sinners: Collective Conversion Among Plains Aborigines in Qing Taiwan, 1859 - 1895", pp. 121 - 137.

②　Prasenjit Duara, Culture, Power, and the State: Rural North China, 1900 - 1942 (Stanford: Stanford University Press, 1988), pp, 5, 15 - 16.

③　王政文：《是谁选择谁：十九世纪来台传教士与信徒改宗的社会脉络》，刘忠明、吴小新主编《基督教与中国社会文化：第四届国际年青学者研讨会论文集》，香港中文大学崇基学院宗教与中国社会研究中心，2010，第 464～465 页。

　　宗教信仰多半与家庭及生活的社会环境有密切关系，父母的宗教信仰会延续到下一代，多数的人会继承父母及家族的信仰，留在他们成长环境的宗教组织中。多数的讨论会从教义的吸引力及改宗者的遭遇与心理需求来分析人们改宗的原因，在台湾基督教史的书写中，经常将群众的改宗归结于传教士讲道或社会医疗服务，使群众看见真理而改宗。然而，改宗者很少只是因为对教义的追寻或信奉一个意识形态，而促使改宗的主要原因是社会网络，是为了与亲戚朋友的宗教行为一致因而调整个人的宗教行为。① 改宗有时不是信仰上的需要，不是改宗者有意识的寻求，而是个人或群体在社会脉络下与新的信仰相遇。

　　在平埔人集体改宗的例子上，我们发现平埔人"有时还没了解基督教的教义，而是认为传教士具有影响力，而且比汉人更具同情心，跟随传教士的教导不会有什么损失，所以为什么许多年轻人即使对教义一窍不通，还是迫切地想要受洗加入基督教"。② 1873 年甘为霖在岗仔林测试七位有意参加受洗的群众，但没有一个人被接纳。这些人中有的对教义完全不清楚，甚至不知道耶稣被钉十字架的事，③ 但是他们还是想受洗成为基督徒。

　　清末台湾平埔人基督徒的改宗与社会人际网络间有很强的关联性。观察巴宰族改宗的社会及人际网络，1870 年必麒麟在大甲设立商馆，与岸里大社第二十代通事潘国恩往来，并雇用两位年轻社民传递信件。社民到府城得知有高明医术的马雅各，并到医馆听讲道，带回《新约》散本及《养心神诗》。9 月，乌牛栏社（今南投县埔里镇爱兰里）潘开山武干因枪伤送至大社潘交根阿打歪家，转赴府城马雅各医馆求医，两个月后康复，并后将福音带回族中。1871 年 2 月，牛困山社民潘迦包因眼疾三年不愈，潘开山武干介绍到府城就医，并转告马雅各埔社已有人开始聚会。1871 年 4 月，马雅各随即派李豹至埔社宣教，李豹到大社后停留两周，社民希望他留下，他返回府城请示，马雅各决定派向宝驻大社传道。1871 年 9 月，李庥、马雅各首度访视中部巴宰人，在大社施洗、筹建内社礼拜堂，但因大雨而未入埔社。年底大社信徒在内社分设聚会，除李豹外，又派李天才、李登炎及其妻

---

① John Lofland and Rodney Stark, "Becoming A World – Saver: A Theory of Conversion to a Deviant Perspective," *American Sociological Review*, 30 (1965), pp. 862 – 875.

② Campbell, *Sketches From Formosa*, p. 36.

③ Campbell, *Sketches From Formosa*, pp. 30 – 31.

至埔社，开始教导社民白话字。① 1872 年 3 月 14 日，马偕、李庥、德马太（Matthew Dickson）在大甲相会，接着在大社、内社讲道、举行礼拜、受洗仪式。3 月 25 日，有 55 人同行进入埔里社。②

　　显然，大社、内社、埔社最早的改宗者之间，有很强的人际网络可寻，并且其间很多是亲戚关系。1871 年 9 月 24 日，大社最早的八名受洗者：（1）潘交根阿打歪，男，48 岁，潘纯熙之父。（2）潘打必厘都兰，男，27 岁，后改名潘益三。（3）潘阿打歪孝希，男，22 岁，后移住埔里社乌牛栏。（4）潘欧那马下腊，男，47 岁。（5）潘阿玛诗老，女，47 岁，潘交根阿打歪之妻。（6）潘阿抹交根，女，28 岁，潘打必厘都兰之妻。（7）潘六合斗肉，女，20 岁。（8）潘闹山斗歪，女，37 岁。③ 潘交根阿打歪与潘开山武干结成亲家，潘交根阿打歪之子潘纯熙娶潘开山武干之女潘加来雨开山。透过观察大社 1871 年至 1874 年受洗的基督徒，以及 1872 年 3 月 24 日，在内社由李庥主持施洗的信徒名单，④ 更可以看出改宗之间的人际网络。

表 2　大社 1871 ~ 1874 年受洗的基督徒

姓名	性别	年龄	人际网络	受洗日期	施洗者
潘交根阿打歪	男	48 岁	潘纯熙之父	1871.09.24	李庥
潘打必厘都兰（潘益三）	男	27 岁		1871.09.24	李庥
潘阿打歪孝希	男	22 岁	后移住埔里社乌牛栏	1871.09.24	李庥
潘欧那马下腊	男	47 岁		1871.09.24	李庥
潘阿玛诗老	女	47 岁	潘交根阿打歪之妻	1871.09.24	李庥
潘阿抹交根	女	28 岁	潘打必厘都兰之妻 潘交根打歪之女	1871.09.24	李庥
潘六合斗肉	女	20 岁		1871.09.24	李庥
潘闹山斗歪	女	37 岁		1871.09.24	李庥

① 潘德成：《教会的来历——彰化县》，《台南府城教会报》第 160 期，1898 年 7 月，第 54 ~ 56 页。赖永祥：《教会史话》第 3 辑，第 5 ~ 6 页。

② Mackay：《马偕日记Ⅰ：1871 ~ 1883》，第 40 ~ 41 页。

③ 赖永祥：《教会史话》第 3 辑，第 9 ~ 10 页。

④ 1872 年 3 月 24 日，首次在内社举行受洗仪式，主持人李庥，在场的传教士还有德马太及马偕，受洗者共 30 人，可考者有 24 人。赖永祥：《教会史话》第 3 辑，第 27 ~ 29 页。按《马偕日记Ⅰ：1871 ~ 1883》记载，3 月 24 日在内社"30 人受洗并举行圣餐……回去大社，那里有 15 人受洗。晚上有一个很大的聚会，许多汉人出席"。Mackay：《马偕日记Ⅰ：1871 ~ 1883》，第 40 页。

续表

姓名	性别	年龄	人际网络	受洗日期	施洗者
潘打买蹈以	男	30 岁		1872.03.24	李庥
潘爱都四老	男	34 岁		1872.03.24	李庥
潘欧蜡阿木	男	38 岁	潘铭新姨丈	1872.03.24	李庥
潘斗肉孝希	男	51 岁	妻潘沙望阿为	1872.03.24	李庥
潘阿是老诛兰	男	18 岁	1882 年移住内社	1872.03.24	李庥
潘阿为玛知	男	43 岁		1872.03.24	李庥
潘六合阿万	女	43 岁	潘欧那马下蜡妻	1872.03.24	李庥
潘阿都女毛干	女	40 岁	潘界丹郡乃妻	1872.03.24	李庥
潘来蜡阿新	女	16 岁	潘爱都四老妻	1872.03.24	李庥
潘伊底武来安	女	57 岁	潘打毛厘交惜妻	1872.03.24	李庥
潘猫蜡干猫满	女	40 岁	阿是老阿三妻	1872.03.24	李庥
潘伊底都兰	女	29 岁	隆德妻	1872.03.24	李庥
潘阿都女玛下蜡	女	28 岁	潘欧蜡阿木妻、潘铭新姨母	1872.03.24	李庥
潘踏劣阿打歪	女	61 岁	潘铭新祖母	1872.03.24	李庥
潘爱倒诗恋	男	24 岁		1872.03.24	李庥
潘踏彼里打歪	女	50 岁	孝希圆仔汤祖母	1872.10.27	甘为霖
潘阿丁诛闹	男	20 岁		1872.11.24	李庥
潘猫蚋闹干诛闹	女	19 岁	阿丁嫂	1872.11.24	李庥
潘阿猫愈打下冤	女	48 岁	大宇老里嫂	1872.11.24	李庥
潘欧肉都兰	男	23 岁	潘爱恩父	1873.04.20	甘为霖
潘六合猫闹	女	70 岁	潘瑞德曾祖母	1873.04.20	甘为霖
潘来以都兰	女	43 岁	潘国恩（岸里社第二十代总通事 1863～1881）妻	1873.04.20	甘为霖
潘加巴下蜡	女	50 岁	打毛厘进文妻	1873.04.20	甘为霖
潘蜡女毛干	女	38 岁	潘阿新诛闹妻（别名阿申嫂）	1873.04.20	甘为霖
潘阿玛都兰	女	35 岁	潘荣春妻	1873.04.20	甘为霖
潘阿新诛闹	男	48 岁		1873.11.23	甘为霖
潘加巴下巴里	女	30 岁	潘打买踏以妻	1873.11.23	甘为霖
潘沙望茅格	女	33 岁	潘界丹欧蜡妻 潘永安（岸里社第二十三代总通事 1891～1905）母	1873.11.23	甘为霖
潘茅蜡干闹里	女	64 岁	潘永安祖母	1874.05.09	甘为霖

资料来源：赖永祥《教会史话》第 3 辑，人光出版社，1995，第 9～12、23～25 页；《大社堂会进教者姓名册》《大社堂会成人姓名簿》。

表 3 内社 1872 年受洗的基督徒

姓名	性别	年龄	人际网络	受洗日期	施洗者
潘交根欧毛	男	50 岁	潘阿里交根之父	1872.03.24	李庥
潘阿踏歪阿马达	男	39 岁	潘文明之父（内社最早的三位长老之一）	1872.03.24	李庥
潘打雨闹里	男	53 岁	潘阿敦老甲之祖父（1875 年 4 月 16 日任长老）	1872.03.24	李庥
潘闹甲打雨	男	22 岁	潘阿敦老甲之父	1872.03.24	李庥
潘界丹孝希	男	41 岁	潘阿敦界丹之父	1872.03.24	李庥
潘阿是老巴蜡佛	男	48 岁		1872.03.24	李庥
潘踏彼里茅格	男	56 岁	潘鸣和之父	1872.03.24	李庥
潘鸣和踏彼里	男	19 岁		1872.03.24	李庥
潘茅格打雨	男	19 岁		1872.03.24	李庥
潘阿丁都兰	男	20 岁	潘清华之父	1872.03.24	李庥
潘阿兜闹通	男	34 岁		1872.03.24	李庥
潘踏彼里加苞	男	22 岁	潘智仔踏彼里之父	1872.03.24	李庥
潘踏雨来珍	男	45 岁		1872.03.24	李庥
潘加苞打歪	男	44 岁	潘智仔踏彼里之祖父	1872.03.24	李庥
潘阿来孝希	女	37 岁	潘踏雨来珍之妻	1872.03.24	李庥
潘阿猫愈打下冤	女	48 岁	潘打雨闹里之妻	1872.03.24	李庥
潘猫蜡干四老	女	33 岁	潘阿是老巴蜡佛之妻	1872.03.24	李庥
潘沙望阿桑	女	55 岁		1872.03.24	李庥
潘玛蜡干玛下蜡	女	49 岁	潘踏彼里茅格之妻	1872.03.24	李庥
潘阿都女茅格	女	37 岁	潘阿铺之妻	1872.03.24	李庥
潘猫蜡干都兰	女	19 岁	潘鸣和踏彼里之妻	1872.03.24	李庥
潘猫烈阿玛辖蜡	女	37 岁	潘阿踏歪阿马达之妻	1872.03.24	李庥
潘伊底阿海	女	41 岁	潘加苞打歪之妻	1872.03.24	李庥
潘猫蜡干孝里希	女	24 岁	潘踏彼里加苞之妻	1872.03.24	李庥

资料来源：赖永祥《教会史话》第 3 辑，第 27～29 页；《大社堂会进教者姓名册》《大社堂会成人姓名簿》。

在南部，1868 年 12 月马雅各重返府城后，西拉雅人 Niu–i 和 Ngauh–a 在医馆帮佣，1869 年 9 月 5 日，Ngauh–a 与周步霞、赵爵祥、李豹一同受洗，1870 年 2 月，马雅各夫妇与 Niu–i 同往她的故乡木栅访问，施行医疗传道大受欢迎，将近有 50 个家庭改宗信仰基督教。[①] 3 月 1 日成立木栅教会，8 月 1 日拔马信徒献地建堂，1871 年 1 月 6 日，成立岗仔林教会，1 月 8 日柑仔林礼拜堂设立时已经有 100 名信徒出席。[②] 万荣华举了一个岗仔林头人改宗的例子，岗仔林头人虽然自己也是平埔人，但是反对福音传入同族人中，他用尽各种手段阻碍基督教在村里传播，更向台湾府道告状。他的女婿改宗，他便将女婿逐出祖厝，禁止女儿跟随她的丈夫，但是在全村族人几乎都改宗的情况下，最后他也决定改宗基督教。[③] 从这里我们可以发现，当依附汉人权力的平埔头人，在改宗信仰上，就出现社会成本的考虑，但是当他周遭的人都改宗基督教时，社会的人际关系及人际依恋便会对个人信仰造成影响，进而改宗。

六　结语

从 19 世纪基督教在世界各地的宣教事工中，我们发现一个有趣的现象，即基督教在世界各地原住民部落的宣教，都比同时期在较具文明程度的社会来得成功。在 19 世纪的非洲与 1860 年后的中国，这个现象都相当明显，[④] 同样的情形也出现在台湾。

在清末的台湾社会中，基督教徒多数是无声的，是社会的边缘；信徒的知识水平不高，经济能力也不强，多半都是当时社会的下层阶级。但在汉人社会中，具有权力、扮演领导角色的士绅阶层，不仅难以改宗，而且往往基于宗族、原有信仰与地方社会权力的联结，成为带头反对基督教的领导者。处于边缘的基督教，在台传教初始，主要以汉人聚落与城市为传教的中心，却遭到汉人社会的抵抗，成效不彰。反倒是原本被视为传教边缘的平埔人聚落，对于基督教信仰的接受度远超过汉人社会，集体改宗的情况相当普遍。

面对广大的台湾社会，传教士并没有多大选择信徒的能力，因为这个社

[①] *The English Presbyterian Messenger*, June 1870, p. 135. 台湾基督长老教会总会历史委员会编《台湾基督长老教会百年史》，第 7 页。

[②] 黄茂卿：《台湾基督长老教会太平境马雅各纪念教会九十年史（1865～1955）》，第 61～62 页。

[③] Band, *Working His Purpose Out*, p. 85.

[④] Andrew F. Walls, *The Cross - Cultural Process in Christian History: Studies in the Transmission and Appropriation of Faith* (Maryknoll, New York: Orbis Books, 2002), pp. 85 - 173.

会原本就有它既有的运作方式，试图挑战必然引起冲突。上层社会排斥基督教出于许多原因，维护自身原有的权利，是出于本能的反应。基督教无法进入上层，只能在下层社会中寻找对象，社会的边缘人物、族群成为清末台湾基督徒的构成主体。这群人没有利益需要维护，也没有太多的人际依恋，相反的他们可以从基督教中获得寄托。

清末基督教来台传教，首先选择讲福佬话的汉人为传教对象，却发现汉人不仅难以接受基督教，甚至强烈排斥基督教。传教士在传教的过程发现平埔人对基督教的好感，基督教也对弱势的平埔人产生吸引力，不论在北部的噶玛兰或南部的西拉雅，都出现"集体改宗"的现象。

汉人的改宗要比平埔人来得困难，平埔人受福佬人或客家人的压迫，所以很容易，并且也刻意选择与汉人不同的宗教。一方面是汉人的压迫与排斥，导致平埔人与汉人先天上有非同族类之感，另一方面平埔人必须寻求依靠的力量。所以平埔人经常出现集体改宗的现象，但改宗的出发点可能不是宗教，而是现实生活的考虑。汉人信徒与平埔信徒在这一点上会有极大差异。汉人身处的环境，原本就不具有改宗的社会条件，庙宇与地方社会形成一种强而有力的关系，将统治者与地方士绅及群众结合在一起。基督教对汉人的传播因而成为单点个人式的发展，所能吸收到的改宗者通常是社会的底层，然后延着这些人的人际网络继续发展下去。这些人原本就徘徊在社会的边缘，他们所要付出的改宗成本较一般人小，所以改宗容易。

（作者单位：台湾东海大学历史学系）

中西交汇中的上海：通商口岸城市的成立与传教士

仓田明子

前　言

上海在 1842 年根据《南京条约》开埠成为通商口岸。之后作为贸易港口的同时，也作为中西方交流的主要舞台获得了巨大发展。笔者截至目前的研究主要以上海、香港等为中心，重点关注基督教在开埠城市作为中介的中西方交流，特别是传教士和中国知识分子的交流、基督教和西方知识在中国的传播。① 这篇文章，通过笔者以往的研究及最新获得的原文史料，希望从传教士的视角对作为通商口岸的上海初期的状况进行介绍。本文用的材料来自伦敦会（London Missionary Society）和美南浸信会（Board of Foreign Mission of the Southern Baptist Convention in the United States）的传教士留下来的记录。

1843 年，伦敦会在上海设立支部，成为上海最早的基督教差会。最初到来的是麦都思（Walter Henry Medhurst）和医生雒魏林（William

① 参照仓田明子《早期港沪传教士活动与基督教联系：以英华书院和墨海书馆为例》，梁元生等编《双龙吐艳：沪港之文化交流与互动》，沪港发展联合研究所等，2005，第 179～216 页；仓田明子《曾国藩幕僚中的新型知识分子》，王继平、李大剑编《曾国藩与近代中国》，岳麓书社，2007，第 355～362 页；仓田明子《〈资政新篇〉的西学知识与基督教之影响》，黄东兰编《再生产的近代知识》（《新史学》第 4 卷），中华书局，2010，第 99～122 页；仓田明子《洪仁玕的宗教改革思想》，王继平编《曾国藩研究》第 6 辑，湘潭大学出版社，2012，第 209～223 页。

Lockhart）。1845 年 11 月划出上海的外国人居留地，麦都思他们也购入一块靠近北门租界西部的土地，把它作为上海站总部（墨海书馆）。之后 1847 年 8 月，伟烈亚力（Alexander Wylie）和慕维廉（William Muirhead）、1948 年 3 月艾约瑟（Joseph Edkins）也来到上海，在上海及近郊从事传教活动。与此同时，美国长老会、美南浸信会等差会也在上海设立支部，上海的传教活动慢慢活跃起来。美南浸信会于 1847 年 9 月开始在上海活动。此时到上海的是晏玛太（Matthew T. Yates）和托弼（Thomas W. Tobey），以及之前在广州活动、回国后又返回中国的叔未士（John L. Shuck）。之后，1848 年 9 月啤士（George Pearcy）、1852 年 3 月高第丕（Tarleton P. Crawford）、1853 年郏爱比（A. B. Cabaniss）也来到上海。他们在传教士的报告书中，对开埠后不久的上海街市和住民，以及近郊的村镇状况等进行了叙述。

一　传教士眼中的上海

在麦都思到上海后不久的报告书中，他这么写道："上海正在变成一个巨大的、重要的贸易场所，每年约有 4000 艘的帆船在南北各省、马尼拉、暹罗和新加坡之间穿梭往来，市区和近郊的人口合计，据说会有 30 万左右。"另外，关于上海的街市，"中国的城市不管哪里都很不干净，这一点上海和其他城市没有什么区别"，"大商铺和富裕人家的宅子有很多，人们看起来既健康又满足的样子"。① 针对传教士的借宿和传教活动的明显的妨害也没有。当时县城里的上海住民都是从外地来的商人，他们使用上海方言、福建方言、北京方言等各种各样的语言沟通。麦都思在南洋传教时，掌握了一定的福建话，本来他想着可以利用自己的语言知识，② 可是，考虑到对更多的中国人来说，用文字作为载体传播基督教知识更为有效这一点，不久麦都思将自己的著作《三字经》《天理要论》等进行了印刷和派发。③

麦都思已掌握汉语，写了不少书，并且是在南洋和广州附近获得了充足

---

① Letter from Medhurst to Tidman, 20 Nov 1843 & 26 Dec 1843: Council for World Mission, Archives, London Missionary Society（此后简称 CWM），Central China, Box1 Folder1 Jacket A（此后简称 1 - 1 - A）.

② Medhurst to Tidman, 26 Dec 1843.

③ Letter from Medhurst and Lockhart to Tidman, 15 Oct 1844: CWM, Central China, 1 - 1 - A.

的知识和信息后来到上海的。而美南浸信会的晏玛太完全不懂汉语，就从美国赴华来到一个熟人也没有的上海。在他的眼中，上海是什么样的呢？

在晏玛太的回忆录里，有他到上海后不久写的信。让晏玛太措手不及的是上海狭窄的街道上拥挤的人群。为了去接待他的美国圣公会传教士的家，坐在轿子里的晏玛太生动地描述了冲开人群快步向前的轿夫的样子："他们用我不懂的语言边叫边在人满为患的街道（只有七八英尺宽）上用很危险的速度往前冲。如果光看轿夫的动作，他们好像把人群挤向两边的围墙，自己开了一条道一样。一些没有留意轿夫喊声的人，被我的轿子的里角猛烈地撞到"。完全不懂汉语的他们，在圣公会传教士的帮助下，租了房子雇了厨师，只从一句上海话"Te-ko-kiaw-sa（这叫什么？）"和厨师学习字词起步，开始了在上海的生活。① 之后晏玛太正式雇用了汉语教师学习语言，他耳朵很好，尽管之后的几年他眼睛出过毛病，相比书本语言的学习他得以集中学习上海方言，一年后他就可以用上海方言进行传教了。

二　中国人眼中的"异人"

晏玛太也谈到了当时上海人以什么样的眼光看待外国人。晏玛太感到，因为鸦片战争战败并签订了《南京条约》，中国人对外国人敌意加深的缘故，"刚开始在上海活动的时候，我们必须与被压住的，却让人害怕的敌对心理进行斗争。清政府虽然迫不得已签了条约，但大部分民众满腔憎恨。他们辱骂外国人，用蔑称叫唤，并这样教他们的孩子"。他同时讲道："这些艰难的情绪需要被克服，而且主要是懂汉语的外国人需要克服"。② 另外，晏玛太还感到，由于中国没有报纸，口头传播的流言有时候会引发很大的误解，这些误解会给普通人造成很大的影响。但是在来上海的商人中，有些人觉得稀奇，就来教会和传教士们交流，不久也有人邀请传教士到他们家乡。在晏玛太看来，他们不是对基督教感兴趣，而是为了给家乡的人看很少见的外国人。但总之利用这样的机会，传教士们开始去近郊的村镇进行旅行传

---

① Taylor, Charles E., *The Story of Yates the Missionary*, as told in his Letters and Reminiscences, Sunday School Board of the Southern Baptist Convention, Nashville, 1898, p. 47.

② Taylor, *The Story of Yates the Missionary*, p. 59.

教。晏玛太出现在受好奇心驱动的围观人群的观察目光下，慢慢地让大家知道"外国人除了不留辫子和食物不同外，其他和自己基本都是一样的"，并且也有人开始听他们讲的基督教教义。①

尽管如此，当然也不是马上就能得到信徒。人们基本上是好奇外国人的坐卧举止和衣着，以及外国人用汉语讲话和分发书籍。在上海城内1851年建的教堂（圣会堂）内，每周都会有四五次数百人的礼拜和集会，但是真正对基督教感兴趣的几乎没有，能持续参加礼拜的人也非常少。即使这样，1849年9月有三个人接受了洗礼，成为美南浸信会最初的受洗者。②伦敦会也和这边状况差不多。虽然教会每次都会迎来数百人的听众，但是入教的人很少，1849年之前受洗的只有三个人。但是之后的数年内，美南浸信会的三个人，伦敦会也有一个人，因为各种原因最后被教会除了籍。③

三　流动和扎根

从传教士们的报告书里还可以了解到上海开埠初期的一个特征，就是人口的频繁流动。如前所述，不管是伦敦会还是美南浸信会，每次礼拜都有很多人来。但是晏玛太通过观察他们得出以下结论："除了那些受雇于我们的人，同一个人能连续做两三次礼拜或者一年当中能出席两三次的人少之又少。出席教会活动的人，大部分是无所事事、偶尔在教会礼拜的时候路过才来参加的。这样的话，我们就是在给来自不同的省，或者是同一个省的不同地方的人进行传教。我们这样做的结果是，毫无疑问一直到现在一次也没将福音传出去过，而且可能只是在给不会再来的人传授教义。"④ 在上海集散人群的洪流，也让晏玛太认识到了用文书进行传教的

---

① Taylor, *The Story of Yates the Missionary*, p. 71.

② Taylor, *The Story of Yates the Missionary*, pp. 76 – 77.

③ 1855年，在美南浸信会初期受洗的三人中的"最后一个人"——"Se – Saw – ling"，因为吸食鸦片被教会除籍（Letter from Yates to Taylor, 1 Sep 1855：Archives of the Southern Baptist Convention（Nashville, TN）（此后简称 SBC），Yates Collection）。而在伦敦传道会1845年受洗的生员 Tsang Yung che 因为"从事可耻交易获取不义之财"在1852年被除籍（Letter from Edkins to Tidman, 12 Apr 1852：CWM, 1 – 3 – D）。

④ Letter from Yates to Taylor, 15 Apr 1852：SBC, Yates Collection.

重要性。不管是在上海的教会还是去近郊旅行传教的时候，他们都会发很多小册子和《圣经》出去。据说在那些带回《圣经》的人当中，还有人把《圣经》和街坊邻居一起诵读并当作私塾的教科书的人，虽然这样的例子很少。①

另外，在上海的教会也开始和生员阶层的知识分子接触和交流。出自兴趣来教会参加礼拜、和传教士进行讨论的知识分子好像也有。② 而传教士们，特别是新到任的传教士，为了学习汉语一般都会雇个人教师。这些教师大都是自己开塾授课的生员阶层的底层知识分子。同时，传教士或其夫人们分别经营小规模的学校的情况也很多，他们也时不时地会聘中国的知识分子作为孩子们的老师。传教士的老师同时兼任学校老师的例子也不少。到1850年，像这样和传教士有直接关系的知识分子当中，也有加入基督教的。代表性的有伦敦会的王韬以及后来成为牧师的潘诒准，美南浸信会后来成为牧师的黄品三等人。

让人感兴趣的是，上面列举的三人都出身江南，都是从上海之外来的人。王韬和潘诒准分别是苏州近郊甫里人和昆山人，黄品三是上海近郊南汇人。在开埠城市上海，有很多来自广东、福建和宁波的商人，但上海从开埠的初期开始，也同样是江南知识分子的聚集之地。不过他们大多是为生活所迫不得已离开家乡来到上海的。王韬的父亲王昌桂的情况就是这样。在甫里教书的他，为了养家糊口，来到上海找工作，然后被麦都思雇作翻译《圣经》的助手。王韬在父亲突然故去之后，接替父亲成为麦都思的助手。③ 在王韬的日记里，还出现了同样的为了挣钱来到上海的读书人，其中还有来卖书画或者刻印章的人。可能大部分人都是因为开埠，想来初现繁荣的上海谋个一职半位。有人在上海县衙谋得了职位，像王韬一样在外国人身边做事的也有。日记里还记述了他们这样的人，在苏州、上海近郊的故乡和上海之间

---

① Taylor, *The Story of Yates the Missionary*, pp. 77 - 78. 1850 年左右，来拜访晏玛太的一个茶商的故事。故乡的人将他带回去的一册《新约圣经》复抄后热心研究，并教给孩子们。第二年这位茶商又来拜会晏玛太索求《旧约圣经》，之后因为太平天国运动带来的混乱，再也没有该茶商的消息了。

② 在晏玛太的回忆录里，记述了在他布道时有一个读书人站起来尝试反对他的观点，并与他针锋相对的插曲。Taylor, *The Story of Yates the Missionary*, pp. 62 - 63.

③ 王韬:《漫游随录》，顾钧校注，社会科学文献出版社，2007，第 27 页。Letter from Medhurst to Tidman, 11 Oct 1854: CWM, Central China, 1 - 4 - C.

频繁往来。①

对于传教士而言，不管是通过在教会的讲学来传教，还是通过书籍来传教，为了能顺利地进行，在一定程度上知识分子的帮助是不可或缺的。因此像他们这样的读书人经过和传教士个人的交流，最后接受基督教是非常重要的。1845 年在伦敦会接受洗礼的第一个地方出身的信徒也是生员，尽管在1852 年被除籍。接下来接受基督教信仰的就是 1854 年 8 月受洗的王韬。之后 1856 年 3 月，潘诒准受洗。潘诒准也是生员，他在 1854 年的秋天来到上海，和慕维廉结识。在慕维廉开办的学校里教书的同时，并师从麦都思学习基督教相关知识，直到受洗。② 之后继续作为慕维廉学校的老师和助手工作，1858 年春就任牧师，③ 后来成为上海城内教会的管理人。他是上海伦敦会，第一个获得"牧师"（pastor）称谓的中国信徒。

美南浸信会的黄品三于 1855 年 2 月受洗，和上面两位约是同时期。黄品三从 1852 年开始成为高第丕的汉语教师，同时在高第丕夫人开办的女子学校里任教。黄品三是不是生员目前还不能确定，但只需看他后来在《教会新报》上发表的文章，就知道他具备充足的知识，而且文章功力很好。④黄品三在 1857 年被任命为上海城内圣会堂的执事，1865 年成为同教会的首位中国人牧师。⑤

通过以上叙述我们可以知道，潘诒准和黄品三两位中国人牧师有着非常相似的经历，在很相近的时期皈依基督教，并且最后都就任教会的重要职位。这个时期，无论对哪个教会而言，信徒都是才逐渐开始增长的阶段。同时上海开埠也超过了十年，这个时期也和上海作为贸易港逐渐超越其他港

---

① 王韬：《蘅华馆杂录》第 116 册，台北中研院历史语言研究所傅斯年图书馆藏。1849～1855年左右王韬的日记里不缺不同地方出身的文人之间往来的话题的记述，而且能看出和外国人有关系的人物也不少。还有王韬对来到上海的铁笔家和篆刻家的介绍（咸丰二年六月十一日，第 4 册），以及拜访在县衙就职的朋友的记述（咸丰二年十二月十三日，第 3 册）。

② Letter from Medhurst to Tidman, 5 Apr 1856：CWM, Central China, 2－1－B.

③ Letter from Muirhead to Tidman, 1 Apr 1858：CWM, Central China, 2－2－A, 及这份报告书附带的潘诒准的信 "From Pwan seen－sang〔潘先生〕, to the Church of Christ in English"。

④ 林乐知编《教会新报 清末民初报刊丛书之三》全六册，华文书局，1968。黄品三的文章 12篇被收录。例如《答或问善贫恶富之论》（第 1 册，第 265 页），《黄品三答路教友》（第 1册，第 366 页）等。

⑤ 《本会要事年表》，上海第一浸会堂编《上海第一浸会堂百年史略》，《民国丛书》第 5 编第15 册，上海书店，1996，第 33～35 页。

口，确立自己第一大港地位的时期重合。晏玛太在 1853 年的报告书中，这样说道："我们现在可以看到，在过去的十年中，持续不断地给这个大都市注入的福音，不是无用功。教会的成员虽然并没有明显增加，但人们的感情及对事物的看法正在发生着变化。拥有了进步思想的很多人，不知不觉中会开始觉得偶像崇拜是'愚蠢的'。而且，很多人正在做着接受基督信仰的准备。因为，这些教义（基督教）已经向他们宣讲过很多次了。"① 伴随着通商口岸的发展，传教士们建立起来的教会开始在当地扎根，支撑教会的中国人信徒也有了，教会的发展开始走上正轨。

小　结

晏玛太在 1849 年的报告书中，对"从远离故乡生活这一点来说商人和传教士是相同的"这种观点提出了强烈的反对意见。② 对于晏玛太而言，和住在舒服的家里、知道自己什么时候会回到家乡的商人相比，传教士的生活更加严酷，而且工作成果不是马上就能看到，还有精神负担。换句话说，对传教士而言，这是以没有设置期限的长期滞留异国他乡为前提的。晏玛太虽然身体一直有各种毛病，但在上海的 47 年间持续工作，最后在上海结束了自己的传教士生涯。伦敦会的慕维廉也在上海待了 53 年，最后逝于上海。如正文所述，上海人群的频繁流动是上海繁荣的原动力，但同时在那里长期生活、把上海当作第二故乡的人的出现也是上海能完成独立发展不可或缺的因素。传教士及他们的教会，还有支持教会的中国信徒们，站在信徒的立场上，可以说他们都是为城市的发展贡献了自己一份力量的人。

（作者单位：东京大学综合文化研究院）

---

① Letter from Yates to Taylor, 26 Aug 1853：SBC, Yates Collection.

② Letter from Yates to Taylor, 31 Aug 1849：SBC, Yates Collection.

华美医院与近代宁波医疗
慈善救济事业述论[*]

王兰平

一　引言

第一次鸦片战争后宁波被划为五口之一，此后各国传教士、商人纷至沓来，他们在宁波除了传教、经商，还办学校、开医院，兴出版，由此宁波成为基督教在华的重要活动区域之一。因基督教的传入，近代宁波在很多方面都开浙江乃至全国风气之先。1843 年美国基督教浸礼会传教士玛高温（Daniel J. Macgowan）在宁波开办西医诊所（华美医院前身），成为近代中国产生较大影响的教会医院之一。同时他在宁波创办的《中外新报》（*Chinese and Foreign Gazettc*），是近代宁波乃至浙江最早的报刊，揭开了近代浙江新闻事业发展史的第一页。[①] 1844 年英国基督教长老会东方女子教育促进会传教士爱尔德赛（Mary Ann Aldersey）女士在宁波首创女塾，这不仅是浙江第一所洋学堂，而且也是中国第一所女子学校。[②] 1845 年美国北长老

---

*　本文为 2009 年度宁波工程学院科技项目 "宁波区域文献整理与研究"（编号 2009130）、2011 年度浙江省哲学社会科学规划课题 "之江青年课题" "晚清宁波基督教史研究"（编号 11ZJQN020YB）、2013 年度浙江省高校重大人文社科项目攻关计划青年重点项目 "近代宁波基督教文献整理与研究"（编号 2013QN034）的阶段性成果。
① 周律之：《浙江最早的近代报刊〈中外新报〉》，《新闻大学》1993 年第 3 期；卓南生：《宁波最早近代中文报刊〈中外新报〉原件之发掘与考究》，《国际新闻界》2007 年第 9 期。
② 林琳：《中国最早的教会女校》，《文史杂志》1997 年第 6 期；郑生勇：《教会学校对浙江教育近代化的影响》，《浙江社会科学》2004 年第 3 期。

会传教士麦嘉缔（D. B. McCartee）在宁波创办男生寄宿学校，名为崇信义塾（the Ningpo Boy's Academy / Boarding School），成为浙江最早的男子洋学堂，该校于 1867 年迁往杭州，改名为育英义塾（Hangchow Presbyterian Boys' School），即之江大学的前身。另外，在麦嘉缔的培养下，其在宁波收养的义女金雅妹（Yamei Kin），成为中国近代第一位女大学生、女留学生。金雅妹后来出任中国最早公立女医院——北洋女医院首任院长，并创办了我国第一所公立女子护士学校——北洋女医学堂，是中国护理教育的开拓者。虽然宁波作为基督教在近代中国传播的重要区域之一，然而国内外学术界对近代宁波基督教史研究的关注度却不高，研究成果不多，史料发掘和研究深度不够，这种状况与宁波在近代中国基督教传播史上的地位是很不相称的。①最近笔者从宁波市档案馆和宁波市第二医院（前身为华美医院）档案

① 关于近代宁波基督教史的研究成果，从笔者目前掌握的情况来看，虽不是很多，不过也有颇具创见的成果，比如 2010 年龚缨晏出版了《浙江早期基督教史》，该书虽作如上冠名，但研究的重点主要集中在近代宁波基督教史，其对近代宁波基督教史料的收集、整理、考订均是目前该领域最为出色者（龚缨晏《浙江早期基督教史》，杭州出版社，2010）。2012 年田力博士以五口通商时期美国长老会宁波差会为个案，对其教育、医务、印刷和传教等四个方面进行了较为系统的考察和研究（田力《美国长老会宁波差会在浙东地区早期活动研究（1844～1868）》，浙江大学博士学位论文，2012）。另外吴莉、徐科青等人也以基督教与近代宁波教育卫生事业为主题开展了相关研究工作，比如吴莉《基督教与宁波教育卫生事业研究（1842～1949）》，宁波大学硕士学位论文，2010；徐科青《西医在宁波的成长与及其社会影响——以宁波华美医院（1843～1954）为中心的考察》，宁波大学硕士学位论文，2010；徐科青《教会医院在宁波的发展及其社会影响——以宁波华美医院为例》，《宁波教育学院学报》2008 年第 4 期；徐科青、姜海艳《西医东渐之宁波华美医院的考察》，《宁波广播电视大学学报》2008 年第 3 期；陈君静、吴莉《教会教育与近代宁波社会》，《宁波大学学报》2010 年第 5 期；王兰平《美国基督教浸礼会与近代宁波护理教育事业的开创——以宁波华美医院附设护士学校为中心》，第八届近代中国基督教史研讨会"近代中国基督教与现代性——比较视角"，香港，2013 年 6 月。目前在中文典籍中，较早集中收录和反映近代宁波基督教发展情况的主要是 1933～1951 年编修的《鄞县通志》，2006 年宁波出版社出版该书影印版。至于后来出版的《宁波市志》和《宁波通史》中有关近代宁波基督教发展情况和史料基本均超不出上述《鄞县通志》内容（俞福海主编《宁波市志》，中华书局，1995；傅璇琮主编《宁波通史》，宁波出版社，2009）。除上述论著外，也有学者从其他角度对近代宁波基督教史进行相关回顾与研究，比如范爱侍《基督教传入宁波简述》，《宁波文史资料》第 2 辑，1984；张磊《华美医院——中国最早的西医院》，《档案与史学》1998 年第 2 期；张亚苹《传教士对近代宁波的贡献》，《宁波广播电视大学学报》2004 年第 3 期；周萍萍《近代来华传教士丁韪良与宁波——读〈花甲记忆〉》，宁波"海上丝绸之路"申报世界文化遗产办公室、宁波市文物保护管理所、宁波市文物考古研究所编《宁波与海上丝绸之路》，科学出版社，2007；谢振声：《来甬传教士的文化活动初探》，《宁波与海上丝绸之路》，科学出版社，2007；（转下页注）

室获得了《华美医院年报》（*Hwa Mei Hospital Report*）以及《华美医院简史（1843~1950）》（*A History of the Hwa Mei Hospital 1843 – 1950*）等档案史料，①这些档案史料是研究近代宁波史的第一手资料，具有十分重要的价值，可仍有相当多的档案史料尚未引起学界注意，对其研究更是远远不够。基于这种认识，本文根据相关档案史料，以宁波华美医院为研究对象，着重考察华美医院开展医疗慈善救济事业情况，以期有益于近代宁波慈善救济活动之研究。②

二　近代宁波第一所西医医院——华美医院的创办与发展

鸦片战争战败后，1842 年 8 月 29 日，清政府被迫与英国签订不平等条约《南京条约》，中国由此开始丧失了政治、经济、文化等方面的独立主权，闭关的国门被打开。根据条约规定，广州、福州、厦门、宁波及上海被开辟为通商城市。1843 年 1 月 1 日宁波正式开埠，成为中国最早的对外通商口岸之一。宁波地处东南沿海，历史悠久，文化发达，自唐宋以来一直是

（接上页注①）孙广平《晚清传教士美魏茶之宁波印象》，《科学教育家》2007 年第 11 期；任卫华《宁波基督教青年会研究》，《宁波广播电视大学学报》2007 年第 4 期；高黎平《花华圣经书房与晚清西学翻译——兼论宁波作为美国传教士传播西学之摇篮在晚清译史中的地位》，《梧州学院学报》2007 年第 4 期；谢振声《近代宁波传教第一人——玛高温》，《中共宁波市委党校学报》2010 年第 2 期；益龙、宋吟霞《从宁波江北教堂看西方文化建筑对宁波建筑的影响》，《中外建筑》2010 年第 9 期。

① 下列档案资料现藏于宁波市第二医院档案室，未入藏宁波市档案馆：*Hwa Mei Hospital Report for 1919*, in connection with the American Baptist Missionary Society, Ningpo, China, Printed at the Presbyterian Mission Press, Shanghai, 1920; *Hwa Mei Hospital Report for 1920*, in connection with the American Baptist Missionary Society, Ningpo, China, Printed at the Presbyterian Mission Press, Shanghai, 1921; *80th Anniversary Hwa Mei Hospital with Report for 1922*, in connection with the American Baptist Missionary Society, Ningpo, China, Printed at the Presbyterian Mission Press, Shanghai, 1923; *Hwa Mei Hospital Report for 1933*, in connection with the Chekiang – Shanghai Baptist Convention and American Baptist foreign Missionary Society, Ningpo, China; *Hwa Mei Hospital Report for 1934*, in connection with the Chekiang – Shanghai Baptist Convention and American Baptist foreign Missionary Society, Ningpo, China. *Hwa Mei Hospital Report for 1935 – 37, 1938*, in connection with the Chekiang – Shanghai Baptist Convention and American Baptist foreign Missionary Society, Ningpo, China. Margaret Thomas Beal et al. , *A History of the Hwa Mei Hospital 1843 – 1950*, 6 May, 1998, unpublished report.

② 这方面研究有孙善根、史存敏《近代慈善医院的创办及其运作——以 20 世纪初浙江宁波一地为例》，《民国档案》2013 年第 2 期。

我国重要的中外交往和对外贸易口岸，与海外有着密切的经济文化联系，这对外国传教士有着很大的吸引力。宁波开埠不久，1843 年 11 月，美国基督教浸礼会传教士医生玛高温即远涉重洋，来到宁波，成为近代来甬第一位传教医生，也是美国基督教浸礼会在华传教之第一人。1846 年，玛高温在宁波城区北门佑圣观租借了几间厢房办起了设备简陋的诊疗所，向当地居民出售西药并开展诊疗，此时医院取名"浸礼老医局"，为后来华美医院的创办打下了基础。

1875 年，传教士医生白保罗（Stephen P. Barchet）接替玛高温主持诊疗业务。1880 年，医院规模有所扩增，此时医院取名为"大美浸会医院"（American Baptist Missionary Union Hospital）。1889 年，兰雅谷（J. S. Grant）继任院长，1915 年医院新建了病房和手术室，并将"大美浸会医院"改名为"华美医院"（HWA MEI Hospital），寓中美合作之意。①在兰雅谷的带领下，华美医院进入了一个大发展时期，1920 年医院住院病人数达到 1083 人，门诊人数达 7328 人。1921 年，医院设置有内科、外科、手术室、眼科等科室，医院技术力量较强，比如兰雅谷任院长兼内科主任，汤默思（Harold Thomas）任外科主任兼 X 光主任，任莘耕任副院长兼外科医师，洪家翰（又名洪约翰）任眼科主任，丁立成任内科医师兼显微镜主任。1927 年兰雅谷病故后，汤默思主持医院工作。

1930 年医院重新组织董事会，成立由汤默思、丁立成、任莘耕组成的医院院务管理委员会。同年 8 月，美国浸礼会将华美医院财产移交给中华基督教浙沪浸礼会，医院由董事会管理，任莘耕接替汤默思任院长，成为华美医院历史上第一任华人院长。1932 年丁立成接替任莘耕任代理院长。其间，医院内诊疗科室有所增加，1935 年设立营养室，1936 年设立肺结核诊所和气胸诊疗所，同年 9 月设立公共卫生部，1938 年设立传染病科。

1937 年抗日战争爆发，1940 年 7 月 15 日，浙江、福建海面被日军完

---

① 1935 年 11 月鄞县县政府颁发给华美医院的开业执照有如下照文："鄞县县政府为发给执照事，据鲍哲庆呈称：现于本县北郊路街　号开设华美医院，请予核准等情。业经本政府查明与部颁管理医院规则尚无不合，除注册外，合行发给执照，以资证明。右照给华美医院收执。县长陈宝麟。中华民国二十四年十一月　日。"宁波市档案馆藏，档案号：306 - 1 - 12。

全封锁。至此，宁波失去与外界的联系，许多订购的药品和医疗用具无法及时抵运医院，致使大批病人死亡。由于当时日美尚未开战，日军不敢进入医院破坏，这样大批市民涌入医院，医院成了战乱中的临时避难所。1941 年 4 月日军进犯，宁波沦陷后，医院改名为"华华医院"。沦陷期间，外籍人员回国。抗战结束后，汤默思等外籍人员陆续返回，医院恢复"华美医院"名称，重新归浸礼会领导。1948 年，医院设有内科、外科、产科、妇科、五官科、X 光部、防痨部等科室，门诊人数达 38074 人，住院人数2064 人。①

1949 年 5 月宁波解放，此后华美医院在一段时期内隶属及管理上仍沿用差会领导，实行董事会领导下的院长负责制，同时接受差会津贴。1951 年 1 月 1 日医院董事会决定拒绝接受外国教会的经济援助，并断绝与美国教会的一切联系，医院董事会向宁波市人民政府提出办理登记手续，请求人民政府接管医院。1951 年 10 月，人民政府正式接管医院，同时医院董事会解散，医院在宁波市卫生局的领导下开展工作。1952 年 4 月 2 日，华美医院改名为宁波市华美医院，医院组织系统更加完善。1954 年 10 月 16 日，华美医院改名为宁波市第二医院。②

从上可知，自 1843 年 11 月玛高温来宁波施医传教，发展到后来的华美医院以及宁波市第二医院，迄今已有 170 多年的历史，可谓历经沧桑。华美医院不仅是近代宁波第一所西医医院，而且也是近代中国设立的最早西医医院之一。

医疗救济事业是基督教在近代中国创办的最早事业，这在一定意义上是西方近代医学进步及海外传教运动的必然结果。自文艺复兴以来，欧洲在生理学、病理学、药理学、解剖学等领域都取得新的突破，西医的医学理论及临床实践由此获得迅速发展，这为基督教在华传教提供了可资利用的资源。同时 19 世纪上半叶，腐朽的清政府在鸦片战争的打击下，近代中国社会陷入国贫民弱的困境，下层百姓普遍面临着食不果腹、衣不保暖、缺医少药的问题，华美医院正是在这样的社会背景下开始起步并不断发展的。

---

① 《宁波华美医院治疗工作年报表（1948）》，宁波市档案馆藏，档案号：306－1－34。
② 《宁波市第二医院全宗介绍》，宁波市档案馆藏，档案号：306。

三 华美医院的慈善医疗救济工作

（一）对贫苦民众实行减免或免费医疗救治

教会医院循基督教义而设，与生俱来就有一定的慈善性质。事实上，为了借医传教，近代教会医院在初设之际一般都开展慈善医疗，比如免费施诊赠药，这是早期教会医疗事业的一个显著特点，宁波华美医院亦概莫能外。

玛高温在进入宁波后不久，除了在佑圣观开药治病外还到附近各地施医给药，其报告称："最近我刚从奉化归来，那里的部分人民因不满税收制度而进行了一次暴动。巡捕被派送到那里镇压，很多人在冲突中死亡或受伤。我在一座庙里发现很多伤者。我清理了他们的伤口，过了几天都逐渐痊愈，个别伤情严重的我留下来照顾了几周。"①在 1922 年华美医院建院 80 周年之际出版的医院年报中就有这样赞美玛高温的一段话：

> 在八十年前十一月一日的那个夜晚，一个穿扮成中国人模样的美国人跨进了宁波城门。虽然他到宁波正是夜黑之时，但他不是贼，也不是盗贼，他不会伤害任何人。他怀着满腔热情为宁波人们带来了幸福与祝福，为的是免除人们的疼痛和苦难。
>
> 当初，对这个城市的人们来说，他只是一个陌生人，使当地一些居民受到惊吓和怀疑，不过，当地的居民很快就认同了他，并和他成为朋友。他为一些病人找到了病症，并为他们治疗，很快他的家就变得门庭若市，许多人都去找他治病和寻求忠告。
>
> 是什么让他义无反顾投身于中国的慈善事业？他是为了得到好处吗？他几乎得不到什么回报。他是为了得到名声？他这种无视危险和敌视的人是不可能把名誉放在眼里的。那么是什么鼓舞着他？那是一种对人类的爱，对苦难的恨，一种解救人们于痛苦中的渴望。但这一切都来自哪里呢？这不是其他东西，而是奋斗，就像 2000 年前行走在大地

---

① *80th Anniversary Hwa Mei Hospital with Report for 1922*, p. 5.

上的耶稣，他把自己的鲜血给了需要它的人们。①

在收费制度上，华美医院早期多不收费或酌收少量药费，这除了教会医院本身慈善公益性质外，这也是医院招揽病人，增强对民众吸引力的良策。后来随着医院规模的扩大，接诊的病人增多，开支也逐渐增加，资金不足的情况日趋紧张，医院不得不收取一定的诊疗费用，这是形势所趋。尤其是进入 20 世纪以后，大多在华教会医院都开始实行收费制度，但是实行收费并不意味着教会医院的免费治疗和慈善性质的丧失，因为其收费制度是有选择性的，对于贫病者，仍然减免甚至免费施诊送药。1921 年 12 月制定之《宁波华美医院章程》开宗明义地提出医院之宗旨："本院由中西善士设立，以救济贫民，传扬圣道为目的。"又如上述医院章程门诊规定之第一条："每礼拜二、礼拜五上午九时至十二时，门诊每人只取号金铜元四枚，药资量力酌收，贫者不取。"第四条："倘遇贫病急病服毒，一概不取号金，以示体恤病者。"出诊规定之第三条："早夜出诊及接收难产服毒等症，医金照上加倍，但赤贫者不在此例。"② 1937 年刊布之《宁波华美医院为修改门诊章则启事》第二条之规定："星期日门诊为上午十一时至十二时，号金一律国币一元，倘遇贫民急诊特别减免。"③上述诸规定均明确地提出医院对于贫困弱者的救治与扶助给予减免或者全免。针对贫病者无钱就医的困境，华美医院采取发放免费券（图 1）的办法扶助，免费券"专为赠送贫病起见，由本院发给，如有好善诸君愿赠贫病者，可向本院接洽。持此券来院求诊者，除礼拜日外，每日上午九时至十二时均得行用，概免医金药资，午后无效。若遇急症，不限时日。持此券到院者可直入看症室候诊，毋须挂号。得此券者准予诊治一次。"④

华美医院在收费制上还采取一种对一般病房收费较少（图 2），向高级病房收取较高费用的办法，通过此举来弥补医院慈善公益事项的支出。1921年 12 月制定之《宁波华美医院章程》规定："普通病房每月只取膳食费洋四元八角，二等病房每日房膳食药资洋一元，头等病房每日房膳药资一元五

① 80th Anniversary Hwa Mei Hospital with Report for 1922, p. 28.
② 《宁波华美医院报告（第二期）》，1921 年，宁波市档案馆藏，档案号：306-1-2。
③ 《时事公报》1937 年 7 月 3 日，第 1 张第 1 版。
④ 《宁波华美医院报告（第二期）》，1921 年，宁波市档案馆藏，档案号：306-1-2。

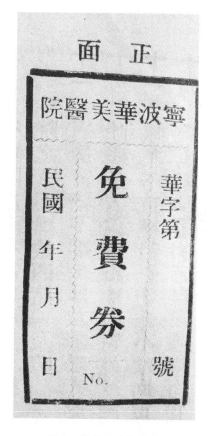

图 1　华美医院免费券

角，特等病房每日房膳药资洋二元。戒烟特等每月八十元，头等六十元，二等四十元，普通廿元。看护仆役不准私受病人酒资，如有格外优惠，本院设，作救济公款。"①手术收费也根据不同病房等级分类收取，如 1947 年9 月 1 日修订《宁波华美医院手术及难产手术细则》第五条：手术费按病房等级及手术种类订定如下：（1）大手术：特头等，自二百万元至四百万元；二三等，自一百万元至三百万元；普通，自五十万元至一百万元。（2）小手术：特头等，自五十万元至一百万元；二三等，自三十万元至六十万元；普通，自二十万元至四十万元。②

① 《宁波华美医院报告（第二期）》，1921 年，宁波市档案馆藏，档案号：306 - 1 - 2。
② 《宁波华美医院手术及难产手术细则》，宁波市档案馆藏，档案号：306 - 1 - 32。

图 2　华美医院普通病室

　　1939 年，华美医院与鄞县政府合办城区卫生所，华美医院代理院长丁立成兼任该卫生所所长，在病人救治费用方面，该卫生所对贫困者也是实现免费救治。根据《鄞县政府、华美医院合办城区卫生所第一年年报》记载："门诊纳费：甲：挂号费初诊五分，复诊三分。赤贫者由医师护士签发免费证一纸，即可免费诊察，其医药费一概免收。本年度计初诊免费 421 人，复诊免费 1029 人。乙：药费外科一律免收。施术仅收麻药费，内服药酌收；酌收标准按病人经济状况而异，有时仅取成本十分之三四，有时听随病人自愿量力酌给。贫困者一律完全豁免，终之使来所就诊病人，不至因经济关系有碍于治疗疾病焉。今年度计完全药费免收人数 10803 人。丙：一切预防注射，无须挂号，随到随行注射。一律完全免费。"城区卫生所实施上述免费诊治工作，其经费来源除了治疗部分收入抵支和鄞县政府每年拨补 360 元外，其余均由华美医院负担。①

　　在防盲治疗沙眼方面，华美医院联合中国盲民福利协会于抗日战争期间合作举办防盲沙眼诊疗所，社会民众可获得免费治疗之福利。根据《中国盲民福利协会、宁波华美医院合办防盲沙眼诊疗所工作年报》记载："本所

---

①　《鄞县政府、华美医院合办城区卫生所第一年年报》，宁波市档案馆藏，档案号：306 - 1 - 20。

以简单免费之方式，即贫病就诊之手续为维持秩序起见，凡就诊病人仅先挂一号筹，即可按照号数先后就诊，所有医药敷料概以免费。凡学校团体、孤儿院，无论远近本所医师护士前去矫治沙眼时，更无丝毫费用……本所经费来源尚无助款，除由中国盲民福利协会补助之外，余款悉数向华美医院实支实销。"①根据上述工作报告统计，民国三十七年六月起至三十八年五月底止（1948.6~1949.5），防盲沙眼诊疗所初诊病人2930人，复诊病人20981人，手术次数5次，合计23916人。

（二）积极开展各种疫病诊治救济

在公益慈善医疗救助之外，华美医院还开展对各种疫病的诊治救济工作。近代中国天灾人祸接连不断，疫病、战乱时常发生，宁波也遭受其害。宁波地势西南高、东北低，自西南向东北方向倾斜入海。东北部和中部为宁绍冲积平原的甬江流域平原，地势平坦，河流纵横，这种地形导致了宁波地区极易受到北方冷空气的影响。因此每当春天或夏天季节交替之时，气温忽冷忽热、冷暖失调，是疫病多发的时期。1919年宁波暴发了疫疠，时任华美医院院长兰雅谷率先提倡设立防疫医院，并筹集经费购置防疫器具药物，为宁波民众的卫生健康做出了贡献。《兰雅谷先生六秩大寿来华卅周纪念大会劝集医院经费启》云："去年夏秋间，甬上初传时疫，先生即奋起走访官绅，提倡防疫医院，于是城厢内外及各县各乡分设临时防疫所，多至数十处，先生则派门下医士赴沪购置器具药科，并参观红十字会办法实地考验。复电商杭州梅滕更君，借聘医生看护妇来甬分投诊护疫气，从此灭息。则先生发起之功也。"1920年6月浙江会稽道道尹黄庆澜在《英国兰雅谷先生六秩寿言》中亦云："先生学术精通，热心慈善，遇有疾病痛苦之人，一经救治莫不着手回春，计其所治愈者先后不下数万人。去岁甬郡各县疫疠所多至数十处，购置药料，延聘医士，奔走诊护，不辞劳瘁。俾疫疠之害不止蔓延无止。"②

为了揭开吸虫在人体寄生的机理疑问，华美医院医生甚至不惜个人健康

---

① 《中国盲民福利协会、宁波华美医院合办防盲砂眼诊疗所工作年报》，宁波市档案馆藏，档案号：306-1-38。

② 《宁波华美医院报告（第一期）》，1920年，宁波市档案馆藏，档案号：306-1-1。

安危，用自己的身体开展实验。该院医生巴罗（Claude Heman Barlow，1876 –
1969）（图3）为了把吸虫活体带到美国进一步研究，他不顾个人生命危险，
选择用自己身体作为载体，在离开中国之前，他喝了一杯含有许多寄生虫的
水。之后，他在约翰·霍金斯大学开展相关研究，并成功发现了该肠道吸虫
的生命周期。①

图3　巴罗医生

为了加强宁波疫病防治和救治工作，华美医院设立公共卫生部，除
了开展卫生健康宣传教育外，还对学校、孤儿院进行伤寒、天花、白喉、
猩红热的预防疫苗接种，在防治霍乱、肺痨方面华美医院也发挥了重要
作用。②《宁波华美医院1947年度工作报告》云："关于防痨事宜方面，
本院除发起组织防痨委员会，协助成立外，并于十一月间由丁医师、曹
医师等赴北平参加防痨工作特别组。该组织由卫生部主持办理，特请国
际卫生机关之劳博士主讲，冀防痨运动之要公，得普遍于全国民众团体
X光检验工作，亦将从此开始谋发展，尤期吾甬城市亦能随后起，相继
实现。"

---

① *A History of the Hwa Mei Hospital 1843 – 1950*, p. 14.
② 徐科青：《西医在宁波的成长与及其社会影响——以宁波华美医院（1843～1954）为中心
　的考察》，宁波大学硕士学位论文，2010年，第40～45页。

（三）抵抗日军侵华的医疗救助

1940 年 10 月 27 日，日本侵略军空袭宁波市区，投撒染有鼠疫杆菌疫蚤的麦粒、粟米、面粉。三天后，宁波中山东路以南，开明巷以北，开明街以东，太平巷以西地域内暴发鼠疫，造成了宁波历史上一次空前绝后的鼠疫大惨案。在鼠疫确诊和诊治方面，10 月 31 日华美医院院长丁立成首先从患者王仁林的淋巴结穿刺液染色涂片镜检中找到典型的鼠疫杆菌，并且在防疫措施实施方面贡献颇多。应该说，无论是采取各项有效的防疫措施，还是救治大批鼠疫患者方面，华美医院均发挥了十分重要的作用。①

针对日本军国主义者在侵华战争中不断地使用惨无人道的化学武器，华美医院迅速行动起来，积极开展毒气防治工作，专门制定团体防毒、毒区消毒、个人防毒、防毒面具、防毒衣制作及使用办法。根据宁波市档案局藏华美医院相关档案记载，针对不通气之地下室，可采取以下方法防毒："即将地下室之入口装设门二道，开时只开一门，至开第二门时则第一门已关闭，故空气不能进入。又室顶有一过滤管，内装药品，须要空气时可以抽入室内，平时关闭不通。"针对不通气之房屋，则采取下列防毒办法："此种房屋可利用楼房四周及窗门封闭，如遇毒气来时，即将入口关闭，不使通气，如有通气之空缝，须设法用石炭及泥土塞之。室内墙壁用石炭泥密窗门，必须密闭不通空气。"在毒区消毒方面，教授如下方法：（1）如有液体毒气，须用土、石灰、漂白粉分散之；（2）各镇各保宜多备石灰与漂白粉及油或氧化锌油膏，遇有糜烂性毒气来时可先抹在皮上以作保护；（3）各镇公所宜劝导民众设备上列防毒药品，以免毒气来时不及救治；（4）各镇公所宜备防毒面具十副，防毒油布衣、手套及靴十套，使救护队及工作人员可得保护。在个人防毒方面则教导民众简单防毒面具制作方法，即以布或毛巾廿余层，浸入下列之药液作为面具之用，包妥口鼻使

① 钱贵法：《我在宁波细菌战的悲惨遭遇》，《纵横》1996 年第 4 期。黄可泰、吴元章：《侵华日军在宁波施行细菌战的罪行》，《中华医史杂志》1997 年第 3 期。郭成周、廖应昌：《侵华日军细菌战纪实——历史上被隐瞒的篇章》，北京燕山出版社，1997 年。黄可泰、邱华士、夏素琴主编《宁波鼠疫史实——侵华日军细菌战罪证》，中国文联出版社，1999 年。魏巍：《1940 年日军对宁波细菌战的几点研究》，《中共宁波市委党校学报》2005 年第 4 期。郑黎、李稳：《日机撒下红色跳蚤，几天后人们接连暴死——宁波细菌战幸存者胡鼎阳老人的控诉》，《新华每日电讯》2005 年 7 月 6 日。

毒气瓦斯不致吹入：防光气，可采用乌罗托品、甘油、苏打和水来制作药液；防氯气，可采用硫代硫酸钠、碳酸氢钠、甘油和水来制作药液；防泪气，可采用草麻油、酒精、甘油、氢氧化钠来制作药液。并且要求防毒面具必须由军械厂定制。应该说华美医院在抵抗日寇毒气战方面也发挥了重要作用。

四　对华美医院慈善医疗救助的评价

（一）有利于基督教在宁波传教事业的发展

基督教文化对于长期受儒家文化熏陶的中国社会来说是一种外来文明，从其入华始就存在着如何与中国已有文化沟通和适应的问题。基督教在中国从事医疗慈善救助活动除了缘于对弱者的同情，服从上帝拯救人类旨意外，在很大程度上是为了在中国人心目中树立传教士及基督教本身的仁爱形象，推进把福音传遍天下的事业。华美医院邬光道、方汉民所撰《本院布道之成绩》载："本院不仅见人身之苦，欲设法以治，更见人之灵魂不识赦罪之法，故以宣布救道为惟一之专责。每逢礼拜二、五、日上午九时至十二时宣道于礼拜堂，使门诊病人挂号入座，静听救道。每日早晚在男女上下病房礼拜，使负病者得识基督之宗旨，以归向信赖。礼拜日上午十时、晚间六时半聚集男女病人于一堂，邀请院长医生学员轮流演讲。有时特请外来名人或用影灯布道，俾病人得有闻道机缘。每日并教以《圣经》一节，唱赞美诗或购阅通问报及各种阐道之书，使病人以之消遣，因而立志信道者，今岁得十一人云。"①医院在门诊前，先由传教士宣讲教义，劝导病人信教，然后开始挂号。对于疾病缠身的病人而言，心理生理都处于脆弱状态，急需精神安慰，容易从传教士的宣道中找到了寄托和安慰。华美医院对病人的良好照料及疗效，加之布道员富有亲和力的宣传，随着病人痊愈，便对医院与基督教产生好感，遂乐意接受而皈依，实现了医院的传教目的。

---

① 《宁波华美医院报告（第一期）》，1920年，宁波市档案馆藏，档案号：306-1-1。

（二）提高了近代宁波民众医疗卫生健康水平

华美医院作为一所美国基督教教会创办的西式医院，引进了西方的医术、西药和近代医院制度，开创了宁波近代西医医疗事业。医院运用先进西医技术为病人看病，减轻了病人生理上的痛苦，挽救了许多等待死亡的穷人的生命，尤其在抗日战争时期为抵抗日军细菌战、毒气战方面发挥不可替代的作用，对当时战事频仍、缺医少药的宁波民众来说无疑是雪中送炭，弥足珍贵。虽然其向贫苦民众推行免费或减免诊疗，有其吸引下层社会信教的目的，但不可否认，这对于弥补由传统医疗事业衰败所造成的缺口，其公益慈善性质相当明显，医院对提高近代宁波的医疗卫生健康水平无疑具有积极意义。

（三）促进了近代宁波社会福利事业的发展

众所周知，教会医院实行慈善医疗需要一定的经济基础，仅仅靠医院自身的努力和差会的海外资金补助还无法弥补慈善医疗的费用支出，因此医院就必须发挥社会捐赠的力量，将社会各界的慈善力量汇聚起来。无论是在筹建华美医院大楼，还是购买 X 光机等先进医疗设备上都可以看到宁波社会各界的重要作用（另文专论）。华美医院院长兰雅谷看到许多贫苦病人无钱住院，于是决定向外募集"住院恩床"，①这一想法得到了当地人的响应，募集工作卓有成效。②当时社会民众除了对医院捐住院恩床外，

---

① 《劝募贫病住院恩床启》："设立医院非特施诊，兼以养病，因有病房之设，分别等差取资，此中外通例也。泰西慈善家念贫苦人民患病仅施医药而无力住院，独未善也，爰复有施助贫病住院恩床之举。夫病者不能无医无药，病者必求偃卧，尤不能无床。慈善家而计及此，诚仁者之用心矣，本院向设恩床，荷蒙慈善家施助贫病受福，约计每月食宿有床五元，岁不过六十元，甬人好义，名闻中外，鄙人来甬三十余年，已周花甲老矣，惟念念不忘贫病求医之人，意欲推广住院恩床，以了凤愿伏乞。"（《宁波华美医院报告（第一期）》，1920年，宁波市档案馆藏，档案号：306－1－1；《宁波华美医院报告（第二期）》，1921年，宁波市档案馆藏，档案号：306－1－2）

② 《募集恩施床诸公姓名报册》列明捐赠姓名："李延武君助永远恩床一张（自民国十年起），白保罗医士助永远恩床一张（自民国元年起），兰雅谷君家族助永远恩床二张（自民国元年起），美国励女士家族助永远恩床一张（自民国四年起），吴荫庭师母助永远恩床一张（自民国十一年起），方式如师母助恩床一张（自民国三年起），方丛桂轩助恩床一张（自民国二年起），胡象美君助恩床一张（自民国八年起），邬挺生师母、毛老太太、陈文鑑师母合助恩床银每年七十二元（自民国十年起，中国银行公债券）。"（《宁波华美医院报告（第二期）》，中华民国十年，宁波市档案馆藏，档案号：306－1－2）

还有捐赠水井、解剖活动医床、培养细菌伏箱、骨科机床等医疗设施和设备。比如镇海方式如鉴于医院用水困难特捐赠西式水泥井一口。①方氏之子方稼荪也出资银100元向华美医院捐赠解剖活动医床（图4）。②又比如定海益昌木行赵世福出资银150元，向华美医院捐赠"培养细菌伏箱"（图5）。楼恂如出资银1250元捐赠新式骨科机床一架（图6），其对于骨科方面极感便利，而于病人方面实惠尤多。③这样的例子还有很多。正是在华美医院的影响、示范和倡导下，宁波商人、士绅等原本已有的社会公益意识更为强烈，人们的社会责任意识和好义仁爱行为蔚然成风，华美医院与社会各界共同成为推动近代宁波社会福利事业的重要力量。

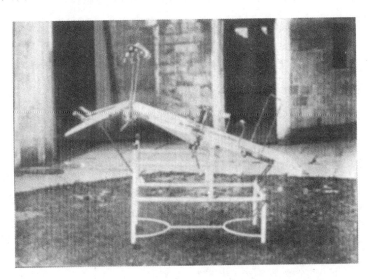

图4　解剖活动医床（方稼荪捐赠）

---

①　"镇海方式如先生，名积钰，世居柏墅，累代阴德，为邑望族。先生绩学工文，起家乙科，性仁慈，好施与。因念医院需用之水尤贵清洁，而本院倚郭枕江，得水匪易，爰慨捐巨资，由沪雇工来院，创造西式水泥井一口，存积淡水。借资饮料有益卫生。汉之甘泉，唐之醴泉不是过焉。"（《宁波华美医院报告（第一期）》，1920年，宁波市档案馆藏，档案号：306－1－1)

②　"方君稼荪，镇海人，式如之从子也。年少多才，精究美术，乡邑善举无役不从，尝就医本院，天相吉人，不日告愈。爰出资自美国斯加哥地方定购解剖活动医床一具，安置本院，俾供割症之用，并岁捐经费银一百元。"（《宁波华美医院报告（第一期）》，1920年，宁波市档案馆藏，档案号：306－1－2)

③　《宁波华美医院报告》，1930年，宁波市档案馆藏，档案号：306－1－6。

图 5　培养细菌伏箱（赵世福捐赠）

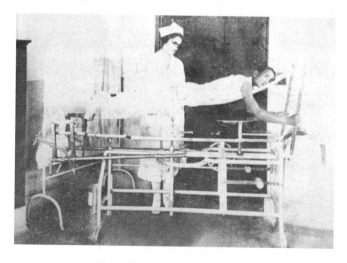

图 6　骨科机床（楼恂如捐赠）

五 结语

美国基督教浸礼会创办的宁波华美医院通过医疗慈善救济事业，在施予救世关怀的同时，逾越文化隔膜，达到传播基督福音的目的，从而实现所谓对中国人心灵与肉体的"双重拯救"。同时，美国基督教浸礼会也通过华美医院医疗慈善救济事业改进近代宁波社会公共服务落后的局面，证明了基督教的社会价值，进而让国人改变对其偏见。事实证明，华美医院在宁波推行的慈善事业，给弱者抚慰和鼓励，这在一定程度上为基督教与中国社会的相互适应打开了局面。华美医院传教士医生在施医舍药、疫病救济等慈善方面所做的卓实努力及体现出来的爱心互助、舍己为人的精神，在以实际行动影响了中国基督徒的同时，也博得了宁波各界社会的好感，为其在宁波传教打开了方便之门。

（作者单位：宁波工程学院党委办公室）

历史记忆中的近代潮汕
侨批与乡村社会[*]

—— 基于陈四合批局批脚陈顺荣的口述资料

陈海忠

　　侨批是清代以来闽粤华侨的家书，主要分布在广东潮汕、江门五邑、梅州及福建厦漳泉、福州等地，具有真实性、唯一性、不可替代性、罕见性、完整性等特点。[①]多年以来，学界对侨批的记忆遗产价值与社会经济史意义、侨批与地域社会文化变迁、侨批汇款与经营的跨国网络等方面已有深入的研究，虽取得了丰硕的成果，[②]但仍存在一些可以继续拓展的空间，如侨批整体研究成果突出，个案深度分析略显不足；综合讨论侨批的意义、网络等的较多，以人物为中心的研究较少。2013 年 6 月 19 日，经联合国教科文组织世界记忆国际咨询委员会评审，中国侨批档案入选世界记忆（Memory of the World）遗产名录。如何在历史记忆的视野下考察侨批与本土社会的关系显得尤为重要。

　　潮汕地区是中国著名侨乡，是侨批最集中的地方，构成侨批档案的约

＊　本文为 2012 年国家社科基金项目"侨批文书整理与研究"系列成果之一。

①　林旭娜、詹雨鑫、杨逸：《侨批档案入选世界记忆名录》，《南方日报》2013 年 6 月 20 日，A01 版。

②　可参阅研究述评：焦建华《近百年来中国侨批业研究综述》，《华侨华人历史研究》2006 年第 2 期，第 49~58 页；石坚平《近年来广东侨乡研究述评》，《华侨华人历史研究》2012 年第 2 期，第 15~18 页。

17 万份侨批中，潮汕侨批就有 10 万余件。①潮汕专营侨批收发的机构——侨批局曾经兴盛一时，据 1936 年统计，汕头侨批业同业公会有会员商号 75 家，规模较小、没有加入公会的还有 30 多家。②尤其是分发侨批的批脚数量众多，遍布潮汕各地，他们既熟稔地方乡土民情，也为村民所熟悉。他们长年累月来回奔波于侨批局与侨户的路上。在他们的记忆中，侨批意味着什么？侨批与自己的生活、与地方社会的关系是如何的？研究者能否从其记忆中重构近代以来地方社会的历史图景？鉴于目前对批脚的口述访问成果较少，③本文将在对批脚访问的基础上，结合其他文献，对上述问题做初步的探讨。

材料介绍

本文所采用的材料主要是笔者对陈四合批局的批脚陈顺荣先生的两次访问记录。2011 年夏天，笔者在汕头市潮南区两英镇西新村发现陈四合批局旧址，访得批局后人、年届七旬的陈育彬老人。据称该批局系其曾祖云腾公所创，然未得其详。经由陈育彬老人介绍，寻得曾在批局当批脚（潮俗称之为"客头翁"，即送批工友）的陈顺荣。笔者与洪东燕同学（韩山师范学院历史系 2009 级本科生）一起就陈四合批局的基本情况及批脚发批情况等问题，对陈顺荣进行了两次访问，地点在陈育彬老人家，时间为 2011 年 7 月 21 日与 8 月 10 日，访问时陈育彬也在场。

陈顺荣老人粗识文字，能计数、算钱，据称这是做批脚最基本的要求。

---

① 关于潮汕侨乡的研究可参阅：(1) 陈春声《"八二风灾"所见之民国初年潮汕侨乡：以樟林为例》，黄挺主编《潮学研究》第 6 辑，汕头大学出版社，1997，第 369～395 页；(2) 陈春声《近代华侨汇款与侨批业的经营：以潮汕地区的研究为中心》，《中国社会经济史研究》2000 年第 4 期，第 57～66 页；(3) 萧冠英《六十年来之岭东纪略》，广州培英图书印务公司，1925 年 5 月，广东人民出版社 1996 年 12 月重印；(4) 陈达《南洋华侨与闽粤社会》，商务印书馆，1938；(5) 姚曾荫《广东省的华侨汇款》，商务印书馆，1943；(6) 杨建成主编《三十年代南洋华侨侨汇投资调查报告书》(《南洋研究史料丛刊》第 7 集)，台北中华学术院南洋研究所，1983。

② 《汕头市各类同业公会情形表》(1936 年 8 月 15 日)，汕头市档案馆藏，档案号：12－9－13，第 44～51 页；(民国)《潮州志》新编第三册，第 1314 页。

③ 例如：《潮汕八十九岁老"批脚"风雨无阻送侨批》，《侨报》2007 年 9 月 29 日；沈建华、陈璇珠：《访谈录赤胆忠心的"批脚"：访澄海老侨批派送员曾天远》、陈璇珠：《女侨批派送员庄雪卿》，王炜中主编《侨批文化》2004 年第 3 期，第 61～63 页。

他自称时年 87 岁（虚岁），属牛，农历乙丑年十二月十四日出生，即 1925 年生。他父亲也是一名批脚，去世较早。陈顺荣 23 岁（虚岁）时进入陈四合批局一直到人民公社化时期为止，共十年又三个月，时间为 1947 年至 1957 年间。在每次访谈的两三个小时中，陈顺荣精神抖擞，口齿清晰，虽有不少重复之处，整体上思路仍是连贯。对于 1947 年以前的故事，他强调并非亲身经历，而是批局创办者陈云腾曾经讲过的，或者是听其他工友说的。

另外，本文还运用了汕头档案馆、潮阳区档案馆的档案，以及《金瓯乡陈氏创遂堂族谱》，与口述资料互为印证。

陈四合批局：发家传说与经营网络

康熙二十三年（1684），海禁开放，允许沿海商民出海贸易。自此至 1949 年，潮汕地区掀起持续的移民浪潮，从事海上贸易的商人、水手及其他贫民，纷纷前往南洋谋生。在专业的侨批局出现之前，有一种水客的职业，他们经常往来于家乡与海外，专门为华侨及其家属递送"信、财、人、物"。到 19 世纪 30 年代左右，以批局、银号、商号等承办机构为代表的侨批业正式出现并迅速发展，在潮汕及南洋一带尤为盛行。①侨批局是一种民间自发兴起、办理侨批业务的私营金融、邮政机构，在潮汕也称批局、批信局，江门地区称为银信局。

陈四合批局是潮汕创办较早、规模较大的批局之一。批局所在地，旧称瓯坑、金瓯，现属汕头市潮南区两英镇，与惠来、普宁、揭阳等县市毗邻（见图 1）。金瓯背靠大南山，清代大南山区系贼匪出没之地。大革命失败后，彭湃、方方等组织南昌起义军余部及群众成立工农赤卫军，创建大南山根据地（跨潮阳、普宁、惠来三县）。②1933 年 6 月 19 日，国民党军独二师张朝贵为"围剿"大南山区根据地，设立南山移垦委员会，管辖两英圩、

---

① 广东省档案馆编《海邦剩馥：广东侨批档案》，岭南美术出版社，2013，第 35 页。
② 可参阅方方《大南山革命根据地的斗争》，中国人民政治协商会议广东省委员会文史资料研究委员会编《广东文史资料 第 30 辑》，1981，第 11～21 页；中共潮阳市委党史研究室、中共普宁市委党史研究室、中共惠来县委党史研究室合编《抗日战争和解放战争时期潮普惠大南山革命根据地史》，1994。

金瓯等 18 个乡村。1935 年改称南山管理局。这个时期，金瓯乡已经是一个规模很大的村子，人口估计要数千人。陈顺荣老人还记得南山管理局局长薛汉光曾到村里一次性征集千名壮丁的事：

> 我还是个孩子的时候，十一岁吧，汉光这个人来瓯坑"平乱"（"剿共"）。他要征集 1000 个壮丁，年龄在 18 到 28 岁间，点完人后还差几个人，就往上推，征集了几个 29 岁的。他们要喝生鸡血的。

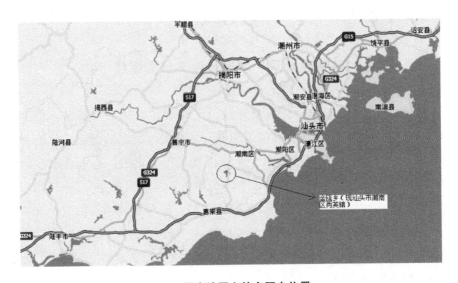

图 1　百度地图上的金瓯乡位置

批局的创办人陈云腾，被乡里人称为"老四伯"，早年是卖入印尼日里的苦力，期满后做了水客，为同去日里的乡亲朋友带回批信，每年一次往返，后来才慢慢经营批业。陈顺荣老人说：

> 老四伯（即陈云腾）在批局的时候跟我们讲，当时他、我老祖父和四银叔被卖入日里，他们是叔伯兄弟。俗话说"日里窟，会得入，唔得出"，就是进得去出不来，就是说卖入日里后，必须做工做到期满才可以自由。他说在日里做到十年满，剩下来的钱还不到一块！出来后，就出来自己做。他就问同乡里的十来个人："我要回去唐山（即家乡），你们要寄东西，在五斤内我便可以帮你们带，要是寄钱的话一两

元就好。"当时要积蓄有三五年才有这一块、两块的，辛苦节约下来，带回唐山，让家里的妻儿过生活，欢喜一下。老四伯送完之后，再回日里去打工。

过了几年要回到唐山，就再一次说："我要回唐山了，你们要不要寄东西或者是钱，再顺便带点东西回去？"他们就说："好哇，那就再帮我带一块钱回去……"就这样，老四伯帮忙把批带回他们唐山的父母后，再带回批过去。就这样一次又一次做起来。当时生活艰苦，一年也就是来回一次而已，不能回来多次。这是老四伯当时讲给我们听的，那时赚钱是太辛苦了。①

今日所见的陈四合批局是一座高三层、横五间的楼房，楼房两面环水，巍然耸立于老寨中，与周边低矮的房屋形成鲜明对比，三楼外墙依稀可辨金字"陈四合批局"，倒影横亘于水面。楼下的东边做厨房，西边一间小房放批信；二楼是办公场所，三楼供工友休息与娱乐（见图2）。陈家后人说，陈四合批局原来开设在祠堂中，一开始业务并不大，只有一个工友，两间房子。后来因为有一个难得的机缘才迅速发展起来，最终成为潮普惠三地最大的批局之一。关于这一个因缘，陈顺荣老人反反复复讲了几次，可见此事对他影响深刻：

当时老四伯（陈云腾）在落难时，他们一家人就做生意仔，酿酒、卖鱼、卖红肉（一种小蚬肉）。揭阳成福兴、倪两兴、王记三个客头行在收杂港批，凑起来有4000万元的批。他们的头家（老板）来问老四伯说，批来了，批银还没来。你能不能先垫付，要是有的话，以后这三个字号的批就都给你发；没有的话，就给别人发。老四伯就到汕头跟茂发说这件事。茂发是老四伯同宗兄弟，在汕头开客头行。子元（老四伯的兄弟）听了就说好，这是桩大生意。随后，子元向汕头的大资本家借贷来发批，借期一天一夜，第二天就还上。如果没有这本钱，三个字号的批马上就给别人发了。

这件事（垫款发批）传开之后，陈四合的批信就愈来愈多。一个

---

① 陈顺荣口述资料，后同。

人抽不开身来，就雇了四个工人发批，后来又叫了八个人。等到再后来收到陈振兴、明兴发、乾华隆这三个字号的暹批，就发展到我们这一批，有 30 多个人，都是发长期的。那时候我要天天发批，要是可以休息一天是很高兴的。

图 2　陈四合批局原址现貌

笔者摄于 2011 年。

陈顺荣已经不记得这是什么时候的故事。一次来 4000 万元的批信，估计也是夸大其词的说法。重要的是，从接受这一宗生意起，陈四合批局的业务很快发展起来。或者说这就是陈云腾发家的开端。其中的细节，将其当作一个传说或者神话来对待或许会更合适，因为在潮汕地区的众多族谱或者口头传说中，经常会有某人或因为神力，或因为机缘，或因为勤奋而发家致富的故事，每一个商人真正的"第一桶金"往往都是"不可与外人道也"。

这个故事也说明，近代侨批进入中国，批信与批款并非同步到达。特别是大额批款，其间要经过多种汇兑关系，或者被运作成商业资金周转，之后才兑现成批款，与汕头的批局结算，汕头的批局再将批款分发到华侨家属手中。批款的流转大略经过如图 3 所示环节，但具体的细节如何，作为最下层的批脚，陈顺荣并不清楚；由于缺乏资料，学界对此也尚未有较好的个案研究。

图 3　南洋汇款路径示意图

由此，从事汇兑业务的汇兑庄与从事进出口贸易的南北行自然而然与侨批业有着密切的联系。民国时期，汕头及南洋各地，汇兑庄、收找店兼营侨批，或者批局兼营汇兑，是一种比较普遍的现象。即使是单独设置的批局，其来往的批款也多由汇兑庄经营；规模较大的批局，往往也是势力雄厚的汇兑庄。如汕头的马合丰庄，既是汇兑公会的成员，同时也是最重要的批局之一。在 1933 年的汕头第二次金融风潮中，马合丰庄运用各批局寄存的华侨批款 39.7 万元，代兑源大庄、成茂庄遗留市面的纸币，使风潮得以平息。[①]而南北行由于所需资金较大，也与汇兑庄有着天然的联系，往往是规模较大的南北行都附设汇兑庄，或与某些汇兑庄关系密切，比较典型的有澄海高家的元发行和陈慈黉家族的乾泰隆。[②]

因此，陈云腾通过在汕头的联号及其同宗兄弟，有条件在较短的时间内筹措到现款来支付批款。

1947 年，陈四合批局的业务规模已经很大，需要更多的人手。这一年，陈云腾的二儿子陈钦江（又叫畅盛，人称"尖头翁"、老二叔、翁叔）叫陈顺荣到其批局工作，负责送批。陈顺荣说，陈钦江原在香港负责收批，回汕后就接管汕头陈四兴批局，后来他把陈四兴交给儿子陈梅溪管理，自己回金瓯乡打理陈四合批局业务，1978 年去世。时至今日，陈顺荣还清楚记得那一天的情景，并一再强调，他并不是因为穷才去当批脚，而是因为老二叔信得过他：

---

① 参阅陈海忠《近代商会与地方金融》，广东人民出版社，2011，第 224 页。

② 关于这两家商号的研究可参见蔡志祥《企业、历史记忆与社会想象：乾泰隆和黉利》，黄挺主编《潮学研究》第 13 辑，汕头大学出版社，2006，第 158~174 页；蔡志祥：《兄弟间的竞争：乾泰隆行与其联号》，陈景熙译，黄挺主编《潮学研究》第 8 辑，花城出版社，2000，第 138~158 页；王绵长《黉利家族资本的历史》，张映秋《泰国华侨高楚香与陈黉利的业绩》，《汕头文史》第 8 辑《海外潮人史料选辑》，1990，第 1~25、26~41 页。

以前我和邻居一起种一亩半的甘蔗田，收成后榨了三担糖。那一天我要去批局，问他：这三担糖要放在哪里？他说：我们世代都是种田的，家里都放满粟了。我说，我家也都放满糙粟了，也没地方。他就说你家大人当时在做豆腐不是有几个豆腐桶吗？之后我就找出豆腐桶，足足装了四个桶，然后让他的弟弟顺亭挑到我家里，后就到批局工作。

去到批局后，老二叔问我要不要去发批？我跟老叔说还没发过批，不知道要怎么做。老叔就拿出一些批对我说，这些批发到溪新、莲塘、大宅……到上下埔 26 个乡里，从此之后就开始发批。

当时的批局分为两类，一类是甲种批局，即大批局，无论大批、小批均收，从不拒发。陈四合与开设于潮阳县城的刘喜合批局就是这一类，大批局一年四季业务都繁忙。另一类是乙种批局，即小批局，如"东门的陈庆发批局。他们是挑几张大批，平时只有两个人在发，最多也是年尾的时候就有三个人"。① 谈到在陈四合批局工作的情形，陈顺荣说：

当时每天天未亮，翁叔就到我门口去叫"顺荣啊，可以吃饭了"。我马上在家里洗漱后，就拿个批袋去批局吃。吃完，翁叔就把批银分配好，从窗口里面拿给我们。我们数后，就背着批袋，拿把雨伞出门了，接着就按各家各户把批发出去。一般批最多的是十月开始快过年的时候，那个时候天天都有得发。久而久之，我就自己想了个办法，挑了一张比较大的批，把其他的小批放在他家里，让大批的人叫乡里的那些人到他们家去拿批，回批也放在那，以后我才回去拿。这样，我就不用太累了，不然那么多批是发不完的。

陈四合批局批脚人数最多的时候有 30 多人。岁月已经久远，但在陈顺荣老人记忆中，他还是说出了很多当时与他一起在陈四合批局发批的工友名字，这些人大多是金瓯乡人：

---

① 陈顺荣口述资料。

秉德、细狗、秋荣、林胜、昆发、阿古、秋元、顺清、顺亭、丰德、秉鸿、秉仁、秉渠、木怀、桂钦、跃水、佳木、里垂、五弟、梁元、桂林、林发、春桂、木池、耳攀……大部分是乡里人，有几个是李厝的。公私合营后，秉德做了批局的经理。

在访问人的一再追问下，他断断续续讲述出其中一些人负责发批的路线，从这些遍布潮阳、普宁和惠来三县村子的名字来看，大致可以勾画出其时潮汕内地乡村与海外联系的脉络：

住寨内的林胜，发上家、大宅、溪尾、庐岗、溪头……就是大宅这一路的乡里。

秋荣伯，发庐岗过去这一路。

我发的是氾水，就是赤港黄，再过去就是峡山的一半（洋内、东山、石尾歧、埔前子、东溪），直到林军草尾到港口；最远发到普宁安仁蔗山，来回要走三天三夜。

峡山的英泉，发溪新、莲塘、沙溪、土溪、港堂到汕尾，到寨外林，就是"南前后英到沈前"。

东门的佳木叔，一个人发整个和平，和平十八乡的批都是他发的。

发谷饶这一路的就是南门的锦长、锦才和荣臻。

潮汕批局中除了批脚，还有家长（掌柜）和财务。在陈顺荣工作时期，陈四合的家长就是陈云腾的二儿子陈钦江（老二叔）。老二叔每天的工作就是把侨批与批银按照线路的远近、钱额大小分配好，从批局一楼的窗口逐个交给批脚。他的业务安排十分娴熟，每次分配的侨批刚好足让批脚在一天内来回。陈顺荣说，他们是不敢偷懒的，路上要是耽误一两个钟头，回到批局就得慢一两个钟头。即使是刮风下雨，也得赶路，因此裼裤、竹篮、纸雨伞就是他每天必备的用具。老二叔还有一项重要的工作——鉴银。通行大洋时期，批局所发批银，每一个银元都须经过他的鉴定。陈顺荣对老二叔鉴银的本事一直赞不绝口。陈四合还有两个财务，负责到汕头陈四兴送回批及拿回侨批、钱银，每天一个出发，一个返回。

陈四合发的侨批以暹罗批居多。此外还有杂港批，包括实叻、槟榔屿、吉隆坡、日里。暹罗批大都来自明兴发、陈振兴和乾华隆这三个字号，他们也都是姓陈的，彼此间互相照顾。陈四合批局除了发侨批外，还经营织布厂，一共有十多台机器在织布，织成后挑到普宁流沙去卖。

根据口述资料，并根据《金瓯乡陈氏创遂堂族谱》，可以整理出陈四合批局的基本网络（图4）：

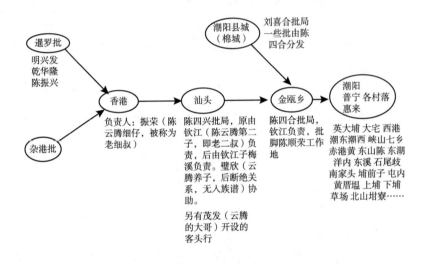

图4　陈四合批局网络示意图

1956年，批局的创始人老四伯陈云腾去世，恰逢新中国实行工商业社会主义改造，陈四合批局与其他潮汕批局一样公私合营，归中国银行管理。经地方政府政审后，陈顺荣继续在批局工作。由于工资低，他很快就自愿不做：

> 解放后，政府还去查探我的底细，看家里的情况，如亲戚是不是地主、妻儿是否老实安分、家里人怎么样等等，不是任何人都可以随便进去发批的。但一个月的工资才30.5元，当时一百斤山草都要20元，一个月也就差不多是买两百斤山草，很没有赚头。家里没钱，所以就主动离开了批局，去种田，一直种到现在这个岁数。

发批时所见之潮汕乡村社会

在陈顺荣的访谈中，经常会提及分批过程中发生的故事，其中有苦也有乐，也偶有惊险。这些故事，是观察近代潮汕乡村社会的一个窗口。

侨汇的种类与额度

民国时期，币制混乱，潮汕地区尤其严重。后来，国民政府实施币制改革，禁止现银交易，推行法币，潮汕城乡各地不但有政府发行的纸币，还通行港币以及私人商家发行的小额纸币，中共大南山根据地也有发行纸币。这些都表现在批脚发放的批款上。可以说，侨批的历史，同时也是一部近代货币史。对此，陈顺荣老人说：

> 我父亲那时在合兴发批的时候就是发龙银。他们以前挑一担最多就是只能1000元左右。一元有七钱重，1000元就有70斤，不能挑太多。
>
> 我开始发批时发国币，平时一般装半袋子钱就够，年末就得背两袋。国币越来越小后，政府就发了几种钱，有五种，有中国银行、交通银行、商业银行，还有农民银行。这几种钱又变小后，就发了一种金圆券，那时就只出五元以上的。但是五元太大了，一元就可以买两斗米，又没得找零。
>
> 乡里一些商铺也有发行纸币，发行1毫、2毫，最多到5毫。他们不敢发行100元的。因为那样他们很多现金，以备给别人兑换。
>
> 红军住在上边（大南山），他们发行"裕民券"，就让我们发批的时候发这种钱。但是在潮阳没有人要使用，我们还是发港纸。后来被他们发现了，当时批局里还剩很多港币都被拿走，这一来，批局又元气大伤了。

小额的批款由批脚直接分发，如果数额较大，例如上千上万的钱汇来，一般就会通过银行。批局把汇单送给收汇人，收侨汇的人带汇单，与汕头陈四兴的人一起到汕头的银行验收，就可以领钱回去。一张未兑现的汇单在批局最长可以保存十年。十年一过，就自动失去效用。在陈顺荣眼里，一张

200 元以上就算大批，接下来就是 100 元、80 元、70 元、60 元、50 元的：

> 在斗地主的那时候，如果寄太多钱了，也会被当地主。后来收到大批时，我就秘密让他们写成两张，一张小批 10 元、20 元的拿给农会看，另外一张大批一两百块就秘密发给他们，就是怕寄太多，被没收了，怕人家饿死啊。
>
> 公私合营后，一开始是侨批每 100 元就发 42.7 元给侨户，剩下的给批局银行和批脚发工资用，这价钱持续有十几年了，就是在"文革"时最低降低到 36.8 块。所以后来有些华侨就改寄糖油豆米了。

意外事件

批款的安全是批局的头等大事。"对于收寄批款后，批局即对之负有完全责任，无论天灾兵火，逢盗遇劫，批局都必须绝对负责"。[①]潮汕侨批历经多年运营，在政府、批局及批业公会、各收批乡村之间已经逐渐形成成熟的保障制度。简单来说，就是属地负责制，哪个地方发生批款被劫案，该地须负责缉拿凶手及赔偿。就目前的资料来看，这一制度得到了严格执行。虽然民国后期，地方不靖，批款遭劫时有发生，仍未构成严重的社会问题。

例如，1949 年 7 月 12 日，汕头陈四兴批局曾经向汕头侨批业公会报告一次遭劫事件，损失港币 2525 元。从公函行文的语气看，此事似已得到妥善解决。兹全文照录：

> 径启者。兹据敝局南山区金瓯分局报称，本月十日派遣分批工人陈炳松，携出华侨家批银项，沿向大长陇一路分送。讵行至许厝乡达大长陇交界地方，突有匪徒二猛手中各执手榴弹一枚，上前声称查私，制止炳松行动，合力用绳绕套炳松之颈，推使窒息，将所有侨信及批款全数劫掠而去。时在上午十点钟左右，途上并无行人。惟当场情形仅为大长陇一牧牛小童所窥见。及后炳松回醒，返局报告。查计被劫去信贰拾贰

---

① 汕头市商会：《潮汕侨批概况》，王炜中主编《潮汕侨批业档案选编》，香港天马出版有限公司，2010，第 6 页。

封，并现款港币贰仟伍佰贰拾伍元。当由敝分局即时至发生地段，分向地方绅耆报告备查，一面驰报前来。据此，查本业关于道途间批款被劫成案，向有规定例章，以资保障。今不幸实事发生，相应将被劫经过情形函报贵会存卷，并请录案依章办理追归所失批款，以维我业而保公益。临楮不胜翘盼待命之至。

此致汕头侨批业同业公会理事长魏

会员汕头陈四兴批局缄报启

中华民国三十八年七月十二日①

这一案件，发生在 1949 年 7 月 10 日。陈四兴批局金瓯分局（即陈四合）损失巨额批款合共港币 2525 元，只需要"分向地方绅耆报告备查"并向汕头侨批公会报请"录案依章办理追归所失批款"，因为"本业关于道途间批款被劫成案，向有规定例章，以资保障"。这个时期，刚好是陈顺荣老人在陈四合批局工作的时间，按道理他应该有所耳闻，但他终究对这一案件没有任何记忆。对于当时的治安环境，他说路上抢劫是经常发生的事情，比如有些妇女在晚上看戏的时候，耳环就很容易被抢；但抢批款很少。在访问者追问下，他终于回忆起陈四合批款被抢过两次：

有一次，秉德骑车去马闸分批，在市竹埠就被抢匪拿刀割破自行车的内外轮胎，抢了批银后就逃到山上。他马上到马闸报案，那些派出所所丁就马上拿长枪到山上去追捕。后来没抓到，虽然批银被抢，但马闸政府把批银赔偿给四合批局了。

水合也被抢过，在下桥时被抢。其他有没有我就不知道了。

陈顺荣自己在发批的时候，曾经碰过一次抢劫事件，幸运的是并非抢批款：

有一次是在溪尾李厝，有人去抢李厝李元兴的布厂。我身上挑着两

---

① 《陈四兴批局致侨批公会函：请存卷录案依章办理追归匪徒所劫批款事》（1949 年 7 月 12 日），《潮汕侨批业档案选编》，第 353 页。

袋钱，上面还叠两瓶腐乳。要过大宅时就被人叫停，不肯让我过。我说我是批局发批的，他们说知道我是四合的，要我等他们抢完布厂的东西后，等会儿再过。后来他们抢完就都走了，没有抢我身上的批银。

有一次我发到石桥头的时候，当时有个游手好闲的年轻人欲来抢我的批银，附近有个老人就骂他，他也就不敢了。

陈顺荣以活生生的例子诠释了民国时期潮汕地区侨批款安全保障机制。这一制度不但为政府、公会、批局所遵循，且已经内化成为侨乡人民奉行不悖的社会伦理道德，这对于客观评价民国地方社会具有一定的启示意义。

日军侵汕后的潮汕乡村

1939 年 6 月 22 日，汕头沦陷。日伪当局为了切断南洋侨汇对国统区的支援，强化对侨批业的控制，只准许批局在日占区内发批，对日占区外的批款予以没收，对批信或销毁或退回，南洋地区通往国统区的批路至此中断。汕头陈四兴批局与金瓯陈四合批局相继停业。陈云腾一家被迫转行，又操起卖鱼的旧生意。另有一些南洋潮属批局为了打破日伪封锁，历经风险开创了一条由南洋经芒街（属越南）、东兴（广西防城）再到潮汕的秘密汇路——东兴汇路，勉强维持国统区的侨批分发工作。[①]

1944 年 12 月，日军攻占金瓯乡所在的南山管理局，但无力再进，日伪、国共等多方势力在此呈犬牙交错状态。日军在潮阳、普宁一带大肆烧杀抢掠，许多村子被迫一夜之间“散乡”。到了 1947 年陈顺荣开始发批工作的时候，一些村子仍然是荒无人烟。陈顺荣老人提起当时目睹的情景，满脸悲戚：

> 当时正月初二，我走到牙坩寮时，还差四张批未发。那时，牙坩寮分为两个乡，一个被日本拆毁，没有乡里了，只看到一条路痕。路上又没有人可以问，刚好发现还有一个乡没有散，于是就发了三张。收批的人欢喜得如“月跌落土”[②]，说难得初二就有批送上门，要专门煮橄榄

---

① 邹金盛：《二战时期的汕头侨批汇路》，《首届侨批文化研讨会论文集》，2004，第 111～117 页。
② 潮俗俚语，形容非常高兴。

九给我吃，还有煮鸡蛋。最后我只吃了一碗橄榄九，没吃鸡蛋。

　　有一次我发批走到西港。村里的房子都还很新，但是只有一条小路可以走进去，其他的都还长草了，巷子里也没有人。我找到一位老婶婶，问为什么这里人烟这么少。她说，村里的打锡铺九成多都倒闭。因为以前船路都停了，没有销路，只能活活饿死。现在虽然船路通了，但村子只剩下300多人了。连火油火柴都买不到，只能像古时候一样击石生火。

陈顺荣老人自己也碰到过日本兵，被抓去当苦力。每次一提到鬼子，陈顺荣老人都咬牙切齿的：

　　我有一次被日本人抓去挑子弹，一担有300多斤吧。经过后坑、东门、成田、沙陇、下湖、林樟。当时还下着雨，就被抓去扛箱头。箱子大概装着与砖头一样的东西，要过一些水沟，由于一前一后，脚步不一致，就摔倒了，箱子里的砖头都倒出来了，马上就被日本人毒打了一顿。日本人太残酷了，吃又没得吃，帮他们干了活还得挨打。

潮汕乡村与海外的血肉联系

　　自宋元以来，潮汕地区就有向南洋地区移民的历史。19世纪后，随着南洋地区的开发，潮汕地区人口以非法劳工的形式开始大量输出。1860年汕头开埠，潮汕更出现移民高潮，并一直持续到1949年。移民潮使海外潮人社会与本土侨乡社会得以形成，青壮年出洋谋生者众多，家乡中遗下父母妻儿，其生活大多依赖侨汇。批银主要用于维持日常生计、小孩读书，或者作为小孩往南洋的路费。[①]侨眷生活大多困苦，在没有批银救济的时期，有的不得不上路乞讨。专门递送财物信件的批脚被侨眷们视为亲人，他们是潮汕乡村与海外联系的见证人与亲历者。

　　访谈中，陈顺荣老人一直强调，无论生活多么艰难，发批的人是不会挨

---

①　可参阅陈达《南洋华侨与闽粤社会》、陈海忠《人口迁移、区域环境与文化特质》，《韩山师范学院学报》2011年第4期，第1～7页。

饿的。送批时，都会受到收批人热情款待。有的还会煮汤丸，放两枚鸡蛋，鸡蛋吃不完就放在褡裢带回去。讲述这些故事的时候，老人家脸上洋溢着幸福的表情：

> 有一次，给一个老妇送去10多块的批银。她一定要让我在那吃饭，还把我的雨伞藏了起来。我说，我手里还有一个200元的大批，可以去那吃。但那妇女坚持说，我儿子已经有十年没寄批过来了，见到了批就相当于见到了儿子，你就在这里吃吧。那一次吃的只是过一下热水的春菜。分批人，寄批人，生活同样是辛苦，没得吃就只能饿着，赚钱难呐。

侨眷们对批脚的热情，也寄托着对远在南洋的亲人发财致富的期望，以后侨批可以像"割韭菜一样，按批按批割"。收到侨批后，便送小孩去读书。

> 有一次，有一张普宁洋尾子的批。只有十元，路很远，当天回不来，我不肯去。最后还是翁叔说服我去。去了才知道，他家的小孩当时没钱读书，写信到南洋问有没有钱资助其读书，但是那边只寄了十元国币回来。我到的时候，主人不在，隔壁人家说他们去"堵大路"（即乞讨）。他们去借去乞，供儿子读书啊。

读不下书的小孩也往往由熟人、亲人再带去南洋，潮汕的华侨也就这样真的像韭菜一样一茬一茬地长出来。

> 我记得在郭厝寮发批给一个日里客的女人。她生了四个孩子，两个大的在家，两个小的一个背在身上，一个牵着，到处乞讨。我发批给她的时候，她问我要喝粥还是吃饭，我说吃过了。她还是说：客头叔分批时不能挨饿。我便回答说，发批的人是不会饿到的，我发到哪，哪都可以留我在那吃。后来她有个亲人从日里来，把两个大的孩子带过去日里帮忙。想不到的是，自从那两个孩子到日里后，店里的生意日益见好。三年后，店主就对那两个小孩说，给你们俩兄弟分红，要是我赚100元

就分给你们 10 元，1000 的话就分给你们 100。俩兄弟后来到暹罗运米到实叻去卖，赚了很大一笔，实在是有财气。

对于这些故事，陈顺荣老人常常唏嘘不已。这些故事中，可以更深刻地理解侨批对于潮汕乡村，不仅仅具有经济意义，更是血浓于水的亲情纽带。一纸侨批，把家乡亲人与海外华侨的心紧紧系连。

结　语

通过对陈顺荣老人的访谈及阅读相关背景资料，基本能够厘清陈四合批局运作的基本脉络，凸显了批局在侨乡社会与海外华人社会之间的媒介作用。我们强调侨批是人类历史难得的记忆遗产，是华侨华人和迁出地侨眷共同的集体记忆文献，书信维系着华侨华人与故乡亲人间的情感，侨汇是侨眷生活和侨乡发展的经济命脉。每一张批信的背后，都有着一个感人至深的故事，承载着数百年来海外华侨与侨乡本土人民血肉相连的关系，以及天然淳朴的感情，当然也凝结着无数送批人辛勤的汗水。

对于这一集体记忆，或许不同的个体对侨批的理解会有所差异。在陈四合批局批脚陈顺荣的叙述中，他对侨批的记忆是非常具象的、鲜活的、生动的、充满感情的，仿佛就是昨日刚刚发生的事情一样。作为送批人，每天耳闻目睹，备感生活之艰辛，人情之可贵，悲天悯人情怀油然而生。在访谈中，他一再脱离访问者提出的问题，自然而然地谈起他对生活、对生命的理解和认识。他说，生活辛苦，做人需要刻苦，潮汕俗话就说"刻苦方能成祖"。在送批的路上，一些能做的好事，他就顺手做了。有一次，他见到一个赤身裸体的老妇冻死在路上，他身上只有一件衣服，但还是脱下来盖住她的脸。他一直说，富贵凭命，若是自己没本事，我们可以靠儿子，儿子不行可以靠孙子，"海水阔阔云开日头贵"，穷不过三代，不可能总是穷下去的。他的悲天、悯人、怜己，以及他的坚持与无奈，是无法在一纸冰冷批信上可以读到的。可以说批脚的经历及其所见，本身就是一部侨批的历史，也是地方乡村社会的历史印记，是观察中西交汇下中国基层乡村社会生态的窗口。

在历史研究中，口述史资料的价值已得到学界的承认。陈顺荣的口述呈现了与侨批档案互相补充的另一种集体记忆形式。在本文的口述资料中，时间、地点、人物等要素存在诸多自相矛盾之处，自然需要做进一步的考证及分析。对于侨批研究而言，目前难以见到有关批局的回忆录、日记、账本，故宜加紧对现存的批局工作人员进行口述访问，再通过不同口述资料的比对，对客观重建侨批史实必然大有裨益。我们相信把口述史资料、档案以及侨批原件结合起来，有助于将侨批研究提升至新的层次，这也是"后遗产时代"侨批研究的重要课题。

（作者单位：韩山师范学院潮学研究院）

晚清开埠后福州城市社会经济的发展与变化

——以西方人的观察为中心

吴巍巍

　　鸦片战争后，福州成为首批开埠的通商口岸城市之一。开埠后，西方人得以登陆福州口岸正式开展商业贸易，在中西贸易不断深入的过程中，逐渐给福州城市及周边地区注入新的血液，使得福州城市社会经济发展呈现许多有异于传统的变局气象，并使福州逐渐被纳入资本主义世界市场和殖民贸易的一环。对于福州在开埠后经济社会出现如何的变化气象，以往学界之关注多为宏观介绍，而较缺乏细部的考察①。近年来，随着史料的进一步挖掘和利用，我们发现在西方人留下的众多著述文献中，记载了大量有关于晚清福州、厦门等口岸城市经济表现面相与发展变化的细节情况，这些微观的描述对于我们了解和把握当时口岸城市经济动态提供了极佳的资料证据。为了更细致地勾画这一历史图景，本文力图在较为全面掌握西文文献（包括西人著作、文章、信件、日记、回忆录、纪念文集等）的基础上，以西人的记录为考察中心，并通过与福建地方文献的参照比较，对晚清时期福州被辟为通商口岸城市后，其社会经济状况的发展变化之格局，再作进一步的讨论。

一　"西势东渐"下的闽江口经济繁荣区

　　闽江口主要指闽江下游连接入海口位于福州城市段的江面，该段江岸及

---

① 参见林庆元主编《福建近代经济史》，福建人民出版社，2001；王尔敏《五口通商变局》，广西师范大学出版社，2006；等等。

岸上街区是清末福州人流最为集中、商贾小贩最为忙碌的区域，大小船只密密麻麻，进出货物装卸繁忙，很大程度上反映着闽省经济的发展脉搏，正如时人所言："南台距省十五里，华夷杂沓，商贾辐辏，最为闽省繁富之地"。① 当时西方人来榕后，也是首先集中于此一区域，这里的南台，主要包括今福州台江区南面与仓山北面及两区之间的水域，这是当时福州经济中心地带之一。众所周知，西方人尤其是商人来福州后，即开始迫不及待地将西方商品引进榕城，除了罪恶的鸦片，尚有棉布、纱布及其他西方制品，但西方货物除了鸦片外其他的并不畅销，反倒是福州作为福建茶叶贸易中心，成为向西方国家出口茶叶的巨大基地，而这也正是西方殖民者当初为什么坚持开放福州的主因（虽然福州开辟为通商口岸后并没有马上给他们带来预期的效果）。在闽海关 1865 年初次的年度贸易报告中，记录了福州口岸自 1842 年开埠（笔者注：该报告此记不确，福州实际的开埠时间应为 1844 年）以来贸易情况，提到在开头十几年，鸦片和茶叶是本口贸易主要支撑，1856～1861 年，茶叶贸易继续稳步和急剧发展。② 外国商船运载洋货来榕和闽江口本地乌篷船运载茶叶络绎不绝，码头岸边搬运工人也繁忙地装货卸货，由此也刺激江岸两边人潮涌动、商贾小贩摆摊做生意的局面。晚清开放通商口岸后，西方国家因为发展福州市场的需要，还开辟从外国到福州的航线，不少公司的轮船运载货物到达福州，导致了福州南台江面船舶林立，外国货轮与本土木帆船、乌篷船密集交织的画面。③ 在当时，逐渐形成一个以万寿桥（今解放大桥）为轴线，以闽江口江岸为基面，以南台两翼为外围的经济繁荣区。这种人文景观，是福州开埠后"西势东渐"刺激作用下的结果。对此，我们可以从西文文献找到不少这方面的记述和描画。

英国圣公会主教四美（George Smith，也被译作施美夫）在福州逗留期

① （清）张集馨：《道咸宦海见闻录》，中华书局，1981，第298页。
② 《闽海关年度贸易报告（1865～1928）》，载池贤仁主编《近代福州及闽东地区社会经济概况》，华艺出版社，1992，第1页。
③ 参见池贤仁主编《近代福州及闽东地区社会经济概况》，第47～50、58～60页；林庆元主编《福建近代经济史》，第172～177页；另外，笔者也在西方人著述的老照片中经常见到万寿桥江面附近西方轮船与本土船只密集交汇的情景，真实地再现了当时福州中外商品贸易往来的盛况。参见吴巍巍《西方传教士与晚清福建社会文化》，海洋出版社，2011，第四章。

间对闽江两岸尤其是船上居民经济生活做了细致观察："天不亮就被吵醒。新邻居都是船民，喧喧嚷嚷地在水上忙碌着。我走到阳台上，静静地观看下面混杂的人群。许许多多的船被贫穷的船主当作居家，一条一条沿着江岸两边排列了 3 里路长，最主要的聚集点就是小岛（指中洲岛——引者注）四周。……我在福州逗留的后半期，一般都住在南台郊区两桥之间的小岛（即中洲岛）上。这个郊区的主要部分在闽江两岸，有 20 万居民。大多数人都是船民、水手、宁波籍及其他地方坐商船来的人。这个地方盛产鱼、水果、蔬菜，到处摆着出售。水果和蔬菜是体格健壮的乡下女人送到这里来的。她们身板结实，步履矫健……"① 这些记载虽朴实平淡，却真实反映当时人们日常经济生活的状态。其中，对闽江江面船舶拥杂繁多的记述、闽江两岸码头工人忙碌的身影、乡下菜农妇女挑运货物进城贩卖等情景，都可谓是清末福州辟为通商口岸后百姓日常经济生活的图照与缩影，让人深刻感受闽江船民和底层苦力及各行业劳动者等工作生活状态的艰辛。

不仅江上繁忙，船只穿梭如织，万寿桥（解放大桥前身）两边也是布满了摊贩，做着生意，"桥上被商贩占据，有点像旧时代的伦敦桥，窄窄的通道通常挤满各种各样忙着赶路的人"；② 对此，英国圣公会的施友琴（Eugene Stock）也写道："我们站在（万寿）桥上并穿过这种方式的中国街道，放眼望去视野开阔，各种各样景象尽收眼底。一派多么繁忙和混杂的景象！熙熙攘攘的人流快速涌动，很少冲突，也少有争吵……在这我们发现显而易见的混乱无序却尚未有骚乱——一群拥拥攘攘的贪婪的商人使出浑身解数向那些围绕在他们周围的人们推销其生意"。③ 美以美会第一任会督、曾在福州传教的怀礼（I. W. Wiley）也言："中洲岛上居住的人口众多。……这里是福州最繁忙、景色最吸引人的地区之一。商店、作坊、工厂、市场、银行、寺庙、牌楼及其他公共建筑应有尽有。连接城市和郊区的主要干道从

---

① 〔英〕施美夫：《五口通商城市游记》，温时幸译，北京图书馆出版社，2007，第 262～283 页；参见原文 George Smith, *A Narrative of An Exploratory Visit to Each of the Consular Cities of China, in the years 1844, 1845, 1846*, (London: Seeley, 1847), pp. 287–299.

② George Smith, "Notices of Fuhchau fú", *Chinese Repository*, Vol. XV, (April 1846).

③ Eugene Stock, *The Story of the Fuh-Kien Mission of the Church Missionary Society*, (London: Seeley, Jackson, &Halliday, 1882), 2nd edition, p. 5.

早到晚熙熙攘攘，一片繁忙的景象"。①

总之，通过西人的笔触，我们不难看出晚清时期地处闽江最下游的福州南台两岸地区是福建经济贸易的枢纽，无论是闽省内地与沿海地区的山海贸易还是晚清开埠后的中外通商贸易，都在这里交集汇聚，造就了闽江最下游地段船舶辐辏聚集、江上码头工人辛勤劳碌、两岸商行店铺林立，商业贸易一派繁忙兴盛的景象。

二 贸易网络与街市商品经济的发展

福建是一个商业贸易网络较为发达的省份，沿海对外商贸自古以来即驰名于世，省内的府县之间的贸易网也四通八达，尤其以闽江流域和九龙江流域为依托，形成以福州和厦门为中心基地的内部商业贸易体系。晚清"西势东渐"以降，外国人与福建的贸易关系更加密切，口岸城市进一步健全其商业贸易网络，同时，城市内部的街市商品经济也得到迅猛发展。这方面，福州与西方国家的茶叶贸易，可谓突出的代表性事象。

晚清以来随着中外贸易的广泛进行，茶市得到很大发展，茶叶贸易成为福建出口贸易的大宗，成为商业市场中一块重要内容。这一景况，在西文文献中亦有较详细的反映。众所周知，英国要求清廷开放福州一个明显的目的就是要更为便利地从事茶叶贸易，因为西方所饮之茶多为武夷茶。从武夷山到福州比到广州，运费和转手费可大大降低，因此英国十分觊觎这个市场，不过福州刚开埠后对外贸易市场几乎一片沉寂，主要是由于福建主政官员的暗中阻挠，福州民众未敢与"夷人"贸易。②直到1853年情况才发生转折，该年，太平天国运动和上海小刀会起义切断了武夷山通往广州的旧茶路及通往上海的新茶路，福州成为武夷茶区唯一能保持出口路线畅通的口岸，这样，中外商人只得在福州一口从事茶叶贸易，从而使福州一跃成为国际茶叶

---

① I. W. Wiley, *China and Japan* (Cincinnati: Hitchcock and Walden, 1879), pp. 179 – 180. 另参见中译本〔美〕怀礼《一个传教士眼中的晚清社会》，王丽等译，北京图书馆出版社，2012，第92页。

② 详情可参见郦永庆编选《第一次鸦片战争之后福州问题史料》（中国第一历史档案馆），《历史研究》1990年第2期。

贸易的中心之一①。

美国传教士卢公明（Justus Doolittle）1850 年抵榕至 1873 年返美期间，正处于福州茶叶贸易迅速发展的阶段，由于他常深入民间社会调查，后来又担任琼记洋行的翻译，直接参加了茶叶贸易的全过程，因此对福州茶叶贸易盛况有直观的认识和深刻体会，并在其著《英华萃林韵府》（*Vocabulary and Hand - Book of the Chinese Language*）中留下了有关此方面的丰富记录。书中记载：由于福州成为福州茶叶对外贸易的重要港口和茶叶的重要产地，在福州从事茶叶贸易的人逐渐多了起来，当时茶行里的分工已经非常细致，计有"看更，理茶工人，打藤人，裱箱人，买办，帮买办，管账先生，报税人，茶楼人等，秤手，装茶人，筛茶人，焙茶人，铲茶箱人，打铅箱人，做茶箱人……"，林林总总达五六十种之多，可见茶市的繁荣景象。此外，在福州销售的红茶中，"最上等的品种如工夫和小种，主要来自下列地区：它们大都位于福建武夷山，如星村，赤石街，侣口，邵武……；福州的青茶，如乌龙和宝春，大部分来自下列地区，如沙县、高桥、高沙、洋溪、尤溪、永安、福安、宁洋；最好的白毫则大部分来自邵武、梨源、将口、小湖、麻沙、仁寿、屏南、坦阳、白琳"。《英华萃林韵府》中还列举了 1869 年至 1870 年茶季期间在福州销售的茶叶名称，其中以吉庆祥瑞语词命名的居多，也有依其色香味、形状、采制时期不同等命名的，共有如"芝兰、芝蕊、紫缨、紫芝、紫桂、紫莲、长春、长生、贞利、真味、真妙、秋香……"②等 300 种之多，令人眼花缭乱。书中还详细辑录了"买卖茶问答"③条目，从中可窥见当时茶叶贸易工作的基本情形。

更为直接的是，卢公明还详细记录了福州茶叶贸易的数据统计情况，他说有数据表明，福州的茶叶贸易是快速发展的："1856～1857 年间，从 4 月 30 日算起，广州出口茶叶 21359865 磅，上海是 36919064 磅，福州 34019000 磅，而这只是福州港茶叶贸易开始后的第三个年头。1859 年 7 月

①　参见〔美〕马士《中华帝国对外关系史》第 1 卷，张汇文等译，上海书店出版社，2000，第 406 页；程镇芳《五口通商前后福建茶叶贸易商路论略》，《福建师范大学学报》（哲社版）1991 年第 2 期。

②　Justus Doolittle, *Vocabulary and Hand - Book of the Chinese Language* (Rozario, Marcal and Company, 1872), Vol. 2, pp. 559 – 562.

③　Re. Justus Doolittle, *Vocabulary and Hand - Book of the Chinese Language*, Vol. 2, pp. 656 – 657.

起，广州向美国出口了 3558424 磅的茶叶，厦门是 5265100 磅，上海是 6893900 磅，福州则达 11293600 磅。在茶叶上市的季节，福州出口的茶叶总数比广州与上海的总和还要多将近一百万磅。……1863～1864 年间的茶叶旺季，截止到 5 月 31 日，福州运往英国的茶叶额达 43500000 磅，到澳大利亚的是 8300000，美国 7000000 磅，总计超过 5800 万磅。从这些数据中，我们不难看出福州在商业上的重要地位。由于红茶贸易的缘故，福州已经大踏步地成为中国最重要的领事港口之一。目前有报道说，1850～1851 年间英国政府考虑到福州微不足道的商业地位，曾打算放弃福州或考虑起用其他的港口。茶叶是福州的主要输出品，作为交换，它进口了鸦片、棉花、木制品、白银和一些其他小物品。截止到 1863 年 12 月 31 日，福州进口货物总值超过 1050 万美元，其中 500 多万元是用于购买鸦片的。与广州、上海不同的是，福州无丝绸可出口"。① 上述这些辑录和记载，真实地为我们再现了 19 世纪中叶福州茶市的繁忙景象和茶叶贸易的兴盛状况。

　　西方传教士还关注到福州对外贸易辐射的情况。作为闽江商业交通枢纽和闽江流域下游通商贸易中心基地的福州，其贸易辐射网不仅上连闽北上三府，还经由海路扩散至北方和闽南、台湾及邻近国家和地区，这在传教士著述中也能窥见零星片语，如四美在著作中记道："福州的贸易繁荣，尽管面临着这些束缚，在各种生活必需品方面与其他地方仍有大量的贸易往来。福州人从相邻的江西省进口瓷器，也从遥远的陕西省进口皮毛。帆船从山东、天津及其他沿海地方运来蔬菜和药品。从宁波进口棉布，琉球群岛来的进贡船只也运来鱼干、燕窝、酒、海参，以及日本铸造的金锭，年价值在 1 万大洋左右。本省西北乡村提供日常家用物品，如茶叶、茶油、大米、竹笋、香木和牛皮。本省南部各地，尤其是厦门和泉州附近，从陆路运来藤条、辣椒、布匹、毛料、海参、燕窝、檀香以及其他香木、人参、食糖和水银。水银等是南部富有冒险精神的人从其他国家进口到南部港口，然后从陆路运到省城，牟取暴利。作为交换，福州出口毛竹、茶叶、圆材（制作船舶桅杆之木料——译者注）、柑橘，以及烧香拜佛用的锡箔纸"。② 从四美的这段精

　　①　Justus Doolittle, *Social Life of the Chinese*,（New York: Happer & Brothers, Publishers, 1865），Vol. 1, "Introduction", p. 3.

　　②　〔英〕施美夫：《五口通商城市游记》，第 289 页；参见原文 George Smith, *A Narrative of An Exploratory Visit to Each of the Consular Cities of China, in the years 1844, 1845, 1846*, p. 319.

辟叙述，不难看出当时福州处于闽江流域经济贸易网络体系的中轴核心地位，而这种格局在福州被辟为通商口岸后更进一步得到强化。

西方商品在福州最为畅销当属鸦片，福州海关报告在开头就点明："自开埠至 1855 年，除了一些不纯鸦片的走私外，福州口岸没有什么价值。开头几年这种鸦片用来以货易货……"由此可见，福州在开埠初期并未取得英国人预期的效果，仅有鸦片这一"不道德"的商品领有市场。鸦片大量流入福州市场，说明当时吸食鸦片群体的消费需求。晚清福州吸食鸦片成风的现象，也是这种西方"罪恶商品"贸易导致的结果。这一点在西人著述也多有体现。卢公明就曾记录了福州鸦片烟馆比米店还多及人们以吸食鸦片作为待客之道的情形。他"屡次闻说，福州鸦片馆比米店更多，中国人大半嗜吃此物"[1]，通过考察更发现，"这里的中国人有一句流行话叫'烟馆比米店还多'。三四年前，在某个居民区里就有十二家鸦片零售店，卖米却只有七家，而米在中国这个地方是百姓的主食。在城市和郊区的烟馆数量据估算达几千家之多"[2]。可见，鸦片贸易给福州社会带来严重的后果，大量的瘾君子也导致了许多社会、家庭问题的滋生，对于当地的经济发展也有一定影响，例如导致银贵钱贱和福建对外贸易的衰败问题，等等。[3]

在福建口岸城市的城区内，商业贸易的兴盛还表现在街市经济的繁荣发达，具体来看反映在街道商店和做生意人群热闹嘈杂的场面，西方传教士在福州工作、生活期间就频频目睹这样的景象："有许多肉店、鱼摊，用船从山东地区运来的风干的羊腿，还有奢侈品，像蒌叶坚果、海蛞蝓，这些都是给海外移民的美味。很快，我们再一次经过通常比较拥挤的中国店铺，制作烟斗的、茶叶商、米店里各种商品上都贴有明显的价格，还有纸张和锡箔制造商、织布机、一些珍品店、丝绸商人、制作小装饰品的、人造装饰花、最后是一些书店……"；[4]"沿着狭窄的街道布满了各式各样的商店，店门都开着，在里面展示着各类商品，的确，这些都呈现出一幅充满活力的画面。……

---

① 〔美〕卢公明：《劝戒鸦片论》，亚比丝喜美总会镌，1855，哈佛大学燕京图书馆藏缩微胶片。

② Justus Doolittle, *Social Life Of The Chinese*, Vol. 2, p. 355.

③ 中国人民银行总行参事室金融史料组编《中国近代货币史资料》第 1 辑上册，中华书局，1964，第 456 页。

④ George Smith, "Notices of Fuhchau fú", *Chinese Repository*, vol. XV, April 1846.

华丽而活泼的瓷器店、米店、茶叶店、古董店、丝绸店、饰物小店、假花店、灯笼店、书店等到随处可见，应有尽有"①。相似的情况也见载于厦门口岸："许多中国街道坐落着仅提供某种产品的商店。相比像厦门，这种情况在大的市镇更常见。在厦门，也有制靴街、篮子街以及被卖米店占据的街道等。商店通常处于混乱无序状态。……商店制造各种级别的展示品，也混合着平常的工艺和程序。这里有一种五金商店，柜台挨着路面，悬挂着各式各样混在一起的生锈的钥匙、锁、铜线、螺钉、铁锤及其他各种工具……"②可见，口岸城市街市经济主要是延续着传统的发展步调，同时也呈现中西贸易带来的影响。

三 城市手工业传统的延续与成熟

晚清福建口岸城市手工业发展，在很大程度上因"西势东渐"而带来新的契机，从而加快了前进的步伐。这方面，茶叶加工生产可谓典型表现。在西方与福建茶叶贸易蓬勃发展局面的带动下，福建各地茶叶生产加工也是愈益兴旺发达，成为手工业领域的致富典范。

长期生活于榕城的卢公明，对福州制作乌龙茶的加工工序有一段细致描述："新鲜的叶子只晒一小会儿，不等到枯萎，但是要等到所有的露水或者水或外部的湿气都消失为止。把叶子放在铁器里，然后放在小火或温火上烘焙，而不是放在太阳底下暴晒。要不断地用手搅动茶叶以防止烧焦、变脆。不能完全烘干而只是半干。打着赤脚的男人踩着茶叶，把茶叶卷起来，然后在太阳下晒干或空气里风干。之后经过筛选，在铁锅里加热，这样手工制作的乌龙茶的茶叶就算好了"。由于卢公明曾在福州琼记洋行工作过，有较多机会了解茶叶的加工制作程序，故其介绍较为精确。制茶业的发达表明晚清时期茶叶贸易的兴盛，利用闲暇时间参加打工的制茶手工业者也因此能得到一定的经济收入，"在福州郊区，许多企业在茶季雇佣了大批年轻小伙子、妇女和儿童。他们辛勤地筛选叶子，妇女和儿童每天可赚 3~6 分，这依他

---

① I. W. Wiley, *China and Japan*, pp. 187~188.

② Edwin Joshua Dukes, *Everyday Life in China or Scenes along River and Road in Fuh - Kien*, (London: The Religious Tract Society, 1885), p. 25.

们的技术和知名度而定。他们自己管吃住，而男人们一天能赚 5～8 分，包括食宿在内"。① 通过这些叙述，也可从一个侧面反映晚清福建制茶手工业的隆兴。

糖是西人关注的贸易物品，而制糖业又是福建传统的手工业的代表之一，对此，西文文献亦见记载。1849 年 1 月间美以美会传教士麦利和（R. S. Maclay）与柯林（J. D. Collins）雇船溯闽江口从事考察，途经一家制糖工厂并记述了加工厂手工劳作情况："我们来到一家正在开工的制糖作坊。这座榨糖厂房是简易的木结构单层建筑。屋顶覆盖茅草。作坊内有一台碾压甘蔗的磨碾，一个收集糖渍的瓮缸，一个熬糖用的水壶。他们的磨碾和美国人酿制苹果酒工艺中榨压苹果汁的磨碾很相似。他们用小公牛拉动磨碾，尽管原理很简单、构造粗糙，但这套机器看上去运行有效。……我们考察的工厂只生产粗糖；在福建省内尚有不少生产白糖、圆锥形糖块、冰糖的精细加工厂"。② 麦利和等人所察看到的制糖厂采用的是当时福州在全国比较领先的磨蔗煮糖法。对于这一技术，明末宋应星在其《天工开物》曾有详细说明，晚清时期福建糖的品种主要有乌糖（亦作青糖、赤糖）、漏斗糖（半白糖）、白糖和冰糖诸种，③ 麦利和在文中介绍的粗糖实际上就是乌糖。对此，卢公明也印证道："有一种甘蔗，由于只以插条方式繁殖并可制成质量较差的红糖（即乌糖），人们大量种植。福州人用的最上等的糖是从本省较南部地区引进的，是用其他种类的甘蔗制成"。④ 不管糖的品级如何，传教士们都关注到福建蔗糖手工业生产的一些细致的状况；而作为福州传统手工产业，糖制品是颇受各地欢迎的产品，对此，西文文献也记载了福州在闽江中游属县尤溪县的糖品生产与销售的情况，根据当时一位外国人士的调查："一制糖所输出额，每年大约冰糖四五千笼，白糖二三百笼，一笼约合一百十斤，而城内由此制糖所三十一户。……精制之糖一般运销厦门，更输送至上海、天津、牛庄等"。⑤

城市手工业匠人繁忙劳作是晚清福建城市经济生活日常场景之一角。

---

① Justus Doolittle, *Social Life of the Chinese*, Vol. 1, p. 49.

② R. S. Maclay, *Life Among the Chinese*, (New York: Carlton & Porter, 1861), pp. 183 - 184.

③ 参见唐文基主编《福建古代经济史》，福建教育出版社，1995，第 424 页。

④ Justus Doolittle, *Social Life of the Chinese*, Vol. 1, p. 43.

⑤ 彭泽益编《中国近代手工业史资料》第 2 辑，中华书局，1962，第 116 页。

四美在游历福州时期，记叙了福州城街道上手工业匠人繁忙工作的景象：
"我们继续向前走，穿过唯一的街道。这条街大体上是相当典型的中国街
道，至多在商店的文明和洁净程度方面有点差别。在街上，可以看到当地
各行各业的手工业匠人在辛苦繁忙地干活，并销售他们制造的劳动产品。
一间房有三种用途，既是工作间，也是仓库和柜台。在他们窄小的住处充
斥着锻炉和铁锤震耳欲聋的声音，这里有一小组的拉线工、铜匠和纽扣
匠；还有由四个人组成的铁匠群，快速地在铁砧上轮流锤打。这里还可以
看到制作雕像的，制作灯具的，制作橱柜的，木匠，制作箱子的，木材车
工，制革工人，鞋匠，裁缝，金匠，银匠，伞匠，弹棉花的，百货商，药
商，玉石切割匠，雕刻印章的和装裱匠，各种手工艺为中国人的生活提供
了必需品和奢侈品"。① 对此，怀礼也有同样的记载："拉丝工、冶炼工、制
扣工、铁匠都分成小组，每组四人，交替着快速在铁砧上击打着。这里也可
看见作画的、制灯的、做橱柜的、木匠、做大柜子的、旋工、制革的、鞋
匠、裁缝、做金箔的、做伞的、弹棉花的、卖杂货的、石匠、雕刻工、油漆
匠等，都在众目睽睽下完成他们的作品"。② 相似的场景在厦门、泉州等福
建沿岸城市也常见诸西人笔触，说明了晚清时期口岸城市手工业发展业已臻
成熟发达的程度。

四　银票业的发展、新式金融业与洋行的出现

近代口岸城市商业的繁荣，还体现在城市钱庄票号与货币体系制度的
发展。卢公明在《中国人的社会生活》中专门论述福州本地银行（笔者
注：应指钱庄）业务、票据汇兑现金及借贷、商会组织等现象，为人们展
示了一幅生动鲜活的晚清福州金融商业发展概况，例如述及钱庄银票业务
的情况，他记道："在1850年，这里的银票或现金的1元相当于1400个铜
钱，在1854年相当于1750个铜钱，现在（1863年8月）则相当于1050个
铜钱。……几年前，因普通铜币的极度缺乏，福州的满清官员本着清政府
的利益发行了纸币。政府也发行了铁币。铁币最初与铜币是等值的。但很

---

① George Smith, "Notices of Fuhchau fú", *Chinese Repository*, Vol. ⅩⅤ, (April 1846).

② I. W. Wiley, *China and Japan*, p. 187.

快出现了很多伪造的铁币，而且生起了锈。而政府发行的纸币，本来可以用铁币支付并与铜币等值，却变得不受欢迎并大幅贬值。政府最后从流通领域收回铁币并撤回纸币，让私人银行像从前一样提供银票"；"福州拥有一些历史悠久的地方银行（即钱庄），其所有者以非常富有和诚实而闻名，它们的银票通常用在商业交易中，这些银票采用不同的单位，代表铜钱、元或白银。其面值不同，从四百个铜钱、五百个铜钱、六百个铜钱、一千个铜钱不等，到高达几十万个铜钱；从一元到几百或上千元；从一两到几百或几千两银子。经验证明来自伪造者的风险较小。人们更喜欢用银票代替现金，除非卖主想将钱用来购买小物件，或付给不同的人。真正的风险来自于钱庄突然倒闭的可能性"①。据外国人观察，在1867年前后，"福州本地银号有90家，20家在城内，70家在城外，资金最大的据说有45000两。城外70家中有12家大银号，每家拥有资金银15000到20000两，其余均系小银号"。②

　　银票业务是晚清福州商业活动最为显著的一项特点，1840年以前，当铺、钱庄、票号等旧式金融机构在福州即已存在并十分发达，它们"大部分拥有较大的资本，这些钱庄都收受存款，签发票据……由于钱庄信用卓著，中外商人对钱庄签发的票据视为与现钱无异"③。英国领事巴夏礼（H. S. Parkes）曾对1850年左右的福州纸币和钱庄业务有过专门研究，他发现"在福州，纸币被广泛应用于流通领域，很受人们关注；银行（钱庄）系统从事有关的业务，这是该地区商业贸易最为显著的特征之一"。④ 美国传教士汉学家卫三畏（Samuel W. Williams）对福州票据业也有一定描述："福州发行的票据甚至比英国银行发行的纸币版式更大，把边缘部分包括进去，约长10英寸、宽4英寸，但票据四周边沿部分相较纸币更短而窄。票据右边部分戳盖着各式各样的印花、图章和刻写的标志，所有的票据都一分为二，另外一半由钱庄留存，作为票据于某时已支付的凭证；从这里我们可推

①　Justus Doolittle, *Social Life of the Chinese*, Vol. 2, pp. 139 – 140.

②　《闽海关年度贸易报告（1865～1928）》，载池贤仁主编《近代福州及闽东地区社会经济概况》，第60页。

③　George Smith, "Notices of Fuhchau fú", *Chinese Repository*, Vol. XV, April 1846.

④　H. S. Parkes, "Account of the Paper Currency and Banking System of Fuchowfoo", *Journal of the Royal Asiatic Society of Great Britain and Ireland*, Vol. 13, 1852, p. 180.

断纸币可能产生于银行（钱庄）在印刷书籍时，填之以票据内容以应人们所需"。① 上述西文文献的记述不仅真实再现了旧式商业和金融业的运作和惯例，也反映出西式的金融商业惯例对传统金融业的渗透和冲击，如本地钱庄的票据业务就明显受到了来自外国银行的纸币业务与银元买卖等活动的影响。

西方新式金融业对福州更直接的冲击表现在银行的出现，晚清开埠后的很长时期内，开办经营银行一直是外国人的操纵的行为。1850年，英国丽如银行（又称东方银行）在福州设立分行，这是最早来榕的外国银行。1861年，英国汇隆银行在福州设立代理处，著名的汇丰银行则于1865年在榕设立分理处，并于1868年升格为福州分行。至1882年，共有7家外国银行在福州设立了分支机构，② 形成了福州现代银行业的雏形。这些在榕银行机构主要经营的业务为国际汇兑、金银买卖和发行纸币。不过，外国银行业务主要是针对在华从事经济活动的外商，对华人金融业则没有完全开展，其竞争力也比不上相对更为灵活的本土钱庄业，故其影响还是有一定局限的。

洋行是配合外国商人在华从事经济贸易而开办发展起来的，并逐渐从代理中外货物的订购运销等传统业务演变成"担任各式各样的职务"，如与本国商号联营、办理金融汇兑、借贷业等，还涉足于轮船修造、食品加工、保险、证券以及房地产等经济领域，③ 是西方商品经济对中国口岸城市经济冲击的直接表现之一。福州开埠后，洋行也不例外地在此产生和发展起来。根据闽海关总务课主任李瓦特的统计报告，1867年福州已有15家英国商行，3家美国商行，2家德国商行，1家布律吉商行，3家银行，2家货栈和1个印刷局。④ 洋行的活动对口岸城市社会经济的影响是十分深远的，它们是中外商品贸易需求下的产物，同时也逐渐成为地方城市经济活动的构成要素之

① Samuel W. Williams, "Paper money among the Chinese, and description of a bill from Fuhchau", *Chinese Repository*, Vol. XX, June, 1851.

② 《闽海关十年报1882~1891年》，载《福建文史资料选辑》第10辑，第87页。

③ 参见汪敬虞《十九世纪外国在华金融活动中的银行与洋行》，《历史研究》1994年第1期；林日杖：《鸦片战争前后外国在华洋行经济活动初探》，福建师范大学硕士学位论文，2001。

④ 《闽海关年度贸易报告（1865~1928）》，载池贤仁主编《近代福州及闽东地区社会经济概况》，第60页。

一。直至现在，在福州城市的原经济繁荣区的老街道和原外国侨民寓居区，还遗留着一些洋行的遗址，[①] 见证了近代中西经济交融互动的沧桑历史。

五　余论

晚清以来，通商口岸城市社会经济的发展演变格局，是"西力东渐"与口岸城市内部经济社会运转共同作用下的结果。西方资本主义对口岸城市商品市场的侵入，一方面将西方商品首先倾销输出至沿海口岸城市；另一方面则继续着对中国商品的进口，也为当地的农产品和生产加工业提供了商机。正是在这样的境遇下，通商口岸城市经济社会内部的发展也呈现与以往大不相同的动态格局。详究其因，概言之，有以下几个方面。

首先，福州作为省会城市与闽江交通、经济枢纽的重要地位，决定了其身处商品经济中心的核心角色。来自闽西北的农副产品等货物集中运贩福州的格局已形成传统，牢不可破，邻近省份的贸易也集中于福州；另外，中国与琉球的朝贡贸易也限定在福州一口，这种格局直至近代依然有序地延续下来。

其次，中外贸易的需求刺激了福州本土经济的发展，尤其以茶叶贸易为代表，表现出新的情况。从1853年起直到19世纪80年代中期，福州茶叶出口量一直处于上升态势，福州成为三大茶埠之一。[②] 这固然与茶路变化密切相关，更重要的是反映出中国茶叶市场与外国贸易的需求增加，对此，我们从晚清开埠后前往福州从事商业贸易的洋行、洋商不断增多也可窥见，即如当时《申报》所记福州之"南台地方，为省会精华之区，洋行茶行，密如栉比"。[③] 每逢茶季，"洋商采买，聚集福州"，[④] 外销红茶均集中福州分类包装，然后发运欧美，从而形成福州茶市。这一状况，也决定了晚清闽江驳船运输的兴起，因为闽江港道无法通大船，需用小船装驳，再运至停泊在马尾洋面的大船上；同样，外国货物运至福州城内也是如此。当然中外贸易对地方经济的刺激不仅表现在商品贸易上，其影响力远及农副业的生产、种植和加工等；如在鸦片贸易的影响下，福建本地也开始大量种植罂粟，当时

---

①　参见曾意丹主编《福州旧影》，人民美术出版社，2000。

②　陶德臣：《福州开埠与近代福州茶市》，《古今农业》2001年第3期。

③　《申报》光绪六年十二月十一日。

④　姚贤镐编《中国近代对外贸易史资料》第1册，中华书局，1962，第612页。

在福州、厦门活动的西方人，皆对当地的此一现象进行了记录。①

再次，西方商业制度对福州本土的冲击和影响。海关、洋行、西方金融、货币、银票业等因素，构成当时西方人操控经济的主要手段：海关把持着进出口货物检查、课税等；洋行掌控商品买卖并催生中国的买办阶层；银元等西方货币流入福州市场使得当地货币体系做出应对和调整；银票业务则反映了贸易发展的需求，并同时对福州本土钱庄业务产生竞争机制与促进作用，使得本土票据业也出现了一些新的元素，等等。

总之，引导晚清开埠后福州城市社会经济发展变化之因素是多方面的，不一而足；但"西力冲击"绝对是值得我们深入探讨的关键性构成要素，而透过当时来华西人的视野，或许也可在某些程度上感受到时代经济的跳动脉搏。著名历史学者王尔敏教授说："五口通商则表现出中国近代史上一个重大关键，虽是被迫，自也是对世界开放，逐渐显出与五口通商前之中国显著不同，亦可谓是一个重大分野"。② 借助晚清来华西人对福州城市史的记述，可以深化今人对口岸城市社会经济变化与开埠前之不同状况的认识，更令人深刻感受到口岸城市经济繁荣活络的动态气息。在西力冲击和本土经济驱动力的双重影响下，城市经济的发展在延续传统格局的同时，也显现出中西贸易往来程度加深与西方经济模式移植等特征。这样的时代处境，不仅对城市经济发展提出新的问题和契机，也对民众的生活模式带来了新的影响要素。东西方贸易交流的深层互动，带来的不仅是城市经济发展变迁的内外驱动力，也间接地导致在其他层面，诸如政治、文化、教育、社会事业等一系列的连锁反应，这些都使得福州的城市发展不可避免地烙刻上了"西方元素"的印痕。

（作者单位：福建师范大学闽台区域研究中心）

---

① Re. J. Sadler, "The Poppy Growth About Amoy", *The China Review*, Vol. 22, No. 5 (1897).
② 王尔敏：《五口通商变局》，第 2 页。

清代漂流到中国的琉球船
乘员之言语接触

岑　玲

一　绪言

琉球王国位于中国的台湾岛和日本的九州各岛之间，共由 36 个岛屿组成，与中国的浙江省、福建省隔海相望。因其四面环海，与外国的交流几乎都依靠海船来进行。而中国是世界上拥有最古老的航海技术的国家之一，船在中国的沿海地区是重要的交通工具，因此自古以来中国沿海与琉球的海船就一直有所接触，两国之间建立了良好的关系。大约早在中国明朝初期，琉球的史籍中就有两国交流的记录。琉球王朝时期，琉球国王就一直请求并接受中国皇帝的册封，即使在 17 世纪初琉球受到萨摩藩（今鹿儿岛县）岛津氏的入侵时，也依然维持着这一层关系。截至 1879 年日本明治政府将琉球国设为冲绳县为止，中国与琉球的朝贡关系已持续了五个多世纪。

从 17 世纪开始到 19 世纪后半期，有很多艘琉球船漂着到了中国大陆的沿海地区。有关于这些琉球船的漂着史料，中国第一历史档案馆编集的《清代中琉关系档案选编》①等档案史料中都有所发现，其中从清朝的

---

① 除《清代中琉关系档案选编》（中华书局，1993）之外，还有《清代中琉关系档案续编》（中华书局，1994）、《清代中琉关系档案三编》（中华书局，1996）、《清代中琉关系档案四编》（中华书局，2000）、《清代中琉关系档案五编》（中华书局，2002）、《清代中琉关系档案六编》（中华书局，2005）等。

乾隆时代开始到光绪时代为止的这段时期，漂着到清朝中国的琉球船数量特别多。特别是有关于乾隆时代，日本的田名真之先生有《琉球船的漂流·漂着——以乾隆期的事件为例》① 一文，说明了琉球诸岛之间有很多依靠船而展开的交通航运的情况。但是对于这些从琉球诸岛出发，因遭风而漂着到清朝境内的琉球船，它们所载货物的种类、数量和特性，以及它们是怎样具体进行航运等问题，田名真之先生并未展开讨论。而清代档案则正是较为详细地记录下了有关于漂着到清朝境内的琉球船的相关调查，例如关于琉球国的漂流船上所载货物的种类、特性和琉球船的航运状况等等，都能从中有所窥见。而琉球王国时代为数极少的社会经济史料，则可视为清代档案的补充材料。通过对这两种史料的综合运用，我们可以看到，在众多琉球漂流船中，其航运目的最主要的，还是从琉球诸岛往那霸的琉球王府进贡米谷。由此我们也已经明了漂着到清朝境内的琉球漂流船船货中，米谷、棉布、砂糖和芭蕉布在琉球国内的流通情况。②

关于这些漂流到中国的琉球船，有很多地方值得探讨。在攻读硕士学位期间，笔者对琉球漂流船上的货物进行了研究，特别是对货物中数量较多的米谷、棉布、砂糖和芭蕉布等，有关其生产地和流通等问题，做了较为详细的考察。这些漂流难船上所载的货物，大多数因为逃生的需要，被抛入大海，也有部分有幸被保留下来。而那些琉球漂流船上的船员在漂流到中国后，有关清政府与这些琉球漂流难民们的言语交流的问题，笔者也非常感兴趣，但还未能有较为详细的研究，希望能在此篇文章中，从文化交涉的角度，对上述问题展开研究。

---

① 田名真之：《琉球船的漂流·漂著—以乾隆期的事件為例—》，《第八回琉中歴史関係国際学術会議論文集》，琉球中国歴史関係国際学術会議編，2001 年 3 月，第 119～140 页。

② 岑玲：《清代檔案に見る琉球漂流船の積荷—米穀を中心に—》，《南島史学》第 75·76 合併号，2010 年 11 月，第 55～72 页。

岑玲：《清代檔案に見る琉球漂流船の積荷—綿布を中心に—》，《千里山文學論集》第 84 号，2010 年 9 月，第 147～168 页。

岑玲：《清代檔案に見る琉球漂流船の積荷—砂糖を中心に—》，《文化交渉》東アジア文化研究科院生論集創刊号，2013 年 1 月，第 391～402 页。

岑玲：《清代檔案に見る琉球漂流船の積荷—芭蕉布を中心に—》，《南島史学》第 77·78 合併号，2011 年 12 月，第 86～97 页。

二　清代漂流到中国的琉球船

明朝以后，中国与琉球国的关系变得日益活跃起来。琉球国作为一个海洋岛国，海上的交通非常重要。受其周围环境的影响，琉球船在海洋行驶时，如果遇到飓风等海难，多数会漂流到中国的沿海地区。随着琉球国向清朝政府的朝贡贸易活动的日渐稳定，来往于琉球国与清朝之间的海船日益增加，由于海上自然环境的特殊性和当时航海技术的局限性，海船遭遇飓风漂流到清朝境内的漂流难船数量亦不断增加。在《清代中琉关系档案选编》中有 370 余条是关于清代漂流到中国的琉球民间漂流船的记录，以下是其中的 21 个典型事例。

（1）乾隆二年（1737）九月二十六日浙江布政使张若震奏报抚恤琉球国遭风难民折

乾隆二年九月……据象山县详复……这是大琉球差船，差往宫古山，装绵花粟布的，舵工一名，水手九名，六月二十日装了绵花粟布，在宫古山开船，二十四日在洋遇飓……①

（2）乾隆二十六年（1761）九月十九日福州将军社图肯奏琉球国飘风难民照例抚恤折

本年七月十七日有琉球国小船一只，遭风飘到本县梅花港地方，船内水梢共九人，船身长四丈一尺，阔一丈三尺，并无损坏……②

（3）乾隆三十五年（1770）八月二十日署理浙江巡抚熊学鹏奏琉球国飘风难民照例抚恤折

……遇风漂流至玉环长沙洋面……查验船内番人共四十名，船身长八丈有余，梁头一丈九尺，装载米粟、绵花、绵布、黑绳等货……系琉球国中山王辖地八重山岛人。③

（4）乾隆三十八年（1773）八月初六日浙江巡抚三宝奏抚恤琉球

---

① 《清代中琉关系档案选编》，第 1 页。
② 《清代中琉关系档案选编》，第 85 ~ 86 页。
③ 《清代中琉关系档案选编》，第 126 ~ 127 页。

国遭风难民折

据宁波府象山县知县钱曜详报……据书称系琉球国中山人，奉本国王差首里三品横目勤番须样智等守护米船交卸回棹……漂去杉板小船一只……查验该船身长六丈二尺，梁头一丈七尺七寸……船内番目船户人等共二十九名。①

（5）乾隆四十一年（1776）七月二十四日浙江巡抚三宝奏琉球国遭风难民漂至境内循例抚恤折

……奉化县知县李溥会同禀称……二十六日有番船一只漂流到境……查验，该番船长九丈一尺五寸，梁头阔二丈一尺五寸，桅舵无损，查点番人共四十七名……船载米粟、苎布、牛脯、牛皮、木耳、海鼠等物……据书是琉球国所管太平山人，每年到国王处上纳米粟、苎布等物……船内向宣烈……四名系头目，宪章等四十三名系舵水。②

（6）乾隆五十八年（1793）十月初一日浙江巡抚觉罗吉庆奏抚恤琉球国难民护送赴闽折

据镇海县知县汪诚若禀……船身量长五丈九尺，计十三舱，中舱均已损漏，筇缆亦多破坏，船上番人连舵水共九名……写供船主名比嘉，系琉球国内泊府人，本年六月三十日由本国八重山装载米粟三百包进纳国王……③

（7）乾隆六十年（1795）二月初三日浙江巡抚觉罗吉庆奏抚恤琉球国难民护送赴闽折

乾隆五十九年八月据象山县详报……内番人五名……船身量长二丈八尺，阔一丈……询称，系琉球国泊县人，船主名比嘉，舵工、水手四人，六月内装载薪木由泊县往本国忍纳府货卖。

又于九月内据署乐清县朱埙详报……内番人九名……船身量长四丈三尺，阔一丈五尺……供系琉球国泊县人，船主系数，舵工、水手八人，六月内由泊县装载小米三百余包并芝麻、烟叶往本国砂川货卖。④

（8）嘉庆十六年（1811）八月十五日福建巡抚张师诚奏琉球国遭

---

① 《清代中琉关系档案选编》，第152页。
② 《清代中琉关系档案选编》，第179～180页。
③ 《清代中琉关系档案选编》，第253～254页。
④ 《清代中琉关系档案选编》，第268～269页。

风难民抚恤折

　　……译讯得大城等八人俱系琉球国糸满村人，每两人驾坐自置<u>独木</u><u>小船</u>一只，八人共坐驾小船四只，并无桅篷、杠棋、货物，亦无船照，只有鱼网、钓具、鱼刀、杂物，在该国海边捕鱼度日……七月十七日漂到闽安镇地方。①

　　（9）嘉庆十八年（1813）七月十一日福建巡抚张师诚奏琉球国遭风难民抚恤折

　　伊良波等三名系琉球国姑米山人，坐驾<u>独木小船</u>捕鱼度日。嘉庆十八年四月十四在马齿山放钓，遇风漂流。二十五日漂至台湾金鸡貂海边。②

　　（10）道光五年（1825）六月二十七日护理山东巡抚布政使讷尔经额奏琉球国遭风难民妥为抚恤折

　　本月二十五日据文登县代行典史玉书山禀报……六月十三日……有琉球国夷船一只遭风飘泊海口，查无银两、货物，止有夷人四名，木箱、行箱各二个，<u>查验该船约长二丈七尺余</u>……询据写称系琉球国首里门泊人，于五月十六日四人驾船装载薪木出海，赴国陨府售卖。③

　　（11）道光十一年（1831）八月三十日山东巡抚讷尔经额奏琉球国遭风难民照例抚恤折

　　据署荣城县……申报，六月十六日该处海口有飘到夷船一只……该<u>船量长三丈</u>，船上载有夷人四名，黄牛三只，豆、麦、小米五包……据书，系岭年二十三岁，大琉球国那霸府人……在本国海岛赶集贩卖牛只、米豆……④

　　（12）道光十二年（1832）九月初十日福建巡抚魏元烺奏琉球国遭风难民循例抚恤折

　　……译讯该难夷里筑登之亲云上、金城……等六名俱系琉球国太平山人，驾<u>小海船</u>一只，并无军器，本年三月初十日在该国装盐三十五包欲往该国属北山府贸易。因风不顺至四月初四日遭风……初八日遇营船

---

①　《清代中琉关系档案选编》，第 445～446 页。
②　《清代中琉关系档案选编》，第 459～460 页。
③　《清代中琉关系档案选编》，第 625～626 页。
④　《清代中琉关系档案选编》，第 688～689 页。

护至福鼎县辖内港湾泊。①

　　（13）道光二十二年（1842）五月二十日福建巡抚刘鸿翔奏抚恤琉球国遭风难民折

　　……译讯该难夷武克教是船主……通船十人均系琉球国并城郡糸满邑人，驾坐小船一只，船内带有独木小脚船三只，并无牌照、军器……往本国属宫古岛洋面捕鱼……至四月初一日漂至涌山洋面。②

　　（14）道光二十五年（1845）正月二十四日闽浙总督刘韵珂等奏江浙两省送到琉球国遭风难民照例抚恤折

　　难夷岛袋即袁肇声等十八名均系琉球国那霸府东西村人，坐驾小海船一只，船身长五丈，梁头阔一丈七尺，杉板脚船一只，并无军器、牌照，于道光二十四年……粮米一千二百一十七包、蕉布九十七疋运回那霸府交纳……于六月十四日从太平山开船……至二十一日漂收江苏盐城县洋面。

　　又难夷平安名即平安筑登之……坐驾小海船一只，船身长五丈二尺，梁头阔一丈三尺八寸，杉板脚船一只，并无军器、牌照，于道光二十三年四月……十七日到八重山催齐粮米二百五十二包装载下船……通船计共九人……至四月初四日漂收浙江太平县辖洋面。

　　又难夷玉城等三名俱系琉球国那霸府人，坐驾小海船一只，船身长三丈六尺五寸，梁头阔一丈一尺，并无牌照、军器，于道光二十四年六月二十一日在那霸港开船，往本国属叶壁山岛装载柴片……至二十八日漂收浙江定海县辖洋面停泊。

　　又难夷三良比嘉等……俱系琉球国那霸府人，并载牌照明白坐驾小海船一只，船身长七丈五尺，梁头阔二丈二尺，杉板脚船一只，并无军器，于道光二十四年……奉差驾往本国属宫古岛催运粮米……通船共计一十七人……六月十三日从宫古岛开船……至二十一日漂收浙江象山县辖洋面停泊。③

　　（15）道光二十六年（1846）十一月十二日闽浙总督刘韵珂等奏琉

①　《清代中琉关系档案选编》，第 706 页。
②　《清代中琉关系档案选编》，第 832 页。
③　《清代中琉关系档案选编》，第 867~870 页。

球国遭风难民照例抚恤折

……难夷比嘉等五名俱系琉球国那霸府人，坐驾<u>小海船</u>一只，并无军器、牌照，于本年五月二十五日在本国那霸港奉差开往太平山岛催运粮米……至闰五月十三日漂收山东海阳县辖洋面。

又难夷大岭等八名俱系琉球国久米村人，坐驾<u>小海船</u>一只、<u>小脚船</u>一只，并无军器、牌照，于道光二十六年五月初五日在那霸港奉差开往宫古岛载运粮米。另有同村……三人搭船到宫古岛上岸。初六日船到该岛装载小米、棉花，于六月初七日在该岛开船回籍……至十五日飘收江苏川沙厅辖洋面。

又难夷玉城等五名俱系琉球国濑田村人，坐驾<u>小海船</u>一只、<u>小脚船</u>一只，并无牌照、军器，于本年闰五月十四日开往宫古岛买办粟米。六月初五日在该岛开船回籍……至十六日漂收江苏如皋县辖洋面。①

（16）道光三十年（1850）五月二十八日福建巡抚徐继畬奏琉球国遭风难民照例抚恤折

……译讯，该难夷津茹山即山口子系船主、舵工……通船原共五人，俱是琉球国首里府人，坐驾<u>小海船</u>一只，并无牌照、军器，道光二十九年十二月十五日在本处国头岛地方载运薪木，驾往本国原与那原地方售卖，至二十一日坐船驾回……至本年三月初七日漂收霞浦县辖三沙洋面。②

（17）咸丰四年（1854）八月十二日闽浙总督王懿德奏琉球国遭风难船照例抚恤折

……译讯该难夷蔡克让供称……通船原共九人，俱系琉球国那霸府人，坐驾<u>小海船</u>一只，<u>船身长三丈六尺</u>，<u>梁头阔二丈一尺</u>，<u>杉板脚船</u>一只，并无牌照、军器，本年四月十一日奉差往太平山岛催运粮米。彼时值有搭客……本处置买靛青十五埕……装载船内运往太平山岛售卖。又有……二人系太平山岛差役，奉派往那霸府公干事竣附搭回籍。是以通船共计二十二人、是日由那霸港开船……十七日至沙埕洋面湾泊。③

① 《清代中琉关系档案选编》，第880~882页。
② 《清代中琉关系档案选编》，第910~911页。
③ 《清代中琉关系档案选编》，第950~952页。

（18）光绪八年（1882）七月十九日闽浙总督何璟奏琉球国难人循例抚恤折

……译讯据供，监良仁是船主……通船一十一人俱系琉球首里府人，驾坐小海船一只，于本年三月在八重山开船来闽，忽遇暴风飘至浙江宁波府辖洋面。①

（19）光绪八年（1882）十二月十七日闽浙总督何璟奏琉球国遭风难人循例抚恤折

……据淡水县送到琉球遭风难人向德明等六名……俱系琉球国那霸府人，驾坐小海船一只，于十月初四日开驶来闽……十一日漂至台北府辖洋面。②

（20）光绪十二年（1886）正月二十八日闽浙总督杨昌浚奏琉球遭风难人抚恤折

……琉球遭风难人郑邦选等七名……译讯据供……俱系琉球那霸府人，驾坐小海船一只，于上年九月二十三日开驶来闽，在洋遭风漂至广东、香港。③

（21）光绪十六年（1890）七月十八日浙江巡抚崧骏奏琉球遭风难民抚恤折

禀据镇海县船户等报称，本年六月初四日……当即驶救查有难夷三十二人……均系琉球国中山府冲绳县人，船主安里勾……于五月十三日由琉球府开船，往蔡松地方销卖烟叶、米麻等货……该船梁头二丈，船身计长七丈三尺，约有二十余前斤货物可装。④

在这 21 个典型事例中，或说明了琉球民间船的类型，或详细记录了琉球民间船尺寸的大小。从清代档案史料中可以看出，大部分的琉球民间船，其出发地和目的地都是那霸、中山和泊村。这些船只往来于琉球群岛和琉球王府之间，从事着进贡物品等活动。但是从清代档案来看，也有一部分的琉

---

①　《清代中琉关系档案选编》，第 1130～1131 页。
②　《清代中琉关系档案选编》，第 1135～1136 页。
③　《清代中琉关系档案选编》，第 1150 页。
④　《清代中琉关系档案选编》，第 1162～1163 页。

球民间船在琉球近海海域从事着捕鱼、贸易等的活动。①

到了清末，除了以贡纳为目的的，与琉球王府没有直接关系，单纯是民间航运的琉球船也是存在的，这在前文提到的清代档案中都有记录。在琉球王朝时代，以运送贡米为目的，往来于八重山群岛和那霸琉球王府之间的琉球船是络绎不绝的。此外在琉球群岛之间，以"小海船"即"小脚船"等为代表的小型的琉球民间船的航运活动也十分活跃。

之后根据记载，载着砂糖的琉球漂流难船都被送往福建省，由当地政府负责整修船只，同时根据琉球漂流难民的意愿，就地变卖货物等，最后搭乘琉球国的朝贡船，一同结伴回国。清朝政府对这些琉球漂流船予以优厚待遇，赏给衣粮、银两等物资和资金支持，以让这些琉球国的漂流难民们能顺利回国。

三　漂流到中国的琉球船乘员之言语沟通

当这些琉球民间船的人员漂流到清朝后，与当地的政府官役们是如何进行交流的呢，其言语接触究竟以何种方式进行？以下的清代档案史料可以提供参考。

（1）乾隆十五年（1750）七月初三日福州将军德敏奏琉球国护送难民船来闽照例免税折

又于据台湾府禀报，淡水八尺门地方飘流小船一只，内有生番四名，言语不通，观其状貌似系琉球土番等语，亦经督臣飞饬护送来省，并令福防同知传同琉球通事译讯，系该国所属马齿山番人，捕鱼出海，被风飘流……②

（2）乾隆二十四年（1759）九月初四日浙闽总督杨廷璋奏琉球国飘风难民照例抚恤折

本年七月十七日据浙江台州协副将奇尔赛台州府知府苏光弼各禀

---

① 岑玲：《清代中国に漂着した琉球民間船》，《南岛史学》第 79·80 合併号，2013 年 3 月，第 44~55 页。

② 《清代中琉关系档案选编》，第 33~34 页。

称……船内约四十余人，衣服言语各别……内有番人一名认识汉字，据写出系小琉球国太平山人，连通事共四十一人，载有米粟皮绳等物，赴大琉球进贡。闰六月初九日从太平山出口……①

（3）乾隆三十五年（1770）八月初五日署理浙江巡抚熊学鹏奏琉球国飘风难民照例抚恤折

据宁波府象山县知县鲁光先禀称，本年七月十五日据石浦司巡检朱士隅禀报……赴船查验，乃系琉球国船，并无通事之人，语言不懂，当即着其书写，据书我是琉球国那霸府人，船内共有二十七人，奉令差往八重山装载米粟归至本国……②

（4）乾隆四十一年（1776）七月二十四日浙江巡抚三宝奏琉球国遭风难民漂至境内循例抚恤折

乾隆四十一年（1776）七月初十日据鄞县知县张天相、奉化县知县李溥会同禀称……有番船一只漂流到境询问……言语不懂，查有能书汉字者一人，据书是琉球国所管太平山人，每年到国王处上纳米粟、苧布等物。今于六月十四日开行，船载米粟等项前往琉球国上纳。于六月二十二日在洋遇飓，驾驶不定，漂流天朝地方，幸船桅均无损坏，船内向宣烈蔡瓒明国才夏林四名系头目，宪章等四十三名系舵水，带有刀枪是防贼盗的，求护送到福建省城就可回国去了等语……③

（5）乾隆五十五年（1790）七月二十六日山东巡抚觉罗长麟奏驶救琉球遭风民船折

据青州府属之诸城县知县姚学捷禀称……该县亲赴查询船上水手人等共十六名，均系圆领大袖，言语不通，内惟一人粗识字义，当令将来历写明。据写大意，名叫安仁屋伊等，俱系琉球国中山王该管西村民人，装载货物领照出洋，要往该国太平山公谷岛换粟……④

（6）嘉庆十三年（1808）六月十八日浙江巡抚阮元奏抚恤琉球国遭风难民折

据定海县禀报，准守备常遇恩移称……内有琉球难番十一名，并

---

①　《清代中琉关系档案选编》，第67～68页。

②　《清代中琉关系档案选编》，第124～126页。

③　《清代中琉关系档案选编》，第179～180页。

④　《清代中琉关系档案选编》，第215～216页。

盐、茶、苎布等物相应移知等语。该县查难番言语不通，内有识字之人，给予纸笔令其书写，伊等系琉球国泊府人，船户永照屋，舵工金城，水手比嘉、大城、系数、翁长、金城、桃原、阿嘉、安庆田、仲村渠等共十一名，闰五月二十一日自泊府装载各物开往宫古岛售卖……①

（7）嘉庆二十四年（1819）六月二十四日浙江巡抚陈若霖奏琉球国遭风难民抚恤折

准提臣开本年五月二十五日巡至普陀洋面瞭见有遭风船一只……兹据定海县禀报查验该难番等八人蓄发挽髻，身穿长领大袖衣服，彼此言语不通，内有粗识汉字之人，给与纸笔令其书写，据称俱系琉球国那霸府人，舵工古波藏，水手并城、新垣、金城、石川、岛袋、比嘉、宫城共八人奉本国王差赴麻姑山装载米石。于本年五月十二日从那霸洋开行……②

（8）道光二年（1822）四月二十六日浙江巡抚帅承瀛奏抚恤琉球国遭风难民折

准提臣王得禄咨开，本年闰三月二十二日定海镇兵船在长涂外洋瞭见有船一只随风漂流……兹据定海县禀报，查验该难番等二十二人蓄发挽髻，身穿长领大袖衣服，彼此言语不通，内有粗识汉字之人，给与纸笔令其书写，据供俱系琉球国那霸府人，船户比嘉，舵工大岭，暨水手阿嘉等共二十二人，本年闰三月初二日装载盐、茶等物欲往太平山载米。二十二日在洋猝遇飓风船被损坏，漂流到此……③

（9）道光十八年（1838）八月二十四日浙江巡抚乌尔恭额奏抚恤琉球国遭风难民折

并据署定海县知县陈殿阶禀报……亲诣查验船已破损，载有米粟等物，难夷十七名言语不通，给与纸笔书写，内有一名粗识汉字，书称，俱系琉球国人，船头伊敷筑登之等共十七人乘船出洋，遭风漂流恰遇兵船救带进口。

又据该署县陈殿阶禀报……诣验船损不堪，带有小船只。破船内装

---

① 《清代中琉关系档案选编》，第386~387页。
② 《清代中琉关系档案选编》，第521页。
③ 《清代中琉关系档案选编》，第559页。

有米石等物，该夷人言语不通又不识字，当查难夷伊敷筑登之等一起内有西表首里大屋子一名粗识字义，即令其识认代写，据称伊系琉球国人，船主知花亲云上，内共五人……①

（10）道光二十六年（1846）七月十九日山东巡抚觉罗崇恩奏琉球国人遭风漂至东境循例抚恤折

据海阳县知县禀报……船内有蓄发夷人五名及铁锅、碗碟等件，并无货物、行李及违禁之物……查讯该夷人均言语不通，内有一人略识汉字，给与纸笔，据书一名比嘉、一名及嘉、一名知念、一名安里、一名照屋，均系琉球国中山王民人，渡海遭风漂流至此……②

（11）同治三年（1864）八月二十二日督办军务闽浙总督左宗棠奏琉球国遭风难民循例抚恤折

据署定海厅同知许嘉德禀据厅属秀山庄童得顺钓船报称……查验该难民六名蓄发挽髻，身穿长领大袖衣服，彼此言语不通。雇觅略悉夷语之人译讯，据称同船六人，船主阿伽七嘲东，舵工呐格哩，水手嗒开暹、阿嘞喀贵、哪嘛暹科、科伽暹均系大琉球人，住纳法府纳法山。船内装有糖、盐、茶叶等件，自五月初六、七日从大琉球出口要往小琉球，不料在洋遭风……③

（12）同治七年（1868）八月二十九日浙江巡抚李瀚章奏琉球国难民漂流到境循例抚恤折

据镇海县知县许嘉德禀据象山县爵溪庄民禀称……查验该难番等蓄发挽髻。身穿长领大袖衣服，言语不通。内有三人尚谙中国字句，即领书写。据称，向文焕、容思恭、薛锦和均系琉球国首里府人，带案之东仁传、平得禄、卜逢太、喜屋武、山田、金城、仲村渠七人均系从人、水手，其余金城、当间、山城、永吉、新垣、城间、知念、岛袋、宫城、当闲、功成、与那岭、真玉桥、照屋等现在船中，亦是琉球国人，在本船充作水手，共二十五名由本国装载米粟等件，于本年六月十一日开船……④

---

① 《清代中琉关系档案选编》，第770页。
② 《清代中琉关系档案选编》，第873～874页。
③ 《清代中琉关系档案选编》，第1037～1038页。
④ 《清代中琉关系档案选编》，第1060～1061页。

（13）光绪二年（1876）八月初七日浙江巡抚杨昌浚奏琉球国遭风难民循例抚恤折

据署乍浦协副将彭大光、海防同知徐皋、署平湖知县姚光宇会衔禀称……禀诣查看船身约长六七丈，阔二三丈，船上共有遭风难民二十五人，均系蓄发挽髻。船中装有食盐一百七十三包、粗茶叶十九包、石灰六包，此外并无别物。<u>言语不通，内有粗识汉字者，授以纸笔，书称</u>，船主名林克旺，其余舵工、水手翁允仁即比嘉仁居、平克兴、薛有祥、恭忱爱、堵上江、祭仪保、梁宫城、祖玉势、元中村渠、内间、马比嘉、元新垣、牛金城、恭池原、毛次良、堵思德、薛仲里、俞三良、毛宫平、和真牛、祭真三、祖照屋、牛新屋、和蒲户等共二十五人，俱系琉球国人，欲往本国八重山贩运粮米，船内盐茶带往该处销卖……①

以上 13 条清代档案史料都是关于清代琉球民间船漂流到中国时，中国官役与琉球难民是如何进行交流的。从这几条典型的事例中可以看出，大多数的琉球民间船乘员与中国官役们是“言语不通”〔（1）（4）（5）（6）（7）（8）（9）（10）（11）（12）（13）〕或者“语言不懂”〔（3）〕的状况，即无法直接进行语言上的沟通。而为解决这一问题，采取的方法则主要是“着其书写，据书”、“有粗识汉字者，授以纸笔，书称”〔（2）（3）（4）（5）（6）（7）（8）（9）（10）（12）（13）〕，即以文字的形式来和琉球难民们确认事情经过。也就是说，琉球难民们与中国官役们以纸和笔来进行笔谈式的对话。

关于其具体的沟通经过，《清代中琉关系档案选编》所提供的档案史料中并未详细记载下来，但是明治十五年（1882）漂流到中国浙江省临海县近海海域，来自琉球国与那国岛的“城间船”一事的记录，为我们提供了一些较为详细的史料。

问：你宝船有甚么货物在舱？
答：有米粟。

---

① 《清代中琉关系档案选编》，第 1106～1107 页。

问：宝船现在修补定当否？

答：小虽有修补福州加修补。

问：你宝船有说中国话人否？

答：中国话无知人。

　　我们是洋关来并没有事　　他是关上总巡。①

这段史料中，清朝官员询问了琉球漂流船上装载了什么货物，船体破漏处是否已经在漂着地进行过修补，以及船上是否有会中国话的人员。这段对话记录于 19 世纪后半期，从文中记载来看，也是以汉文笔谈的形式来进行对答的。

此外，以漂流到琉球国的中国船为研究对象的《白姓官话》一书中，记载了以下一段对话。

问：老兄，贵处是哪里人。

答：弟是山东人。

问：山东哪一府哪一县。

答：是登州府莱阳县。

问：老兄尊姓。

答：弟贱姓白。

问：尊讳？

答：贱名世云。

问：尊号？

答：贱字瑞临。

问：宝舟是何处的船？

答：是江南苏州府常熟县的。

问：兄是山东的人。怎么在他船上。

问：因他的船。在弟敝处做买卖。弟雇他的船。载几担豆子。要到江南去卖。故此在他船上。

---

① 《城間船中国漂流顛末—八重山·一下級士族の生涯よりみた琉球処分前後》，竹原房，1982，第 37 页。

问：兄们是几时在那里开船呢。

答：是旧年十二月十八日。在本省胶州地方开洋的。①

在这段对话中，琉球国的官役询问了来自清朝的漂流难民们，其故乡是哪里，姓氏、讳名、尊号是什么，所乘船的出发地、出发时间以及事情经过等等。其方式是以一问一答的形式来进行言语沟通的。

四　小结

以上以清代档案为中心，重点讨论了清代漂流到中国的琉球民间船的船型和漂着后清朝官役与琉球难民之间的言语沟通。从分析来看，在琉球群岛之间既有较大型船舶也有小型船舶频繁地开展着航海活动。其中小型船舶有"小海船"（即"小脚船"）、"杉板小船"（即"杉板脚船"）、"独木小船"（即"独木小脚船"）等船型。这些船舶除了以琉球王府所在地的琉球本岛为目的地，为贡纳而航海之外，也有不少进行捕鱼或琉球民间贸易、移送岛人等航海活动。

此外，从清代档案史料中也能明了，琉球民间船的乘员们与清朝官役们在语言不通的情况下，采取了以下三种方法来进行沟通。

（1）清朝官役将琉球民间船由漂着地当地护送到琉球馆所在地福州，由在福州的琉球通事来与琉球难民们进行言语沟通。

（2）清朝官役在琉球民间船的漂着地当地，雇用通晓琉球语的清朝人作为翻译，来与琉球难民们进行言语沟通。

（3）而大多数情况下，则是清朝官役们与琉球难民们以纸和笔，即笔谈的方式来进行沟通，主要为一问一答的形式。

相信我们也可以由此看出琉球王国时代在当时的一些社会经济的状况。

（作者单位：日本关西大学大学院文化研究科）

---

① 松浦章：《清代中国琉球交涉史の研究》，関西大学出版部，2011，第232~246页。

20 世纪上半叶泰国华文报刊
所见之中国商品的广告

王竹敏

一 前言

华人移民泰国历史悠久，尤以潮州人为著。昔年，移民暹罗的潮州人，印证了"凡是有海水的地方，就有华侨的足迹"这一事实。尤其是 17 世纪到 20 世纪初，中国广东、福建的潮汕人，几乎没有间断地往泰国移民。[①]美国康奈尔大学的人类学家施坚雅（G. W. Skinner）教授的统计显示，1900年泰国总人口为 732 万人，其中泰国华人总人口有 60.8 万人。[②] 到了 1917年，泰国的华人人口攀升到了 90.6 万人，这在总人口数约为 923.2 万人的泰国人中，已经占据了约 9.8%，也就是说当时 10 个人里面就有 1 个是华人。[③] 泰国的华侨华人在各个历史时期，都有着不同的作用和贡献，随着时代的变迁，逐渐萌芽、茁壮。泰国的华人社会也随着华人的不断涌入而逐步发展起来，作为海外华侨华人社会重要支柱的华人商业也经历了从无到有的艰难过程。

随着华人社会和华人所经营的工商业领域的发展，在曼谷，泰华进出口

---

① 朱杰勤：《近代东南亚华侨》，《华侨史》，广西师范大学出版社，2011，第 95 ~ 191 页。

② GW. Skinner, *Chinese Society in Thailand：An Analytical History*, Cornell University Press, 1957, pp. 60 ~ 61.

③ GW. Skinner, *Chinese Society in Thailand：An Analytical History*, pp. 60 ~ 61.

商会、华侨银信局会、泰国中华总商会等相继成立。① 这些商会主要由福广潮汕地区的华商组成，他们与香港、上海等地的进出口商会合作，将海外商品输入泰国贩卖。虽然输入品中也有欧洲产的酒类、烟草等，但是香港、上海产的商品占了约 80% 以上。随着华商商业活动变得越来越活跃，最终打破了当时欧美商品、欧美洋行在泰国的舶来品上的垄断地位。② 这些商会随着时代的变迁几经易名，但是它们一直以团结全体侨商，促进中泰商贸交流为宗旨，随着中泰关系日益友好，在促进泰中友好中扮演了重要角色。③ 广告活动作为商业活动的一部分，是研究当时华商在泰国进出口商贸发展动向的珍贵资料之一。

　　因此，本文主要以泰国国立图书馆所藏之 1925～1935 年的泰国华文报刊中所见到的近 500 例中国广告为对象进行探讨。从发广告的主角、广告策略、广告内容、广告特点这四个方面对当时的中国广告进行分析，希望能够解明当时华人商业活动的状况，以及华人消费的习惯。

二　泰国华文报刊与商品广告

　　作为当时中国商品的广告载体的华文报刊，对于当时泰国华商的商品买卖、宣传、促进商贸组织等都起到了积极的作用。

　　20 世纪初期，正值晚清政府受到内外威胁，晚清朝廷最为腐败的时期。革命派在中国走投无路只好纷纷转向海外发展，创办报刊，宣传革命。当时，泰国的华人社会中陆续出现了多种华文报刊，这些华文报刊多由有识之士创办，他们得风气之先，最先在南洋宣传革命。因此，最初的华人报纸多以报道当时中国的政治形势为主。在此之后，以康有为为首的保皇派也在南洋创设报刊，与革命派的相对立。④ 可以说泰华社会的初期的报业是政治主张斗争的舞台。根据广肇会馆的医局创立时所立碑记，刻有"汉境日报"捐款记载，年代为清光绪二十七年（1903）。虽然此《汉境日报》出版时间

---

① 洪林：《泰国华校史补充材料》，《泰国华侨华人研究》，香港社会科学出版社，第 589～623 页。
② 袁丁：《清政府与泰国中华总商会》，《东南亚》2000 年第 2 期。
③ 张映秋：《泰国华人社团模式的演变》，《潮学研究》第 3 辑，汕头大学出版社，1995。
④ 洪林：《泰国华人报简史》，《泰国华侨华人研究》，第 643～677 页。

不长，但是被普遍认为是泰华社会最早出版的华文报刊。① 当时的华文报刊，虽然种类多达几十种，但大多创办后迅速停刊，有的报刊甚至只开办了数期而已。

20世纪20~30年代，中国的政治形势相对稳定，泰国的华文报业已经初现规模。当时的报刊价格多为每份10士丹，每月2~3铢。由于当时普通华工接受教育的程度低，每月只有10铢不到的收入，确实为奢侈品。因此，当时华人报刊的读者多以当时有权有钱的华商以及一些开办华人学堂的知识分子为主，他们虽然居住在泰国，但是仍然很关心中国的各种动态。而当时贩卖到泰国的商品最早都属于中国上海、香港流行的奢侈品范围，因此这些商品一来到泰国，就会受到当地富裕层华人的追捧。所以作为当时华人社会重要的信息交流手段的华文报刊就自然地成为这些中国商品宣传的舞台。

当时的华文报刊不仅刊载华人社会的商业经济、学校教育等信息，重视中国全国以及福广两地的各种情报，还登载了大量的中国商品广告。

当时华文报刊上所刊登的商品广告多以烟草类、药酒类、汉方药等为主，另外也有少量布店、鞋店、生活用品等广告。下面就以广告主角的种类以及广告主角的产地来分析当时贩卖到泰国的中国商品的概况。

（1）商品产地

以1920~1925年在泰国影响力较大的四大华文报刊《中华民报》《国民日报》《晨钟日报》《联侨报》上所刊载的接近632例广告为研究对象，其中中国商品477例，泰国商品75例，欧洲商品80例。

从图1可以看出，上海产的商品在商品总数中占据了39.8%，香港产的商品占据了35.6%，而泰国本地产品占据了12%，欧洲舶来品有11.6%。如前言所述，当时的泰国华人和香港上海的商会合作，将当时上海、香港流行的商品贩卖到泰国，不仅大受当地华商、华人的喜爱，还逐渐打破了欧洲舶来品在泰国上层华人市场的垄断地位。② 虽然，这些华文报刊上所刊登的华人广告不能直接印证当时中国商品在泰国市场所处的重要地位，但也能间接地指出当时富裕华人的消费习惯。

---

① 洪林：《泰国华人报简史》，《泰国华侨华人研究》，第643~677页。
② 李道缉：《清末民初潮州人移殖暹罗之研究》，台湾政治大学历史研究部硕士论文，1990。

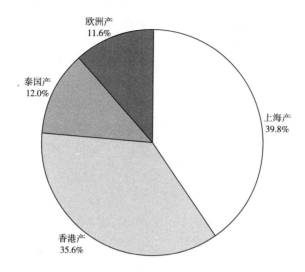

图 1　泰国四大华文报刊广告之各地商品比重

（2）商品种类

根据这 477 例中国商品广告的分析，当时泰国所贩卖的中国商品种类大致可以分为烟草类、汉方药类、化妆品类、日常用品类。其中日常用品类包括衣帽、蚊香、花露水、鞋、扫帚、雨衣、门户垫等。

从图 2 可以看出，销售到泰国的商品主要由轻工业产品为主，烟草类和汉方药广告占据了相当大的比重。当时在泰国社会中销售的烟草多由中国南洋兄弟烟草公司代理，烟草烟叶基本都是从上海船运到泰国进行贩卖。这家南洋兄弟烟草公司初创于香港，崛起于上海，在内外挤压的经济环境中，通过海外华侨华人，以及在中国国内多次提倡的国货运动的支持下，得以发展，成为了当时唯一一个能和英美烟草公司抗衡的民族卷烟公司。① 根据报刊上的广告显示，其在泰国所贩卖的中国产香烟多达数十个品牌。汉方药作为中国传统中医的特有药物，也占据了相当的部分。这也反映了当时华人治病仍然喜欢使用汉方药，平日的保健仍然习惯使用中国传统药酒。另外，从化妆品来看，当时居住在泰国的华人贵妇小姐还是很钟情于上海、香港的贵妇小姐所使用化妆品、护肤品。日常的生活用品、衣帽等，也喜欢追随

① 段立生：《泰国中华总商会简史》，《中国与东南亚交流论集》，泰国大通出版有限公司，2001。

当时上海香港的潮流。这样喜爱中国商品的原因，笔者认为这不仅仅因为受到了本身的华人家族的平日的生活习惯的影响，也多多少少映射出他们的爱国情怀。

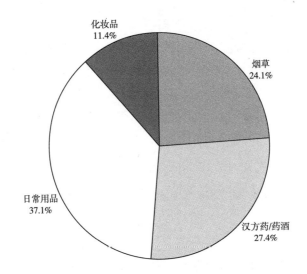

化妆品
11.4%

烟草
24.1%

日常用品
37.1%

汉方药/药酒
27.4%

图2　泰国四大华文报刊广告之商品种类比重

三　中国商品广告的特点

广告的策略是否成功直接影响到广告主角的销售推广业绩。因此，当时的华商在如何销售自己的商品，以及如何抓住华人消费群体的眼球上下了不少功夫。当时使用的广告语也无不反映了当时的时代特征，和现在的广告用语有鲜明的对比。根据这些广告例，大致可以将他们的广告主题语分为两个特点。

（1）爱国口号的广告语

当时的中国商品广告多打着"爱国"的口号。以香烟为例，取名多和爱国、革命、兴国有关，例如"伟人香烟""兴国香烟""总统牌香烟"等。香烟广告也多提出了"同胞爱国，请吸国烟"，"孙大总统为中华真正总统，总统牌烟为中华国产名烟"等广告语。这些广告通过"爱国""国货"等字眼吸引买家的眼球，招揽人气。可以说，这些广告语也反映了当时海外华人的爱国思想和支持中华民国的立场。

例如下面这些广告。

①1924 年 3 月刊登在《暹京日报》上的"安乐汽水"广告："注意：请饮中国安乐各色汽水。气味醇芳，卫生适合，有益健康，赐名祖国，并及南洋。特订本号，代理暹江。价廉物美，国货之良。侨界诸君，爱国为常。人人购饮，沁心清凉。挽回国利，永远无疆。"

安乐汽水产自香港九龙，又称为"水房""汽水房"。早期称为安乐堂，随着贸易的扩大，1934 年正式建厂，称为安乐汽水厂。广告将安乐汽水誉为有意健康的饮品，并使用了"挽回国利"等词语。①

②1925 年 11 月刊登在《国民日报》上的"百雀"香烟广告："注意，国货与人格——漏卮。君购一份国货，即为国家减少一份外溢之漏卮，保存一份国民之人格，幸勿以细，故而忽之明乎。此者请吸白雀香烟。快塞漏卮，救我中国。顶上国货，白雀香烟。中国南洋兄弟烟草公司谨启"。

这则香烟广告由当时著名的民族卷烟厂——中国南洋兄弟烟草公司发起，其词汇用语上也特意强调了此为国货，购买国货即为国家减少一份外溢等。

③1926 年 12 月刊登在《中华日报》上的"丝袜""皮箱""纪念表"广告："红菊标丝光线袜。上海中华第一针织厂（资本一千万）为亚洲最大织袜厂。所出红菊标丝光线袜系用最新式电机织成，针线匀密宽紧适宜。袜根坚固耐穿，双层线口，永不散线。染色一部由留德染色专家主任，故能鲜艳光亮，经久不褪，定价低廉，批发尤为公道。南洋群岛现归本公司独家代理，暹京各大洋杂货店均有经售。

上海真皮皮箱

本公司皮箱工厂之出品，俱系选择精致牛皮制造。用新式电机缝

①　俞谨：《暹罗商业史话》，《潮州月报》第 19 期，潮州会馆，1951。

钉，坚固耐用历久不坏，式样优美精致绝伦，较之纸皮及马皮所制之家伙，胜过百倍。备有大帮现货，软盖皮箱，适十八寸起至三十二寸止，硬盖自十寸起至二十八寸止，尺寸大小任凭选择。

孙公中山纪念表

此表机器精良，形式雅致，走时准确耐用非常。实为纪念国父之杰品，发扬民治之利器。每只定价五铢，特价三株五十丁。各大钟表店及洋货店均有出售。上海中南贸易公司上海分公司"。

关于这家上海中南贸易公司的资料，笔者还尚未查到。但是从其广告来看，这家公司在当时应该代理上海的商品，将其运至泰国销售。商品中包括了上海中华第一针织厂的织袜、上海的真皮皮箱以及当时流行的孙中山纪念手表。

④1927年1月刊登在《中华民报》上的"先施花露水"广告："芬芳馥郁有益卫生，先施花露水，先施生发油。爱国诸君请为一试。暹罗埠总代理泰生源号。香港先施化妆品有限公司谨启"。

先施公司最早于1911年在广州成立，曾开办了10家工厂，化妆品是其业务之一。后来因为时局动荡，有9间工厂都次第结束，最后只留有化妆品业务经营。当时香港销售之化妆品，多以欧美来的林林总总的舶来品为主，价格昂贵，几乎只限于香港的上流社会。而先施公司所生产的化妆品，不事奢华，唯重实用，因此深得大众欢迎。先施化妆品发展到南洋后，更是以"志在挽间外溢利权，与振兴中华国产"之口号迅速发展壮大。为当时有名的民族企业之一。①

⑤1927年3月1日刊登在《国民日报》上的"新爱国香烟"广告："国家，吾人所应爱也。国货，尤须爱护也。今此香烟以爱国名，固欲借此引起同胞爱国之念而爱护此国货。况此香烟制法，选用国产烟叶，气味香醇，吸之使人畅快。至外表之装潢，尤非他种白称国货香烟所能

---

① 俞谨：《暹罗商业史话》，《潮州月报》第19期，潮州会馆，1951。

及，宜乎交称赞誉。人手一枝亦，吸爱国香烟，表示我爱国。中国南洋兄弟烟草有限公司出品"。

1927 年 3 月刊登在《国民日报》上的"大长城香烟"广告："注意注意。秦筑长城以御匈奴。为吾国历史上一大纪念。至今世界惊为伟绩。此烟即取长城为名。其香醇沟驾舶来品上，顾诸君吸此国货。毋忘神州最著之宏工焉。此烟品质甚佳。香醇可口。气味芬芳。外表之装潢。尤其余事。驰名十载。远近咸知。以长城而御外货。保塞漏厄。爱国同胞吸之。吾国利源。其若长城之巩固乎。中国南洋兄弟烟草公司出品"。

1928 年 4 月刊登在《国民日报》上的"爱国香烟"广告："爱国之心人皆有之，爱国香烟请当试之。南洋烟草公司制品。吉包换赠品。吉包五十个换双美人图美术画一张，吉包二百个可换四副头美术画一套。兑换处本公司及本埠代各代理"。

1928 年 4 月刊登在《国民日报》上的"民众牌香烟"广告："民众牌。革命的民众联合起来请吸民众牌香烟，廉价物美每包五丁。各家烟摊均有出售。中国南洋兄弟烟草有限公司出品。"

1930 年 8 月刊登在《国民日报》上的"爱国香烟"广告："革命之母。总理说，'华侨为革命之母'。因为侨胞远适异国。而爱护祖国之热诚，有加无已，而振兴国货，增加祖国生产，我们侨胞仍负有莫大之责任也。现在已入调政之时期，则我们侨胞应该在海外或祖国内地图谋绝大之企业，以增加生产。应该于一呼一吸之微末纸烟，必须另有推销国货之决心，以扶助生产之制造力，方不负'革命之母'四个金色大字。侨胞如吸食纸烟者乎，何者为精良之国货香烟，当认真分别。精良之国货香烟，只有南洋兄弟烟草公司一家出品。居家旅行，自吸敬客，有白金龙，有梅兰芳，价廉物美，烟味香醇，念念表示，不忘祖国，有'爱国'香烟。南洋兄弟烟草公司出品"。

以上五则香烟广告均由南洋兄弟烟草公司刊登在《国民日报》上。香烟的品牌均起名与"爱国"有关。广告语也多使用了"爱护国货""国产香烟""保塞漏厄""联合革命""振兴国货"等字眼。如上文所述，南洋兄弟烟草公司 1905 年成立，最初销路尚好，但不久就被英美的烟草公司挤兑倒闭。① 1909 年复业后，南洋烟草公司抓住机会，在辛亥革命后，致力于推广中国货。由于当时华侨的爱国心大受鼓舞，因此国货畅销，南洋烟草公司的香烟也迅速畅销到华南以及南洋各地。1919 年，为了对付英美烟草公司的排挤，南洋烟草公司开始扩大改组，在上海香港设立多厂，成为当时有名的民族企业。

⑥1927 年 3 月刊登在《国民日报》上的"蒋介石牌香烟"广告："上海裕兴公司为杜塞漏故提倡国货起见，采办上等国产精致红色蒋介石牌香烟，气味香纯，堪称佳品。深合卫生，爱国同胞请吸烟方知言之不谬。诸君吸烟，保惜烟壳。崇拜党军领袖，同胞请吸国烟。三千吉包可换金手镯一只。一千吉包可换中国四季布一匹花毛巾四条。五百吉包可换德国美人标香水一罐花毛巾二条。二百吉包可换德国美人标香水一罐。暹京公司廊马路总经理高裕发"。

当时在泰国贩卖国货香烟的不仅有南洋兄弟烟草公司，还有一些其他的暹罗公司代理来自上海香港的香烟。例如这家成立于曼谷的暹京公司。此公司由华侨投资建立，代理各种国货，其中就包括上海裕兴公司的"蒋介石牌香烟"。广告为了更好地销售此香烟，还提出了香烟盒换奖品的活动。根据这些奖品的类别也可以看出在当时物质相对匮乏的年代，奖品都是现今社会不足为奇的商品了。

⑦1928 年 8 月刊登在《国民日报》上的"陆魂霆仁丹"广告："陆魂霆仁丹，中华国产，提倡国货。劣货抵制，国货提倡。热血同胞，尽力而为。制其死命，万众齐心。不忍我国金钱流于异域。唤起中原豪杰共挽利权。东兴香烟，'陆军牌''中山牌''猴子牌'是本咯蒿越路炳利丰公司代理。好了！好了！国货振兴，利权就不外溢了"。

1905 年，日本森下仁丹株式会社开始贩卖仁丹。仁丹气味芳香，味道清凉，有提神醒脑、消毒杀菌的功效，再加上日本公司的精心宣传，迅速在

---

① 石维有：《战后泰国华商发展史研究》，厦门大学南洋院博士论文，2005。

日本上市，并最先传到了中国上海。广州商人眼看日本的仁丹大获成功，便也推出了国货陆魂霆仁丹。广告也着重于打着国货振兴，防止利权外溢的口号进行宣传。但此仁丹效果最终不敌日本仁丹，不得不退出了中国市场。

⑧1930 年 12 月刊登在《晨钟日报》上的"钟标"制鞋广告："母亲名爱国，开言训子女。国货有钟标，买鞋须认此。妹妹闻母训，连声应唯唯。地下小弟弟，见钟大欢喜。更有好哥哥，两手一齐举。普告天下人，教儿须及早。爱国如此妇，方合为母道。国货能振兴，国家自然好。陈嘉庚公司广告部制。"

1930 年 12 月刊登在《晨钟日报》上的"钟标"制鞋广告："钟标。教师语学生，国货倡宜谨。你们的靴鞋，是何家出品？学生答教师，爱国久承训。所有皆钟标，舶来未敢问。暹罗总代理处"。

这两则广告均在 1930 年 12 月等在同一报刊上。"钟标"鞋由陈嘉庚公司的暹罗分公司代理，从广告可以看出，"钟标"鞋应是国货，广告通过老师教导学生，父母教导子女的话语对此国货进行宣传。陈嘉庚公司的创始人就是著名的爱国华侨领袖、企业家，在南洋的海外华人中享有很高的名誉。① 陈嘉庚公司广告部制作的这例广告真是抓住了华人希望借买国货帮中国的心理进行宣传。

⑨1930 年 12 月刊登在《晨钟日报》上的"扫帚"广告："上海南阳甲等扫汶。君注意国货来了，欲救中国须用国货。本视特色：原料高尚，去垢神速，坚硬耐用，永久不缩，气味纯正，定价公平。上海南阳厂制造"。

扫汶，就是现在所称的肥皂。当时，在泰国销售的中国国货，除了传统的香烟、药酒外，就连上海生产的肥皂也来到了南洋。广告除了宣传肥皂去垢神速的特点外，还强调了此为国货，欲救中国就要用国货。

① 吴云龙：《14～19 世纪暹罗华人的经贸发展研究》，台湾成功大学历史研究所硕士论文，2002。

⑩1932 年 3 月刊登在《晨钟日报》上的"金鸡唛吕宋烟"广告："国难当头 留心国货。挽回外溢利权，扶助中国实业。国民天职其庶几乎？'金鸡唛吕宋烟'完全华人资本华人制造，为中国有名实业之一。当此国难临头，诸君不欲吸烟则已苟欲吸烟。拾'金鸡唛吕宋烟'而外将复奚求盖吸'金鸡唛吕宋烟'不独足以表示热心国货，且能辟瘴消痰，有益卫生。其吉包又可换新装美丽美人月份牌，一举数善，诸君何乐而不为。金鸡唛吕宋烟吉包四十个或实鼎唛吕宋烟吉包六十个均可换新装美丽美人月份牌一副。期限：二月十五号起～三月十五号止。元昌烟庄谨启"。

"金鸡唛吕宋烟"虽然来自吕宋（今菲律宾），但是在商品也宣传上也不忘提出由"华人资本华人制造"的标语。为了提高销量，代理商元昌烟庄还提出了香烟盒换礼品的活动。可见购买国货救中国已经深入海外华侨华人的思想中。这也就是为何当时如此着力宣传国货的原因了。

（2）滑稽的广告用语

当时的广告语特点，除了宣传爱国救国这些口号外，在广告语的用词上也非常有意思，可以直接反映了当时海外华人的用语习惯。当时的中国商品广告用语很多通过讲故事、娱乐买家等方法来吸引买家的注意，进而达到宣传销售自家商品的目的。

①1927 年 1 月刊登在《中华民报》上的药酒广告："药酒。三等兵显示，请你停住片刻罢，你的躯体，何以肥胖壮大，与常人异，究你何修而得此呢？哦，我何曾修得此，我在此生，不过常常饮那'纽摩銮春奔'的补药酒就是了。暹京铁桥四角德恒裕本药局谨启"。

如图 3 所示，这则药酒广告由暹京铁桥四角德恒裕本药局刊登，这家药局为暹罗有名的华资药局，其所代理的"纽摩銮春奔"补药酒为泰国商标的中国产药酒。广告采用了问答对话的方式并配以插图来吸引读者。①

---

① 吴云龙：《14～19 世纪暹罗华人的经贸发展研究》，台湾成功大学历史研究所硕士论文，2002。

图 3　暹京铁桥四角德恒裕本药局所刊登之广告

②1927 年 1 月刊登在《中华民报》上的"安住蚊烟香"广告："安住蚊烟香，世界第一名产。安住蚊烟香，蚊见逃慌慌，周夜不用帐，包睡到天亮。总工厂 有限公司安住大药房。盘谷总经理 金南公司同启"。

这则蚊香广告由安住大药房提供。广告用语采用了一首小诗的排句押韵的方式希望引起读者的注意。

③1927 年 3 月刊登在《中华民报》上的"电光标洗绸皂"广告：

"电光标洗绸皂，专洗各种丝织品，有惊人之功效，具有六大优点。此皂质料纯洁，毫无杂质混合。此皂碱质极淡，保无损坏物料之患。此皂性质柔软，有漂白精炼丝光之功。此皂洗涤白色软而丝织衣物，确能光彩鲜明，永无变黄之弊。各种丝织品棉织品，用此皂精炼，可节省漂白粉四分之一。呢绒衣服，用普通肥皂洗涤，定然易于腐烂残废，损失颇大，若用电光标洗绸皂，不特意去油腻污垢，确免腐烂之弊，且能洁净有光。此皂定价低廉，极宜于家庭工厂之用，每包附有仿单一张，详载各种功效用法等。上海中南贸易公司谨启总公司　上海分公司"。

1927 年 10 月刊登在《中华民报》上的风扇牌毛巾广告："面巾中之大王——风扇牌毛巾。洁白如雪，柔软若絮。风扇牌面巾乃系选用上等原料，用机器制造，经化学方法消毒漂白，实为最合卫生之面巾！风扇牌面巾料重质软，确能经久耐用，用此一条，足抵普通面巾三条，一经试用，当知所言不虚。此种优美之卫生面巾，自用则爽身适体，送人更永留纪念。上海中南贸易公司邇行谨启"。

以上的肥皂、毛巾广告均由上海中南贸易公司制作。广告用语并没有突出国货的特点，而是着重于宣传商品的优点，不免有夸大之嫌。肥皂广告描述了六个优点，不仅肥皂洗涤干净，还可以防止衣物腐烂。第二则风扇牌毛巾广告，不仅标示了毛巾柔软耐用，还宣传其使用化学方法消毒漂泊，足以抵挡普通面巾三条。

④1927 年 10 月刊登在《中华民报》上的内衣广告："天降落大雪奇闻。有一神经老，向感觉子曰：今年天气寒的早，恐怕天将落大雪，奈何！感觉子曰：你真是神经过敏，我一讲明白，你就不怕，现在力察旺洋行，办到很多新式的卫生衣，羊毛衫，冷绒帽，驼绒被，金山毡，颈带，手袜，一切御寒货物，应有尽有，实在齐备，因为该行直接办来的寒货，价格也格外便宜。你随便去买一样来防备，作算天就落大雪，冻人欲死的时候，都可以不怕，你还怕什么？神经感觉说话时，适一有心人从旁大声高呼曰不错，不错！这暇奇闻中的事实，大可注意，莫作笑谈就是"。

这则内衣广告，主人公分别是神经和感觉，采用了滑稽的对话方式。标题不主动提示内衣广告，而是写成个"天将降大雪奇闻"。广告的读者身处亚热带的泰国，读到这样一个标题时，不难想象会继续读下去一探究竟了。

⑤1927 年 12 月刊登在《中华民报》上的"飞人牌香烟"广告："注意大赠品，价廉物美，气味芳香。包内有幻术照片赠品一张，上海大东烟草有限公司出品。暹罗同和栈总经理。飞人牌香烟，飞人牌香烟气味香纯，烟枝雅洁，最合适卫生，请祈试吸。上海大有烟草公司出品。请侨胞吸上等过火照相牌香烟，包内有正米纸女明星照相赠品一张，工作之暇吸照相牌香烟亲女明星芳容，精神上当得无穷之安慰也。烟丝金黄，气味香纯，包内赠品，侨胞请吸。海昌兴烟草股份有限公司出品"。

飞人牌香烟和照相牌香烟分别由上海大有烟草公司和海昌兴烟草股份有限公司出品。宣传的手法除了赠送礼品外，还提出香烟"最合适卫生"等夸张性的广告用语。

⑥1933 年 3 月刊登在《晨钟日报》上的门户垫广告："现已运到之门户垫，卫生美化两大问题。居室要合卫生，首重清洁门户垫，可以保存清洁增进卫生中不可缺少之器物。陈嘉庚公司之门户垫，乃树胶所制，可以任意洗涤，愈久新，物质柔轻而坚韧，花样繁多而美丽。门户垫上面所印云霞、山水、风雷、日月、花草、神仙、虫鱼鸟兽，皆用五彩配色图，绘山妙穷美极妍。室内装置此项门户垫，不但保存清洁，增进卫生，且又深合美化，令人一见神思朗丧尘虑消灭。家庭中有此美术之设置，儿童耳目日夕侵淫，久而之可以转移轻放，暴厉之恶性养成仁爱温良之美德。木门户垫大小尺度共有六种，凡放政府机关、公共会堂、社团、学校、轮船、酒楼、医院、旅店、俱乐部、家庭等均可采用。陈嘉庚公司启"。

陈嘉庚公司作为南洋最著名的华人企业，将当时上海流行的门户垫运到了泰国贩卖。其宣传的手法通过突出这个新式商品的特点，例如增进卫生，保持清洁。还特意夸大门户垫，说其能让人"一见神思朗丧尘虑消灭"，"儿童耳目日夕侵淫，久而之可以转移轻放，暴厉之恶性养成仁爱温良之美德"。

如上所述，当时泰国华文报刊上所刊登的中国商品广告，其广告用语上无不反映了当时的时代特征。20世纪初期，中国进一步半殖民化。许多志士仁人为了挽救国家危机，殚心竭虑，走上了革命道路。革命团体不仅在中国，在海外也燃起了星星之火。在革命的关键时刻，海外华侨华人纷纷慷慨解囊支持国货。国内外也一波又一波地掀起提倡使用国货运动。另一方面，由于当时群众普遍的科学知识有限，当时的一些国货在商品的宣传上也有夸大之嫌。一些商品广告采用了对话、夸大题目等方式希望引起读者的注意。

四　小结

泰华经济发展到今天和华人自强不息的奋斗精神是息息相关的，到如今华人企业逐渐遍布泰国各个领域，商业贸易、酒店旅游、金融证券、工业制造和地产建筑等行业都有泰华经济的参与。

20世纪初由泰国华侨华人自发组成的社团组织也相继建立。其中，华人工商业社团是以行业为纽带，在自愿基础上结成的以保护和增进华人经贸为目标的经济性民间社团。① 他们输入上海香港的大量商品贩卖到泰国。经过不断演进发展，实际上这些商会不仅积极传承中华民族文化，还弥补当地商品的不足。当时的中国上海产、香港产的商品占据了七成左右，逐渐打破了欧洲舶来品在泰国上层华人市场的垄断地位。从商品的种类来看，输入到泰国的中国商品还主要是以轻工业商品，以及中国的传统中药材等为主。广告宣传上也主要抓住了"国货""救国"等富有时代特征的广告语。

另外，中国商品销路甚好也促进了商品广告业的发展，间接地支援了当地华人报刊业，使得华文报刊不仅促进了华人经济的发展，还缩短了中国与泰国华人之间的距离，成为了华人社会重要的信息平台。

（作者单位：日本关西大学东亚文化交涉学研究科）

---

① 市川信爱：《泰国华侨社会的特点和各种华侨帮派形式》，南洋资料译丛，1981。

图书在版编目（CIP）数据

中西交汇中的近代中国都市和乡村/赵晓阳，周东华，刘忠明
主编. —北京：社会科学文献出版社，2015.8
ISBN 978 - 7 - 5097 - 7826 - 5

Ⅰ.①中… Ⅱ.①赵… ②周… ③刘… Ⅲ.①社会发展史 -
中国 - 近代 - 文集 Ⅳ.①K250.7 - 53

中国版本图书馆 CIP 数据核字（2015）第 167120 号

中西交汇中的近代中国都市和乡村

主　　编／赵晓阳　　周东华　刘忠明

出 版 人／谢寿光
项目统筹／宋荣欣
责任编辑／宋荣欣　孔　军　张延书

出　　版／社会科学文献出版社·近代史编辑室（010）59367256
　　　　　地址：北京市北三环中路甲 29 号院华龙大厦　邮编：100029
　　　　　网址：www. ssap. com. cn
发　　行／市场营销中心（010）59367081　59367090
　　　　　读者服务中心（010）59367028
印　　装／三河市尚艺印装有限公司

规　　格／开　本：787mm × 1092mm　1/16
　　　　　印　张：24　字　数：404 千字
版　　次／2015 年 8 月第 1 版　2015 年 8 月第 1 次印刷
书　　号／ISBN 978 -- 7 - 5097 - 7826 - 5
定　　价／98.00 元